文經文庫 260

你不知道的台灣
──國軍故事

管仁健◎著

文經社
Taiwan
COSMAX
PUBLISHING Co.
Since 1981

自序

我只是要為那些不能說話的人說話而已

／管仁健

「在這個島上，曾經發生過很多事，但是很多人不敢、不願、不忍、不屑關心這些偉大領袖不會希望我們知道的事，所以這些事從來不曾發生過。」

這是我獲得「第六屆全球華文部落格大獎」首獎的作品《你不知道的台灣》，應主辦單位規定，在七十字內所做的自我介紹。這本書是部落格裡的第一單元，也就是最受網友歡迎的《你不知道的國軍故事》，高達四百多萬的點閱數，連我自己都覺得有點不可思議；但會有你現在看到的這本書，背後當然也有許多故事。

從出生到現在的將近半世紀裡，除了當兵那兩年以外，我一直都住在台北近郊的北投。在那還是男女分班，甚至在我們這一屆之前，北投這裡還實行男女分校的國中時代，我班上有個品學兼優的好學生，他自己就是校內很多女生暗戀的對象，但他卻也有個秘密，就是他也暗戀一個來自政戰學校旁眷村的女孩。

老實說這個女孩真的是才貌雙全，日後先是北一女樂隊隊長，後來又是台大校花；在那兩蔣還禁止舉辦選美的年代，她已是雜誌封面上的十大校園美女榜首。但問題是我班上這男生也很優秀，文筆更絕對在我之上；不但郎才女又貌，而且郎貌女也才，他喜歡這個眷村女孩，根本就是天作之合，應該由他自己寫信給她才對啊？可是我這同學卻不敢，堅持拜託我要替他代筆，我好奇地問他原因，他竟說：「我覺得你一定比較懂眷村女生。」

唉！我當時聽了實在是又好氣又好笑。因為在一九七六年時，很多人都跟我那優秀的本省同學一樣，會有這樣的誤覺，以為外省人的第二代一定就住在眷村，對軍中事務也就一定更了解。然而他們卻有所不知，皇恩雖浩蕩，竹籬笆外仍有更多像我這樣罪孽深重卻不自殞滅的「化外之民」；面對本省同學如此「器重」，我這「外省賤民」還真是有口難言。可惜那時才十三歲，要解釋這麼複雜的歷史背景與社會現象，非我能力所能及，只好幫他草擬了一封「仰慕信」交差了事。

•

我讀專四下學期（一九八二年）時，台灣爆發了治安史上首次持槍搶銀行的土銀搶案，兩個山東老兵李師科與王迎先，一個被移送軍法迅速槍決，一個不堪警察刑求而自盡。破案後在報紙滿版、電視滿檔、小警察滿面堆笑、大官們自吹自擂、到處燃放鞭炮、全國一片叫好聲中，李敖老師卻獨持異議，寫了一篇〈為老兵李師科喊話〉，把老蔣在大陸是如何殘酷的拉伕，到台灣後又怎樣無情的「放生」，這篇文章簡直就是現代版的杜甫〈三吏三別〉，真實生動的讓人震撼。尤其李敖老師在文中提到：

「老兵攤出他的儲蓄（一捆捆鈔票）在數，數完一捆，朝床上一丟，說：『這捆可買條大腿！』又數一捆，又一丟，說：『這捆可買隻胳臂！』有朝一日，整個的老婆，就在這樣分解結合中湊成了。在他數錢的時候，面露得意之色；在旁圍觀的老兵們，面露羨慕之色，那種對比的神情，我至今感到心寒。」

這些血淋淋的對白，後來也被電影《老莫的第二個春天》引用過，李敖老師不只是為李師科向政府喊話，也是在為所有的老兵向政府喊話。難怪多年後我在訪談自謀生活的單身老兵時，還有個當年只拿一雙布鞋、一套軍服與台幣一百三十元就退伍的老兵，戲謔的告訴我：「兩蔣讓我們來台灣，兩李（李師科與李敖）讓我們月領一萬三。」

坦白說李敖老師年輕時，在《文星雜誌》裡所寫的文章太深，很多我是「有看沒有懂」；晚年時為了主持電視節目與從政，他寫的文章似乎又太淺，很多我都是「有懂沒有看」。但老師在中年時所寫的這篇〈為老兵李師科喊話〉，還有在他退役二十七年後才寫的〈國民黨與營妓〉，都讓我至今讀到依然動容。例如他說：

「一個小妓女拉我衣服說：『排長啊！買張票。』我也不是故作清高，我說：『排長壞掉了。』我就指著我下面，我說：『壞掉了，不能搞。』她說：『我給你看樣東西。』她把裙子一撩，大腿上一條一條都被打得那個紫的痕跡，紫的傷。她說：『排長請買張票，不然他們會打我。』我一看這樣子，我說：『好，我買張票給你。』她說：『你要進來一下，你不搞我沒關係，可是你要進來坐一下，不然的話他們會說，怎麼排長沒搞就走了？你把排長給得罪了。』還要拉我進去坐一下，坐一下以後我才出來。

人被打成這樣子因為每天接的客人不夠。要接多少客人呢？要比賽，我接三十個人，我接四十個人，我接五十個人。接五十個人放鞭炮慶祝了。請大家想想，一個女孩子一天接五十個人是什麼感覺？那種黑暗是你想像不到的。」

雖然我從小就聽過山東流亡學生在澎湖被軍方強徵入伍的歷史，也聽過山東名將李玉堂因白色恐怖而失蹤的傳聞；但與李敖老師筆下的這些山東老兵及可憐的小軍妓相比，那些「上流社會」的陳年往事，根本不足以稱為「你不知道的國軍故事」。所以當李敖老師在東吳歷史系開課的那一年，雖然我是中文系轉學生，不能選修他的課，還是很認真的去旁聽，盼望能聽到一點「我不知道的國軍故事」。

•

其實我心裡很明白，在台灣任何一個眷村長大的孩子，或是任何一個讀過軍校的職業軍人，都有比我更多、更精采的國軍故事可以寫，我也絕對相信一定有人能寫得比我好；但我自己在出版業多年，這些應該比我更適合寫這個題目的人，也許是不敢寫、不願寫、不忍寫、不屑寫，總之就是很少有人願意碰觸這樣真實的題材。

大家在報章雜誌或書裡看到的國軍，就像國片裡出現的國軍一樣。不是戒嚴時代政策片裡軍方要求的「高大全」（高尚偉大的完人），男主角個個都要像是戴了假髮的老蔣，讓我們去電影院裡看「莒光日」；就是解嚴後軍教片裡把部隊生活變成插科打諢的戰鬥營，現在最新的電視軍教偶像劇裡還要加上男歡女愛，以後是否還要配合國情演變與選票考量再加上同志戀？我不知道。反正國片裡的國軍什麼都有，獨獨少了那一味「真」。

二〇一一年六月二十五日，我得到了第六屆全球華文部落格大獎的首獎，一星期內有十幾家出版同業來邀約出書，但都被我一一婉拒。原本我在得獎受訪時仍堅持初衷，只想在網路上與網友們分享，因為這樣才便於我隨時更正與補充。

不過由於媒體朋友們的一再勸說，他們認為書籍在保留史料上，仍有其網路難以取代的價值；而且在他們引用於論文或報導時也比較方便，因此我才開始考慮出書。但是真正讓我改變初衷，決定出書的最關鍵原因，還是一位白色恐怖受難者遺屬的來函：

「這半世紀以來，我們一家人始終在陰暗角落裡哭泣；對短視貪婪的政客與嗜血媚俗的媒體來說，『轉型正義』永遠只會在選舉口號與夢中出現。我的父親被他們殺了，已經不能說話，法律不能還我們公道，政客也不能，媒體也不能；如果你再不能替我們說話，連我兒子都不知道他祖父的故事了，請你一定要為那些不能說話的人說話。」

在這些朋友與受難者家屬的勸說下，我經過多次禱告後，才決定將部落格裡的第一單元〈國軍故事〉付印發行。出書的目的也很單純，我只是要為那些不能說話的人說話而已。對於之前熱情邀約的各位出版業先進，我也要在此致歉。我在文經社工作已經十五年了，這裡就是我的家，如果要出版，於情於理我都應該在這裡出版，只能再次感謝大家的厚愛了。

我已經快五十歲了，電腦對我來說只是一台打字機，網站也只是我的稿紙。我記錄我們自己的歷史，就像「國王的新衣」中那個孩子，只是童言無忌地說出真相而已。不信青春喚不回，不容青史盡成灰。活過那段荒謬的時代，我們的青春是無法喚回了；但青史是否成灰，也許才是真正考驗這本書的標準吧？

Part 1 國軍個案故事

Part 2 國軍通案故事

Part 3 國軍勞軍故事

Part 4 國軍軍紀故事

Part 1
國軍個案故事

砲擊角嶼屠殺越南難民偷竊
襲警八德滅門案翠嶺路滅門
案反攻烏龍水鬼國軍姦殺美
軍姦殺家書愛國情色勞軍軍中情人特約茶室金中之花小徑
八三么七號姊姊大陳義胞一妻三夫黑寡婦時代週刊按圖索
妓奪機美軍盜墓巧克力軍隊三P軍法局長砲擊角嶼屠殺越南難民偷竊襲
警八德滅門案翠嶺路滅門案反攻烏龍水鬼國軍姦殺美軍姦殺家書愛國情
色勞軍軍中情人特約茶室金中之花小徑八三么七號姊姊大陳義胞一妻三夫黑寡婦時
週刊按圖索妓奪機美軍盜墓巧克力軍隊三P軍法局長砲擊角嶼屠殺越南難民偷竊襲
八德滅門案翠嶺路滅門案反攻烏龍 水鬼國軍姦殺美軍姦殺家書愛國情色勞
軍中情人特約茶室金中之花小徑八 三么七號姊姊大陳義胞一妻三夫黑寡婦
代週刊按圖索妓奪機美軍盜 墓巧克力軍隊三P軍法局長砲擊
嶼屠殺越南難民偷竊襲警八 德滅門案翠嶺路滅門案反攻烏龍
鬼國軍姦殺美軍姦殺家書愛 國情色勞軍
之花小徑八三么七號姊姊大 陳義胞一妻
圖索妓奪機美軍盜墓巧克力 軍隊三P軍法局長砲擊角嶼屠殺
南難民偷竊襲警八德滅門案翠嶺
滅門案反攻烏龍水鬼國軍姦殺美
姦殺家書愛國情色勞軍軍中情人
約茶室金中之花小徑八三么七號姊姊大
義胞一妻三夫黑寡婦時代週刊按圖索妓
機美軍盜墓巧克力軍隊三P軍法局
長砲擊角嶼屠殺越南難民偷竊襲警八德滅門案翠嶺路滅
門案反攻烏龍水鬼國軍姦殺美軍姦殺家書愛國情色
勞軍軍中情人特約茶室金中之花小徑八三么七號姊
姊大陳義胞一妻三夫黑寡婦時代週刊按圖索妓奪機
美軍盜墓巧克力軍隊三P軍法局長
砲擊角嶼屠殺越南難民偷竊襲警八
德滅門案翠嶺路滅門案反攻烏龍水
鬼國軍姦殺美軍姦殺家書愛國情色
勞軍軍中情人特約茶室金中之花小
徑八三么七號姊姊大陳義胞一妻三
夫黑寡婦時代週刊按圖索妓奪機美
金中之花小徑八三么
七號姊姊大陳義胞一
妻三夫黑寡婦時代週
刊按圖索妓奪機美軍盜墓巧克力軍
隊三P軍法局長砲擊角嶼屠殺越南
難民偷竊襲警八德滅門案翠嶺路滅
門案反攻烏龍水鬼國軍姦殺美軍姦
殺家書愛國情色勞軍
軍中情人特約茶室金

我們那冤死的弟兄們

二十五年了，金門「二一三事件」發生至今已經二十五年了。戒嚴時代在金門服役過的弟兄，即使忘記了這件新兵在餐廳對同袍開槍的血案，或許也還記得連上主官吃飯要配手槍、餐廳門口要站武裝衛兵的規定。

一九八二年二月十三日陰雨濕冷的清晨，金中師（一四六師）駐紮在后盤村的步五營二連，一位剛調撥到連上的新兵吳×元，持三把美製M一六自動步槍至餐廳掃射，造成重大傷亡後自殺，但因身材矮小，扣M一六板機時槍口歪了，所以子彈從下巴進入，穿過左耳貫穿後腦，送三總急救後語言功能喪失，他又幾乎不識漢字，以致案子成了「懸案」。四月中被憲兵押返金門，五月一日在靶場被公開槍決。

一九九四年我在僥倖獲得第八屆聯合文學評審推薦獎的短篇小說《塵年惘事》（絲路出版，一九九五年）裡，已經略為提到「二一三」的梗概，發表後當時得到許多戰友們熱心的更正與補充，也讓我對這件事的前因後果，有了更近一步的了解，這篇文章就是在二〇〇七年二月十三日前夕，為了紀念當年我們那冤死的弟兄們而寫的。

陸軍的「放牛師」

要探討「二一三」這宗血案，必須先從一四六師這支陸軍的「放牛師」說起。一九七〇年代的陸軍跟我們讀的國中一樣，也有升學班與放牛班的差別。升學班用的是明星老師，日後當主任、當校長，前途無量；放牛班的老師則是記了過、或等退休的，前途無「亮」。

一四六師並非老蔣嫡系部隊，其前身四十六師是國共內戰後期在粵東與贛南一帶招募並收編的新部隊，來台整訓後在韓戰開始時換發美援新裝備，師長羅揚鞭還是留美派將領，一九五三年派駐大陳，起初也曾風光一時。但沒多久情勢逆轉，一江山淪陷後，大陳軍民撤來台灣，浙東各島的游擊隊與未投共的民兵也都整編進來。但這些老芋仔（以部隊為家的外省老兵）與我們印象中的士官長完全不同，他們未曾受過任何正規軍事教育，也沒有任何特業專長（如通信、保修、工兵等）。因為素質不佳，別的師也不敢收，被撤來台後就一直編制在一四六師。

從一九五四年起，一四六師始終是全國各部隊中老芋仔比例最高的單位。一四六師是輕裝師，員額僅有三千，老芋仔總數卻超過六百，佔全師五分之一。而且直到一九七九年之前，這些老芋仔都被打散在各基層連隊中的，每一個連隊至少都編制十幾個。因為這些老芋仔被管制退伍，到了一九六〇年代，全都晉升為士官長，造成基層連隊的士官員額嚴重超編，所以一四六師的幹訓班（士官隊），整整停辦了二十多年，直到一九七五年才恢復。這二十年間各連隊的基層訓練，都是由這群老芋仔主導。

前面十多年老芋仔尚能親自帶兵，後面十多年逐漸變成由老芋仔各自「欽點」一至二名義務役的老兵代為執行。老芋仔每天不是在陣地裡酗酒聚賭，就是外出至特約茶室嫖妓，不肖的老兵隨時奉酒貢財，沒錢又體能不佳的新兵則慘遭凌虐，義務役的預官與志願役的軍官都不敢管，反正兩年一到就退伍或調任，只要自己任內不出「大事」就行。所以一九七〇年代起，一四六師就成了大家戲謔的「放牛師」。

其實從一九四九年之後，老蔣在台為防軍隊叛變，徹底執行主官管輪調制度，按理說全師的主官管都是兩年一調，各階層的領導軍官也一直在更替，根本不可能出現「放牛師」。但一四六師是編裝不足的輕裝師，加上「老兵取代士官」的游擊隊作風，所以雖然士兵的體能戰技一流，演習或競技的成績也不錯，還配備美式全自動步槍，但「軍紀」這個致命傷始終是個困擾。歷任師長及政戰主任，只要是有來頭、背景硬的，都想方設法的不要進入這「升官墳墓」。

舉例來說，一九八四年郝柏村執行「陸精四號」案，將全國六個輕裝師解編，我們砲兵營的士官兵被編進二九二師。以這兩個師相比，二九二師先後四任師長杜金榮（上將，副參謀總長，總政戰部主任）、馬登鶴（中將，陸軍副總司令）、陳鎮湘（上將，陸軍總司令）、宋川強（中將，陸軍副總司令）都繼續升官。但一四六師的師長，官運較好的只有一個前教育部軍訓處處長宋文中將，任內因貪污遭判刑九年，關的比我們當兵的時間都長；其他的如刁迎春因「二一三」

案退役，王天進與何秋文（福州人）雖然都是台籍的「樣板將軍」，卻只被酬庸為中將軍團副司令退役。任何將官到一四六師當師長，就等於是軍旅生涯的終點。

一九七五年時，因為一四六師的軍紀一直出問題，陸軍總司令馬安瀾才痛下決心，將一四六師三百多名單身（不必負擔家計）的老士官除役，全部安置於桃園榮民之家；其他老芋仔也盡量集中管理，基層連隊才開始出現義務役士官。但「老兵帶新兵」的傳統，在基層連隊中依然沿襲。當時一四六師軍紀如何，從「逃兵」人數就能看出端倪。

雪上加霜的「兵力平衡調撥」

二一三事件爆發前的一九八一年冬季，一四六師由中壢雙連坡移防金門小徑，遼河演習（當時移防任務的代號）前，全師分三梯次各放五天省親假。結果逾假不歸被發佈逃亡通緝的竟高達一〇五人，其中甚至還包括多名少尉預官及志願役的一等士官長及上士，平均每三十多人就出現一個無視「敵前逃亡唯一死刑」的重犯，破了國軍移防外島前「逃兵」的紀錄。當時六軍團司令許歷農中將，暴跳如雷地到雙連坡師部痛斥刁迎春師長，要一四六師快滾到金門，不要在北軍團丟人。但官場造化弄人，許司令罵完不到一週，就被發佈晉升上將，隨即出任金防部司令官，接替升任陸軍總司令的蔣仲苓上將。兩週後的許歷農司令官，又在金門的料羅碼頭，迎接兩週前被許歷農司令痛斥的一四六師。

會出現這種「逃兵」創紀錄的另一個原因，則是因為當時一四六師移防金門前，陳培寧副師長突發奇想，他認為多數基層連隊的兵力分配「有問題」，因為相同梯次或相近梯次的兵員過於集中。也就是說在某一段時間內，很多連隊都會有過多義務役士兵相繼退伍的現象，將形成部隊戰力無法銜接的空窗期。陳副師長因而在一四六師進行一項前所未見的「兵力平衡調撥」。就是除了師部連、通信連與支援營外，全師每個連隊都要互相「換兵」。還規定除了砲兵營可以不同連互換，其他五個步兵營甚至必須「跨營互換」。

移防前部隊已忙得不可開交，平均每個連隊還有二十多人要換單位，因為各連也都想藉機「汰弱換強」，把「不受教」的兵換出去。人同此心、殊途同歸，「兵力平衡調撥」的結果，「不受教」的兵調來撥去，依舊是「汰弱換弱」，但卻搞得基層連隊人心惶惶，人事與補給作業大亂，所有政戰的營、連輔導長，都反對這項莫名其妙的政策。因為移防前人員調動本來就該凍結，這麼多士兵既要面臨移防外島的疑懼，又要重新適應新單位，對軍紀的摧殘是雪上加霜。

其實軍方對一四六師這個「放牛師」，也不是完全放棄，除了調派大量陸官與政戰的正期生下基層連隊，一九七〇年代政壇提拔「催台青」時，軍方也積極栽培台籍將領，台籍師長王天進與何秋文（福州人五歲來台，軍方將其歸類為台籍），政戰主任董金村（客家人）與林希典，都曾是高層刻意提拔的「台籍樣板將官」。然而很明顯的這些台籍高階軍官，在兩蔣統治下那個完全以外省籍將領為核心的國軍裡，由於晉升不易，性格大多「以和為貴」，像湯耀明那樣的霸氣者是少數；加上一四六師「積習甚重」，台籍軍官被派來這雜牌部隊，也往往成了「犧牲品」。

持平的說，「兵力平衡調撥」本意雖無對錯，但一四六師盛行「老兵吃新兵」，調撥到新單位的兵一定會遭「欺生」，以致兵與兵之間的暴力事件頻傳，政戰單位似乎只是袖手旁觀，藉以證明當初的政策是錯誤的。一四六師的阿兵哥，只能自求多福，駐防台灣本島時沒出事，完全歸功於「逃兵方便」。在台灣本島，「逃兵」這個出口雖然毀了不少年輕人的前程，但也挽救了不少無辜的年輕生命。吳×元若是被分發到中壢雙連坡，而不是金門的后盤村，他最多是選擇逃兵，也不會帶走那麼多槍下亡魂。

血腥又神秘的「密室屠殺」

二一三事件的肇事者吳×元，是台灣東部鄉間的排灣族原住民，八歲時父親無故離家後失蹤，母親靠採香菇和竹筍過活，為了幫忙照顧他的兩個妹妹，國小二年級就輟學，因而不識漢字，也不懂國語。身材矮小，學過雕刻，但大多是靠種香菇、採野菜竹筍維生。十五歲時，他隨外國傳教士學會羅馬拼音，是村中唯一不喝酒不抽菸的年輕人。雖然家境艱困，但他依然擔起父親留下的重擔，不願把兩個妹妹賣給人口販子，這在當時的山地鄉是很少見的。不過這也成為族人懷疑他家另有金錢來源，而向警總人員舉發的「匪諜」罪證之一。另外羅馬拼音的原住民語聖經，也成了「通匪」的密碼，成為罪證之二。

一九八二年二月十三日早上七點，大雨低溫，剛到五營二連還不到一個月的吳×元，連續三天被老兵脫哨，每晚衛兵都是從夜間十二點站到天亮，白天又遭老兵毆打凌辱，憤而背槍下哨向安全士官說：「兩個『學長』不要淋雨，叫我來領槍給他們上哨。」輕裝師的士官不多，所以都以兵代士來站安全士官，開了槍櫃就讓吳×元自行取槍，但他領槍後並未返回崗哨，反而步向另一頭的餐廳，安全士官也毫無警覺。

后盤連的連部餐廳與中山室，是半隱藏地面的ＲＣ結構伏地堡，由一段大約二十公尺的長坑道連接，餐廳另有一扇對外的濾毒通風門，但平常並不開啟，人員都經中山室進出餐廳。吳×元因三天沒睡覺，精神狀態已不穩定，似乎分不清誰是誰了。拿著三把步槍進入餐廳，對著部隊直喊：「報告輔導長，我要申訴！報告輔導長，我要申訴！」

當時全連官兵都在餐廳裡用餐，陸官專修班的連長與輔導長赴師部開會，專科班的副連長與擔任值星官的預官陳排長坐在長官桌。吳×元突如其來的舉動，引起全連哄堂大笑，副連長則笑著罵說：「他媽的哪裡來的天兵，你是搞錯洞（跑錯連）了嗎？帶槍進來幹嘛？滾出去。」大家笑得更厲害，根本不當一回事。

但被激怒的吳×元一拉槍機，所有人才發現不對。吳×元揮舞著上膛的自動步槍，堵在通往中山室的門口不斷大叫：「我要去死！我要去死！」副連長趕緊把大家集中到餐廳前方，想打開濾毒通風門脫困。當天剛好「破百」（再過一百天退伍）的陳排長，則勇敢地冒充自己是輔導長，上前安撫說：「吳×元，有委屈跟輔導長好好說，先把槍放下。」雖然陳排長假扮輔導長已經收效，吳×元開始大聲哭訴，但他本來就不諳國語，又因情緒激動而口齒不清，副連長開始不耐，大聲喝令陳排長先把槍搶過來，才准吳×元說話。陳排長不斷回頭請副連長不要再說了，交給他處理就可以，但副連長仍以最後通牒的語氣，從十到一開始倒數，結果還沒數到一，慘劇就已釀成。

雖然吳×元開槍時並未針對任何人，幾乎全射向鋁製豆漿筒。除了勇敢的陳排長因站在他面前，腰部直接中彈多發，屍體幾乎斷成兩截，其他人都只是被跳彈所傷。但由於全自動的M一六火力太強，加上餐廳鋼筋強化水泥的RC結構，以致跳彈不只一次，所以室內傷亡慘重，除了七名當場死亡，兩名送花崗石醫院死亡外，其他八名重傷者，金防部立刻調派專機空運回台，送三總急救後又有幾人死亡不詳，另有多名輕傷者，現場只有副連長等四人以長官用指揮桌掩護（鐵製桌面），僥倖沒中槍。

打完兩支槍的四十發子彈後，吳×元跑到餐廳與中山室間的通道，用最後一把槍頂著下巴扣發板機，但因身材矮小，槍口歪了，子彈只從下巴穿過左耳貫穿後腦，臉部全毀。由於餐廳在案發後極度混亂，倖存者不是被嚇到屎尿失禁，就是失神錯亂，以致吳×元回頭逃往通道時，根本無人目睹他開槍自殺。安全士官聽到槍聲，來餐廳查看時嚇壞了，竟然沒用電話向營部或師部報告，也沒有沿環島北路往東，向瓊林或中蘭的一四六師其他部隊求援，而是持槍向北往北海岸的一五八師西山營求救。

一五八師的師部接到戰情報告，上呈金防部後，一四六師戰情室才獲報后盤連出事了。由於輕裝師的機動車輛原本就不多，刁師長立即動員了各單位所有的車輛，率領師部警衛排及武裝憲兵約三十人馳赴，董主任也率領政三、政四科及衛生連人員馳援。龐大的車隊幾乎同時到達，但因狀況不明，車輛又無法直接開到伏地堡入口，於是由武裝人員前導，抬擔架的衛生兵隨後，沿山路到后盤連伏地堡入口時，一五八師的官兵已在場，但並未進入，於是現場交由刁師長指揮，憲兵先隔離一五八師的官兵，並逐一登記姓名，所有善後工作完全是一四六師官兵執行的。

據受訪的衛生排學長說，當濾毒通風門被打開時，衛生兵都是一面嘔吐、一面抬出還有呼吸的傷患。現場只見蜂窩狀的豆漿桶還在架上，地面沾滿豆漿與血水混合的紅白腳印，血肉模糊的屍體讓人看了雙腿無力，濃重的血腥味讓所有官兵反胃嘔吐，師部的長官雖是服役多年的職業軍官，也都只能蹲在坑道外嘔吐。刁師長傷心地不斷拭淚，幾乎無法言語，現場只有陳副師長還能鎮定地指揮。

在一片混亂中，所有傷患的軍服都被衛生兵脫下急救，吳×元因臉部重創難以辨認，也連同其他傷患一起被送往花崗石醫院。等傷患都清運完了後，不斷嘔吐的副連長才回魂說：「開槍的是山地人，已經帶槍逃跑了。」雖然副連長並非兇手，但倖存者抱怨，這位長官有點「脫線」；吳×元都報到了一個月，他竟然還叫不出名字，只會叫他「山地人」。判他軍法是太過分，但強迫他退伍就絕對有必要。

刁師長知道兇手逃亡後，立刻下令警衛排及憲兵搜索週邊山區。因為后盤連位於金中師與金西師交界，防區重疊，所以一五八師的官兵也奉命支援搜索，結果一五八師的憲兵真的在後方一百公尺處山溝，發現一具身著金中師標誌（三角形中兩橫一豎）軍服的屍體，他們就回報一四六師說兇手已自殺身亡，狀況已解除，一四六師的警衛排與憲兵才卸下武裝。

可是山溝裡的屍體，經副連長及安全士官指認後，都說死者並非兇手，何況死者身邊未見槍支，如何自殺？果然後來法醫說，這個人是肩膀中彈後，受驚嚇逃出坑道跑到山溝躲藏，結果死於失血過多。沒找到兇手，警衛排與憲兵又重新武裝，擴大搜索，眼看金防部就要發布「雷霆演習」，捉拿武裝逃兵吳×元了。幸好現場的師部政戰軍官比較警醒，立刻清查全連械彈及人員，結果發現連同現場拾獲的三把M一六，槍枝並未短少。近一步反覆清點全連現存人員與傷亡者總數，連退伍了還在等船、支援、受訓的都不放過，可是怎麼清點人數又都完全吻合。一直到政戰官逐一攤開血衣拍照時，才赫然發現吳×元的軍服也在其中，證明兇手並未持槍逃亡，而是被混在傷者當中，送進了花崗石醫院。

吳×元的臉部因槍傷無法辨認，為求慎重，軍方是以兵籍資料裡的指紋確認身分。當天傍晚，吳×元連同其他七名傷者，被金防部以C一一九運輸機專機轉送台北三總急救。他因槍傷已無牙齒、舌頭、左耳、左眼，語言功能完全喪失，也不識漢字，被扣押在軍令系統的新店看守所。

無法應訊的兇手，讓此案又成為軍令系統（郝柏村為首）與政戰系統（王昇為首）相互鬥爭的籌碼。軍令系統希望朝「匪諜滲透」方向查辦，政戰系統則希望朝「軍紀敗壞」方向查辦。但吳×元被押在軍令系統，以致自白書及偵訊筆錄中，吳×元都「坦承」有吸膠惡習、對政府不滿、長期收聽匪偽廣播；還多次收受不明人士的金錢，要求他於軍中伺機製造暴亂。另一方面，警總在吳×元的故鄉也積極查辦「匪諜」，吳×元軍中同袍與同村親族等「秘密證人」都指證歷歷，證物部分則有軍醫署傷亡證明、強力膠空罐、連絡不明人士的密碼暗語多頁與短波收音機等等。

軍法與警總等偵查單位，利用吳×元傷後無法言語、不識漢字的漏洞，編造了許多「匪諜」的內容，反正殺人就該償命，吳×元既已犯死罪，只是把動機及過程稍微修改一下，並不影響判決結果。這種誇大浮報「戰果」的手法，是當時情治單位賴以生存的主要方式。「二一三案」就在四月下旬，於金防部軍事法庭以「破獲匪諜滲透國軍連隊案」起訴，覆審時雖更動了殺人動機，卻維持原判的死刑，在五月一日執行。另外案發當時的安全士官被判三年六月徒刑，副連長移送軍法判刑後回營服役，連長與連輔、營長、營輔都記兩大過免職退役。

到底死了多少人？

其實據倖存者回憶，該連連長本職學能優秀、但性情卻很「直爽」，操體能時常親自入列示範，多數士兵對他並無惡評。無奈官運太差，「老兵制」是一四六師的傳統，並非他一人所能改變。不過在這次慘案後，師部終於痛下決心，大力整頓各連隊，甚至將所有新兵集中在師部住宿，接受兩星期到一個月的新兵隊集訓。至於在連坐處分上，因為一四六師是輕裝師，沒旅長，金防部底下又沒「軍部」，所以要連坐勢必牽連到金防部司令官許歷農與政戰主任武士嵩。最後結果是雙方妥協，師長刁迎春與師主任董金村各一大過免職。（一大過退役後還有終身俸）至於司令官許歷農與主任武士嵩，在「恐怖平衡」下則都沒事。

「二一三」案到底死了多少人？一五八師憲兵連網友「兵哥」說：「事發當場掛了五人，送到醫院又掛了八人，後續就不得而知了。」后盤連的政戰士（以兵代士的黑牌）網友「正庭」說：「當年九位罹難官、士、兵的安全資料是我銷毀的。」拙作《塵年惘事》發表後，一四六師衛生排學長告訴我是「當場死七人，送花崗石醫院又死二人。」

當時的傷患與倖存者，後送台灣後都被「隔離保護」，軍方又不公布死亡人數，所以網友們各說各話。從前在金門時，一四六師不受教的兵被調來調去，連上有老兵總是自稱是「二一三案」目擊者，說得活靈活現。但拙作《塵年惘事》發表後，才有目擊者告訴我，傷者與倖存者在台灣被「隔離」調查後，都分發到其他島內野戰師退伍，根本沒回金門，更不可能在一四六師。何況他們怕被有關單位「滅口」，退伍了十年都不敢說；他說那些當年在一四六師裡，敢吹牛說自己是目擊者的老兵，其實都只是「瞎子不怕槍」而已。

另外死亡數字會不同，也有兩個可能。一是少尉預官的死亡日期，被延後了好幾星期，以便獨立成另一件「因公殉職」案，「二一三」的嚴重性才被淡化。因為當年若有軍官死亡就是大案，連坐下去會有更多將領要丟官。還有一名士兵因下體中彈被切除，幾天後在三總疑似「自行將空氣注入點滴導管」自殺。這兩個「人」的差距，很可能也是數字出現「誤差」的原因。

在二一三到五一這段調查期間（或者說是內鬥時間），一四六師緊急從各步兵營抽調一個班，湊成兩個排，在后盤國小校區紮營，成為新的五營二連，後來調到現在的尚義機場附近，血案發生的伏地堡則早已封閉。其他像是「匪諜」吳×元、勇敢的陳排長與不幸傷亡的一四六師同志們，也就逐漸淡忘在我們的記憶深處了。

金門國軍砲擊角嶼的六二七事件

一九八四年七月六日，全台三大報《中央日報》、《中國時報》與《聯合報》，頭版標題都是同樣出自國民黨中央社「匪船多批騷擾金馬防區」與「匪蛙人劉陳寧在金門灘頭被捕」，當時兩岸局勢緊繃，引起世界注目，而在金門被俘的這個倒楣水鬼「劉陳寧」，大名與照片立刻傳揚全球，成為世界知名的戰俘。當時國防部軍事發言人王淼少將說：

「共匪為捏造謊言，在國際上造謠栽贓，最近不斷派遣帆、漁船及蛙人對我金、馬外島前線騷擾挑釁和滲透。六月十二日凌晨，一名前來滲透的水匪劉陳寧，為我金門守軍在金門灘頭捕獲，現正由金防部偵訊中。」

王淼少將還說：「據香港《工商日報》報導，共匪前福州軍區司令員楊成武，於六月一日視察福建沿岸圍頭、角嶼等地時，曾指當地共軍派遣蛙人滲透金門及帆、漁船騷擾金門。根據金門防衛司令部的報告，從六月一日到三十日，共有匪帆、漁船一〇四批三〇八艘次，闖進距離金門防區八百公尺到四千公尺的警戒水域中。」

王淼少將結論：「共匪曾多次說謊栽贓，四月二十二日於美國總統雷根訪匪前夕，製造我馬祖守軍射擊外國商船的謠言；六月十一日於趙紫陽訪歐、張愛萍訪美期間，製造我金門守軍射擊匪帆船的謠言；六月二十九日竟造謠我金門守軍炮擊匪踞的角嶼島，誣指我製造台海緊張情勢，企圖混淆國際視聽，希望國際間能認識共匪的這項陰謀。」

坦白說，國共雙方軍事發言人都有一個共同特點，那就是謊話絕對要比真話多。至於王淼少將口中的「六月二十九日竟造謠我金門守軍炮擊匪踞的角嶼島」，竟是因為國軍要射殺金東師企圖泅渡叛逃的士兵莊輝亮，卻使用了射程太遠的一〇五榴炮。偏偏國軍這些來自二次大戰美軍報廢而軍援台灣的一〇五榴砲，因為裝備老舊、裝藥潮濕，「大炮打逃兵」的結果，竟然是一〇五榴炮的炮彈沒打到海上的逃兵，反然射到了對岸共軍駐守的第一線離島角嶼，落彈造成傷亡後，共軍也發砲還擊，才引發了這次兩岸最後一場互有傷亡的烏龍炮戰。

聽郝柏村怎麼解釋這場烏龍砲戰

一九八四年夏季，我剛從金門的一〇五砲兵營移防台灣不久，正忙著在南台灣參加二九二師與三三三師對抗的「長順演習」，在金門的國軍卻於六月二十七日上午，與對岸共軍爆發了炮戰。當時也是砲兵的我們也很擔心，會不會又要移防金門了。而這場金門國軍砲擊角嶼引發的烏龍砲戰，也就是「角嶼事件」，或被稱為「六二七事件」。

這次烏龍砲戰的起因，是金門離島草嶼的三一九師五營三連，配屬支援的一〇五榴砲隊無預警的對共軍最前沿的炮陣地角嶼，發射一百餘發榴炮，造成共軍一死二傷；而共軍還擊也造成國軍一死。雙方砲戰不到一小時後，國軍忽然停止射擊，而共軍也同步停止。次日台灣國防部宣稱，炮擊原因是「反擊大陸水鬼（蛙人）的滲透」。但真相究竟為何？當時還是一介小兵的我，根本無從知悉。

解嚴之後，軍事強人郝柏村在《八年參謀總長日紀》（天下文化，二〇〇〇年出版）裡，依然說：「顯因我二十七日射擊角嶼東北一千五百公尺處竹筏而意圖造謠栽誣。在國際間尤以對美國造成我好戰形象。今日特指示發布新聞予以反斥，並繪出我驅離射擊海域，以正視聽。中共近派漁船接近外島警戒水域，誘我驅離射擊，然後栽誣。此種詭計必須拆穿。」

郝柏村的日記與老蔣的日記很類似，總是不斷指責共匪「造謠栽誣」。但事實勝過雄辯，到底是誰在「造謠栽誣」，還原歷史就一清二楚。當天共軍駐紮的角嶼，究竟有什麼「竹筏」會往東北移動一千五百公尺，讓金門國軍來炮擊？郝柏村的書裡並未說明，但軍方既然已經把砲戰原因定位成「共軍挑釁」，媒體當然不能閒著。果然到了七月六日，《中央日報》、《中國時報》與《聯合報》全都配合「此種詭計必須拆穿」，在報紙頭版標題發布軍聞社「金門守軍捕獲水匪劉陳寧」的「舊聞」。就這樣金門逃兵引發國軍砲擊的「角嶼事件」，就被搞成「捕獲水匪」。到了二〇〇四年，國安局長退休的丁渝洲（事發時的金東師參謀長），口述《丁渝洲回憶錄》裡（天下文化出版），才說出六二七事件裡大部分的「真相」：「金西師有個被關禁閉的士兵趁著勞動服務時，由東海岸下海逃亡。當時我們所有的浮水工具都嚴格管制，他是從一處正在整建的據點拿了塊模板，趁著退潮時漂游出去，直到游出八百公尺，才被海岸哨及觀測官發現。敵前逃亡是很嚴重的違法事件，經報到師部後，開始對目標不斷射擊。

師長指示我在師部指揮所坐鎮，他則到第一線據點瞭解狀況。我們先是用輕兵器及戰防武器射擊，但因目標太小且緊貼海面，難以擊中；防衛部隨即指示改以一〇五炮射擊，電話一個接一個打過來下達射擊命令。當時的海流速每小時約二點五公里，目標已從東海岸漂到馬山與角嶼之間的海面，潮水已開始退潮，正往對岸漂移。

當時有位國外貴賓在金門參訪，司令官宋心濂將軍送他到機場之前，突然來電指示我立即全面停止射擊，因為有兩群炮彈意外打到角嶼的共軍陣地並造成傷亡，才緊急喊停。宋心濂送完貴賓後又打電話給我，問我四、五種兵器的射程，我未經思考就一一回答，說明曲射武器要打海面移動中的點目標是很難擊中的，最好不要再開火。

由於情況急迫，司令官下令把兩棲部隊的快艇從南海岸運到北海岸，選定距目標最近位置，由副營長帶領六艘快艇下水，一聲令下全速朝目標駛去，快接近時，突然發現前方也有四艘共軍小艇出現，正向逃兵接近，不過我們的小艇比較靠近目標，搶先到達後迅速把人撈起，對方小艇因失去先機就停了下來，眼看著我方將人帶回。

我覺得宋司令官當時的決定與處置，果斷而適切。這個兵被押回來後，我們發現他僅在頭部受了輕傷，是八一炮彈的小碎片造成的，其餘無礙。他原來就是考管份子，後來送軍法審判。

這個誤擊事件很嚴重，我們監聽到福建軍區司令員皮定鈞以電話向中共中央報告此事，而且角嶼共軍已把炮衣脫掉，幸好他們沒有還擊。至於怎麼會誤擊角嶼，事後查明是因為我們一向把金門周邊海域全部劃上方格座標，每個方格都有個代號，那天是因為炮兵指揮所在下達射擊命令時，炮陣地聽錯代號，才造成兩群炮彈落到角嶼共軍陣地上。

以後中共在國際間大肆渲染，對國軍形象造成了傷害。金防部一度決定邀請國際媒體到金門來，要我做簡報；但我思考後向上級報告，這個簡報如果據實講而不提叛逃士兵，則為何發射這麼多炮彈，就很難回答；如果說是訓練，是什麼課目需要發射這麼多發炮彈，而且還打到對岸去，更難自圓其說。我建議，如果不能有個圓滿解釋，邀這麼多國際媒體是否恰當，宜慎重考慮。最後這個案子打消了。」

丁渝洲不敢說出的真相

感謝《丁渝洲回憶錄》把六二七事件大部分的真相給還原了，雖然我們早已聽說，但他老實招了，也省得我花太多力氣說故事。然而丁渝洲為了替自己與三一九師師長郭達沾（據說是台籍上將警總司令陳守山的女婿）護短，依然隱瞞了最重要的部分。尤其是把自己金東師（三一九師）的逃兵莊輝亮，說成是金西師（一二七師）的逃兵，是否要藉以逃避他自己當時是金東師參謀長的責任，就請大家自由心證。

莊輝亮在金門碧山靶場被槍決時，為了殺雞儆猴、喝阻叛逃，有數百名國軍基層士官兵被拉來當觀眾，還寫了心得報告交給政工，眾目睽睽下難道大家都會搞錯？況且金西師的士兵要叛逃，為何要跑到金東來「下海」？這一點丁渝洲更難自圓其說。

另外丁渝洲在回憶錄裡還說：「這個誤擊事件很嚴重，我們監聽到福建軍區司令員『皮定鈞』以電話向中共中央報告此事，而且角嶼共軍已把炮衣脫掉，幸好他們沒有還擊。」這一段話更加離譜。

共軍的前福州軍區司令員皮定鈞，早在一九七六年七月七日，乘坐直升機視察東山島演習時飛機撞山，機上十三人無人生還。丁渝洲難道是會「觀落陰」，否則怎能聽到七年前已死的「皮定鈞」說話？天下文化已經算是台灣最頂尖的出版社了，但軍事回憶錄照樣會出現這樣爭議，可見華文世界要找適任的文史編輯真的很難。因為文史編輯待遇低又沒地位，有點能力的人早就往學術路線發展了，只有像我這樣的「小瓜呆」才會樂此不疲。

引發六二七事件的逃兵莊輝亮，根據同連士官的回憶，他是桃園平鎮人，沒戴眼鏡，身體瘦弱單薄，那時剛從訓練中心結訓，下部隊被分發到金門東海岸的狗嶼灣連第一排。每天早上，他與同梯次的其他六名新兵，都由第一排綽號「嚴重」的下士班長林×仲，帶隊從狗嶼灣連到鵲山的九五五旅旅部，參加新兵銜接訓練。如此早出晚歸，平常表現尚屬正常，絕不是丁渝洲所謂的「考管份子」。

狗嶼灣連的正確番號是三一九師九五五旅一營二連，連長是官校專科班的張×成，輔導長是官校正期的趙國輝，而莊輝亮是在莒光日被送去鵲山旅的禁閉室。國軍把星期四稱作莒光日，這一天所有部隊都會停止一切軍事操課，只上政治課。莊輝亮等新兵那天都留在連上，沒去鵲山新兵隊，與連上其他士兵一起，早上在中山室看電視播放的政治教學，下午開榮團會。莊輝亮那天被安排與另一名大專兵張正烽，站一排一班的雙哨衛兵，結果莊輝亮利用站衛兵時抽菸，好死不死又被剛步出中山室的輔導長趙國輝看到。莒光日是政治日，這一天部隊裡就是政工最大，趙國輝堅持要將莊輝亮送到鵲山旅部關禁閉，張連長也不敢置喙。

不料被送禁閉後心有不甘的莊輝亮，竟然趁機從禁閉室逃跑，金門全島發動雷霆演習搜捕也沒找到他，而他卻利用工兵工程用的模板下海，企圖循林正義（林毅夫）的叛逃路徑游往中國，結果引發雙方互有傷亡的六二七事件，他自己被捕後也遭槍決。據說國軍誤擊角嶼時，郝柏村恰巧就在金門接待外賓，當時外賓還以為這是國軍的歡迎禮炮，而砲兵出身的郝柏村自知有異，非常憤怒，就跳過金防部高官，直接將各觀測所的基層軍官找來問話。

這些觀測官或限於專業不足，或是職業軍人剛下部隊，都不敢直說整個從觀測回報到下達射擊指令的過程。一位台大物理研究所畢業的金東師預官，因為快退伍了，而且老爸也有點背景，據說還是郝柏村岳父的直系晚輩，才敢直陳金門各觀測所與戰砲隊之間的配置不合學理，砲兵連長官外行領導內行，而且編制疊床架屋，因此會有多頭馬車的亂象。郝柏村想知道到底莊輝亮頭上的傷，究竟是被國軍哪一種炮彈打到的；這位待退預官說用材料分析彈片，就能解開謎團。郝柏村於是令他私下帶回台灣去驗，結果驗出來竟是俄製鋼片，證明金門國軍砲擊了一百多發都落空，反而是被匪砲擊中的，這結果只怕比誤擊角嶼更尷尬吧！

反共義士變成了被俘水鬼

莊輝亮叛逃被槍決，還可說是咎由自取；但六一七事件卻害慘了另一個從廈門游泳來金門「投奔自由」的反共義士。當時兩岸關係已經出現重大變化，共軍在中美建交後，停止對國軍駐紮的金馬各島砲擊，而福建沿海的漁民為了生計，也紛紛湧向金馬。由於金馬長期的軍事管制，附近海域的漁場因此逃過漁民的濫捕，魚群多得不得了。雖然國軍不斷砲擊掃射，依然阻擋不了前仆後繼的中國漁船。中國漁民甚至為了金門海灘礁石上附著的野生石蚵，不怕遭射殺的危險，冒死上岸來刮沒多少錢的蚵仔。

除了中國漁船的不斷越境，讓金門守軍更頭痛的是，政工依然不斷透過廣播與空飄海漂傳單，對中國軍民鼓吹「投奔自由」；但台灣的政策已改成除非中國軍民是駕軍機或劫持民航機，個別游泳來的無論軍民都不收。郝柏村《八年參謀總長日紀》與《丁渝洲回憶錄》也都曾提到，這些人即使游到了金馬，根本連台灣都還沒去，就直接用漁船遣返了。

至於國軍發布新聞裡的「水鬼」劉陳寧，現在定居上海，當年他根本不是什麼中國蛙人，只是笨到聽了台灣的廣播，想游來金門當反共義士，以為可以領賞。劉陳寧更倒楣的是六月十二日淩晨在金門海岸登陸，向駐軍表達要來投奔自由，參與反共大業，卻被送去神秘的「政戰特遣隊」裡毒打刑求，確認不是共軍的水鬼後，本來要擇期遣送回中國，不料六二七事件卻在這時爆發。

砲戰之後，老美極度不滿，因為八一七公報簽訂後張愛萍訪美，這是共軍將領第一次訪美，中美正開始近一步軍事交流以對抗蘇聯，金門卻在這時發生互有死傷的砲戰。因為是國軍先開砲的，老美就認為國軍是故意搗亂，所以軍頭們趕緊把「劉陳寧」老案新辦，在七月五日發布新聞，栽贓他是共軍蛙人，藉以逃避老美壓力，證明是共軍挑釁。

劉陳寧被送到台灣後，關在台東外海的太平洋上，專門集中監禁政治犯的綠島監獄。那時恰巧台灣的軍事情報局局長汪希苓，因不滿筆名「江南」的華裔作家劉宜良，撰寫出版《蔣經國傳》，就找了竹聯幫幫主陳啟禮，在情報局陽明山的訓練基地松竹山莊受訓五天，再化名為「鄭泰成」與吳敦和董桂森二名竹聯幫殺手，在十月十五日上午以手槍射殺劉宜良。為了怕被軍方滅口，陳啟禮錄製了執行江南案始末的錄音帶，交由竹聯幫份子「黃鳥」等人在海外保存。

陳啟禮返台後不久，老美已經掌握了案情，小蔣恐怕案情曝光，會把傳說中真正指使汪希苓的蔣孝武扯出來，於是先在十一月十二日執行名為「一清專案」掃黑行動，逮捕陳啟禮送往綠島，其他數百名外省幫派份子與本省角頭，隨後跟著被捕送進綠島。陳啟禮靠著保命錄音帶而留著一命，所有外省掛與本省角頭卻都陪著管訓。大家被特務莫名其妙的抓來綠島，管訓也不知期限，當然恨透了小蔣，但他們自己是流氓大哥，社會形象也不好，喊冤也得不到社會同情。大家就決定找本土報紙與黨外雜誌，一起炒作劉陳寧案，突顯「一清專案」的荒謬。

被大哥們這麼一鬧，劉陳寧立刻被軍方釋放。出獄後他很想留在台灣，因為回中國也會被關，搞不好還性命難保。但軍方高層深恐夜長夢多，就將這燙手山芋直接押解到香港，轉交給中國紅十字會，並且直接解送上海。據他現在的鄰居說，劉陳寧在上海入境時，國軍給他折合約二百萬新台幣的「美金封口費」，全都被大陸方面沒收；但他原本去金門時帶的二萬人民幣則還給了他。這過程也很可笑，有共軍蛙人來金門摸哨，還隨身攜帶二萬元人民幣？可見駐軍抓到他時，也是把他當偷渡犯處理。何況軍聞社發布的照片，劉陳寧明明就是西裝頭，共軍何時出現過這麼「潮」的兩棲蛙兵？

劉陳寧回中國後，共產黨實現了承諾，沒有追究他的刑責，還安排他回上海，在上海某街道食品廠工作。那時兩岸關係是蜜月期，劉陳寧的遣返，讓兩岸紅十字會有了來往，中國官方大概認為他也有「苦勞」，所以不追究他的叛逃。劉陳寧後來在陳啟禮、楊登魁、周酒忠等綠島大哥同學的協助下，出來自己做點優酪乳配送的小生意，也有了妻子兒女；但當初與他一起關在綠島的大哥同學們，如今在台灣卻死的死，跑的跑了。

國軍屠殺越南難民的三七事件

二〇〇七年三月七日，是三七事件二十週年紀念。雖然解嚴已二十年，改朝換代也七年了，即使「轉型正義」的口號每到選舉就高唱入雲，但在戒嚴時代被軍方「屠殺」的人民，除了每年二二八時會被兩黨各自奉為上賓的「精英遺族」外，其他屍骨已寒的本省人與外省人受難者，都已被台灣人民遺忘。何況那些漂流到小金門海灘，當場被軍官用手槍貼著腦袋槍決，或是被軍令規定下的小兵用圓鍬砸腦袋，即使殘存一口氣，仍難逃第二天跟著同伴屍體一起被活埋的越南難民，就更不會有人關心了。

《自立晚報》與《聯合報》的不同立場

「三七事件」在國內媒體的首次揭露，是從一九八七年六月五日《自立晚報》第二版「外傳金門守軍誤殺越南難民，立委提出質詢要求澄清，國防部發言人未表意見」的這則新聞開始：

「【台北訊】立法委員吳淑珍今天在立法院提出緊急質詢指出，外傳今年五月二十日左右，金門守軍發生「槍擊越南難民事件」，由於此項傳言攸關政府的國際形象，國防部應澄清說明，以免破壞國家形象。

吳淑珍在質詢中表示，外傳今年五月二十日左右，一艘自越南開出，載有十多名難民的『難民船』上先逃至香港被拒，不得已再開向金門，金門守軍不讓該「難民船」靠岸，結果守軍開槍打死三個『難民』，其餘十一、二人上岸後受審問，並造成嚴重傷亡事件，逼使陸軍總司令蔣仲苓，偕同總政戰部主任曹興華急飛金門，將金防部司令趙萬富及政戰主任帶回台灣，趙司令等因而被革職，某師師長、團營連長據聞亦被收押偵辦云云。以上傳言是否屬實，案關政府對國際難民或我國地下工作人員的人道待遇問題，應請國防部澄清說明，以免破壞國家形象，影響地下工作人員的忠貞士氣。

【台北訊】據悉，國軍高階層人事日前曾經部分異動，原任金防部司令趙萬富上將及政戰部主任張少將因故免職，趙萬富已接任國防部聯訓部主任，金防部司令遺缺由原任南部某軍團司令黃中將接任。原任聯訓部主任蔣緯國於去年六月調任國家安全會議秘書長，聯訓部主任一職即懸缺迄今。國防部軍事發言人目前尚未對上述人事調動表示意見，由於軍事發言人室重要官員均不在辦公室內，上述消息迄未獲得證實。

【台北訊】國防部軍事發言人室到目前為止，尚未對金門軍方誤擊越南難民船事件表示任何意見，軍事發言人室主要幹部均不在辦公室內。」

吳淑珍委員質詢被《自立晚報》揭露的隔天（六月六日），《聯合報》第二版裡，國防部軍事發言人張慧元少將，立刻跳出來指責她「破壞國家形象」。張慧元在解嚴前兩年（一九八五年六月）起擔任發言人，直到解嚴後「功成身退」，在這兩年多的任期裡，每次例行性記者招待會，幾乎都不是在發布新聞，而是忙著澄清傳聞。由於他「否認」過的傳聞比他發布的新聞還多，因而讓大家印象深刻，久而久之，他就被媒體記者戲謔為國防部軍事「否認人」。

解嚴前的台灣，可說是軍方的多事之秋。一來軍方高層基於個人利益，明的暗的都在阻擋解嚴；二來保守的軍方對任何事故，都抱著「家醜不可外揚」的遮掩心態，這樣反而成了黨外八卦雜誌的最佳推銷員。張慧元出面澄清的事件包括：金鴻輪被押往大陸、陳勁甫回國授階、國共軍的烏坵衝突、漢光二號演習登陸艇翻覆、漢光三號演習飛機失事、郭汝霖調職、宋長志離職、運兵船於澎湖外海沉沒、荷蘭潛艇無法潛水、軍售伊朗、太平島失守、綠島政治犯絕食等六十七件「謠言」。

這些黨外雜誌的軍事新聞，為了刺激買氣，有些純粹是荒謬的謠言，有些則真偽參半，但確實也是有一些是軍方想掩蓋的事實。然而無論如何，張慧元都成了歷任軍事發言人否認頻率最高的一位。其中「小金門擊沉匪船」、「趙萬富回台」、「金門守軍將校遭軍法審判」三件傳聞，張慧元一開始都出面澄清，但事後卻證實張慧元的說法才是「謠言」。當時《聯合報》還完全配合官方立場，新聞裡只要出現民進黨時，上下必加引號來宣示漢賊不兩立。這段新聞標題是「小金門守軍擊沉中共漁船，處置失當人員已依法究辦」。

「【台北訊】外傳金門守軍日前發生槍擊越南難民船一事，國防部昨天正式否認，並說明事件經過及處置方式。

『民進黨』籍立委吳淑珍昨天提出質詢指出，外傳金門守軍拒絕載有十多名越南難民的船隻靠岸，並開槍打死其中三名難民，這種行為破壞國家形象。國防部軍事發言人張慧元少將昨天說，金門守軍開火射擊的，是一艘企圖接近海岸的中共漁船，不是難民船。

張慧元指出，今年入春以來，中共漁船不斷藉機騷擾我外島，每日少則數十艘、多則上百艘，三月七日下午五時左右，有一艘中共漁船乘濃霧靠近小金門海岸，我守軍發現並經識別後，先予警告射擊，但該船不理會警告，繼續接近，守軍遂以火箭彈將其擊沉。

張慧元說，按戰備規定，對中共漁船接近，應先實施警告射擊，然後實施驅離射擊，除非明顯對我有危害時，原則上不得摧毀。這次守軍使用火箭彈射擊該船，處置顯然過當，有違戰備規定，有關失職人員已依法究辦。此外，經查相關單位，被擊沉中共漁船上，絕無國防部派往敵後的工作人員。

國防部有關人士昨天也指出，中共漁船與越南難民船，外型顯著不同，我外島守軍曾多次協助越南難民船登岸，並送往澎湖難民收容中心。」

《新新聞》與《民進週刊》的追蹤報導

看來吳委員與張發言人各說各話，似乎是毫無交集。六月十五日出版的《新新聞》週刊第十四期，鄭善元報導的「漁船被擊，將軍下台！」裡就提到：

「金門防衛司令趙萬富和政戰部主任張明弘，因為金門守軍處置失當，擊沉大陸漁船，而雙雙同時被免職，此事經立委吳淑珍質問之後，引起海內外重視，國防部也立即間接地證實此事。這是二十年來，最受注目的軍紀處分事件，尤其發生在前線的戰地金門。據悉有關此事的指揮系統的軍官，已有多人正在接受軍法審判。軍方為了整頓軍紀，對此事採取嚴明處置，有人譽之為是一種負責任，有擔當的表現。然而此事的實情如何，民間至今仍然流傳著各種不同的傳聞。

立委吳淑珍的質詢是根據傳聞而來，她說發生的日期是五月二十日左右，是越南難民被金門守軍打死。但國防部發言人張慧元則否認與越南難民有關，他指出這是與中共漁船有關，且發生時間，是在今年三月七日下午五時左右。兩者出入甚大。此外民間還有其他的傳說，但不論那種講法，都有不少疑點。

如果是越南難民，在大白天向金門靠岸，何以會被誤殺？何以會因拒絕上岸而被打死？但反過來說，照國防部的講法，中共漁船在傍晚濃霧中靠近小金門海岸；因不理會警告而被擊沉，則實在難謂過當，即使有過當行為，亦不致遭遇此種嚴厲處分。再說，如果在大白天發生這種用火箭砲擊沉大陸漁船，且有不少傷亡之情事，大陸方面必然大作文章，至少也會大加廣播，但是，據了解，並沒有。可見此事除了被淡化之外，仍然有許多隱情。

在金門馬祖當過兵的人都了解，我方守軍對於向我方開來的大陸漁船，在三千公尺時，予以警告射擊，到一千公尺時，則予以擊沉。對於大陸漁民的處理是由反情報工作的『黎明小組』負責。金馬對於大陸漁船誤入我警戒區者，均贈送物品，派船護送他回去。但是，有時大陸漁船飄進我岸邊，未被衛兵發現，甚至上了岸，則讓當地的部隊官兵均受嚴厲軍法制裁。國防部為嚴明紀律，對這類事件均派人實地調查，且需到現場演練。

這次事件為何如此嚴重，並不是死傷多少人的問題，而是因為事件發生後，部隊並未立即向上面報告。等到上面知道了，問下來，竟然一問三不知。比較可靠的說法是，蔣總統知道此事後，找參謀總長郝柏村去問，郝總長卻表示不知，再問陸軍總司令蔣仲苓，他也不知，問到金防司令趙萬富，他竟然也不知，連書面報告也沒有，郝柏村十分震怒，立刻把趙司令和張主任予以革職，連營團師長則全部送軍法。

趙萬富被軍方認為是郝柏村大力提拔的紅人，前程光明，這一下，全部完蛋了。趙萬富被調回台灣後，接任以前蔣緯國留下來的聯訓部主任，而政戰部張少將則調為總政戰部的計畫設計委員。據了解，新任金防部司令是曾任澎湖防衛司令和軍團司令的黃幸強中將，新任政戰部主任則為曾任陸軍後勤司令部政戰部主任張人俊少將。」

繼《新新聞》在國內追蹤報導本案後，各種黨外雜誌也紛紛跟進，香港媒體更廣泛報導，七月三日的《民進週刊》二十期，直接就用小金門前指揮官一五八師師長龔力與電影明星楊惠珊的親暱合照當封面，標題就是「金防部司令官趙萬富、小金門戰地指揮官龔力下台內幕」。文中指出：

「小金門守軍擊沉中共漁船案，外界傳聞很多，真真假假，本刊未便置評，但張慧元的說詞卻出現了許多漏洞。其中最明顯的是，張慧元的說法，根本忽略了時機與權限因素。依張慧元的說法，在時間上，小金門守軍砲擊中共漁船事件發生在三月七日，若說守軍處置失當，趙萬富最遲在三月底之前即須『內調回台』，而不必拖延到五月二十七日解決。更何況，趙萬富於四月十四日在金防部渡過六十歲生日時，許多將領還向他恭賀，並預祝他早日出任陸軍總司令。故在其生日過後，軍系將領調動的敏感時刻，即傳出趙萬富將接任陸軍總司令的消息。張慧元的說法不無移花接木的可疑。

在權限上，若小金門守軍處置戰備失當，按軍中連坐法規定，至多只能連坐三級，但這次事件，卻連坐七級，受到牽連將領多達九人，從體制而論，一位上將的任免，並非參謀總長所能決定，趙萬富的回台，只有蔣經國才能決定。更何況，一位上將記過的處分，須以總統名義發出獎懲令；從這兩點看來，趙萬富慘遭記兩大過革職退休的命運，應是蔣經國的決定。否則，以郝柏村的權限，他還處置不了一位上將。」

顯然當時無論是《新新聞》或《民進週刊》，對於「三七事件」的報導，都還只是片段的資訊。我們還是從頭檢視吳淑珍委員的質詢原文。根據《立法院公報》第七十六卷，第四十七期院會紀錄（四十六頁），她的質詢是說：

「據來自國防部系統的消息透露，今年五月二十日左右，一艘自越南開出，載有十多名難民的難民船，先逃至香港被拒絕上岸，嗣開向金門，金門守軍亦不讓該難民船靠岸，他們大叫是『自己人』，結果守軍開槍打死三個人，其餘十一、二人上岸後一經審問，才知是國民黨自己人，乾脆殺人滅口，以防他們回到台灣時走漏風聲，因此統統格殺勿論。終因紙包不住火，為有關當局獲悉，上禮拜陸軍總司令蔣仲苓，偕同總政戰部曹主任興華，兩人飛到金門，把金防部司令趙萬富及政戰主任帶回台灣並革職，某師師長、團營連長亦被收押偵辦。以上消息傳言是否屬實，事關我國政府對待國際難民或地下工作人員是否符合人道精神，有關當局應立即對左列問題提出澄清說明，俾免破壞國家對待國際難民的形象，影響我國忠貞的地下工作人員的軍心士氣。」

從電影裡看軍中「潛規則」

在探討小金門的「三七事件」前，我還是建議大家不妨先看一些小成本的軍事電影。例如《美國女大兵》（G.I. Jane）、《將軍的女兒》（General's Daughter）、《火線勇氣》（Courage Under Fire）、《怒海潛將》（Men of Honor）、《叛艦大行動》（A Solder's Story）、《火線衝突》（Rules of Engagement）、《光榮之路》（Paths of Glory）等，都是不錯的軍事電影。而一九九二年由湯姆

・克魯斯（Tom Cruise）、傑克・尼克遜（Jack Nicholson）、黛咪・摩兒（Demi Moore）以及凱文・貝肯（Kevin Bacon）聯合主演的《軍官與魔鬼》（A Few Good Men），是我認為最具啟發性的一部。〔A Few Good Men〕為何在台灣被翻譯成《軍官與魔鬼》，我始終不解，或許這裡的人就是喜歡搞些什麼神鬼之類的吧？軍隊是台灣人權最陰暗的死角，不過，我們大部分的軍教片都無此氣魄，以致淪為政策宣傳與諧星打鬧。本片是敘述在美軍訓練嚴格的海軍陸戰隊中，存在一些不成文的處罰方式。班長在訓練新兵時，如果新兵沒有達到要求，班長即可施予不當處罰，而此一處罰是得到上級長官的默許，甚或命令而加以執行。當一位新兵被體罰至死，軍法官來調查時，執行上級命令的班長是否有責？觀眾可以想見，軍方照例是把責任推給班長，企圖避開刑責，而軍法官則透過精湛的辯護過程，最終定了長官的罪。

故事發生於古巴境內東南方的關達那摩灣（Guantanamo）海軍基地，一兵威廉向上級投訴自己遭凌虐，獲得調職令準備離開，但在前一晚，下士杜信和二兵鄧尼深夜闖入他的房間，先在他的口中塞入骯髒抹布，再貼上膠帶綑綁全身，害得威廉吐血而死，杜信和鄧尼因此被移送美國接受軍法審判，被軍事檢察官控以謀殺、共謀意圖殺害及行為不檢等罪名。海軍上尉喬安（Demi Moore飾）主動請求擔任本案辯護律師，想在法庭上求得正義；但師部則派出擅於「認罪協商」結案的中尉傑克（Tom Cruise飾）協助。

雖然表面上被害人是遭二名被告共同殺害，但喬安卻認為被告只是接受上級命令，執行軍中不成文的「紅色紀律」（Code Red）。而傑克雖認同這項推論，但因不可能在法庭上提出人證與物證，所以主張勸被告認罪，據此將刑期降至十二年，這對謀殺罪來說算是輕刑。喬安與傑克與基地最高指揮官謝上校（Jack Nicholson飾）訪談時，不知變通的喬安，竟對謝上校問起「紅色紀律」，謝上校則高傲地回應：「在正式紀錄上，我會回答你，我不鼓勵紅色紀律，但是私底下，我會說這是最恰當的訓練方法。如果在我不知情的情況下執行紅色紀律，做就做吧！訓練部隊，我有我的辦法，你想調查我，儘管來吧！」

謝上校在一兵威廉死亡前一天就已發出調職令，在法庭上也很難讓法官相信他會下令執行「紅色紀律」。傑克自知本案已難有證據，在離開前只是形式上的向謝上校要求提供威廉的離職令，卻遭到謝上校打官腔：「你在踏出基地門口時，會拿到這份文件的副本，但你這個小白臉律師應該尊稱我為謝上校，而非只叫我長官。」由謝上校高傲的態度也能看出，即使是標榜人權至上的美國，軍隊中依然如此，而軍法人員只能是軍令系統下的基層軍官，在執行業務時是何等難為，台灣只怕是更嚴重吧！

傑克與喬安與軍事檢察官（Kevin Bacon飾）協商時，主張被告二人只是奉命行事，檢察官因此同意只要被告認罪，就可把罪名改為過失致死，刑期二年，且只要服刑滿半年就可假釋出獄，已經做出相當大的讓步。但喬安卻當場拒絕，要求正式審判。檢察官隨即則提出警告，如果正式審判，沒有證據可以證明被告等人是奉命行事，官司必敗無疑。而謝上校也將調升國安局，傑克不能對高級長官進行質疑，否則極可能觸犯對長官不實指控的罪名，也要受到軍法懲處。

傑克在喬安的鼓勵下，最後下定決心，冒著失去律師資格的危險，正式聲請法庭傳謝上校進行詰問，企圖讓謝上校自己承認下達過執行「紅色紀律」的命令，以此證明被告二人僅是奉命行事。而本片最精采的地方，則在菜鳥軍法律師傑克，在面對美軍前線最高指揮官謝上校時，利用謝上校自以為是的弱點，配合「交互詢問」的證據法則，進行緊湊精彩的攻防答辯。

傑克首先詰問謝上校：「海軍基地是否紀律森嚴，貫徹命令，所以不可能有人違抗上級命令，私下對一兵威廉執行『紅色紀律』？」

謝上校說：「在面對古巴嚴重威脅的前線基地裡，命令就是命令，絕不可能有人違抗命令。」

傑克進而質疑：「既然威廉已經奉令調職，為什麼房間裡沒有任何準備收拾離開的跡象，也沒有用電話通知家人可以脫離苦海了？而既然已經下令不可對於威廉執行紅色紀律，基地又紀律森嚴、下屬絕對服從，為什麼又需要將威廉調職呢？你是否下令執行『紅色紀律』？」

謝上校被激怒後，竟理直氣壯地承認：「你這個沒有拿過槍的小子，哪裡會知道國家處在怎樣的威脅下呢？我可以告訴你，我確實下令執行過『紅色紀律』，這是為了保衛國家的安全，今後我也將如此執行。」

如此一來真相大白，謝上校當場被法官下令逮捕，移送軍法審判。二名被告被控「謀殺、共謀殺害」的罪名，也被陪審團裁決「不成立」；但「執行違法命令」的行為，仍構成較輕的「行為不檢」罪，所以被裁決接受「不名譽退役」的處分。但是若將本片與小金門三七事件相比時，這當中有兩點明顯不同，簡而言之就是國軍與美軍結構的不同。

一是男主角不會因階級、期別、出生背景而對指揮官「放水」，指揮官有罪無罪不是他的責任，他只負責儘可能的把真相調查出來，這一點國軍的軍法與政戰單位並沒有做到，軍法官與一般軍官一樣，少了那一個「法」的觀念與作為，三七事件與尹清楓命案一樣，調查者的責任不是在找出證據釐清真相，反而是消滅證據混淆真相。在行政獎懲上可以「連坐」，在法律執行上絕對不能。

二是劇中「兇手」下士與上兵在接受調查時，誠實交代案發經過，對錯交給軍法裁判，這也是一個軍人該有的榮譽感。軍人若是是奉命執行任務，事後當然要完整交代當初上即是怎樣命令你，而你又是怎樣執行的。但是三七事件顯然不是這樣，師部參三的通訊指示是什麼？現場指揮官旅長的口頭命令是什麼？連長對士兵的口頭命令是什麼？當時他們接受調查時沒說，現在已經過了法律追溯期，卻依然不願交代這些關鍵，只是躲在「守土有責」與「按命令執行」這些口號下喊冤。比他們更冤的是那些奉命執行的義務役軍人，與根本沒機會喊冤的越南難民。

前車之鑑的美萊村屠村事件

在現實社會裡，美軍在越南的美萊村屠村事件，就是經典案例。一九六八年三月十五日早上，陸軍步兵二三師一一旅二〇團一營三連連長麥迪上尉，通知他屬下士兵，北越支持的南解第四八營，就駐紮在美萊村（My Lai）。情報人員預測小村裡的婦女和兒童，將在早上七點去趕每周一次的市集，不會待在村中。於是部隊在排長威廉·凱利（William Calley）中尉指揮下去燒毀房屋，炸毀地下掩體和地道，殺死所有的牲畜。

但直昇機駕駛看見這支部隊見一個殺一個，一直到當天中午時分，已有多達五百名婦女、兒童與老人遇害，許多村民被害前還遭受凌虐與姦淫。事件起先被軍事高層官員所隱瞞，但由於許多有良心的士兵以及記者塞摩爾荷西的努力，事情終於曝了光，爾後凱利以蓄意謀殺罪被起訴。一九六九年秋，大屠殺發生一年多後，美萊村慘劇的照片登上了美國報紙，仍有部分美國人拒絕相信，聲稱這是同情共產黨的人栽贓陷害；但也有些人認為，這種事發生在戰時是自然的。當然，更多的人是感到憤怒，美國境內反戰的氣氛也越加濃厚。

後來在法庭上，麥迪上尉當時到底是如何下的命令，存在著不同說法。有個士兵作證說麥迪命令連隊「殺死村裏的一切活口」。但另一個士兵則說麥迪上尉命令只是說「不要抓俘虜」。有七個人肯定麥迪沒有下達殺死婦女和兒童的命令。可是，當有人問麥迪「誰是敵人？」時，他卻回答說：「敵人就是從我們身邊跑開，躲著我們，看起來像敵人的任何人。」

軍事法庭裡檢方有六十二名證人，被告則有四十四名證人，但都沒有來自美萊村的村民。檢方一個接一個地傳喚證人，描述凱利在美萊村犯下的殘忍罪行。被告則爭辯說，大屠殺的責任應當由麥迪上尉來承擔。有幾個士兵為凱利作證，他們告訴法庭是麥迪下令殺死越南平民的。被告方還傳喚了兩名心理醫生，證明凱利缺乏預謀殺害越南平民的智慧。但其中一名醫生被取消了證人資格，因為主審法官對他證詞的真實性表示懷疑。

凱利也為自己進行了辯護。在直接詢問中，他承認自己在美萊村槍殺了幾個越南平民俘虜，但他堅持說是執行麥迪上尉的命令，他還否認那天他殺死了一〇二個平民。凱利明確表示說他「毫無悔意」。三年後的一九七一年，軍事陪審團判決他因謀殺一〇二個越南平民，處以終身監禁，其他參與殺人強姦凌虐的部屬則都無罪。軍事上訴法庭下令把凱利拘禁在本寧堡軍事監獄，但尼克森總統解除了那項命令，只把凱利軟禁在一幢公寓，三年後釋放。

二〇〇三年十月，美國俄亥俄州《刀鋒報》根據解密後的政府檔案和記者調查作了專輯，在國際社會引起反響。一些健在的大屠殺倖存者開始向美國索賠，美國政府卻對此反應冷淡。五角大樓的發言人簡單回應：「由於沒有新的、引人注目的證據，(軍方）不打算重審此案，那已經是三十多年前的事情了。」

凱利在一部分的美國人心中是英雄，他每次出庭都有大批支持者陪同；但也有另一部分美國人對他的行為感到不恥。法律只是道德的最低標準，而歷史看老蔣是這樣，看威廉·凱利是這樣，看三七事件的軍官不也應該要是這樣。我比較認同美國的做法，老蔣當年處理張學良，就應該軍法判刑，然後老蔣自己決定要不要特赦，而不是非法「保護」他半世紀。

至於三七事件，當年軍法單位若能找出事實、依法宣判，而小蔣再宣佈特赦這些人，這才是法治國家該有的作為。而不是先關起來「避風頭」，等風頭過了再放出來，國軍的軍法單位，只是擔心家醜外揚，所作所為毫無法治邏輯，既無法保障死者的權益，對這些奉命執行軍令的基層軍官，也是不公平的。

「三七事件」目擊者的摘要整理

三七事件與美萊村事件爆發的經過類似，也是退伍的義務役士兵對媒體的投訴。一九八七年三月七日傍晚，烈嶼（小金門）島上的一五八師南塘營區（四七二旅）步一營步三連東崗「4」哨的據點附近，步一營兵器連連部與迫砲陣地的下方沙岸，（據投訴者指出，原有的「4」哨因太過突出、支援不便而廢哨，但新「4」哨事發當時到底有無衛哨勤務，待查。）哨兵發現有不明漁船靠近，經回報後按戰備程序實施警告射擊，接著又實行驅離射擊，但因當時霧大，漁船又迷航，以致完全不理會守軍驅離射擊，執意靠岸。

在此之前，更前線的據點大膽島，曾發生一對男女游泳上岸，指揮官少將副師長命令逮送金防部；結果因為第一線不能接受投誠，以致被解除指揮官職務，調回小金門。當時二膽指揮官四七三旅中校鍾副旅長（阿兵哥暱稱為歪頭）便下令，任何人敢登陸二膽島，一律殺無赦。不久後歪頭榮升四七二旅旅長，進駐小金門的南塘營區。為了貫徹上意，一線據點的基層士官兵壓力倍增。

海防哨都是步兵連在負責衛哨，兵器連是機動調度的支援作戰單位，本身沒有衛哨。所以案發地點是在二連與三連防區之間，背後隔著環島戰備道就是一營營部與營部連，所以這件事其實與營部連、二連、三連，還有兵器連都有關，整個營都被調查，官兵都被連累，他們會幹聲連連也是難怪，這還真是一個「四不管」的地點。

船在「4」哨附近登陸，但最先以五〇機槍驅離的，是三連管轄的「5」哨，這艘船會登陸成功，霧大是原因，砲兵觀測所也沒發現。大山頂下岬角西南方向是段雷達死角，參照一般軍圖比對位置與地形等高線可證。砲兵營的一〇五與一五五榴砲是曲射武器，根本不管五公里內的海面小目標。步兵連用的八一和六〇迫砲，在海面無用，而且船靠太近了也無法打。至於兵器連的六六火箭筒也沒用，因為火箭彈不能換信管與裝藥，那是針對碉堡或戰車等堅硬物體，木造漁船只能穿透，但應該也不會爆炸。反正不管怎麼說，船就是上岸了。

悲劇前半段就是這樣，究竟當時的衛哨、觀測是否失職，以致太晚發現，這其實是該嚴查的。軍法起訴基層軍官的部分，只是命令兵器連用火箭筒射擊船隻，雖然重大傷亡是因此產生，但說是執行任務也還說得通，因為當時距離太近，曲射武器幾乎已是直角射擊，沒有其他選擇。多年後有些當初被牽連的軍官，會跳出來發表文章喊冤是可以想像；但起初的投訴與後來軍方高層要調查本案，根本與這一部分無關。真正讓士兵不滿的是：

當時師部參三做了戰情研判，漁船不顧交叉火網執意靠岸，大概又是投誠，通令全線實施驅離射擊。鍾旅長親率旅部幕僚「督戰隊」，與步一營劉營長、步三連張連長、兵器連李連長等軍官抵達第一線。據稱步二連連長認為是小事，竟派預官排長來現場；而劉營長本來返台的，卻因擔心颱風來襲而提前搭軍機回金，一念之間的抉擇，竟改變這兩位軍官的未來命運。調入增援的資深士官和老兵心知肚明，漁船可能是迷航入灣或有緊急事故求援，有的故意瞄錯打偏，長官莫可奈何：新兵則有下不了手，受長官厲斥而哭泣的。

漁船被六六火箭筒射擊炸燬後，有三名男子先後企圖跳下船，大聲以華語溝通卻遭射殺。雖然至今仍有人認為這些不是越南人的理由在此；但其實越南難民中以華裔居多，這並不奇怪。越南解放後不到三年，中越戰爭就開打，華裔越南人逃離南越也很多。東亞各國以集中營看管難民，是要等美國與澳洲接受他們入境，所以監禁看管只是不讓他們進入國內就業通婚，但他們要離境到其他國家難民營等綠卡，沒有一國會留難，就算船在大陸停留也不令人意外，何況郝柏村也都承認這些是越南人了，爭論這隻船的來源已無意義。

郝柏村事發之前一年多日記裡，一九八五年十二月十五日就提到：「宋心濂昨日談及，企圖在金門登岸之越南難民，乃由北越逃抵大陸之華僑，已在廣西住數年，而由中共唆使來台，並謂在東山加油加水，中共收取黃金為代價，余以為應透過新聞傳播，揭穿中共的不人道難民戰術。」可見船隻有可能自大陸來，但台灣其實也會放這種船民的船出去的，那是當時亞洲各國處理船民的默契「准出不准進」，但基於人道必要時也補充物資。越南船民的船是否來自大陸，事過境遷又無一活口，無法查證。但即使來自對岸，驅離也就是了，槍砲無情，也許誤殺或誤傷幾個，但搞到全船上岸滅口毀船，也難怪會成為國際事件。

三名男子遭射殺後，連長奉派率兵上船檢查，發現全是手無寸鐵的越南難民，船裡傷亡狼藉，其中還有四名婦女（含一位孕婦）及六名兒童，無論死活都被「搬」上岸集中，再搜索船艙，夾層裡有個毫髮無傷的老太婆，被拖上岸後跪伏乞命，連長回首請示，旅長一點頭，一顆手槍子彈就從她額頭穿過，腦漿四溢把現場士兵都嚇傻了。（這段情節如查證屬實，連長與旅長的責任當然就大過於營長。）之後被集中在沙灘上的屍體與倖存者，次日由營部連衛生排的士兵奉令就地掩埋，奄奄一息被活埋的，掙扎哭喊的被命令以圓鍬擊殺，並焚燬船身後掩埋。當時船上有武器或通聯設備，現場軍官會笨到不保留當作證據嗎？

連長以四五手槍對老婦人額頭處決、孕婦呻吟至死、幼童被活埋前的哭喊，讓部分衛生兵拒絕或消極執行，南塘守備區各單位軍心浮動，為了防止譁變，旅部由旅部連派出部分軍士官兵接管營部連，然後師旅部封鎖現場，對金防部戰情以例行驅離匪船結報，司令官趙萬富是否有繼續上報陸總部與國防部，這一點無法查證。而埋屍沙灘因地層太淺，屍體受海水及暑氣腐壞，不到一周就被附近垃圾場的野狗群掘出啃食，附近居民也都傳說有穿著越南服裝的鬼魅在附近遊蕩，紛紛設壇獻祭，消息更難遮掩。

五月初，香港媒體開始報導三七事件，駐外單位呈上層峰，因而簽會國防部、參謀本部、轉總政戰部向金防部續查，並無回覆。金防部知道屠殺消息外洩，令師部將一營與二線的五營緊急換防，並就近監管，但五月底大專兵依梯次開始退伍返台後，才有機會向當時剛成立不久的民進黨陳情，三七事件於是在台灣各黨外雜誌裡開始討論。

聽聽郝柏村又怎麼說

究竟小金門守軍當時殺了多少人？殺的又是中國漁民，還是越南難民？「三七事件」發生十三年後，當時的軍事強人郝柏村，出版了《八年參謀總長日記》（天下文化出版，二〇〇〇年一月），才證實了當時國軍屠殺的確實是傳言中最可怕的一個數字：十九屍二十命，而且被屠殺的確實是「越南難民」：

「三月十八日 星期三 晴

十一日在士林官邸，與熊丸談及某報副刊醜化金門國軍，及黨外二二八說明會，在場人員極為數字誇大的報導。

五月二十日 星期三 陰

黨外立法委員張俊雄今日專來本部會見鄭部長，告以據悉金門守軍已有濫殺越南難民營情事，因事關國家形象，未在立法院公開徵詢，特密見部長查詢有無此事。鄭部長與余談及，但就余所知，未接金門有關戰報或報告，按理應有戰報。除令聯三徹查，並即電詢趙萬富，說〇三〇七曾打死數名水中共，余責以何以未作戰報，趙無言。

就張俊雄而言，他不在立院質詢，單獨來部見鄭部長，從好的方面說，他是理性的黨外反對份子，在其心中尚有國家利益第一的觀念，可佩可讚。

五月二十三日 星期六 晴

許主任來談，經派人到金門查證，烈嶼部隊打死越南難民，確有其事。由於旅營長對上隱瞞不報，防衛部亦未發覺；而事件發生於三月七日，十九條人命的處理，竟可隱瞞達兩個半月之久，事態嚴重。經詢蔣仲苓，亦不知情，余命其親往金門查處。

五月二十八日 星期四 晴

小金門於三月七日發生第一線部隊誤殺越南難民船案，而該師竟隱瞞不報，金門防衛司令部亦佯做不知，余以為事態至為嚴重：

第一，不按戰備規定濫射難民船，與本部驅離及不接納政策有違，蓋驅離射擊不應射中。

第二，既反應過度而隱匿不報，而金防部亦竟隱報本部達兩個半月以上，最不可原諒，必須嚴予追究責任。

經面報總統，決定金防部司令官趙萬富及政戰部主任張明宏調職，派黃幸強接任金門司令官，張人俊為政戰部主任。

一五八師師長龔力，該師政戰部主任及涉及濫殺之旅長、營長、連長，併交軍法偵辦。

蔣仲苓於昨日帶同新任黃司令官及新任一五八師師長宋恩臨，赴金門布達。

此誠為一極不幸之偶發事件。

此事勢難長期不為外界所知，政府唯有依事理嚴予處理而已。

五月三十一日 星期日 晴

今日端午節，總統在七海召見談及：

- 金門濫殺無辜難民事件，應注意對外界的說法。
- 趙萬富有過失，但過去實幹苦幹，對國家有貢獻，仍為可用將領。

六月六日 星期六 晴

總統上午召見，垂詢金門三〇七案外界反應，立委吳淑珍已提質詢，仍當妥適應對，司令官以下糊塗無知所闖下的禍，不會立即煙消雲散，仍是處理棘手，且看半年後能否平息。

六月七日 星期日 晴

民進黨偏激分子是互通的，三月七日小金門誤射事件立院既提出質詢，監察院亦可能要調查，依法無論司法或軍法在審判中的案件，監察院不得調查。但黃尊秋院長為免日後反對分子借題發揮，故主動先派親政府監察委員以參訪金門為由，便中對案情了解，回院後存查，以為黃院長將來處理之依據。

六月十五日 星期一 晴

一時返抵小金門，視察三〇七案射擊據點，並勉勵幹部嚴格執行戰備規定。

十月一日星期四 晴

總統在七海召見，另指示：

•擬於秋節後見趙萬富，余報告已命趙在三軍大學兵學研究所旁聽受訓。總統仍以趙為忠誠樸實、勇敢能戰之將領，將來仍予起用。」

真相依舊被埋在東崗海邊

打沉大陸漁船要換金防部司令，而且是毫不留面子的在金門撤換，還當場交接、原機帶回台灣，甚至連政戰部主任也同時換人，對金門戰情稍有了解的人也知道，內情當然不只是「打沉大陸漁船」。之前幾年我們在金門服役時，不也經常砲擊驅離，蔣仲苓、許歷農、宋心濂三位司令官任內不也都有砲擊，蔣經國為何沒撤換他們三人？三七事件會演變成政治事件的關鍵，絕對不是什麼驅離射擊，而是船上岸之後對老弱婦孺近距離執行的「任務」。國軍在外島執行過驅離射擊的人不知凡幾，但是我們只打到船的附近，不會真的打到。

陸軍官校很多校規都模仿西點軍校，強調榮譽制，二〇〇三年不是還有陸軍官校學生因集體作弊被開除？但學校把教好的學生，畢業後一放進基層野戰部隊，馬上變成另外一種人。軍中環境竟是這樣的可怕。整個三七事件，軍人（尤其是職業軍人）並沒有說實話，軍法單位與政戰單位也都沒有善盡調查的責任。沒錯，真相一旦公佈，在現場的軍官可能根本無罪，但上面大概就非大地震不可了。

如果是奉命執行的軍人，就必須有勇氣說出是誰命令你這樣做的。如果不說，那就是決定自己擔下來，事後也無需多言。就像江南案一樣，殺人的陳啟禮說出是奉情報局長汪希苓之令，而汪希苓不願說出真正背後下令的人，那當然就是汪希苓去坐牢。不過他坐牢是上下班，還有薪水可拿，也還算輕鬆。這道理文雅一點是「魚與熊掌不可兼得」，真正理由就是「你不能又當婊子，又要貞潔牌坊」，想替長官背黑鍋，那就必須想到後果，天下沒「不勞而獲」的。

這個案子就像江南案、尹清楓案一樣，下面的人倒楣。現場的鍾旅長被依教唆殺人罪判刑一年十個月、劉營長被依共同連續殺人罪判刑一年十個月，李連長與張連長則被依共同殺人罪判刑一年八個月，但都被緩刑三年，關幾天再回役或退役，薪水照拿；上面的人則全都沒事。趙萬富在郝柏村的力挺下，回台避鋒頭不到一年，因為小蔣暴斃，奇蹟似的由三軍大學待退的「學官」，又在一九八九年十一月擔任陸軍副總司令，更在一九九一年七月榮升副參謀總長；一五八師師長龔力在三軍大學戰爭學院擔任參謀長；一五八師參謀長范宰予升任二一〇師師長。二一〇師原是台灣東部的唯一輕裝師，但因「佳安計畫」編足成三個步兵旅的重裝師，算起來也是高升。看來「朝中有人好作官」，永遠是官場的金科玉律。

所以當兵就是這樣，一定要立志當大官，當小官就是要幫長官擋子彈，就像黑社會小弟要幫大哥擋子彈。至於真相、榮譽，國軍似乎從來就一直是幫派，沒人計較這些的。用大陸漁船來取代越南難民船，用三條人命來取代十九屍二十命，這種魚目混珠的手法，就像當年金門的馬山連長林正義叛逃大陸，軍方用另一名台大出身的台籍職業軍官陳憲良來駁斥。你問他們說謊了嗎？沒有，陳憲良確實沒叛逃，只是陳憲良還在，林正義卻叛逃了。他們腦子裡想的不是十九條無辜人命的犧牲，而是要不惜一切的遮掩真相，甚至不惜毀謗栽贓有良心願說真話的義務役官兵，以及為民喉舌的黨外人士與反對黨立委。

但就像《新約聖經．馬太福音》裡耶穌說的：「所以，不要怕他們；因為掩蓋的事沒有不露出來的，隱藏的事沒有不被人知道的。」至於當時政壇裡廁所裡的花瓶監察院，國民黨籍的監察院長黃尊秋，對調查真相、摘奸發伏毫無興趣，直接派出「愛國監委」來卡位，防止黨外監委調查本案。三七事件在這位勇於忠黨愛國的監察院長「調和鼎鼐」後，真相就跟那些十九具屍體一樣，必須繼續被埋在小金門的東崗海邊，直到出土的那一天。

新加坡軍人偷竊襲警的六一三事件

一九八四年六月下旬，還在服役的我，已從金門隨軍移防台灣，一場名為「漢光演習」的軍事任務，正在澎湖舉行。這是軍事強人郝柏村的重要「軍改」項目，其他像是裁撤步兵輕裝師、警備海防班、空軍防砲班、外島駐軍、停止步兵師本外島換防等。雖然嘴巴上不講裁軍、對內也依然叫囂著要「反攻大陸」，但有點軍事常識的人都知道，小蔣已務實地將國軍的任務從攻擊調整為防守了。

美軍還在台期間，國軍與美軍會每年例行性舉行中美聯合軍事演習，目標是防止共軍登陸。但在聯合軍事演習之外，國軍仍然會自行調動南北軍團，舉行以攻擊型態為主的「師對抗」。一九七九年一月美「匪」建交後，每年舉行的聯合軍演，隨著《中美共同防禦條約》廢止而不再舉行。國軍於是在當年八月，首次單獨進行「漢陽演習」。

不過漢陽演習因為三軍不協調，也違背兩岸軍力現實，雖然年年舉行，但早已淪為集體紙上作業與大型表演活動。郝柏村擔任參謀總長後，經過三年籌畫，擴大漢陽演習內容，並改以反登陸演練為主，更名為漢光演習。從一九八四年的漢光一號演習開始，之後年年舉行，僅號次逐年增加。這是國軍年度最重要的全島實兵防衛作戰演習，無論作戰層次、戰情複雜度、動員兵力數、課目與規模都是最大。

二〇〇七年五月十一日上午九點，也是阿扁任內最後一次的「漢光二三號演習」，一架由空軍飛官魏子淵少校與詹嘉鈞上尉駕駛編號五三七一的F-五F雙座戰機，自台東志航基地飛往新竹湖口基地，進行低空二．七五吋火箭對地面目標攻擊，在攻擊完成後，戰機採「戰術高難度脫離」時，不幸失速墜毀於湖口基地。國防部軍事發言人吳季方，只願證實兩名飛官殉職，拒絕說明地面的傷亡情況。在媒體與國會的壓力下，國防部長李傑才勉強說明：「我方兩死，對方兩死九傷。」

為何在國軍的裝甲營區裡，會出現什麼「對方」？出面說明的李傑也很無奈，因為戰機沒墜落在鬧區或科學園區，固然能減輕人命與財產損失。但是墜落在國軍的軍營裡，偏偏死的又都不是前國防部長蔣仲苓口中「哪裡不死人」的國軍，而是傳說已久，軍方卻始終不願證實的「星光部隊」。其中華裔的范耀鈴與馬來裔的珊札力當場死亡，重傷送台北三總急救者，一是為印度裔的拉馬貴，全身四〇％的二至三度燒傷，情況較穩定，到院時意識清醒。另一位華裔的周漢明，全身表皮面積五〇％的三度燒傷，呼吸道也有嚴重吸入性灼傷。雖然新加坡立即派遣五名軍醫，搭專機護送兩位傷者回國搶救，但五天後依舊在新加坡醫院傷重不治。

戒嚴時代「公開的秘密」

其實早在戒嚴時代，新加坡的軍人在台灣駐紮，就是「公開的秘密」，只是軍方不願證實。我當兵時在斗六的梅林下基地時，與星光部隊常駐台灣的軍人共同生活了三個月。在屏東受三軍聯合防砲訓時，也與新加坡來台演習的軍人相處過一星期。加上這次出事的湖口裝甲兵基地，新加坡軍人在台灣，其實是有許多故事可說的。

一九六五年新加坡獨立之初，風雨飄搖，隨時擔憂鄰國侵擾，必須建立相對強大的軍力。但由於國土面積太小，三軍訓練地域嚴重不足，也缺乏戰略縱深，因此總理李光耀來台時，請求小蔣在台提供訓練場地、設備和人員。這在《李光耀回憶錄》裡就提到：

「我接受了台灣國家安全局局長的建議，同意在一九七三年五月到台北，同當時的行政院長，也就是台灣總統蔣介石之子蔣經國會面。同他的密切交往，除了因為彼此談得來，還在於雙方的反共立場一致。中國共產黨是蔣經國不共戴天的仇敵，跟中共息息相關的馬來亞共產黨，則是我的仇敵。我們可說是同仇敵愾。

蔣經國講英語結結巴巴，一口濃重浙江口音的華語教人不容易聽懂。還好他能理解我說的英語，加上我也會說華語，雙方可以在無須通譯的情況下交談。語言相通有助於彼此產生共鳴，進而昇華成友好的關係。此後，雙方繼續通過書信往來建立深交。

翌年十二月，當我再到台灣訪問時，蔣院長親自參與安排我的訪問活動。我趁這次第二度訪台，提出新加坡因空間有限，希望在台灣訓練新加坡武裝部隊一事。蔣院長對新加坡的處境表示同情。雙方在一九七五年四月達成協議，讓新加坡武裝部隊在『星光演習』的代號下，到台灣進行軍事訓練。台灣當局只對我們所消費的物資收費，其他分文不收。」

從一九七〇年代的小蔣，到一九九〇年代阿輝執政初期，台星雙方可說是在「蜜月期」，軍事交流極為密切。李光耀夫婦每次訪台，小蔣夫婦都親自接機，送他們到圓山大飯店總統套房休息，還刻意抽出三四天陪李光耀全台走透透。阿輝上台時，第一次出國訪問的地點就是新加坡，一九九三年「辜汪會談」也是在新加坡舉行。但隨著阿輝政權的日益穩固，言論與做法也漸漸向獨方傾斜。李光耀出於新加坡自身安全的利益考量，當然好言相勸，然而阿輝不聽也就算了，竟還公開惡言相譏，李光耀因此多年不再訪台。

阿扁執政初期，在權力穩固前與阿輝一樣，與新加坡的關係還不算太差。但連任後，新加坡外長楊榮文於二〇〇四年九月，在聯合國大會發言時指出，推動台獨可能引發戰爭，危及整個亞太地區的安定。這句話對阿扁來說是不中聽，但對新加坡的國家利益來說，卻是外交官的實話。但阿扁任命的外交部長陳唐山卻不顧身分，在接見綠營支持者時，以毫無教養的「鼻屎大」、「捧卵葩」等福佬語粗話回應。綠營甚至發動群眾在高雄街頭焚燒新加坡國旗，在美國發起抵制新航公司，這些民粹的操弄，讓台星關係更是走向冰點。

隨著阿扁一家的貪婪行徑逐漸曝光，他只能越來越偏向激進獨立以自保，新加坡也擔心在台的星光部隊會被捲進台海戰爭。二〇〇二年四月二十二日，民進黨立委林進興、蔡同榮、江昭儀、李鎮楠、尤清、陳朝龍、蘇治芬等人還共同發布新聞稿，由於訓練場地受限及民眾抗爭，加上中共不斷對新加坡政府招手，新加坡有意將部隊調往海南島訓練，已派員勘察海南島登陸演訓作戰地形，並聽取共軍簡報。二〇〇三年台灣爆發SARS疫情，星國緊急撤回在台星光部隊的五千多人，疫情結束後雖然陸續返台，但人數已經降到三千多人。

在阿扁連任後，台星關係更加惡化。陳唐山的粗口事件後，二〇〇五年三月，國軍敦睦艦隊進行環球訪問，依往例計畫停靠新加坡訪問，但新加坡政府禁止艦隊入港。七百名海軍在苦等兩天後，才勉強同意敦睦艦隊以「錨泊」方式停在港內，只給船隻補給，不允許艦隊官兵按原計劃登岸休假。台星雙方的軍事交流因政客的操弄，已完全撕破臉而形同陌路。

然而傳說中的新加坡要將「星光計劃」從台灣搬到海南島，卻始終沒有進展。因為在國際現實下，這也不是中星雙方同意就能實行的。首先是老美不願美製武器的參數，因星光部隊移訓海南島而洩密給中國；其次是馬來西亞、印尼等鄰國，原本就對中國有疑慮。所以歷史悠久的「星光計劃」，在這三國的干擾下，依然存在於台灣。

災難頻傳的星光演習

除了二〇〇七年新竹湖口基地的空難以外，早在戒嚴時代，星光部隊在台灣就常出意外。因為新加坡與香港一樣是採用英制，所以汽車是靠左行駛，駕駛座在車的右側。然而台灣是採用美制，所以汽車是靠右行駛，駕駛座在車的左側。新加坡的軍車要在台灣行駛，尤其是遇到彎曲狹窄的山路，駕駛一不小心就會釀成車禍。

很多人以為參加星光演習的軍人，平常就住在台灣，其實並非如此。湖口、斗六、恆春等基地，平常只有很少量的軍人（都是行政人員）駐守，演習時才會有成千上萬的軍人進駐。在地形不熟、左右不同的陌生環境裡開車，出了車禍也都由國軍協助善後救治，連警察都不能插手，所以戒嚴時代這類意外傷亡都是完全封鎖。解嚴之後，新加坡軍人演習出意外的消息才開始陸續見報。

一九九六年六月二日下午二時，星光部隊上兵彭成偉駕駛軍用中型卡車，在台南縣南化鄉演習結束離去時，因路況不熟，在烏山紫竹尖下坡路段衝落一百多公尺深的山谷，車上的上士白志雄受傷後，滿臉血跡的從山谷爬到南化鄉無極聖天宮求救。南化警察分駐所長何印光獲悉，立即派員到現場營救，下午四點終於找到這輛軍車與駕駛彭成偉的屍體；五時多再發現另一名士兵黃春英的屍體，這是一場二死一傷的車禍。

車禍發生的地點，因為樹林茂密，找尋失事軍車頗為不易；星光部隊都出動國軍所沒有的美洲豹直升機臨空搜尋，立刻引來媒體與群眾的注意。後來幾次星光部隊的車禍，例如一九九八年二月七日，軍車在雲林縣斗六山區翻落，造成一死二傷。二〇〇二年五月十三日，軍車在高雄縣田寮鄉中寮山區發生車禍，十九人受傷，美洲豹直升機都成了大家注目的焦點。一九九四年四月十六日清晨四時，星光部隊在台發生了最嚴重的空難，一架美洲豹運兵直升機，在彰化田中陸軍砲兵基地實施演訓時墜毀，造成二死三傷。

星光演習有國軍支援，在車禍新聞裡也能獲得證實。一九八九年四月十八日下午，一輛車號軍四三之三〇一一〇一號的軍用兩噸半大卡車，由支援的國軍士官李永賀駕駛，搭載新加坡軍官蕭家賢，士兵王聯生、張裕傑及依凡參加星光演習。卡車由嘉義大林出發，因煞車失靈，在南投市彰南路撞上民房，四人均受到輕傷，被送往省立南投醫院救治。

另外星光演習期間，也會雇用民間遊覽車。像是一九九二年十月二十四日，一輛滿載星光部隊的雙層遊覽車，駛經桃園縣平鎮市省茶葉改良場急彎陡坡時翻覆，車上四十三位官兵，共有七人輕重傷。在地形不熟、駕駛習慣與交通規則都不同的台灣，除非是必要的演習科目，新加坡也不希望他們的墨綠色軍車（國軍用的是比較淺的草綠色），隨便離開營區。

星光部隊在台灣，是與國軍部隊共用有限的訓練設施，基於軍事交流與外交考量，台灣規定的使用順序，都是星軍優於國軍。而星光演習所動員的新加坡軍人，他們在台灣只是短時間停留，演習結束了就回國，所以對本地交通規則、安全、環保、軍紀等要求都不在意，以致除了常出車禍等意外，也比國軍演習更引起民怨。這有點類似早期美軍在台時期，平常駐紮在台灣的軍人都循規蹈矩，演習時從琉球、菲律賓、夏威夷臨時調來的軍人，狗皮倒灶的糗事就一大堆了。

例如他們將演習視同作戰，深夜也照樣實施實彈射擊，而且星軍的經費顯然優於國軍，無論大小火砲、機槍，都是整箱整箱密集練習，讓被噪音騷擾到徹夜難眠的居民群起抗議。一九九九年十二月十四日，新竹縣新埔鎮下寮里民，不堪星光部隊在燒炭窩靶場試射砲彈，部分居民房屋、玻璃還被震裂，影響里民日常作息，因而醞釀抗爭反彈。二〇〇七年三月二十四日，新埔鎮崇德護理之家的老人，抗議星光部隊砲擊訓練時間太長，讓他們不得安寧。光是噪音擾民與房屋受損的抗議，就多到難以記載。

另外新加坡雖以清潔聞名於世，但軍人到台灣後，因為台灣政府的放任，真的是把新加坡人都教壞了。每次星光演習後遍地的垃圾，尤其是被風吹散的白色寶麗龍便當盒，交雜著黑色塑膠空包彈彈殼，滿山遍野的黑白相間，都要等著我們這些倒楣的國軍小兵來善後。

阿輝所說的「台灣人的悲哀」，我們在兩蔣時代服役的小兵早就領教過了。好不容易美軍走了，接著來到的星軍又是如此。其實新加坡軍官的素質，比我們的職業軍官高，只要我們的軍官有點骨氣，對演習的新加坡軍官表達立場，為了新加坡自己的國格，他們不可能不理的。但他們知道反正有國軍的小兵會奉上級命令來撿，人家丟起來當然更自然了。

一九八七年六月十八日，一列由高雄載運星光部隊戰車的火車抵達新竹站，負責監運的士兵麥福全、雍永新，竟然不耐車廂裡的燠熱，脫了上衣，坐在坦克的砲塔上乘涼。在新竹站換火車頭接駁時，麥福全站了起來，由於超過安全距離，進入高壓電感應區而受電擊，全身灼傷，有生命危險。一旁坐著的雍永新也因導電效果遭到波及，右手臂灼傷，兩人都被送到台北空軍總醫院急救，這就是新加坡演習部隊在台灣軍紀渙散的實例。

「六一三」事件的真相

新加坡軍人在台所引發最嚴重的軍紀事件，就是在台灣解嚴前夕，一九八七年六月十三日（星期六）晚上七時十分，從高雄左營來的新加坡士兵黃金興，在高雄市地下街的永裕服裝店，將一件高價衣服與低價衣服的標籤互換，被老闆娘許秀麗發現，向警方報案後，五福四路派出所警員孫德秋、陳銘賀等六人趕往處理，六名警員欲將黃金興帶回派出所進一步了解時，黃金興見現場有三十多名新加坡軍人圍觀，有恃無恐，與警員拉扯之中，不但打斷了孫德秋右手小指、陳銘賀左額也挨了一拳。黃金興並以閩南語叫囂，要砸毀永裕服裝店。

由於黃金星的行徑太過囂張，引起地下街數百位圍觀民眾不滿，反而包圍了這三十多名新加坡軍人。「軍」民對峙的衝突場面，讓情治單位恐釀成類似美麗島的群眾事件，急忙調派二個連的憲兵封鎖地下街，大多數新加坡軍人趁機逃逸，只有被民眾困住的黃金興、許偉忠、鄒德友、蕭遠德與王博財五名新加坡華裔士兵，被帶去憲兵隊「保護」；老闆呂坤茂則被警方帶往五福四路派出所做筆錄，並趁機予以「開導」。

新加坡肇事士兵的直屬長官知情後，立刻趕往高雄市憲兵隊、鹽埕分局致歉，並把五名涉案士兵帶回「管教」，被圍毆的六名警員則在有關人員「曉以大義」下表示「諒解」。受傷的孫德秋、陳銘賀說：「對警察而言，處理事故遭當事人拉扯受傷是常事，而且我們只是受到輕微小傷，因此不願追究。」聞訊前來的民進黨國大代表黃昭輝及市議員林黎琤，第二天上午到鹽埕分局慰問受傷的兩名警員，並致贈慰問金，兩名警員當場婉拒了慰問金，也不願再提有關「拉扯」的話題。

高雄地檢處首席檢察官鍾曜唐則說：「新加坡士兵和鹽埕警察分局警員發生的衝突，純屬突發事件。新加坡士兵未對警員施暴，所以不構成妨害公務罪。」他還解釋，刑法妨害公務罪的構成要件，必須是「對公務員依法執行職務時，施強暴脅迫」。新加坡士兵和商人發生糾紛，警方據報前往處理時，互相拉扯，新加坡士兵並未對警員「強暴脅迫」，所以和妨害公務罪的構成要件不符，鹽埕分局在事後從輕發落，並無不妥。

高雄市檢警高層對這一「拉扯」事件的從寬解釋，引起民眾極大的不滿。六月二十三日晚間，民進黨國大代表黃昭輝及市議員林黎琤聯合服務處人員，在高雄市警察局鹽埕分局附近的馬路上演講，警方派出警員維持交通秩序，並與黃昭輝協商，雙方互相退讓，警方不干涉演講，群眾則退到離分局五十公尺外的七賢路和興華街十字路口繼續「散步」。

「六一三事件」不但在高雄成為民進黨民意代表聚眾造勢的理由，在台北這邊，監察委員林純子也提案申請，調查高雄市警察局長黃其昆與高雄地檢處首席檢察官鍾曜唐，是否接受新加坡軍官的關說而放水，監察院長黃尊秋也趕緊「護航」，批示由國民黨的監委許炳南負責，而林純子的提案則與許炳南的調查「併案」。

調查案被國民黨監察院長「吃」了的同時，民進黨立法委員吳淑珍，也對本案提出了質詢。想當年她對新加坡是如此義正辭嚴，但日後當了皇帝娘，洗錢時又是如此「借重」新加坡，讓這份質詢稿更增其歷史價值。她的質詢原文是：

「一、查本年六月十三日晚上，名叫黃金輿在我國代訓的新加坡士兵，偷取高雄市鹽埕區地下街永裕服裝店的一件衣服，被老闆娘許秀麗當場逮著，經老闆呂坤茂向五福四路派出所報案，警察人員趕到後，有三十多名新加坡士兵圍攏過來，部份士兵竟用福建話揚言要砸永裕服裝店，六名據報前往處理的警員被圍毆，憲審人員隨即逮獲五名新加坡代訓士兵，高雄市憲兵隊把這五名士兵帶回隊部，呂坤茂則由五福四路派出所做筆錄，當晚，新加坡代訓士兵的直屬長官出面，分別向高雄市憲兵隊、鹽埕分局致歉，並把五名涉案士兵帶回，被圍毆的六名警員在有關人員疏導下，表示諒解新加坡代訓士兵的惡行，不願再追究，被害人呂坤茂也立下和解書，本案就這樣怕影響中、星兩國友好之下，不了了之。

二、本席認為普通傷害屬告訴乃論之罪，依法當然可以和解，並撤銷告訴。但是揆諸新加坡士兵「黃金輿」之犯行，業已構成刑法第三百二十條之竊盜罪，並為現行犯，部份新加坡士兵揚言砸毀永裕服裝店，則成立刑法第三百零五條以加害財產之事恐嚇他人致生危害於安全之妨害自由罪，六名警員據報前往處理依法執行職務時慘遭五名新加坡士兵圍毆之事，該五名新加坡士兵顯已觸犯刑法第一百三十五條之妨害公務罪，以上三罪都是公訴罪，非告訴乃論之罪，依法不得和解私了，即使和解私了亦無效，仍不影響公訴罪嫌之訴追。

三、新加坡士兵黃金輿等五人涉嫌竊盜、妨害自由、妨害公務等罪，依刑事訴訟法均應依法偵辦，憲警人員依刑事訴訟法第二百三十一條規定均為司法警察，應受檢察司法警察官之命令，偵查犯罪，乃今竟然接受新加坡代訓士兵的直屬長官關說放棄偵辦追訴。高雄地檢處鍾首席檢察官置竊盜、妨害自由、妨害公務等公訴罪嫌於不顧，竟稱該事件是因新加坡士兵拒絕和警方人員返回製作筆錄，而發生拉扯情事；並未造成重大傷害，同時被害警察也表示不願提出告訴。目無法紀，知法犯法，依刑法第一百二十五條第一項第三款，有追訴或處罰犯罪職務之公務員，明知為有罪之人，而無故不使其受追訴或處罰者，處一年以上七年以下有期徒刑。

四、新加坡在我國無所謂領事裁判權，其軍人在我國亦無刑事豁免權，更無類似二十年前，為了圓滿執行〈中美共同防禦條約〉，依據在華美軍地位協定而特別制定〈中美共同防禦期間處理在華美軍刑事案件條例〉，有所謂我國捨棄管轄權之情事，我國憲警人員、檢察官主動放棄對在我國境內犯罪的新加坡士兵的追訴權，是司法主權的自我捨棄，嚴重破壞我國的司法威信，茲事體大，應予正視，並追究違法失職人員之責任。

五、如果我國對新加坡士兵的犯罪行為來不及追訴，亦應通知新加坡司法單位依法偵辦，新加坡國防部長應對其代訓士兵的惡行向我國政府道歉，以平息我國人民對政府雙重標準的憤懣之氣。

六、我國對代訓新加坡士兵三千多名，其訓練經費是我國負擔抑新加坡匯款補助，應請國防部說明，如屬我國負擔，法律依據何在？預算編列何處？我國代訓結果，其士兵竟然多次行竊，並向我國警察人員動粗，請問精神教育訓練何在？我國如收取代訓經費，如此代訓水準能不令人汗顏？」

草草「不」結案的六一三事件

由於案發當時，行政院院長俞國華正在新加坡訪問，時機非常敏感，新加坡當局也不願「星光計畫」在台灣媒體上不斷曝光，開始注意士兵在台灣短期停留時的軍紀。黃金興等五名涉案士兵，被新加坡軍方懲以「禁閉四周」。但類似的士兵短期停留台灣時偷竊事件，依然難以禁絕。

一九八九年四月二十九日晚間八時，三位來台參加「星光演習」新加坡華裔士兵江添水、黃佛寶、郭時光，就在離台前夕，於台北市寧夏路的圓環夜市逛街時，行竊商家的皮鞋、小飾物等物品；被商家與民眾合力扭送市警寧夏分局處理。由於語言相通、又有穿著便服，三人被帶到警局時，警方才發現他們是新加坡來台參加演習的士兵。

新加坡部隊長官獲悉又有士兵行竊後，趕緊派員趕到分局，表示該部隊即將在翌日上午搭專機離華，希望能和被害人「和解」。但警方向新加坡軍官解釋，竊盜在台灣的刑法上是公訴罪，無法和解。不過，警方也為該將三人移送那個單位大傷腦筋，先後向警方外事組和台北地院士林分檢處查詢，都沒單位要接這燙手山芋。最後，總算是由憲兵單位將三名士兵帶走了。至於這些偷竊的新加坡士兵，有無接受台灣的司法調查與制裁，既然被憲兵帶走了，結果也可想而知。

其實台灣能有一支語言大致相通，卻採用完全不同的訓練方式與武器系統的英制新加坡軍隊，雖然在戰爭時不可能提供協助，但在平日的訓練與演習中，確實對國軍有啟發與學習的效應。二〇〇二年民進黨立委提出星光計畫要搬去海南島時，屏東星光部隊恆春基地指揮官郭紹懋中校也說：「尚未接到轉移訓練基地的命令，但星光部隊來台二十多年，已與當地民眾保持良性互動。不少官兵與當地女子日久生情，娶妻生子，已有二百多位『台灣女婿』。官兵也擔心一旦轉移訓練陣地的消息成真，家庭會被拆散，期望能續留台灣。」

台灣與新加坡之間，台灣與美國之間，甚至台灣與中國之間，確實是有不同的「國家利益」，國民也都有維繫「國家利益」的責任。但人與人之間的相處，除了國界的區隔與利害的取捨之外，還是有些不變的共同價值。新加坡士兵在台演習與休假的短期停留，讓台灣人看不到新加坡人素以為傲的守法、愛乾淨等美德，都是戒嚴時代「政治掛帥」的後遺症。台灣對新加坡，從小蔣時代的過卑，到輝扁時代的過亢，到底要怎樣「正常化」？是值得台灣軍民認真思考的課題。

兩蔣特務「家法」下的八德滅門案

一九五六年十二月十二日清晨六時，三位家住桃園縣八德鄉的大溪中學女學生呂桂娥、邱元碧與呂麗霞，一起到興豐路六號，找另一位同學葉亞麗（十四歲，浙江松陽人）一起搭公路局巴士去上學。一九五〇年代八德鄉還是個農村，在桃園十二鄉鎮中面積又最小，鄉內沒有中學，距離桃園縣的南北兩大城市桃園與中壢，搭公路局巴士都要十公里以上，反正一樣都是路途遙遠，所以鄉裡的學生也有去大溪就讀的。由於那段時間剛巧八德鄉的公路在舖柏油，公路局巴士要改道，這四個初二的女生於是將上車搭車時間，提前到六點以免遲到。

葉亞麗所住的這座黑瓦紅磚平房，是由他父親葉震（五十歲）在一九五〇年自己督工興建，在八德鄉來說可說是豪宅，庭院佔地五百坪以上，室內面積也在五十坪以上，四週有三公尺以上的竹林及籬笆圍牆，外有黑色大門，進屋前還有兩道極厚的木門，每間窗戶也都裝有鐵欄杆，離八德警察分駐所不到一百公尺左右。加上葉震每週六下午回家，週一早上出門，都是由台北來的黑頭轎車專程接送；而且葉家平常雖然無人來往，但遇喜壽佳日，從台北來的賀客都是有車階級。雖然葉震對鄰居自稱只是台北市南陽街景華企業股份有限公司的會計，但鄰居們都心裡有數，這位將家人藏在窮鄉僻壤的神秘外省人，絕不是普通人物。

警察也不敢辦的滅門血案

這天清晨很奇怪，葉亞麗並沒有像平日那樣準時出現在家門前，三個小女生在門口叫得很大聲，下女阿珠（本名邱玉，台灣桃園人，十六歲）也不來應門，由於大門依然鎖著，她們就公推家住最近的呂桂娥從竹籬笆縫隙看看，呂桂娥一看就嚇得尖叫出來。原來她看到客廳門口躺著一個人，應該就是阿珠（外省家庭不管女傭原來姓名為何，都改為較易呼喚的阿珠或阿花）。三個小女生跑回呂桂娥家，跟呂媽媽說了後又跑到車站，坐車去大溪上學了。呂媽媽找了葉家對門七號的包太太和另一個鄰居游太太，三人到葉家門口大喊葉太太，連喊了二十多聲仍無動靜，她們只好跑到八德分駐所報案。

由於屋主身分特殊，分駐所警員也不敢直接進入，於是先通知了鄉長與鄉民代表，大家才一起進門，果然屋內已全無活口，只剩五具屍體。分駐所立即電告桃園警察局，這是國府遷台後，繼一九五一年鳳山郭令望滅門案後的第二起滅門血案了。兩案都是屋主不在，而家屬全死，郭宅滅門案始終無法偵破，民眾也都懷疑，這一案大概又是如此吧！省警務處長樂幹立即率領刑警總隊隊長李葆初驅車南下，會同當地軍警憲在八德鄉公所成立之臨時指揮部，至深夜始返台北。第二天下午再度前往視察，並公開宣布懸賞新台幣一萬元緝兇。這在當時已是天價，藉以宣示警方的破案決心。

樂幹說得固然是正義凜然，但實際負責偵辦的李葆初就頭大了。因為李葆初雖然是刑警總隊長，但根本就不懂什麼刑事偵查，他是軍統局出身，一看就知道這是「自己人」的傑作。因為這五名死者中，葉震的大老婆陳綺嵐（四十七歲）身中九刀，俯臥客廳血泊中；小老婆謝如姬（三十三歲，戶口上報的是戶長葉震的表妹）身中九錘十三刀，仰臥於其臥室床前；兒子葉益群（二歲）則是被錘子砸碎腦袋，腦漿四溢；但女兒葉亞麗卻是被童軍皮帶勒斃於床前，女傭邱玉則是被撕碎的花裙勒死於玄關。兇手若是為了劫財或尋仇，手上有刀就通通用刀殺了不是更快，為何還要這麼麻煩，還要脫下死者身上的衣物去絞殺？

辦案的李葆初與苦主葉震都是軍統局出身的，也都清楚這是兩蔣特務滅門的標準作業流程。滅門血案中兇手對處女不能見血，所以不用刀槍鈍器，要用勒斃或悶死以留全屍，之前一九四九年九月七日，重慶戴公祠楊虎城滅門案裡的九歲女童楊×國；日後一九七四年四月二十六日，北投翠嶺路查綏之滅門案裡的十四歲女童嚴×梅，都可見這種標準作業流程。所以命案發生後第三天，十二月十五日中午，葉震竟將親人遺體全送往台北市的極樂殯儀館火化。這麼重大的命案，遺體是最重要的辦案線索，就算不能冷凍保存，官方也該只准土葬；要這麼急著火化證物，這就跟千島湖事件裡，浙江省政府的毀屍滅跡同樣道理，背後當然有不能說的秘密。

據報案的鄰居包太太說：「葉家六年前來此建屋居住，葉震本人及大太太雖然生活優裕，但從未擺出有錢人的架子，對鄰居也很好，女兒或小孩生日，都會請附近小孩去他家吃麵、分蛋糕，而且不分本省外省，鄰居的婚喪喜慶，大大太都親自前往。二太太沉靜寡言，應該識字不多，每天都在家踏縫紉機或種菜，與鄰居較少來往。下女阿珠大概是今年二月來的，做了十個多月。她的工作很輕鬆，全家的衣服都送到外面去洗，煮飯燒菜都是二太太在做，她只要照顧小孩就好。」當時離二二八事件不到十年，雖有族群衝突的可能，但葉家與鄰居相處融洽，不可能出現這種仇殺。

至於財殺也不可能，因為大老婆房間裡的財物都還在，小老婆手上甚至還戴著手錶及戒指，兇手若為財而殺人，離開時不可能不帶走這些財物。一開始警方也詢問屋主究竟有無其他財物損失，葉震只推託沒心情去清點。但案發後三週的十二月二十九日，葉震第四次與警方去凶宅時，才向李葆初坦承，大老婆房內的沙發是他當年在上海定製的，特別搬來台灣，兩邊扶手是空心的，夾層裡可放貴重物品。他第一次到現場發現沙發已被兇手移動，但沙發內的特製機關，可能還未為兇手發覺。李葆初與葉震一起打開夾層，才發現裡面有很多條各十兩重的黃金及包括四克拉鑽戒的各式珠寶，全都安然無恙，更加排除了財殺的可能。

李葆初當然知道這是特務幹的，可是他若往這方向去查，恐怕自己也要跟葉震一樣家破人亡了，只好將「辦案方向」很努力的鎖定在財殺。但那年頭民營報紙不能報政治新聞，銷路完全要靠社會新聞，因此他還來不及制止，各報記者就把「沙發藏金」的過程，巨細靡遺的報導出來，日後李葆初就算用「具中國特色的科學辦案」找出了兇手，也很難再安他一個財殺的罪名。李葆初發現這樣繼續搞下去，只怕記者就要先戳破特務的黑盒子了，所以堅決否認有什麼「沙發藏金」。更怪異的是苦主葉震快速火化家人的遺體後，竟然也不管案情發展，一個人跑去香港躲了起來，這案子從此變成「皇帝不急，急死太監」的「社會公案」了。

既然是「社會公案」，當然是記者追得比警察還認真。當時八德鄉境內沒有任何旅館，除了鄉公所、國民學校、警察分駐所、農會、黨部以外，根本沒有像樣點的房子。刑警總隊用卡車載運了六輛腳踏車與行軍床、躺椅、棉被及籐椅等其他日用品來八德鄉，劃定鄉公所會議室作為指揮中心；各報記者也騎著腳踏車載著棉被細軟，向黨部借了一間辦公室，將辦公桌拼成床鋪，準備在這裡長期抗戰。這時已經入冬，又整日陰雨連綿，衣服洗了也無法曬乾；加上八德鄉境內都還沒裝設自來水，居民飲食全靠井水，警察與記者無論食衣住行，無一不是麻煩。大家水土不服又睡眠不足，很多人都病倒了。刑總法醫楊日松建議指揮部要供應辦案軍警維他命丸，以免問題更加嚴重。

對辦案軍警與記者而言，住在八德鄉是一大酷刑；但對貧困的鄉民而言，卻是「繁榮地方」的大功臣。由於李葆初不敢向特務機關下手，案情懸宕數月，記者卻像私家偵探，每天都要報導「進度」，因而招來全島各地好奇的百姓，紛紛趕往血案現場觀光。每天汽車往來不絕，飯館門庭若市，鄉民告訴記者，此地自日治時代至今，從未有此「榮景」。加上警方為保持現場，只准許苦主移走五具屍體，其餘物件均未移動，連客廳與大老婆房內的電燈也不熄滅，電力公司要派人進屋抄電表，但被警方所阻，只好依案發前一月兇宅的用電度數五十一度，以每度以〇・六九元計算，按月向苦主葉震催討電費三十五元一角九分。凶宅終日燈火不滅，讓觀光景點更具特色。

由於兇案遲遲未破，記者又不敢報導苦主葉震的真實身分，只好瞎扯一些風花雪月的雜事。例如苦主年輕的小老婆謝如姬，原本報導說是葉家老太太的丫環，童年時就到了葉家，二戰結束後，老太太因大媳婦陳綺嵐肚皮不爭氣，抱孫心切才命葉震收為偏房。但後來案情卻又有新的發展，原來謝如姬並非只是葉震的姨太太，戶口上也另有丈夫；其夫自一九五〇年八月起，還在凶宅內同居兩年。由於同居期間，謝如姬之夫與附近鄰居不常往來，因此並非人人知情。一九五二年他奉派赴美工作，謝如姬則仍留居凶宅。據說案發前三個月前他才返國，想為其妻辦妥出境手續一同赴美，但在松山機場登機前，謝如姬又被葉震給攔下帶回。

至於二歲男孩葉益群，查證後也確認並非謝如姬所生，而是收養自附近鄰居的菜販王家。由於王家原本就很貧窮，葉益群又是家中第九個男孩，在出生前王姓菜販就因病去世，全家人靠一寡婦賣菜度日，根本無法照顧餵養，嬰兒也瘦弱多病。一九五四年六月，葉益群四個月大時，葉太太同情鄰居的遭遇，決定收養並付給她一千元，還保證會好好養育，在反攻大陸以前，生母隨時可來家裡探望。後來這個男孩在葉家人悉心養育下，長得又白又胖，葉震每週一回家，就要先抱抱這小男孩，附近鄰居都說這小男孩八字太好，才能被這有錢的外省人收養，結果禍福難料，竟然跟著這一家慘死。

兇宅裡五具屍體被苦主移去火化後血跡猶在，引來眾多昆蟲螞蟻，還有葉太太生前所養的一隻小貓。案發後第四天警方再度勘驗時，發現小貓蜷伏在客廳角落，一位警員竟向小貓調侃說：「可憐啊！你的主人都被殺了，沒人知道兇手是誰，在場的只有你，你該替她們伸冤吧！」結果這隻貓似乎聽懂了，連叫帶跑的到了小老婆謝如姬的床下，警員跟著小貓探頭一看，竟然發現一把沾有血跡的木柄小刀；接著又跑到井邊哀鳴，警員趕緊打撈，又撈到木柄鐵錘一把，高筒膠底寫著「餘」字的軍鞋。警員發現這兩項重大線索後士氣大振，可惜兩天後再來凶宅勘驗時，卻赫然發現小貓已暴斃，肛門口尚留有貓糞，顯然並非餓死。警員見了之後也不禁起了寒顫，原來專案小組裡也有特務，藉「殺貓警人」要大家別輕舉妄動，一切必須依「上意」辦案。

軍統局與八德滅門案的關係

其實只要介紹一下軍統局的殘酷鬥爭史，八德滅門案就能釐清案情了。一九二七年北伐期間，老蔣設立了「國民政府軍事委員會密查組」，這是明的特務機構；暗地裡又在一九三二年成立「復興社」，同年九月又合併改組為「軍事委員會調查統計局」（軍統），下轄二處，第一處負責黨務，第二處則負責情報，直接向老蔣負責。一九三八年八月抗戰開始時該局重組，將第一處獨立為「國民黨中央執行委員會調查統計局」(中統)，而軍統局則仍然交由戴笠負責，負責刺探情報與執行暗殺政敵的任務。二戰結束時，軍統登記有案的人員就多達四萬五千餘，可說是老蔣最重要的特務機關。

但狡兔死，走狗烹；無論再怎麼忠誠的家犬，終究難逃此一定數。一九四六年三月十七日下午一時，戴笠乘坐專機自青島飛南京，在江寧縣的岱山附近墜毀，機上十七人無一倖免。空難原因坊間雖有傳說是共黨間諜所為，但若這是事實，對中共而言可說是大功一件，沒理由戴笠死了一甲子，中國政府也不公布或表揚。另一種說法則是軍統局北平站長馬漢三，受北平行轅主任李宗仁之命執行暗殺，但這種說法也很可笑。李宗仁統治華北，名義上馬漢三受其指揮，實際上誰也知道那是老蔣派去監控李宗仁的特務。

其實戴笠的死因也不難推測，二戰後陳誠執行老蔣的命令，拒絕收編滿州國日式裝備的六十萬部隊；而美軍一九四五年在琉球堆置了龐大的軍用物資，預備用來登陸日本本土，但兩顆原子彈讓日本提前宣布無條件投降，美軍就將這些剩餘物資移往青島儲存。美國透過第七艦隊司令柯克上將轉告老蔣，想用這些物資裝備改編六十萬滿州軍為海軍陸戰隊，由戴笠擔任司令，老蔣表面雖然答應，但臥榻之上豈容家犬安睡？一旦讓戴笠在擁有特務後，又擁有美式裝備的大軍與美國支持，老蔣就將失去絕對操控的能力。所以當戴笠與柯克上將在青島洽談一開始，就被老蔣緊急召喚，冒著大雷雨搭飛機往南京時，兔死狗烹的結局提前上演了。

戴笠手下原有鄭介民、毛人鳳、唐縱與魏大銘四位助手，都是官居中將。但後兩人接班無望，戴笠死後，唐縱轉入警界，擔任過內政部長與黨部秘書長，最後出任駐韓大使；魏大銘精通密碼，擔任過國防部第二廳廳長，主管情報，最後被控貪污入獄。軍統局自戴笠死後，陷入鄭介民與毛人鳳兩派的惡鬥；粵籍特務和留蘇學生支持鄭，浙籍特務和訓練班骨幹則支持毛。老蔣利用這一矛盾，分而治之；一九四六年八月，軍事委員會改組成國防部時，軍統局改名為國防部保密局，但執掌卻一分為二，特務武裝部分與軍委會軍令部二廳合併為國防部第二廳，由鄭介民任廳長；秘密核心部分則組成國防部保密局，由毛人鳳任局長。

國共內戰期間，毛人鳳掌握了保密局，也就是原本軍統局的核心人員與業務，還可直接操控遍佈全國的各地站長，與鄭介民相比可謂大獲全勝。但由於華北並非老蔣原本的地盤，尤其在北平，先是行轅主任李宗仁，後是剿匪總司令傅作義，都無法被老蔣信任；偏偏保密局華北地區的八百多個特務，在喬家才、馬漢三等人串聯下，成立了華北同志聯誼會，日後偵辦八德血案的刑總隊長李葆初，原本也是聯誼會會員，靠著他見風轉舵，向毛人鳳檢舉，毛人鳳得以整肅此一組織，馬漢三被槍決，喬家才靠著曾在老蔣下野時自願拔階跟隨，得老蔣開恩，御批改判無期徒刑。至於「檢舉人」李葆初因不堪同事指責，請調台灣保安司令部，沒想到一年後戰局逆轉，李葆初由於來台較早，佔了好缺，可說是因禍而福。

一九四九年國府遷台後，老蔣決心將特務機構全數納編小蔣手下；但毛人鳳仗著自己盤根錯節的特務勢力，當然不甩太子爺，於是特務間狗咬狗的惡鬥，從毛鄭之爭進入到毛蔣之爭的新時代。一九五一年七月，在美負責軍購的小蔣表哥毛邦初，提領五千萬美金躲到墨西哥，這筆錢對當時風雨飄搖的台灣來說，簡直是天價，毛人鳳趕緊把情報呈報老蔣，小蔣因而遭老蔣斥責，整編特務作業因而受挫。但毛人鳳卻得意忘形，忘了人家終究是父子，家犬功勞再大，還是不及小犬的血濃於水。另一方面小蔣在受挫後，引進鄭介民勢力來對付毛人鳳。鄭介民提議開辦訓練班，召訓新生並復訓保密局現有幹部，美其名為「建立現代諜報體制，結束私人割據亂象」。

整頓毛人鳳掌控已久的保密局，用想的很容易，要做卻不簡單，因為連老蔣都擔心這麼一來不只是藥到病除，搞不好會藥到命除，所以猶疑不決。結果這時毛人鳳的手下愛將杜長城，竟然異想天開，打算綁架小蔣，被小蔣人贓俱獲。老蔣震怒而御批「一律槍決」，杜長城及毛人鳳另一親信胡淩影成了槍下亡魂，老蔣對毛人鳳從此也不再信任，放手讓小蔣君臨特務系統，成了台灣白色恐怖時期大家聞之喪膽的特務頭子。一九五五年老蔣接受小蔣的特務改革案，將保密局改組為國防部情報局，只蒐集情報，不再肅諜與保安。毛人鳳雖為首任局長，官拜上將，但已無掌控特務的實權。

坊間傳言八德滅門案與軍統局的殘酷惡鬥有關，特務頭子之一魏大銘在回憶錄裡，甚至明白指出苦主葉震曾任軍統局的總務科長，官位雖不高，但權力卻很大。因為軍統局的經費，除老蔣御批的以外，特務們對漢奸匪諜政敵等的抄家、全國各地文武官員的賄賂，甚至軍隊撤守大都市前，武裝特務趁亂打劫銀行或官府的成果，都成了戴笠的「小金庫」。戴笠暴斃後，傳說中這位西北王胡宗南的小舅子葉震，私吞了這一大筆錢，對外卻大呼冤枉，堅稱我們戴先生「為官清廉」，怎麼會有什麼「小金庫」？軍統局裡特務盛傳，葉震害得戴笠在老家的妻兒三餐不繼，但大家卻敢怒不敢言；因為毛鄭惡鬥時，葉震帶「金」投靠，又成了毛人鳳的心腹。

來台後特務系統改為毛蔣惡鬥，毛人鳳失勢之後，性命依舊難保。一九五六年十二月十一日深夜，他因心臟病猝逝。很奇怪，三年後的同一天，一九五九年十二月十一日，鄭介民也是這樣暴斃的。不過那些特務頭子們誰死誰活，我們小老百姓可以不管；但毛人鳳是在深夜暴斃，外界都還未聞死訊，葉震一家的無辜老小，尤其是最無辜的女僕，就在同時被特務的「家法」滅門，而且該刺的用刺，該絞的用絞，有條不紊，執法森嚴。由於滅門案的手段太過殘忍，社會輿論強烈要求警方破案，負責偵辦的李葆初，自己在軍情局裡也是樹敵甚多，怎敢去向軍情局「要人」？只好在八德「就地取材，科學辦案」，接下來更難堪的鬧劇也就上演了。

警務處長離職前的回馬槍

半年之後，報紙也將本案列為懸案，長駐八德的刑警與記者也都陸續歸建台北。可是到了一九五七年五月二十四日，劉自然事件引發民眾反美，小蔣發動特務冒充暴民，藉機衝入美國大使館劫掠機密情報，老蔣不堪美方嚴重抗議，將省警務處長樂幹打為替死鬼，二十六日免職改調國安局設計委員。樂幹不滿兩蔣父子這麼惡搞，竟在下台前召開記者會，宣告偵破八德滅門案。樂幹這麼做固然是兌現了任內必定破案的承諾，但兇嫌姓名與作案動機卻一字不提，接任的省警務處長郭永就難堪了。要警方用「具中國特色的科學辦案」，隨便交幾個兇手出來很容易，但要解釋犯案動機就很難自圓其說了，郭永只好極力否認，堅稱本案依然還在「積極偵辦中」。

樂幹意外離職前的一記回馬槍，讓兩蔣慌了手腳，接下來不但媒體痛批警方無能，民間更是流言耳語，直指這是小蔣為了搶奪特務主導權而殺了毛人鳳，並放任軍情局以「家法」制裁葉震全家，藉以在特務圈子裡立威。這種傳言越傳越廣，兩蔣也耐不住了。三個月後，郭永在八月二十日忽然於警務處二樓舉行記者招待會，宣布八德滅門案這次是「真的」破了，刑警總隊已扣押穆萬森（三十七歲，河北人）、袁中古（二十七歲，山東人）、吳整墻（二十八歲，湖北人）、周金榮（二十六歲，山東人）、王洪吉（二十八歲，江蘇人）、周平（二十五歲，山東人）與秦同餘（二十五歲，江蘇人）七名嫌犯。但郭永的說明比樂幹三個月前說的更荒謬，因為他說現在七名嫌犯僅剩下六名在押，因為秦同餘已在六月六日深夜二時，因氣喘病發，暴斃於刑警總隊拘留所中。

郭永的說明讓輿論更加譁然，因為警方唯一的物證，就是藉著小貓帶路，自井中撈到寫著「餘」字的那隻膠鞋，足以指控秦同餘有可能涉案。但現在秦同餘卻死了，偏偏一軍團檢察官李幻、書記官王亞雄，會同法醫葉昭渠驗屍後，又將死因定為「自家中毒，休克致死」，到底是氣喘還是中毒都沒搞清楚，屍體就已葬於台北市第七公墓了。如果秦同餘不是被刑求致死，剩下唯一的可能，就是被特務在獄中殺人滅口了。由於六名被告中僅有穆萬森是被軍方免役的平民身分，其他五人都被關押在軍方監獄裡，所以記者要得知本案詳情與進度，只能從三級法院對穆萬森的審理與宣判下手了。

穆萬森生於一九二〇年，祖籍河北省東光縣，一九四二年畢業於華北大學文學專修科，隨軍來台後被編在第一軍團政治部任上尉副官，一九五五年十月間因私藏手槍，經軍法機關以公共危險罪判處有期徒刑一年，一九五六年八月改服勞役，派任龍崗軍中樂園管理員，十一月與姘婦林愛鳳在中壢鎮新街廟前十五號同居。警方指控穆萬森見葉家富裕，就以替軍中長官復仇為名，並承諾以六萬元報酬為餌，誘惑第三軍駕訓隊一兵吳整墻、上士助教袁中古、上士技士周金榮、中士周平、通信下士王洪吉與二兵秦同餘，於假日前一晚共同下手行兇，因為他知道葉震每星期六必然回家。穆萬森原本是打算趁這六人殺光全家離開後，他一人再進去洗劫。偏偏陰錯陽差，軍中休假是週三，六個軍人誤以為是要在週二晚間下手，穆萬森則認為是在週六晚間，以致葉家被滅門後，穆萬森來不及借到車輛趕往八德洗劫，所以才有不在場證據。

兩蔣時代的司法正義就跟鬼一樣，相信有的人很多，見過的人卻很少。其實早在案發後第三天，刑總隊長李葆初知道軍情局不可能交出兇手後，就逮捕了當地素行不良的穆萬森來要「科學辦案」，打算盡快「破案」。偏偏穆萬森是遜清旗軍後裔，精通國術、身強體健，而且知道一旦熬不住認了，絕對有死無活；因此無論受盡什麼酷刑，仍堅持咬牙不認，加上又有明確的不在場證據，八天後李葆初只好放棄了，將他以流氓提報保安司令部，轉送板橋職業訓導總隊管訓；由於穆萬森原本是上尉軍官，到了總隊的第二天，又被派任為小組長，生活還算愜意。

偏偏好景不常，一年後的十二月七日，袁中古、王洪吉與秦同餘三人，在台北萬華私娼寮嫖妓時，因節數計算問題與老鴇爭執，動武後鴇母吃虧，就向警局報案，袁中古因此遭第三軍看守所以白嫖罪收押。但袁中古在牢中想充老大，就對室友鐵占方吹牛說：「八德案就是我們兄弟幹的。」鐵占方向所方檢舉，刑警總隊得知後立刻借提袁中古，在「具中國特色的科學辦案」下，他先供出一起嫖妓的王洪吉與秦同餘兩人，刑警仍不滿，又招出吳整墻、周金榮與周平三人，最後又照警方指示，招出了幕後主嫌穆萬森。秦同餘因井中膠鞋上的「餘」字而受刑最多，最先不支暴斃；袁中古也因最先被捕，受刑過多而休克，送洪外科急救而保住一命。穆萬森被這幾名共犯一咬，又被送回刑總受盡酷刑了。

省警務處長郭永在記者會中強調：「袁中古供認曾在山東沂蒙山區接受共匪訓練，並為匪工作，來台後因本省保防工作嚴密，數年來不敢活動，與穆萬森結識後，知道穆萬森是青幫大哥，想利用青幫發展組織，妄圖擾亂本省治安，因而製造此一慘案。今後警方當記取此次經驗與教訓，督飭所屬加倍努力以盡保護民眾生命財產安全之職責。唯盼各界人士，對於匪諜及莠民之非法活動，多加注意防範，隨時向治安機關檢舉，加強警民合作，則任何不法之徒，必均難逃法網。」

總之，千錯萬錯都是共匪的錯，穆萬森除了殺人劫財，再被警方冠上個匪諜的罪名，想要不死也難了。一九五八年五月二十三日新竹地院張準推事宣判：「穆萬森共同強劫而故意殺人，處死刑，褫奪公權終身。」媒體也都以為八德滅門案即將告一段落了，不料峰迴路轉，穆萬森因不服新竹地院的判決而上訴，被押解來台北，經台灣高等法院刑庭諭命收押候審，但台北律師公會依平民法律扶助實施辦法，指派富伯平、李公權與梁肅戎三位義務律師為穆萬森辯護。庭長陳思永與推事劉鴻儒、陳鐘在六月十九日傳訊穆萬森時，他當庭伸出兩手，十個指甲全被刑警刑求拔除，潰爛流膿；又拉起褲管，展示烙鐵燒爛發臭的肌膚。穆萬森還要繼續脫掉上衣時，庭長陳思永已不忍目睹，諭令傳喚中山北路二段建新醫院的陳纂地醫師到庭作證。

傳訊了將近半年，到了一九五八年十二月八日，陳纂地醫師才配合出庭作證，他只承認曾為穆萬森治療過心臟衰弱、營養不良、感冒等症狀。庭上再問他是否看過穆萬森的外傷？陳醫師說沒有。庭上令穆萬森與其對質，穆萬森哀求他說：「陳醫師，你要講良心話，我是到你那裡療傷的。」穆萬森還當庭形容醫院裡的裝潢設施。庭上又問陳醫師究竟是否曾為穆治過外傷？陳醫師考慮了很久，才勉強答：「好像曾為他塗過兩次紅藥水，都是塗在手指部，但不知為何會破皮。」陳醫師堅持因時間太久了，他已記憶不清。但他為穆萬森看診十一次，每次都有診斷書可稽，他已將診斷書呈庭作證。

死而復生又生而復死

穆萬森是否涉案，其實明眼人一看就知，因為法官對三位律師提出的各種疑點都不聞不問，只以警方提供的口供筆錄做唯一證據。富伯平與李公權老於世故，知道這與兩蔣有關，已有放棄之意，但在這裡就不得不敬佩這位東北硬漢梁肅戎。台灣有個笑話說：「保險公司三不保，天災不保、地震不保、晚節不保。」梁肅戎晚年因堅持法統而不肯退職，堅持擔任立委，被輿論譏為老賊，但年輕時的梁肅戎就可愛多了。因為他年輕時曾擔任滿州國檢察官，被日本特務機關迫害，幸運得以死裡逃生。梁肅戎對本案的立場，不因顧忌兩蔣而鬆動，堅持要求法庭明文記錄對答，並調出最早的現場調查卷宗，在媒體一一公布後，高院法官終於鼓起道德勇氣，八月二十四日宣布：「原判決撤銷，穆萬森無罪」。

二審宣判無罪後，穆萬森獲得交保，媒體大肆報導，這在台灣司法史上堪稱「奇蹟」。九月二十五日，檢察官聶振勳向最高法院提出上訴，立委周傑人也對刑警的刑求致死秦同餘向行政院提出質詢，但行政院卻書面答覆：「經查似難謂刑警有用刑取供情事」。一九五九年十二月二十五日，最高法院撤銷高院判決，發回台灣高等法院更審。一九六一年一月十二日，高院刑庭庭長章粹吾、推事陳繼平、徐軍開合議庭宣判：「原判決撤銷，穆萬森無罪，有關原告葉震提出要求穆萬森賠償十二萬餘元之附帶民事賠償部份，亦經裁定駁回。」台灣高檢處檢察官於收到本案的判決書後，倘不再上訴，則本案便告確定。

穆萬森自兩蔣特務羅織的鬼門關前走了一回後，理應更謹言慎行才是。無奈狼行天下吃肉，狗行天下吃屎，穆萬森一九五九年八月二十四日保釋出來後，因無正業，靠賭為生，一九六〇年四月間巧遇之前隨軍駐防中壢時，結識的西湖歌廳歌女依銘（本名呂×華，原籍安徽蕪湖，一九三一年生），旋即在南機場附近租屋同居。依銘十四歲時就在南京秦淮河畔賣淫，十八歲來台後，在高雄市榮耀公共茶室重操舊業，一九五二年與警員葛×銘結婚，三年後仳離，然後就在鳳山、中壢等地鬻歌伴舞。後來在高雄市四維歌廳演唱時，與海軍士官季×雄結婚，收養一女，取名季×麗，乳名小銘，至一九五九年五月，又與季×雄離婚，北上基隆海軍聯誼社賣唱，與海軍中尉港務官董作義在基隆市信六路二×號同居。

依銘終日沉迷於賭博，負債纍纍，家中衣物典當一空，與董作義常有爭執，於是離家改與穆萬森同居。但依銘發現穆萬森收入不穩，又回基隆賣唱，並與董作義復合。穆萬森醋勁大發，五月二十二日竟預懷尖刀，遠赴基隆海軍聯誼社，在大庭廣眾下殺傷董作義，又猛戳依銘胸腹十二刀致死。穆萬森這麼一搞，等於替兩蔣解決了個大難題，八德滅門案到底是誰做的也沒人關心了，司法機關速審速決，六月二十日台北地檢處提起公訴，七月十九日台北地院初審判死刑，十二月二十一日高等法院維持原判，一九六二年五月十七日最高法院將穆萬森上訴駁回，死刑定讞。高院也趕在五月三十一日更審終結八德滅門案，並當庭宣判穆萬森無罪，高檢處承辦檢察官杜世珍也捨棄上訴。於是在六月七日凌晨六時，穆萬森因殺害依銘案被槍決於台北看守所刑場。

轟動一時的八德滅門案，在穆萬森被槍決後，警方也就視為自動結案了。至於八德鄉興豐路六號的凶宅，是由苦主葉震一九五〇年十月向地主劉天壽租地自建，本來租約是言明，房子於十年後連同地皮，一起無條件歸還還地主，而十年居住期內，葉震也不必付地租。但滅門案在警方宣布「破案」時，距離滿期尚有三年，葉震就願意放棄剩餘的居住權利，提早將凶宅還給地主。但這棟房子已無人敢住，賣也賣不掉，租也租不出，拆也要花錢，連兇宅附近的鄰居也紛紛搬走。最後是苗栗來的神召會美籍女傳教士桂篤能，收買這棟房子及地皮當教堂。說也奇怪，當教會決定要買下這屋子，屋內自兇案發生就一直亮著的燈泡，才終於燒壞而自行熄滅，八德滅門案也就逐漸消失在台灣人的記憶中。

「同志」相殘的翠嶺路滅門案

當你不知不覺就會想起童年時，別懷疑，你跟我小管一樣進入中年了。記得小時候國父遺像旁，都有兩句名言「革命尚未成功，同志仍需努力」，可見那年代「同志」還是一起用來革命的；但承平日久、頑劣頻生，也不知從何時起台灣人一講起「同志」，就成了兩個男人，甚至很多男人間「隔江猶唱後庭花」的代名詞。在兩蔣統治的報禁時代，報紙銷路全靠百無禁忌的社會新聞，而記者除了要有生花妙筆，將兇殺案寫成連續劇外；為了連載方便，兇殺案前還要加上地名如五股箱屍案、江子翠分屍案、翠嶺路滅門案等，以便口耳相傳。

所以，年輕一點的讀者一定不解，明明五股是一個鄉鎮，江子翠起碼也是一個村里，但翠嶺路雖號稱是「路」，實際上只是北投山區的一條小巷，為何媒體在下標題時會如此「大小眼」？其實這也不難解釋，五股與江子翠當時都還是行水區，人煙罕至，因此才會成為台北兇手棄屍的地點；但翠嶺路滅門案則不同，一來滅門與分屍的差異是屍體就在死亡處，現場只有一處；二來北投當時已改隸於升格院轄市的台北，人口已超過二十萬，必須標明街道，讀者才能有清楚的辨識度，所以媒體都簡稱本案為「翠嶺路滅門案」。

世外桃源的「珠海特區」

翠嶺路位於北投的「珠海特區」，前後加引號是因為這個地名並非官方制定，而是俗名。但大家也別以為這是建築商的宣傳用語，因為這俗名早在半世紀前就已出現。現在的私立超級明星貴族學校薇閣中學，當年別說沒中學，連小學都還只是薇閣育幼院附設小學時，薇閣中學的現址就叫「珠海中學」，校門前這條路就是珠海路。從新北投火車站前的光明路走過來，要先彎進中和街，中和街再彎進珠海路，珠海路再彎進長春路，長春路再彎進去，最後才能到達翠嶺路。這裡都是大坪數的豪宅，所以被北投人戲稱為「珠海特區」。

既然是「特區」，裡面住的當然不可能是你我這些路人甲乙丙丁。話說一九四九年初老蔣宣布下野，由李宗仁繼位；後來內戰情勢逆轉，李宗仁赴美，老蔣又在台宣布「復行視事」。雖然老蔣在大陸戰敗，但在台灣仍握有一定兵力；加上北韓英明領袖金日成的「雪中送炭」，一九五〇年夏季發動韓戰，美軍第七艦隊立即封鎖台海，讓老蔣在台灣總算是喘了一口氣。問題是老蔣這時若還要自稱是「全中國」的總統，用「法統」的招牌君臨台灣，就必須要有國民大會的加持。偏偏原本選出的二九六一位代表，有的「附匪」，有的「行蹤不明」，在台的只剩下三位數。老蔣為了面子，只好從香港調景嶺中，莫名其妙的又搞了一大堆「代表」來台遞補。

原本憲法裡規定的國大代表，是類似美國選舉人團的無給職，而且很多代表本身就是政府高官，連老蔣自己都是代表，所以有無薪資都沒關係。但現在老蔣既要修憲連任到死，又要當選的票數別太難看，對於這些原本在香港當難民，來台後無所是事，卻可以跟老蔣一樣「鞠躬盡瘁，死而後已」的資深國代（黨外雜誌裡所說的老賊），當然要趁機大撈特撈了。國大代表雖然沒有薪資，卻有歲費、公費、研究費，開會有餐費，還有午休費等各種比薪資更優渥的「費」，每逢六年「選」一次總統，他們從老蔣選到小蔣，「選」一次就多一棟豪宅，從新店中央新村、內湖大湖山莊、士林中央社區、北投奇岩路等等，他們在台灣還真是「處處為家處處家」。

珠海特區也就是在這種背景下成立的，裡面住著一大群俗名「老賊」的萬年國代。當然，在老賊與兩蔣相「忍」為國、一連再連，以致豪宅裡的老賊死了，賊子賊孫仍能繼續竊佔。雖然兩蔣父子連任太多次了，讓老賊房子多到住不完，以致或售或租；但特區裡風景宜人、庭院寬廣，外人要進駐珠海特區，用租的或用買的都不便宜。至於路名取為翠嶺路，是不是老賊們要提醒住在這裡的小賊、小小賊與私生賊，不忘當年香港調景嶺的翠嶺路，就像老蔣要我們「毋忘在莒」那樣，我們這些不住在特區裡的化外賤民，也就無需知道了。

一九七四年四月二十七日清晨一時起，珠海特區忽然停電了。當時正逢全球第一次石油危機，為了節約能源，台電經常分區停電，這對北投人來說並不稀奇；但住在珠海特區裡的大老爺及其家眷們就徹夜難安了，因為此地既然是「特區」，怎麼會隨便停電？大家因此忐忑難眠，但也心知肚明，天明之後就會知道發生什麼「大事」了。到了上午七時，翠嶺路十五號的司機趙法治，和往常一樣按時來接大小姐的小少爺小公主，去文林路士林憲兵隊對面的美國學校上課，但他抵達時赫然發現，外院的鐵柵門竟然沒關；他心知不妙，趕緊走進庭院，樓下的門也沒關，而且樓下還沒人，他想撥電話報警，電話也不通，趕緊跑出門去請鄰居幫忙打電話。

北投分局這邊一接到報案電話，說是珠海特區裡的翠嶺路十五號有問題，立刻嚇出一身冷汗，因為「翠嶺路十五號」這門牌號碼很有玄機。原本這一戶的門牌應該編為翠嶺路十三號，屋主迷信這個號碼不吉利，堅持要改。那年代戶政、消防都是警察在管的，全台灣哪條路、哪條巷的房子碰到「十三」號可以跳過去的？但由於屋主的背景特殊，這一戶竟然能被改為十五號；而且屋主還將房子出租給日本駐台大使板垣修。一九七一年台灣退出聯合國後，老美都還沒跟台灣斷交，日本就搶先一步，引起各國紛紛仿效，老蔣對日本恨之入骨，發動各種反日示威，警察也擔心擦槍走火；幸好調查後發現，日本大使一家人在斷交後早已搬走，屋主收回豪宅後入住，也就是說現在住的不過只是些「高級外省人」而已。

警方初期的「冷處理」

北投分局的警員來到現場後，發現這屋子面積奇大，室內就廣達一百七十坪，屋主是私立東海中學董事長查綏之。樓下一切都還好，並無遭竊的痕跡；但一到樓上就慘不忍睹了，四間臥室裡倒臥著五具屍體。附有衛浴的主臥室裡，屋主的次子查名杰（二十五歲）左胸一刀，死於床邊；外孫嚴興中（十六歲）身中三刀，致命傷也在左胸，死於椅子上；女傭陳玉珍（四十一歲）戴著外孫女王筱芬（九歲）睡在同一間，死相最慘；陳玉珍身中九刀，死於地上；王筱芬身中十一刀，死於床上。至於外孫女嚴×梅（十四歲）的死因則最奇怪，右背雖有一淺淺刀痕，但不足以致命，查驗後發現竟是死於窒息，下體並驗出有O型精液。

警方初步研判，凶宅面積廣大，門窗眾多，要脫逃並不難；而死者又都是在各自的臥室內遇害，顯見兇手絕非一人。另外根據死者刀傷的創口，係由兩種兇器造成，一種是單刃的，一種是雙刃的；也可見兇手至少兩人。由刀法分析，殺害女傭陳玉珍與女童王筱芬的兇手刀法零亂，顯係生手；殺害另外二人的則非常熟練。台北地檢處首席檢察官羅萃儒對此一滅門案極為重視，敕令檢察官蕭順水迅速趕往現場，指揮刑事警察局長酈俊厚、台北市刑警大隊長盧金波、副大隊長洪鼎元等人全力偵查。刑事局科學研究室主任陳玉振、法醫楊日松、高坤玉也到場勘驗，於臥房中的櫃櫥雖有翻動跡象，但不凌亂，因此警方研判是仇殺。

那年代兩蔣還禁止台灣人出國觀光，但有錢人照樣能以「考察」為名遠赴海外，屋主查綏之與夫人曹學珍，就在二十一日前往美國「考察」教育事業。他們的五子三女裡，三子查名揚、四子查名宇都還在服役，次女查名玉在泰國，三女查名媛、五子查名宙在美國；所以常住在家的只有長子查名仁、次子查名杰、長女查名婉與她的三個子女嚴興中、嚴筱梅、王筱芬（因過繼給姨婆故姓王）和女傭陳玉珍，以及只有白天會在的兩位司機與另兩位女傭。警方研判兇手可能是以查名婉為尋仇對象，才會誤認而亂刀砍殺睡在大小姐房間的女傭陳玉珍。由於查名婉丈夫的前妻杜×（四十歲），之前曾因財產問題多次上門吵鬧，以致被列為約談對象。

除了查名婉夫家的政商關係極其複雜，查名仁與查名杰兩人的背景，也讓警方非常困擾。由於他們兄弟倆學生時代就已「戰績」輝煌，退伍後在父親掌控的東海中學裡，又負責易生爭端的人事與財務。東海中學是在一九六二年由程慕頤等一群浙江人創辦，但十多年來也是風風雨雨，董事長與校長多次換人，校址還從大同南路遷到忠孝路。加上查氏兄弟又喜歡「粉」味，晚間常出入特種營業場所。案發時查名仁從武昌街的一家舞廳，帶了舞女小鳳仙出場，小鳳仙說她錦西街的小套房裡，珊珊、海倫及琪美「三缺一」在等她。查名仁與小鳳仙到了錦西街，卻因珊珊人如其名，打牌也珊珊來遲，查名仁替她打到天亮，警察通知他家裡出事了，他才趕回北投料理善後。

在翠嶺路滅門案發生前一周，八德路旭城公司也發生血案，造成五人遇害，市警局三天就破案了。可是本案發生後，市警局的態度卻顯得非常詭譎。以往台灣各地的刑案都由省刑大負責，但一九六七年台北市升格為院轄市後，市政府的地位就與省政府平行了，但警政因隸屬軍方，他們自行其事，中央的警政署與省級的警務處合署辦公，讓省刑大等同於中央；市刑大表面上雖仍尊省刑大為上司，辦案時卻相互搶奪主導權，鬧得很不愉快。到了一九七三年，軍方總算將省刑大改制為警政署刑事局，市刑大至此才名副其實的成為下屬，但雙方嫌隙已生，明爭固然止住了，暗鬥卻越演越烈。

市刑大的警員一到現場，無意間已聽到鄰居與珠海特區「守望相助巡守員」的閒聊，夜間一點多全社區都停電，但查家卻依舊燈火通明。另一方面警政署長周菊村召開專案會議，軍統特務出身的台北市警局局長王魯翹，原本陪市長張豐緒赴關島訪問，雖然人是趕回台北了，卻堅辭專案小組召集人一職，讓刑事局局長酈俊厚擔任。這兩個奇怪的現象，讓負責偵辦的市刑大人員心裡都毛毛的。苦主查綏之的反應更怪，四月二十七日早上，警方就以長途電話通知，查綏之也承諾二十九日返台處理善後與協助調查。但是等好多天，查綏之夫婦一直滯留美國；到了五月二日上午，才一人搭機返抵台北，夫人曹學玲仍舊滯美不歸。

局長王魯翹與苦主查綏之，兩人面對兇案的冷漠態度，就跟一九五六年八德鄉葉宅滅門案時，軍統特務出身的刑大隊長李葆初與苦主葉震如出一轍。尤其是查綏之抵達松山機場時，王魯翹正好在迎接自關島返台的市長張豐緒，查王二人相遇時僅點頭招呼，查綏之就匆匆步出機場，乘計程車離去。兩人互相點頭，顯見早已認識，那麼遇到這麼大的浩劫，王魯翹於公於私都應上前問候才是。王魯翹對本案的「冷處理」，讓屬下也都感到心寒。

其實王魯翹會有這種反應，了解兩蔣特務內鬥詳情的人就不意外。據說查綏之是當年軍統局裡電訊達人魏大銘的手下，當時的局長戴笠，就像金庸小說《倚天屠龍記》裡的明教教主陽頂天，武功比張無忌差很多，但他就是有辦法統合並指揮光明左右使、四大法王與五行旗等各路豪傑。戴笠生前器重的鄭介民、毛人鳳、唐縱與魏大銘這四個助手各有專長，鄭與唐是儒將，日後在情報與警界各自發展。毛與魏雖然教育程度不高，但對組織佈建與情報傳遞卻各有專長。戴笠雖然無德無知，但卻知人善任，這四個人在戴笠生前，都將所長發揮到極限。戴笠像陽頂天那樣在一九四六年暴斃時，四大法王中前三人都虎視眈眈的想接班，卻又都還沒安排妥當，必須裝出悲痛欲絕的神情；只有魏大銘一人忘情地哈哈大笑。

魏大銘為何會「眾人獨悲我獨喜」？原來他是負責電訊的，位高權卻不重，接班根本無望；而且他色膽包天，竟收了戴笠的情婦趙×蘭當老婆，如果戴笠不暴斃，遲早找魏大銘算這筆風流債的。毛鄭兩派惡鬥時，唐縱及早脫離這是非之地，最後毛鄭二人在小蔣掌權後都不得善終；魏大銘則因另藏阿嬌，遭前妻之子專程自美來台「大義滅親」，指控父親貪污，小蔣藉此將他關入大牢。但小蔣跟張無忌一樣，武功雖高，能把戴笠生前的四個愛將一一鬥垮；但獨攬特務大權後卻識人不明、統合無力，用的全是更加廢物的鷹犬，晚年更發生狗咬狗式的大汪小汪惡鬥，造成江南案提前曝光，孫兒輩接班頓成泡影，如今只剩那個英俊的白目曾孫，還能經常與花痴記者們說說唱唱，一起來娛樂大家了。

掌管電訊的特務，經手的都是第一手情報，對當權者可說是既愛又恨，得道時重賞厚祿固然可期，失勢時家破人亡也不意外。翠嶺路滅門案由刑事局統籌偵辦後，就像當年的八德鄉滅門案一樣，警方配合政策，不再堅持仇殺，改口說是竊盜臨時起意殺人了。因此原本約談的查名婉丈夫的前妻杜×、與死者查名杰來往密切的歌星曹×真、被帶出場過的舞女×

雲、被密告有斷袖之癖的印尼僑生吳×誠，通通不再有嫌疑了。最高興的應該還是查宅的前駕駛李×，他因為與查宅的前女傭趙×談戀愛，被女主人曹學珍痛斥後一起免職，滅門案剛發生時更遭牽連，幸好幾天後警方的辦案方向急轉彎，幾個嫌疑人也都倖免於難。

查宅除了雇用的司機外，查名仁與查名杰也都自己開車，而且死者查名杰手上還不只一輛，警方也查出了查名杰遇害前的行蹤。二十六日晚間十時，與東海中學副校長、兩位男教師與兩位女教師，六個人在信義路的豆漿店吃消夜，到了十一時左右大家分手，查名杰獨自駕駛一輛藍色轎車離開。由於警方在凶宅附近遍尋不著，於是立刻發動全台警力作地毯式搜索。新店警察分局碧潭派出所巡官趙揆一，在十二張路三十八巷發現一輛車號七〇之三二五六七號的藍色轎車。這輛車的車籍資料雖登記為台北市東苑企業公司所有，但警方查出該公司已於今年四月轉讓給查名杰使用了。

新店分局發現這台車後，立即透過八號分機通知北投分局，但向家屬查詢後卻發現，那是查名杰生前駕車在七張附近拋錨就丟下不管的。二十六日晚間查名杰開的是雪佛蘭七〇之三一八二五號藍色轎車，這輛車也是債主用來抵債的，而且還是當時少見的自排車。結果建成分局回報，車在遠東戲院附近的平陽街被找到了，但專案小組興沖沖地去採集指紋時，卻發現驗出的都是建成分局警員留下的。原來那年代台灣的私家轎車還不多，開得起的必然都是「大人物」，所以警員發現這台車後座兩邊的門都開著，鑰匙還插在上面，違規停在路中間，第一動作竟然不是開罰單與拖吊，而是很貼心的幫忙開到路邊停好。大家一定很羨慕一九七〇年代的汽車駕駛人吧？

當「同志」的身分曝光後

雖然警方已將本案「冷處理」了，但真相就如同女人的乳溝，即使一無所有，擠一擠還是會出來一點的。記者發現查名杰生前雖然經常進出舞廳，但舞女們都說他是小氣的「奧咖」，而且還笑他是「兔子」；警方則依此線索，先後偵訊了蘇、林、許、王、鄭等五名男子。最後卻是東海中學的女職員爆料，當天早上有個男子常打電話來學校，她轉告查名杰說有位「程」先生要找他，查名杰卻說：「什麼程先生，是彭先生吧！」警方依此線索，先後四次約談了查名杰的「密友」彭必成。而且有報導指出，其實不只是死者嚴×梅下體驗出O型精液，連查名杰身上也驗出了A型精液。原本警方偵辦了一星期沒有結果，新聞熱度早已冷卻了，不料查名杰的同志身分一被曝光，在報上立刻「死案新生」。

競爭激烈的兩大民營日報《中國時報》與《聯合報》雖然見獵心喜，但那時代還有警總、新聞局與各類特務單位，所以報導的篇幅雖大，用字遣詞還不能直接點破，只敢形容查彭二人是「重要的朋友」、「他們不是泛泛之交」、「知交」、「私交甚篤」、「交往密切」、「十分要好」、「密友」、「常常留宿等」；至於凌晨一時之前他們在做什麼？兩報也只敢用「聊」了很久與一同「消遣」來影射，就像那年代的國片，不是男主角去關了燈，就是一朵花被雨打殘了。只有黨外的《自立晚報》最帶種，反正死豬不怕開水燙，也不差這條罪名被查禁了，直接就點出「同性戀」三個字，果然銷路大增，官方竟然也裝著沒看到，讓《自立晚報》的爆料是越爆越火辣。

各報記者都將原本是革命同志涉及的滅門案，轉向為一定是這種「同志」做出來的之後，不但符合官方的「辦案方向」，也讓同性戀這一議題得以公開見諸媒體，可說是台灣言論自由的重大里程碑。至於被指控涉案的彭必成（二十五歲，湖南人），與查名杰自一九七〇年三月服役時在衛生連結識，當時查家還住在士林區的蘭雅；死者家屬也確認每次放假時，查名杰總會帶著彭必成一起回家同宿。但一九七一年一月退役後，查家也搬到了翠嶺路，就不曾看他上門過。另一方面彭必成素行良好、並無前科，而且不菸不酒、半工半讀，晚間在南山商職綜合商業科進修，白天則擔任計程車司機，車輛靠行於新中和交通公司，警方先前的四次約談，也都未發現異狀。

五月三日上午，辦案人員王國政、萬華長、鍾來儀又到中和鄉連城路安和新村八十四巷四十×號的彭宅查訪時，卻發現家裡沒人應門。警方發覺有異，每隔一到二小時就來一次，到了晚間十時第八度來訪時，發現彭家燈火通明，三名刑警決定不再等待，破門而入，一衝入屋內，發現屋內沒人，後門卻是開著，書桌上還留下一封遺書。刑警立刻一面用無線電和市刑大聯繫，一面搜尋，結果在屋後的空地上，找到了已割腕又割喉的彭必成，趕緊送往台大醫院急救。經醫師縫合五十三針的傷口後，到次日清晨才脫離危險。警方得到彭必成妻子林玲誼（二十二歲）的配合，起出了兇刀及洋酒後；下午又在中和鄉台貿七村彭必成父親彭煙雲（五十八歲）的住宅，起出查家失竊的現款十二萬九百七十元，港幣四千五百元與日幣一萬元等贓物，警方因此宣佈偵破此一慘絕人寰的滅門血案。

記者們都很好奇，為何警方前四次約談彭必成都沒結果，第五次則不但破案，林玲誼還願意交出兇器與贓物，是否他們夫妻早有嫌隙？警方說二日早上彭必成被約談飭回後，就已向林玲誼坦承犯案，林玲誼決定和他一起自殺。他們先替兩歲的女兒買了新衣服，再送回板橋岳母家中，途中在藥房買了五十元的毒藥，晚間兩人在住所內服毒；但到了次日早晨，卻發現只是睡了一覺而已。於是他們又封死門窗，準備開瓦斯自殺，但眷村舊房子空隙太多，根本不可能中毒死亡，警察又在門外一直叫門，林玲誼一氣就從後門溜出去，坐車回板橋娘家探望孩子；彭必成則在屋內寫遺書，然後警方破門，彭必成從後門溜出割腕又割喉。

但警方的說法也有問題，彭必成與林玲誼感情這麼好，還兩度相約尋短，彭必成被警方送醫後，林玲誼為什麼又要交出兇器與贓物？警方得意洋洋的說：「雖然彭必成將物證都已收藏妥當，但他百密一疏，我們在他家中，搜出他與婚外情女友王×蘭出遊時的合照。之前林玲誼聽到查名杰遺體驗出的精液與彭必成相符時，就已經很不是滋味了；現在見到這張照片後，更是晴天霹靂、嫉火中燒，於是向警方坦承一切。」檢方也立即收押了林玲誼與彭煙雲兩人，警備總部總司令尹俊頒發五萬元獎金，警政署長周菊村頒發四萬元，市警局長王魯翹頒發三萬元，專案小組一天內就得到了十二萬元破案獎金。

O型的共犯到底在哪裡？

然而警方所宣稱的「破案」看似完美，但卻難以服人。因為警方說今年元月，彭必成在西門町巧遇查名杰，兩人恢復「交往」。到四月中旬，查名杰連寫二封信請彭必成來電連絡，原來查名杰藉口要替彭必成找副業，當晚兩人約在實踐堂前見面，查名杰開車載彭必成到北投的豪宅「聊天」，「聊」完之後，彭必成發現查名杰找他來的目的只是要「聊天」，代找副業只是敷衍，兩人起了口角，彭必成萌生殺機，掏出預藏尖刀猛刺查名杰心臟，當場斃命。接著一不做二不休，又殺了其他四人，然後偷竊財物，分裝四個袋子，再駕駛查名杰的雪佛蘭轎車逃離現場。

可是警方一開始不是就說兇刀有厚薄二種形式，行刺刀法也有一刀斃命與亂刀砍殺兩種，血腳印有穿襪與赤腳兩種。另外查名杰陳屍臥房內的煙灰缸有四個煙蒂，經勘驗煙頭上有三種不同的咬痕，可見當時有三個人在臥房內。查陳二人若是要在房內「聊天」，第三人又是誰？莫非查名杰「胃口」特大，連「聊天」也要搞三P嗎？更重要的是嚴×梅下體處女膜有新撕裂傷，並驗出O型精液，而彭必成的血型是A型。就算嚴×梅在外有結交男友，遇害當晚恰好也是她自願獻身的破處之日；但查家的洗衣婦劉岳×絨則供稱，嚴×梅遇害前是先洗澡才入睡的，換下的內褲並無精液或血液，她也將那條內褲找出呈送檢方。種種跡象顯示，本案絕不可能是一人所為。

老蔣時代台灣的警界高層，很多根本就是當年軍統或中統的高幹。例如警政署長王卓鈞的爸爸王魯翹、歌星張琍敏的爸爸張振國、影星陶大偉的爸爸與歌星陶喆的爺爺陶一珊等。遇到革命同志們搞出來的案子，也就只能一直搞迷糊仗。不過現在既然已找出了查名杰平日相好的「同志」彭必成涉案，恨不得馬上結案。五月十七日上午，警方將在台大住院二星期的兇嫌彭必成移送台北地檢處，承辦檢察官蕭順水下令羈押於台北看守所，並指示所方醫療人員繼續治療。為了提防串供，蕭檢察官除了禁止接見及通信外，也不向獄方提訊，而是自己「三顧囹圄」，與彭必成「長談」了三次，雖然彭必成「堅稱」是一人犯案，但口述過程與現場陳屍狀況破綻百出，蕭檢察官於是心證已成。

不料在彭必成被羈押而即將起訴前，又發生了一件更怪異的事。警方依林玲誼口述，起出一把有血跡反應的軍用卡賓槍刺刀，確認是彭必成在台中服役的弟弟彭必炎自軍中所偷，由於他具有軍人身分，警方先依竊盜軍械罪嫌將他移送台中憲兵隊羈押，準備日後再借提訊問。不料六月十三日下午，蕭檢察官認為有共犯嫌疑的彭必炎忽然越獄逃亡，市刑大專案人員趕緊南下部署查緝。但逃亡三天後，十六日早上彭必炎又忽然在板橋向憲兵隊投案；十七日早上蕭檢察官偵查終結，將兇嫌彭必成依搶劫殺人罪提起公訴；妻子林玲誼及父親彭煙雲也被以湮滅證據同案起訴。但起訴書裡雖列舉六大理由舉證另有共犯，卻只載明「彭必成與另一不詳姓名之人共同做案」，僅將彭必炎涉案的十二點相關案卷及證據資料，移請軍法機關辦理。

然而陸總部軍法處秘密調查的結果，卻重打了蕭檢察官一巴掌。首先檢方以彭必炎軍人補給證上所載血型為O型，與嚴×梅下體驗出之精液血型相同；但軍方卻說是補給證寫錯了，彭必炎應是A型。其次檢方認為有目擊者指證彭必炎案發前一日人在台北，雖然他在案發當天部隊早點名時有到，可作為不在場證據；但檢方核算作案後搭車趕回台中參加早點名也來得及，偏偏軍方卻認定就是「來不及」。再來是彭必炎偷自軍中的卡賓槍刺刀，檢方檢驗沾有血漬；但軍方卻說驗不出血漬。最後軍法處僅以軍刑法盜取財物罪，判處彭必炎有期徒刑七年。至於翠嶺路滅門案，竟然沒下文了，拖到八月二十二日才予以不起訴處分，並將偵辦結果連同處分書，於二十六日送達台北地方法院檢察處。

由於彭必炎是被軍方扣押，但軍方堅持他沒涉案，檢方沒法起訴他，法院更沒法判他。六月二十九日台北地方法院推事董明霈審結宣判，彭必成被依陸海空軍刑法判處兩個死刑，彭煙雲因湮滅證據被處有期徒刑三月；寄藏贓物被處有期徒刑十月，應執行有期徒刑一年。林玲誼亦因湮滅證據被處徒刑三個月，如易科罰金以九銀元折算一日。董推事還當庭批准林玲誼以一萬元戶口保交保候傳；彭必成、彭煙雲兩人則還押。七月十五日高院二審，由審判長谷鳳歧、受命推事何秉仁、陪席推事蔡錦河共同合議，林玲誼與彭煙雲被控湮滅證據部分沒有上訴，二審未合併審理；彭必成則維持兩個死刑判決。八月二十日最高法院三審定讞，維持兩個死刑的判決，並在八月二十七日遭執行槍決。

翠嶺路滅門案從案發到槍決不到四個月，堪稱是司法史上速審速決的奇蹟。但本案從起訴書到一審、二審與三審的判決書都載明，至少還有另有一名兇手，而且就是強姦嚴×梅的O型男子。本案的離奇就是在於司法史上纏訟甚久的杭州南路火窟雙屍案與汐止吳銘漢夫妻命案，前者之纏訟是因共犯始終找不到；後者之纏訟是因共犯具軍人身分而先被槍決。翠嶺路滅門案則同時具有這兩項纏訟要件，但因為本案實在太敏感，檢警也無力對抗幕後的特務機關，以致在找不到共犯，軍方又不肯交人的狀況下，「速審速決」的結案了事。

本案的事實經過究竟為何，如今已不可能查明，但彭必成在法庭中的陳述倒是耐人尋味。他說當晚一時，他與查名杰在主臥房的床上剛「聊天」結束，突有一蒙面人闖入房間，手持一尺餘尖刀指住查名杰，喝令兩人不准出聲，然後要查名杰站立在床邊。查名杰才剛站好，蒙面人就向他胸前刺殺一刀，查名杰用左手擋了一下，立即血流如注；但蒙面人第二刀再刺來，查名杰已無力抵抗，胸前中刀後倒地。當時他嚇傻了，立即下跪求饒，並拿出學生證證明他並非查家之人，這個蒙面人就抄下他的姓名與地址，威嚇不准報案，否則將殺害其全家。這時房間裡又出現另一個蒙面人，兩人互比了一下手勢，殺害查名杰的這個蒙面人就告訴他，查名杰的皮包裡有十多萬，還有不少外幣，叫他可以拿走，說完兩人就同時離去。

彭必成自稱他在蒙面人走了後出來一看，另外三個房間死了四個人，他嚇得趕緊拿了皮包就走。可是他是坐查名杰的車來北投的，現在三更半夜，要回家也沒車，幸好他還記得查名杰一進門，就忙著拉他上樓「聊天」，車鑰匙還丟在樓下客廳茶几上。他就將查名杰的項鍊、新台幣、港幣、美金匯票、支票簿、日幣、印鑑、寶石項鍊、耳環、人蔘、收錄音機、十六釐米放映機、春宮影片等分裝四袋，開著查名杰的藍色轎車離開查家，先到延平南路僱主家，將裝現款人蔘等的一袋財物，放置僱主汽車後行李箱內；再將該轎車開到遠東戲院對面路上棄置，另外搭乘計程車，將其餘三袋財物帶回家中。由於三大袋東西都置於後座，他為了搬運方便，所以後車廂的兩個門都打開而沒關上。

翠嶺路滅門案的真相如何，當時才讀小五的我，其實也無力探究。但是一年多後我進了新民國中了，由於國中位於山上，放學時要排路隊，大多數同學都是沿新民路走下泉源路，再彎進中和街搭公車回家。可是我總覺得這條路線太無聊了，就約了幾個同學，一起加入上山的那條路線。我們先往上走到陸軍傷兵醫院（現在的國軍北投醫院），再走到沒有路名的山區小路，經過梯田、小溪、叢林，最後彎回長春路。往上可以走到復興三路七十號張學良的家，門口都是穿中山裝配手槍的特務；往下則可走到翠嶺路十五號，看看這些特務最後的下場。當然若是還有體力，也可以去珠海路上看看現在中正紀念堂那具銅像，當時都還在塑造裝配中，這是特務效忠的對象。唉！往事如夢。也許永遠當小孩，管他誰是總統，誰是特務，只玩我們自己的遊戲，也是一種幸福吧！

Part 2

國軍通案故事

台灣對中國的反攻烏龍史

從一九四九年新中國一成立，就對那個還被舊中國盤據的台灣島不斷文攻武嚇，假如不是韓戰逼老美擋在台灣海峽上，「武力解放台灣」大概早就實現了。然而話說回來，在台灣這邊兩蔣統治的舊中國，不也一樣整天在叫囂著要「反攻大陸」。為了反戰，也為了自省，關於中國解放台灣的烏龍史暫且不表；還是只說台灣對中國的反攻烏龍史吧！

一九五〇年代初期，台灣的報紙沒隔不久，就會大幅報導由胡璉與秦東昌（胡宗南的化名）坐鎮的「反攻跳板」金門和大陳，突襲大陸東南沿海，重創共匪的各種英勇事蹟。國軍對福建湄州島、南日島、浙江平陽縣烏岩、霧城發動襲擊，重創共軍。尤其南日島戰役，共軍不僅慘敗，還有數百人被俘往台灣，成了台灣媒體繼金門古寧頭戰役後最廣幅宣傳的前線捷報。然而好景不常，中國介入的韓戰已近尾聲，內部肅清殘存國軍與地方武裝勢力也告完成，剛成立的空海軍更逐步到位，老蔣卻依舊在自欺欺人的搞著「反攻大業」。

「烈士尚在人間」的東山戰役

一九五三年七月二十一日，北京新華社發布東山島戰役捷報「一萬蔣軍進犯東山，三千多人被殲滅」；但台北軍聞社隨後也發布捷報「擊斃、擊傷共軍兩千人，俘虜四百八十人，另摧毀軍車五輛、彈藥及糧庫多座、機帆船七艘、山炮八門等」。一場東山島戰役，兩邊都宣稱獲勝，但共軍有發布俘虜照片，國軍則沒有（古寧頭、南日島戰役都有），然而大多數台灣人在老蔣的白色恐怖與愚民教育下，不會、不敢也不願去思考，這次「捷報」與前兩次為何有點怪怪的？

東山島戰役爆發於中美簽署韓戰停戰協定前十一天，金門司令官胡璉率一萬多編制國軍，對位於福建和廣東二省交界處的東山島發動登陸突襲，共軍在島上的公安八〇團（約一千二百人）在團長游梅耀領導下固守待援。因共軍在次日迅速跨海登陸兩萬多人增援，將無法及時撤離的國軍全部殲滅，共軍戰報宣稱殲敵三三七九人、俘敵七一五人，炸毀坦克二輛、登陸艦三艘、飛機二架，美國在台協助裝備訓練僅有二個旅的國軍傘兵部隊（約二千人），損失近五百多人，從此老美看透老蔣吹噓的反攻戰力，嚴格限制台灣再派遣編制部隊向中國挑釁。

雖然東山島戰役讓老蔣灰頭土臉，傘兵司令顧葆裕也立遭撤換，但老蔣在台灣還是照樣「喪事當喜事辦」。尤其太子爺小蔣剛在北投創立的政工幹校，有張君豪、孫兆慶、周昌佐、蔡大猶、駱鳳松、李月亭與繆位等七名學生兵不及撤離，在太子爺領導下，政工們加油添醋，宣稱這七人臨死前還高喊「蔣總統萬歲」，藉以誇大政工對國軍的重要。小蔣還在校園裡立了一個「東山七烈士」的紀念碑，重要道路也改用這七烈士的名字如「君豪路」等。

政工們把七名失蹤的學生兵搞成「烈士」，他們自己玩得很高興，卻苦了「烈士家屬」。張君豪的妻子李麗，在公祭結束後因哀傷過度、神情有異，校方就派女政工護送她回南部老家。不料火車行至嘉義時，李麗從盥洗室墜落車外身亡。究竟是自殺殉情，還是意外跌落，未經調查政工們又先玩起「愛國」遊戲。小蔣在校園裡蓋了一個「鴛鴦亭」，還挖了一個「鴛鴦湖」，台北鬧區西門町的新世界戲院，還上演張李二人愛情故事改編的反共話劇「血海花」。

「東山七烈士」的鬧劇一直搞到一九八〇年代，小蔣開放台灣人赴中國探親，大家到了對岸才發現，原來「烈士尚在人間」。謊言被揭穿後，已當了「蔣總統萬歲第二集」的小蔣，自己也覺得很沒面子，校方日後就藉著擴建校舍的幌子，趁機把小蔣當年設的鴛鴦亭拆了，鴛鴦池填了，路名也改了；至於烈士碑，當然也就「人間蒸發」了，「東山七烈士」從此進入歷史的垃圾堆。

至於軍方也與政工一樣，完全不提東山島戰役有國軍被俘，以致衍生更多的悲劇。莊江田戰後原本在台南縣南安國小教書，一九五〇年韓戰爆發後，老美默許老蔣在台發動整肅，他被軍方指控三年前窩藏二二八事件的罪犯，依「知匪不報」罪判刑七年。在軍監服刑時，國防部又把他強制編入特遣隊去突擊東山島。國軍潰敗時，又將受傷的他遺棄在東山島，被共軍俘虜後歷經審訊與勞改，直到四十年後（一九九三年）才得以返台。

莊江田返台時已七十多歲，國防部透過海基會向中國查證，證實他當年是因受傷被俘，於是發給他一張「榮民證」（退役的職業軍人證明書），並按月給付就養金新台幣一萬三千元。但到了二〇〇二年十一月，國防部又以他「不具軍人身分」為由，註銷他的榮民身分，還要追繳九年來領取的一百多萬元就養金，他氣得中風而全身癱瘓。

結果莊江田的悲慘遭遇，得到台南縣安定鄉前鄉長陳岸的協助，向法院提出訴訟後才發現，原來國防部竟然捏造他於一九五三年受傷返台治療期間逃亡，因而對他發布通緝二十年，直到一九七三年才撤銷。在法院裡國防部主張，莊江田在東山島之役時屬於「刑罰執行階段」，所以不具軍人身分，也因此停發榮民就養金。法官認為國防部未違法，判決他敗訴。但國防部在輿論壓力下，還是恢復了莊江田的榮民身分，並繼續發給就養金，東山島的反攻悲劇才終於畫下句點。

龍應台是被騙了？還是想騙人？

東山島大敗之後，老蔣在台的金陵春夢依舊。一九五四年五月六日，老蔣與小蔣連袂搭乘海軍峨嵋艦視察浙東沿海的大陳島，勉勵島上國軍要成為反攻大陸的前鋒。然而隔年一月十八日，大陳島外圍的一江山島，被共軍成立後首次陸海空三軍協同作戰下攻陷。國軍指揮官王生明與屬下五百一十九人陣亡，副指揮官王輔弼與屬下五百六十七人被俘。一江山淪陷後，大陳岌岌可危，在美軍建議與保護下，老蔣只好宣布自大陳撤軍。台灣無法自浙東沿海對中國的反攻騷擾活動後，也建立了兩岸由武鬥改為文攻的「冷戰」期。

一江山戰役之後，老蔣夫人宋美齡成立的婦聯會，在官邸附近的陽明山設立華興育幼院，收容一江山守軍烈士遺孤及大陳島撤退來台的孤兒。台灣全島四處都有紀念碑，例如基隆市十方寶覺寺、台北市南港區、嘉義市中山公園等。台北市還設立了一江街和一江公園，高雄縣鳳山市的步兵學校門口，乾脆命名為「王生明路」，也算風光一時。但當地人民反應車禍頻傳，是因王生明路台語讀音類似「往生冥路」，為尊重迷信的廣大民意，這條王生明路又被改為「鳳頂路」了。

半世紀後，作家龍應台在其大作〈冷酷的盤算〉中提到：「二〇〇五年一月二十日，是一江山戰役五十週年，一江山是浙江外海大陳列島中的一個小島，面積只有一點五平方公里。一九五五年一月十八日，中共首次以陸海空三棲作戰方式，派七千名兵力展開全面攻擊，而國民政府的島上守軍只有七百二十名，在歷時六十一小時十二分鐘狂烈戰火之後，四千多名中共兵員戰死，七百二十名國軍官兵全部陣亡，指揮官王生明和大陳長官處的最後通訊是：『現在敵人距我只有五十公尺，我手裡有一顆給我自己的手榴彈。』」

龍應台在大作裡還提到：「一江山戰役迫使美國加強了與台灣的共同防衛協定，保全了其後五十年台灣的安定與發展，七百二十個年輕人的生命犧牲，還有因他們的犧牲所造成的妻離子散，不能下說是令人肅然的捐軀，可是五十年後，政治氣候變了，權力換手了，在一江山戰役五十週年當天，台灣政壇一片冷漠，一江山戰役被籠統打包，歸諸於國民黨不合時宜的歷史廢料。」

雖然龍應台文章的感性是兩岸無人能及，但在史實的考證上卻不足取，或許受限於當年老蔣在戒嚴時代所灌輸給台灣人的「狼奶」，她竟然也相信老蔣那種「官兵全部陣亡」的愚民宣傳。老蔣基本上就是中國農民性格，相信那些三十六天罡、七十二地煞、五百完人的吉祥數字。所以撒謊都要留個尾巴，太原硬要湊個五百完人，一江山要搞個七十二的十倍七百二十，結果忠烈祠裡誕生了一大堆「不死的烈士」。

所以還是李敖老師說的好，不管他政治立場如何，起碼他說的比較接近事實。這是他在二〇〇五年三月九日立法院國防委員會的質詢：

「我是預備軍官第八期，我的部隊是當年陸軍十七師四十九團，當年一江山撤退時，我們的報導是全部陣亡了，事實上是有些人跑回來，卻在岸邊被四十九團當場打死了，理由是這些人已經進了忠烈祠，怎麼可以回來呢？就這樣殘忍的把自己的人打死了。今天我不是在這裡倚老賣老，是要告訴大家戰爭代表了多麼殘酷，即使對自己人都會開槍。」

老蔣沒資格喊什麼反攻大陸的騙人口號，不只是因為他在台灣的軍力無法與中國抗爭，更重要的是他對人命的輕賤，與對岸是沒有差別的。一江山戰役裡，死於自己空軍轟炸下的登陸共軍，不會少於死在國軍抵抗時的零星炮火；在共軍佔領全島後自殺的國軍，也不會多於想游回大陳卻被守軍擊斃的「烈士」。中國內戰的荒謬與殘酷，是人類的其他民族所難以想像的。

一九五八年十月二十五日，中國對金門結束毀滅性的炮擊，發布「中華人民共和國國防部再告台灣同胞書」，其中對金門的「單打雙不打」，雖然宣傳彈偶爾還是會造成金門軍民的傷亡，但相較於八二三炮戰，其實也等於兩岸進入新紀元了。然而在台灣的老蔣，如果放棄「反攻大陸」的政治圖騰，豈不等於否定了他這個專制流亡政權在台灣的合理性。於是他還是繼續高喊反攻，至於說出「反攻無望」真相的雷震等人，當然要大刑伺候了。

只准成仁的「成功一號」演習

一九六一年四月一日，老蔣命令軍方在偏僻的台北縣三峽山區，成立「國光作業室」，動員三軍二〇七位菁英，秘密研擬對大陸進行軍事反攻的作戰計劃。六月二十四日，傳說老蔣將南下左營桃子園海灘，觀賞海軍陸戰隊「成功一號」演習。海軍陸戰隊一旅四團三營七連的登陸艇（LVT），在風浪過大的情況下被放入海中，結果是下去一艘、立刻沉沒一艘。但眾人眼睜睜地看著登陸艇一下海就沉沒，誰有膽子在這時建議演習暫停？

一連放下五艘登陸艇，都是如此下場，終於有一位美軍顧問團的士官長孟悌看不下去了，不顧白浪滔天，獨自躍入海中搶救，總算制止了陸戰隊草菅人命的馬屁式演習。十月十七日在左營海軍基地，孟悌士官長接受台美雙方的榮譽褒獎，陸戰隊司令鄭為元中將代表授贈老蔣核給的陸海空軍一等二級褒狀，美國海軍陸戰隊司令蕭普上將頒給陸戰隊獎章。然而這五艘登陸艇裡的幾十位海軍陸戰隊官兵，也就在反攻的號角聲中永沉大海了。

一九六五年六月十七日，老蔣在鳳山的陸軍官校，以官校歷史檢討會為名義進行精神講話，揚言要發動反攻，所有幹部還預留遺囑。然而八月六日海軍劍門、章江軍艦執行「海嘯一號」任務時，遭大陸魚雷艇伏擊沈沒，殉難官兵近二百人。十一月十四日，山海艦在烏坵海戰時逃逸，臨淮艦被擊沉，造成死亡十九人，被俘七十二人。幸好一艘美國驅逐艦趕來搜索救難，共軍船艦不敢圍攻，才撈起了十五位國軍，但有一位死在美艦上，其他生還者被送到澎湖。

烏坵海戰潰敗後，台灣這邊二十一日上午雖仍在左營基地，動員各界代表一萬餘人歡迎海戰英雄凱旋。但歡迎會一結束，兩位英雄南巡支隊長麥炳坤上校及山海艦長朱普華中校，就被移送軍法判刑，國軍是勝是敗，無需多言。老蔣終於理解台灣已喪失制海優勢，從此國光計劃規模逐年縮減。一九七〇年後，國際局勢丕變，台灣退出聯合國，反攻大陸成為絕響。

「炮擊廈門」的烏龍反攻事件

一九八七年台灣解嚴後，到阿輝上台初期，兩岸之間的關係非常好。即使一九八九年的六四事件，中國受到歐美國家的抵制，觀光與商業都受影響，台灣人依然前仆後繼的去旅遊經商。可惜到了一九九四年三月三十一日，浙江爆發千島湖事件，中國執法單位的所作所為，讓兩岸關係陷入緊張，民意調查統消獨長的趨勢從此再也無法改變。十一月十四日上午十一時，竟然爆發小金門國軍「炮擊廈門」事件。

依據當年新華社北京十一月十五日電：「國務院台辦發言人今天就廈門市郊遭台灣當局在小金門的駐軍炮擊、居民被傷一事發表談話。發言人說，我們對這一事件表示嚴重關注，認為這是一起破壞海峽兩岸和平氣氛的惡性事件。發言人強烈譴責台灣當局的罪惡行徑，堅決要求台灣當局迅速查明情況，公佈事實真相，並嚴懲肇事者。」

台灣當時新聞媒體大幅報導，透過立法委員質詢官員，監察委員的調查，才發現又是國軍老舊的四〇高炮惹的禍。我在金門服役時，這種炮是空軍防炮部隊在用的，雖然戰機進入超音速，飛彈進駐金門後，空軍防炮早該換裝，然而各軍種都有本位主義，不願自己被裁員，所以四〇高炮就一直存在。好不容易等到空軍防炮部隊換裝後，又把淘汰下來的高炮交給陸軍防炮部隊使用；陸軍防炮部隊淘汰後，又交給陸軍戰鬥部隊使用；戰鬥部隊淘汰後，又交給後勤部隊使用。就這樣在全世界都找不到的二戰時美軍使用的四〇高炮及炮彈，在金門依舊存在。

事發當天，陸總部的「兵整中心五級火炮檢修小組」，至一五八師四〇高炮陣地檢修，修復後檢修小組士官長黃奎鈞，不依金門戰備規定向金防部報告，逕行試射六十一發，藉以鑑定火炮是否已確實修復。為了怕引發衝突，金門火炮射擊都需金防部核准，連師長都無權試射，所以當時營長反對試射；況且廈門機場就在前方，這樣射擊會影響飛安。但黃士官長堅持火炮射程打不到廈門，使用空炸信管也不會落到對岸，營長才勉強同意。

不料黃士官長沒注意到當時風向朝西，風勢又強勁，以致炮彈落在射程之外，而原來該空炸的炮彈因老舊而失效，造成廈門的傷亡及損害。幸好當時阿輝也尚未提出敏感的「特殊國與國關係」（兩國論），共軍不但一反常態的沒有還擊，新聞媒體連傷亡數字都未提到，國軍「反攻大陸」的最後一炮，就在中國相信這是「誤擊」的善意下落幕。

老子《道德經》裡說：「夫兵者，不祥之器，物或惡之，故有道者不處。」台灣的基本教義派，尤其是掌握權力的政客，實在應該深思，權力鬥爭的手段是不是也該有點底限，別讓老蔣時代反攻大陸的悲劇，到今天又變成要被大陸反攻了。台灣要怎樣避開政客學習老蔣，用激化兩岸關係來鞏固島內權力，人民也應該學習怎樣用理智效忠領導人了。

金馬小兵與中國水鬼的生死擂台

一九八三到一九八四年，我也是個金門小兵。很多人以為一九七九年一月一日美「匪」建交後，中國宣布停止對金馬砲擊，從此金馬前線的國軍，就能過著幸福快樂的生活，但那是天大的謊言。到了一九八〇年代，我們這些金馬小兵，每天仍須面對中國各型漁船（包括有武裝的漁政船）的越界（甚至登陸）騷擾，最可怕的還是中國水鬼的深夜摸哨，這種小兵與水鬼的生死擂台，比起宣傳氣味濃厚的砲戰更真實、也更慘烈。大家若認為當年的金馬小兵與中國水鬼，只是在這些小島上玩「家家酒」，那就大錯特錯了。那裡每天晚上都可能是殘酷的生死擂台，多少年輕人的青春、甚至生命就葬送在此。

「水鬼」是金馬小兵對共軍兩棲偵蒐兵的俗稱，從政令宣導的圖片裡能看到，共軍蛙兵的遺體身材魁梧、長髮披肩，腰間或腿上帶著手槍及刺刀。海防衛兵見到披頭散髮的共軍蛙兵自水中冒出，就像見到了鬼一樣，造成衛哨勤務時的心理恐懼。當然，水鬼也可能有金馬軍民作內應，根本已經是「陸匪」，所以才能來去無蹤；或是當地居民裝神弄鬼，報復軍人或領對岸獎金，各種可能都有。

水鬼在金馬外島，起先只是夜間鬧，後來連白天也鬧，到處都有「活見鬼」或「大白天見鬼」的傳說。一處出現，全島戒備，第一線守軍疲憊不堪，因而軍方三令五申，嚴禁水鬼這種俗稱，必須要正名為「水匪」（可見金馬小兵們的迷信，對鬼的恐懼還大過於敵人），而且嚴令衛哨發現水鬼時，如不能活捉或擊斃，就一律不准上報或通知友軍，免得動搖軍心。

為了防堵水鬼上岸騷擾，金馬前線埋了不知多少地雷，尤其金門，因為各部隊自行其事，埋設毫無章法；加上為了防範本島的陸軍叛變或據地稱藩，野戰師在本島與外島每隔兩年就輪調，交接的埋設圖早就不見了。一九九八年開始，軍方委請國外專業公司進行小規模拆除，但成果有限。二〇〇五年四月二十五日上午，三名來自非洲內戰多年的辛巴威排雷專家，到金門自來水廠進行排雷作業，不料卻引發大爆炸，害得三位來自國際的排雷專家，自己都二死一傷。

爆炸發生後，外國的專家不敢再來送死，金門排雷作業也暫停了一段時間，二〇〇六年回到軍方自己手上。國軍成立了六十八人的排雷隊接手，預估當時金門至少還有一百五十三處雷區，埋有七萬枚地雷，要花費四十六億元，到二〇一三年才能全部拆完。但令人不解的是，在這個彈丸小島上，半世紀以來，我們聽過多少無辜的軍人與百姓被地雷炸死或炸傷，連國際間請來的排雷專家都難逃大劫，但卻從來沒聽說有誰知道有哪個水鬼曾在金門踩到過地雷。所以要抓水鬼跟排雷一樣，沒什麼專家，還是要靠金馬小兵自己去賭「命」啦！

首度告捷的高登「抓鬼記」

國軍第一個活捉中國水鬼的案例，並不是在金門，而是在馬祖的高登島，至今島上還有一座「高登之光」的紀念雕像，旁邊石壁上刻著兩行血紅大字「汪喜田在此，毛鬼躲避」。根據一九五四年十一月二十八日《聯合報》頭版，轉載軍聞社發布的「抓鬼記」裡，副標題「風高月黑水鬼隊盲目摸探，智勇雙全汪戰士力擒鬼魅」裡紀錄的經過是：

十一月二十日凌晨，高登島戰士汪喜田（二十八歲，湖北省孝感縣人），從另一位士兵文良新接過了夜間哨兵的任務。那天晚上天候很不好，汪喜田在接哨後四十多分鐘，忽然聽到哨西約二百公尺礁石上，有木船碰上石頭的聲音，接著又在離他八公尺的草堆上有了蠢動，他情知有異，一面用信號報告班長，一面進入射擊位置，大聲喝問「口令」。這時一個水鬼已向他開槍，他也立予還擊，而站在後面的另一位哨兵，也與其餘三個水鬼槍戰。這一次匪方一共出動了四個水鬼。

由於第一個水鬼與汪喜田距離太近，所以槍聲一響，雙方都負了傷，汪喜田的左胸被打進兩顆子彈，但水鬼的右臂也中了槍。那水鬼知道不妙，立刻就用左手拔出兩個手榴彈，向他擲來。汪喜田也奮不顧身，就在手榴彈爆炸前，滾過去把水鬼緊緊抱住，在地下展開一場生死博鬥。手榴彈雖然響了，但兩人都沒有受傷。

水鬼的右臂雖已中槍，但那柄手槍仍在手中，汪喜田奪槍心切，就緊按著水鬼的右手，水鬼用力一扣扳機，汪喜田的手掌又被打穿，而那枝手槍也就掉下去了。汪喜田雖然負傷三處仍舊抱著水鬼不放，這時，班裡的弟兄都已趕來，汪喜田才把水鬼交給班長，完成了這一場驚險而光榮的任務。其餘三個水鬼就趁著黑夜上船溜走，這時海面上及對面黃岐匪區，連續發出各種信號槍彈。

被捕的水鬼體格高大，說話帶山東口音，混身透溼，穿紅背心、紅短褲，帶游水錶，並佩有手槍、小刀、手榴彈及兩夾子彈，根據判斷，這水鬼一定是匪幹，或是這一水鬼小組的小組長。被捕不久就大叫腹痛，雖經我軍醫官急救，惟因腹內毒性發作，終告斃命。臨死的時候水鬼才吐露真情，原來出發前即被迫服了慢性毒藥。

至於活捉水鬼而身中三槍的汪喜田，被轉送聯勤第一總醫院療養。十二月六日上午，朱季玉院長在週會時，特將老蔣頒賜的褒揚狀授與汪喜田。他在接受在場官兵祝賀後，也致詞簡述捕捉水匪的經過，並表示傷癒後即重上前線，殺匪報國，效忠總統。隔年（一九五五年）一月，汪喜田榮膺「第五屆國軍克難英雄」，與台灣、金門、大陳、馬祖四地區的英雄一行五十二人，一星期巡迴全台各大都市，接受各界表揚與款待。

然而表揚活動結束後，其他五十一位克難英雄，都從台北各自搭專機專車回到原單位，汪喜田卻沒從基隆搭船返馬祖，反而是搭乘一二五六號專機逕飛金門，下機後接受女學生獻花，隨即搭乘飾有標語的彩車進入城區，沿途都有軍民的歡呼。原來金門因地形地物關係，受水鬼騷擾的狀況比馬祖列島更嚴重，雖然「活捉水匪運動」已如火如荼地發動多時，但一直沒有成功案例，所以金防部特邀汪喜田來金門，巡迴全島各部隊演講如何抓水鬼，而「向汪喜田學習」，就成了金門守軍的重要功課。

金門終於也有人活捉「水鬼」了

一九五五年七月二十一日中午，國防部發表消息稱：「廈門匪軍三一軍九二師所屬偵察部隊，於七月二十日中午十二時左右，由廈門方面游泳潛至小金門防地附近竊探我方軍情，並攜有爆發器材，企圖乘機偷入防地進行破壞工作，當兩匪兵接近海岸時即為我守軍發覺，即派艇將之捕獲。據供稱：其中一匪兵為匪二七六團偵察班班長張志祥，另一匪兵名黃憲平，係與張志祥同班。」

金防部推廣了近半年的「向汪喜田學習」，至此終於有了一點成果。因為上表輸誠效忠領袖的、大聲宣示要反攻大陸的部隊，雖然多不勝數，連報紙都懶得刊載；甚至連寫血書、紋身銘志的士兵，也是大有人在。但金防部的高官也很清楚，這些「忠黨愛國」的表演藝術，都比不上紮紮實實地活捉一兩個水鬼來得有意義。

根據二十三日軍聞社發自金門的電文顯示，郭指揮官頒發獎金四千元，並為四名立特功之戰士披掛戰鬥英雄彩帶，在軍樂悠揚聲中由兩位花木蘭（女政工）向英雄獻花，這四位戰士是：翟宏國、張富貴、龍文中、譚瓊瑞。郭指揮官於頒獎後，建議上級為英雄撥專機飛往台北，並遊覽台灣名勝。會後金防部司令官劉玉章設午宴為英雄慶功，下午由金門各界歡宴英雄。至於抓住水匪的過程，據軍聞社記者陳建康報導：

「八名水鬼被殘酷的匪幹們驅使，從廈門以遊艇送至金廈之間的虎仔嶼與三腳礁之間，跳下海裡向我烈嶼與龜山與湖井頭之間灘頭潛游，企圖偵察我海岸防禦工事。不知是水匪們的膽怯，還是潛水技術低劣，游了五六個鐘頭，終不敢向我海岸接近，而卑惡的匪幹，卻將這些替他賣命的可憐蟲丟於海中不顧，竟將載送水匪的小艇開返廈門，這些飄浮在海面的水匪，此時既不敢前進，又不能後退，只有毫無依托的隨著海潮的浪濤而起伏浮沉。

這時已近中午十二時了，我烈嶼海岸守軍哨兵發現遠遠地海面漂浮一具似死屍般之水匪，同時我觀測所亦發現其他水匪飄浮在附近海上，我精幹戰士十人，由劉成勛少校率領，即駕駛小艇前往圍捕，四位戰士首先自沙溪下海潛水，泳至距水匪一百公尺左右，那些隨波逐浪的匪兵都紛紛向南北兩方面逃竄，且以武器向我救生艇射擊，這一下可激怒了我戰士，一個個憤不顧身，勇往直前，捕捉水匪。

二十九歲的翟宏國戰士說：『我藉救生艇的火力掩護來一個深水潛游，潛游接近匪身，當時張富貴、龍文中、譚瓊瑞三同志，亦以不同的方法包圍過來，匪班長張志祥見勢不佳，乃將所攜之俄造衝鋒槍沉於海底，並脫下救生衣丟擲於海面，企圖潛水跳躍，我乃急潛將張匪抱住，但其仍作困獸之鬥，在水中經過十分鐘之打鬥掙扎，張志祥見我四同志齊來，知力不敵，乃俯首就擒，押游至我艇。』」

吳國忠戰士說：『我們捉到了一個活水匪後，見其餘的水匪分路向三腳礁、虎仔嶼、檳榔嶼方向逃竄，我以檳榔嶼最近，且兩名水匪正向該處急游，我艇即向檳榔嶼前進，一路尾追不捨，且喊話令其投降，但兩匪頑強抗拒，我艇戰士即開槍射擊，當即將水匪一名射斃海中，另一名則藉海中暗礁石壁為掩避，向我艇射擊，我謝寶來、何印之兩戰士負傷，全艇戰士見狀，憤慨異常，十餘支武器齊發，一時海上槍聲大作，頑匪在我火網下，亦被擊斃。』

潛逃往虎仔嶼之兩水匪於泗達海灘時，被我戒備之守軍發現，勸令其舉手投降，該兩匪即舉槍向我左側兩哨兵準備射擊，我哨兵畢可治、柯林以迅雷不及掩耳之速度，對準兩匪掃射，結果一死一傷，其傷者恰被射中兩手手指，使其不能使用武器而就擒。

此次來偵察我工事之水匪，被我活捉兩名，擊斃三名，其餘仍在海中，其時已五時四十分了，我負傷兩戰士須急救止血，且我們搜索圈在匪砲及輕火器射程以內，為避免損害，我艇乃回航。四川老鄉夏位齊戰士說：『我們回來安頓了負傷同志後，格老子，對那還未捉到的水匪不安心，我們就馬上吃飯，以九人編組再度出航搜索。』

他們自六時起在檳榔嶼繞行四圈，誘敵射擊，以便發現目標，可是沒有結果，再駛牛嶼，三腳礁等處搜索，這時匪砲自白石至何厝一線，紛紛集中向他們射擊，且值落潮時期，海上風浪大作，天色昏暗不明，敵人砲彈在搜索艇的前後左右爆炸，我搜索艇以迂迴航駛，避開敵人砲火，旋我砲兵開始向匪砲制壓，我全體健兒安全返防。」

金門守軍活捉兩名中國水鬼的消息傳來台北後，全台振奮。十位參與圍捕的兩棲偵蒐營軍士官，及吳國忠等四位因戰鬥立功之國軍戰鬥英雄共十四人，八月十二日中午自金門乘專機來台渡假一週。軍人之友總社及婦聯會、婦女會、軍友社北市分社等單位，均派人赴松山機場熱烈歡迎。英雄們一下機，就收到十四位年輕貌美的小姐獻花，軍友社總幹事及總政戰處政五組組長也致詞表示歡迎，並會同各界設宴款待，致贈豐富禮品。

活捉水鬼的戰鬥英雄在台渡假一週，十三日接受軍友社歡迎，晚間觀賞金素琴表演平劇，十四日遊北投陽明山，下午接受陽明山各界代表款宴。十五日接受台北市各界歡迎，晚間欣賞電影，十六日安排正式記者會，由戰鬥英雄報告捉水鬼的經過。十七日則由國民黨中央黨部，台灣省政府等單位接待，十八日遊新店鎮的碧潭。這對無家無眷、身無長物，長年駐守外島，甚至從未踏上台灣土地的金門小兵們來說，在台灣的這七天，還真是他們一生最光榮的「黃金週」。

與這些戰鬥英雄對比的，當然就是這兩名倒楣的中國水鬼黃憲平及張志祥，據軍聞社記者陳建康報導，他們在金門已受到國軍的優待，愉快並坦誠地向記者報告被脅迫誘騙參軍經過及匪區近況。「水鬼之一黃憲平是廣東人，今年剛滿二十歲，被迫參軍已三年，他說：『我十七歲那年，還在小學五年級讀書，家裡只有一胞兄，因為捐稅太多，一天三餐都吃不飽，但是稅還是要繳，繳不出時那些收稅員天天上門怒罵迫追，日子真難過。有一天，一個村幹部勸我參軍，說什麼參軍後征屬可以獲得優待，不必繳稅納捐，我為了顧到哥哥生活，就參了軍，結果三年後連哥哥的消息都一點也不知道。』二十四歲的安徽人張志祥，雖然是有四年共匪黨齡的黨員，可是他的遭遇比黃憲平更加悽慘。他父親因在大陸淪陷前擔任過區長，遭匪幹以「國特」罪名殘殺，他也被強迫參軍。」

小兵搶放假而誤殺的金馬居民

當時國共雙方的軍人，都是被毛蔣兩位偉大的領袖拉伕裹脅而來。那麼請問在金馬外島的生死擂台上，死得最多的是金馬小兵，還是中國水鬼？答案是「以上皆非」，死得最多的是金馬居民。在「抓水匪」的運動裡，金馬小兵個個都希望自己成為汪喜田第二，有一個活捉水匪機會，以致經常誤殺良民。馬祖的《北竿鄉志》第二章就提到：

「國共對峙期間，水鬼摸上岸時有所聞，風聲鶴唳，衛兵經常處於高度緊張狀態。民國五十三年（一九六四），板里村民王詩興因妻子已過世，深秋某日帶著六歲幼子王禮興到中澳口作椿。下午四時多，王禮興感到疲倦，鑽進漁船竹籃內睡覺，一覺醒來天色已暗，找不到爸爸，放聲大哭，同時猛力敲打岸邊鐵門，步兵五營駐港口衛兵眼見鐵門搖幌不已，誤以為水鬼摸上來，立刻開槍射擊，打開鐵門才知誤殺孩童，並將噩耗通知糊裡糊塗已先回家的父親。」

到了一九七〇年代，在金馬前線站衛兵的戰士，就逐漸從老蔣自大陸拉伕裹脅而來的老芋伯，轉化成由台灣各地徵召來的年輕「充員兵」。這些原本生活在鄉村或都市的「死老百姓」，在台灣經過簡單的軍事訓練，就被送到金馬前線。但因教育程度與語言隔閡，這些從未經過戰爭洗禮的充員兵，一到前線或因緊張、或因急於立功才能返台放假，「抓水鬼」就讓金馬變成了另一種「戰場」，一九七一年三月二十日《馬祖日報》就報導了一位「戰鬥英雄」：

「二月二十八日清晨三時零五分，東犬（現改名東莒）某據點值勤哨兵梁益利，在能見度不良情況下，發現有黑影匍匐接近，智勇雙全的梁戰士，雖以入伍不久，但深具殺匪立功之敵愾心，原想一舉成擒予以活捉，待匪近至十公尺以內時，發現犯匪卻有三人之多，梁戰士猶能沉著應付，採取緊急措施，立即射殺。當時匪方傳來一聲慘叫，即告仆地；梁戰士欲繼續予匪狙擊，唯不幸遭水匪倉促逃離時以瓦斯槍毒氣所害，亦告不支昏厥。

距梁戰士不遠的哨所，聞聲趕至，發現梁戰士耳鼻均潸然流血，除立予救助外，並展開追捕行動，但以援救梁戰士稍延宕，而失卻戰機，犯匪已告逸去。天明後，復發覺自匪應聲倒地之處向海邊撤退沿線，斷續留有斑斑血跡達五十公尺之遙，估計約有兩千西西以上，判斷確為負創水匪所遺留而無疑義。英勇拒匪並予匪迎頭痛擊，致遭匪毒性瓦斯傷害之梁戰士，經我精湛技術並深具現代化生化毒劑治療的軍醫人員救治後，已漸康復。為使梁益利得能完全健癒，並於週前送台，俾靜心休養。」

這位剛下部隊不到一個月的新兵梁益利，被選為當年度的國軍戰鬥英雄，馬防部還頒贈五千元的巨額獎金。但梁益利與水鬼戰鬥的內情實在太詭譎，讓馬祖許多軍民都存疑。他被送到南竿療治時精神逐漸恢復，卻仍然瘖啞，用筆記述當時情況，被後來《莒光鄉志》收錄：

「梁益利發現有黑影向碉堡周圍的鐵絲網接近，就緊握搶托旁的板機，高喊『口令』，對方冷漠的回答說：『自己人』，梁戰士自忖班上的八名弟兄都在熟睡，那有什麼自己人，況且今晚的口令也不是『自己人』。又過了頃刻，黑影穿過第一道鐵絲網，更接近第二道鐵絲網時，梁戰士再大聲吆喝『口令』，對方仍回答『自己人』，黑影越靠越近，隱約中梁戰士看到一黑影直接朝他的方向走來，另有二人從旁邊匍匐爬過鐵絲網而來，霧夜中人的影像越來越近，梁戰士再次大聲吆喝『口令』，並對準走過來的人影扣板機，子彈呼嘯而過，擊中對方，只聽一聲慘叫，即告倒地，另兩位匍匐前進的黑影，也以瓦斯槍還擊，梁戰士中槍受傷，七孔出血，不支昏厥。

槍聲響起，吵醒酣睡的同班弟兄，大夥起來察看，發現梁戰士倒地，於是班長搖電話向排部報告，但電話線已被水鬼剪斷，班長囑咐班兵二人飛步往排部報告。全島進入全部警戒，此時三黑影已不知去向，研判負傷逃跑，整個部隊分批搜索，出事的碉堡緊靠福正村莊，且有血跡由出事碉堡滴到村落邊的跡象，部隊懷疑百姓有窩藏水鬼之嫌，全島村民集合清點，並脫衣褲檢查，男的由男指導員檢查，女的則由女幹部檢查，部隊官兵出入營房或村莊，手臂要綁紅布條，以示識別，每天暗號都不一樣，島內各角落，皆由軍方官兵持槍地毯式搜索，百姓的家中翻箱倒櫃的檢查，搜查可說滴水不漏，仍無水鬼的蹤影。」

以上是《莒光鄉志》紀錄梁益利遇到水鬼的實況，反正他已被軍方定位成戰鬥英雄，並且「經我精湛技術並深具現代化生化毒劑治療的軍醫人員救治後，已漸康復」了，就算不是英雄，也必須是英雄了。他回台灣療養一個月後，傷癒後並沒有回東犬島的原單位，而是改調北竿服役，難道是要嚴加看管，怕他說錯了什麼話嗎？（或許軍方擔心說對了會更糟）但這一個月東犬島上軍民都備受困擾。

為了「向梁益利學習」，馬祖各島一些想放假回台的充員兵，都是見到黑影就開槍。一九九八年七月十七日《聯合報》三十九版的「大兵憶往」專欄，鍾章瑞先生的大作「新婚調馬祖，誤殺自己人」裡就提到：

「六十一年（一九七二年）舊曆年節前三天（一月二十四日）的夜裡，馬祖北竿島發生一件重大不幸的事情。勤務連上等兵柯榮壽在交接哨兵時，被同連的哨兵簡××誤認為水鬼，一連開了七槍死亡。事後才知道這個禍首，是在本營離開台灣的前一天，才從別的部隊撥補來的，他意外的中了『金馬獎』，感覺非常倒楣，特別是他剛結婚，情緒惡劣。

那個年代戍守外島的部隊，一切為戰備，未婚的軍(士)官和義務役的士兵，根本沒有休假的規定。於是多方打聽，有什麼辦法才能得到回台灣的機會，當時有人開玩笑告訴他：要想回台灣，除非抓到水鬼，立了大功才行。後來簡××在軍法組接受審訊時承認，他當時確實問了『口令』，不確定對方有沒有回答，他就情急扣下扳機。」

從鍾章瑞先生的大作能夠證明，這種「新兵抓水鬼」的後遺症還真不小。馬防部也擔心這些剛下部隊的「充員兵」，為了放假回台，不惜殺人傷人或自傷，於是停止了「向梁益利學習」的宣傳，還在春節過後不久的二月九日，修改了「捕俘水匪作戰獎懲規定」，明定：

（一）海岸哨兵發現小型目標靠岸，而能適時捕獲匪武裝船（艇）一艘，獎金新台幣十五萬元。

（二）哨兵每捕獲（活捉）水匪官兵一名，獎金新台幣十萬元。

（三）哨兵每射殺水匪（無論官兵）一名（留屍），獎金新台幣三萬元。

（四）非服行哨兵勤務之防區軍民，捕獲（活捉）或射殺（留屍）水匪者，比照一、二、三款給獎。

「捕俘水匪作戰獎懲規定」公佈後，捕獲（活捉）或射殺（留屍）水匪者，都必須有明確證據才給予獎勵，避免再次出現「梁益利現象」。而一度如火如荼推展的「向梁益利學習」，從此也宣告終結，馬祖各島才恢復正常。否則根本不必等水鬼上岸，小兵們為了放假，自己互相開槍殘殺，就能消滅駐守馬祖的國軍了。

從水鬼摸哨到水鬼摸廢鐵

二〇〇五年三月二十八日，來自中國漳州龍海市的船老大許大頭，趁濃霧駕駛一艘沒有船名的「水鬼船」，載送其他一男六女偷渡金門，八人上岸後，從金湖鎮新塘垃圾場竊取了一噸半資源回收的廢鐵，民眾發現後立即以「一一八報案專線」電話向金門海巡隊報案。由於海灘上留有明顯的腳印，海巡隊緊急派出兩艘巡防艇出海搜尋，在金門水頭外海〇．九浬處攔截到這艘沒有船名的「水鬼船」。

被捕後的「水鬼船」船老大許大頭供稱，由於中國現在廢鐵價格飆漲，他們八個人就利用這兩天濃霧，到金門來「撿」廢鐵載回中國販售，但沒想到回航時還是被抓。金門海巡隊則表示，之前在金門赤山垃圾場、二膽島等地，也多次查獲中國漁民上岸竊取廢鐵。海巡隊偵訊後將八人依竊盜罪嫌、違反兩岸人民關係條例移送金門地檢署偵辦。

從水鬼摸哨到水鬼摸廢鐵，不免讓我這當年在金門「抓水鬼」的中古兵，感嘆兩岸關係的變化，實在是讓人難以預測，回憶起來也不勝唏噓。

搶救台灣的「雷恩大兵」

一九四四年六月六日（俗稱的「D日」）凌晨，英美聯軍為了呼應東線蘇聯軍隊的要求，開闢第二戰場，以利東西夾擊佔領歐洲多時之納粹德軍，於是發動了大規模「諾曼第」行動。大軍在槍林彈雨中雖然傷亡慘重，仍然強行登陸了奧瑪哈海灘。德軍無法阻擋盟軍的搶灘，卻依舊頑抗到隔年四月，直到東線的蘇聯軍隊攻陷德國首都柏林為止。

數十萬的美英聯軍裡，很多人都是第一次，也是最後一次踏上法國的土地。奧瑪哈戰役結束時，一天內美軍就陣亡了二千四百人，其中包括了雷恩（Ryan）一家四兄弟中的兩人，當噩耗傳回國內後，無獨有偶的是雷恩家的另一兄弟也在太平洋戰場陣亡，軍務局的電報員發現，雷恩的母親將會在同一天內，收到三個兒子的死訊，而他家唯一還有可能存活的，就是在一〇一空降師五〇六連的二兵詹姆士．雷恩（James Ryan），於是立刻報告了陸軍參謀首長馬歇爾（Marshall）將軍。

一九四二年十一月，美國國會剛通過了「蘇利文法案」。蘇利文家族五個同胞兄弟，同時在朱諾號上服役，以致在太平洋戰場同一天陣亡。美國國會因此明文規定：同一家族的同胞兄弟不得全部上前線。馬歇爾將軍於是派遣二九師第二突擊營的約翰．米勒（John H. Miller）上尉連長，率一個班的兵力深入德軍佔領區搜尋雷恩，並將他帶離戰場，讓他返家去安慰他傷心的母親。米勒在參戰前是位高中老師，但是連上弟兄都不知道。面對這個「大海撈針」的任務，而且成功率微乎其微，突擊隊成員都有一個質疑：為什麼動用八個人冒著生命危險，卻只為救一個人？

二戰結束半世紀以後，名導演史蒂芬•史匹柏（Steven Spielberg）用這個故事為背景，執導了這部美國經典戰爭片《搶救雷恩大兵》（Saving Private Ryan），該片不但榮獲一九九八年奧斯卡最佳影片獎在內的五項大獎，票房收入也創下新高。這部鏡頭血腥、手法寫實的戰爭片，卻也成為最佳的反戰電影。

軍人原本的任務只是在殺人，如今卻擔負起了救人的任務。但諷刺的是，雖然搶救行動的本質是高度人道的，是為了讓一個悲傷的母親在連喪三子後，還有生存的寄託；但這個人道目標，卻必須經由更多的殺戮才能實現。

最衝突的一幕是突擊隊俘虜了一名德軍，八名隊員為了殺他還是放他而有所爭執，米勒連長最後還是決定放了他，但諷刺的是這名德軍後來又領著德軍包圍突擊隊。其實，在整部影片中沒有一個壞人，每個人也都採取了他自己所認為的正確行動。所以米勒連長在釋放德軍俘虜前，對同志們說的是：「每當我們多殺一個人，我們就離家更遠了。」

在台灣開始有文字紀錄的四百年歷史裡，也不乏一些海外失蹤軍人的故事。其中最有名的就是「李光輝」與「林正義」兩人。要談李光輝，還必須先從太平洋戰爭中的搜尋日軍失蹤士兵開始談起。

自叢林歸來的失蹤日軍

一九四五年初，太平洋戰場上的美軍，憑著強大的海空優勢，以「越島戰術」重創日軍，先後攻佔了日軍固守的戰略要地塞班島、關島、菲律賓、硫磺島和沖繩。但在這些島上，仍有極少數拒不投降的日軍，在失去抵抗能力後藏身於陰暗潮濕的山洞，或躲進人煙罕至的熱帶叢林。

一九七二年一月二十四日，美軍在關島叢林內，發現了已躲藏二十八年的日軍下士橫井庄一（一九一五年生，愛知縣名古屋市人）。他始終相信二戰還在進行，而在關島躲了二十八年，只以堅果、莓子、青蛙、蝸牛、老鼠為食，以樹皮為衣。他在被送回東京時的第一句話竟是：「我真羞愧，活著回來。」因而獲得日本全國英雄式的歡迎，這句話也成了日本當年的最熱門新聞用語。

橫井回到母國後，立刻適應了這個現代工業國家，幾個月後竟與新女友美保子結婚，不但到處演講，還出版了一本暢銷書《叢林生活二十八年》（台灣也出版過翻譯的中文版）。到了一九七四年六月，他還參加了參議員的競選，結果落選後不久又離婚。一九九七年九月二十二日去世於名古屋，享齡八十二歲。但橫田返回日本後才一年，他的「叢林生活」紀錄，就被日軍步兵少尉小野田寬郎給打破了。

小野田是日本和歌山縣海南市人，生於一九二二年。一九四二年十二月被徵召入和歌山步兵第六一聯隊，一九四三年九月升任甲種幹部候補生，一九四四年一月入久留米第一陸軍預備士官學校，八月畢業任見習士官。九月再進入陸軍中野學校受遊擊戰訓練，十一月畢業後被派往菲律賓盧邦島(Lubang)，準備在美軍登陸後開展遊擊戰。

一九四五年二月二十八日美軍登陸盧邦島，日本士兵大多投降或戰死。小野田同伍長島田、上等兵小塚、一等兵赤津三人退入叢林，繼續頑抗。八月十五日，裕仁天皇宣布無條件投降。美軍也派軍機撒下大量的日文傳單。但小野田並不理會，每天清晨依舊帶著三名士兵，對著旭日敬禮並繼續戰鬥。他們停留在同一個地點幾天後就立刻移動，靠偷竊當地居民的食物維生，甚至襲擊經過車輛，槍殺司機；或是殺害落單的村民，藉以搶奪食物或民生必需品。

一九四九年，赤津忍受不了這樣的環境，高舉雙手向當地警察投降，並配合美軍寫了許多傳單，但小野田判斷這只是美軍的謊言，下令全體退到更深的山區。一九五二年，美軍空投了給這三人的家書與日本報紙，然而小野田看了仍然不信。一九五四年五月，島田伍長與當地警察在槍戰中被射殺，美軍空投新的傳單，但小野仍然頑抗。直到一九七二年十月九日，同伴小塚在槍戰中被當地警察射殺，屍體與手中保養良好的三八式步槍，終於引起了日本政府的重視。開始積極派人到緬甸、馬來西亞和菲律賓，尋找還潛藏在森林中的日軍士兵。

雖然日本政府把報上小塚屍體送回國的喪禮新聞，印製成大量傳單空投發送，但小野田看到了還是不相信。直到一九七四年二月二十日，日本青年探險家鈴木紀夫，終於在山裡找到了小野田，鈴木告訴他天皇早就宣布投降二十九年了，但小野田仍堅持必須有指揮官的命令才會投降，並要將保存良好的軍刀親自交給天皇。鈴木勸說不成，只好承諾會帶著他隊長的命令再來。

鈴木回國後，找到了小野田的老上司谷口義美少校，但谷口當年為了逃避戰犯追緝，回國後已改名並成了書商。鈴木說服谷口，用本名親筆寫下一分「投降令」，交由菲律賓軍方空投。一九七四年三月九日，小野田發現這張「投降令」的影本傳單，才身穿當年日本軍服，步行了一天至次日清晨，到達盧邦島警察局，把步槍放到地上說：「我是日軍少尉小野田，奉上級命令向你們投降。」

在盧邦島三十年，小野田造成菲律賓包括士兵、警察和平民總共一百三十人傷亡，許多菲律賓人都主張法辦小野田。但因日本政府的斡旋，菲律賓總統馬可仕宣布特赦。一九七四年三月十二日，他與鈴木紀夫、谷口義美，一起搭機回到日本，受到英雄般的熱切歡迎，他的自傳《盧邦島的三十年戰爭》也成了暢銷書。但小野田的極右思想與父親不和，因而與新婚的妻子町枝移民巴西，投靠在當地經營農場的哥哥。

一九九六年五月，小野田為宣傳最新自傳《已過一人之三十年戰爭》，回到了盧邦島，一位八十一歲曾被他射傷的農民Tria，接受了七十四歲的小野田之擁抱。Tria說：「我已經沒有怨恨了！」但其他受害的盧邦島民卻不這樣想。小野田雖然仍不認錯地堅持：「軍人就是服從命令，我沒有違反國際法，也沒有責任。」但他還是捐了一萬美金給當地學校。不過當小野田回日本不到半年，他的叢林生活紀錄就被另一名二兵「中村輝夫」給打破了。

讓日本與兩蔣都難堪的李光輝

一九七四年十一月，印尼駐摩祿島空軍中尉蘇巴迪據村民報案，深山裡有個「野人」，就在十二月十六日率領了十一人的搜索隊，經過三十小時的跋涉，於十八日在深山裡發現一間簡陋草房，屋外有個裸體男人正持刀劈柴，他雖然有三八式步槍卻沒抵抗。透過翻譯才知他是日軍二兵中村輝夫，從一九四四年十一月與部隊失聯後逃進叢林，就在這裡獨自生活了三十年，根本不知道二戰已經結束的消息。中村在印尼叢林生活時，並未像小野田那樣傷害當地軍民，又創下叢林生活的最高紀錄，回日本應該更受歡迎才對；但對日本政府而言，卻是個更加難堪的「燙手山芋」。

原來中村雖是戰前的皇軍，卻不是來自日本，而是台灣的阿美族原住民，原名史尼育唔，出生於台東縣成功鎮都歷部落，八歲就讀都歷公學校，不但品學兼優，且擅長相撲和棒球，曾代表台東廳來台北比賽，被譽為最佳捕手。一九四三年十月奉召入營，編入「高砂義勇隊」，接受短期訓練後，被調往印尼參戰。但如今台灣已不是日本領土，史尼育唔該被遣返到日本？還是老蔣統治下的中華民國？成為第一個難題。

另外一個難題則是史尼育唔依日本法律規定，從一九四三年入伍到一九七四年被找回，三十年的服役薪餉加返鄉費用，只有六萬八千二百八十日元（折合二百二十四美元），這一點對數十萬二戰時的台籍日本兵而言，都能感同身受。因為他們在戰時未領的薪資、年金、保險金與軍事儲金等「確定債務」，都只能索取一次領清的一百二十倍補償，但他們計算出的卻是七千倍；而戰死者及重傷的台籍日本兵只有二百萬日元的補償，但日本軍人則至少可領四千萬日元的補償。

日本政府賠償史尼育唔二百二十四美元的消息見報後，遭到日本輿論的普遍指責，日本內閣於是宣布：比照小野田與橫井的「特殊待遇」，發給史尼育唔三百五十萬日元（折合一萬一千七百美元）。至於史尼育唔要回日本或台灣，則尊重他個人意願。一九七五年一月八日，史尼育唔自印尼首都雅加達搭機抵達台北松山機場，一月九日返回他闊別三十一年的老家台東。當年他奉召入伍時，家中有父親拉瓦、母親尼卡魯，另外還有四兄三姊，如今只剩六十八歲的大姐賴全妹與六十歲的三姐林生妹還在人世。

為何史尼育唔的大姐與三姐都被改成漢名，而且一個姓賴，另一個姓陳呢？原來老蔣在台灣強迫原住民改名，就由戶政人員亂填，以致一家人有好幾種不同姓氏。史尼育唔雖然在戶籍上是死人，但他的日本姓名「中村輝夫」也被改為「李光輝」，他的妻子「中村良子」被改為「李蘭英」。李蘭英在李光輝去印尼前，已為他生了一個兒子李弘，但因李光輝已被日本與國民政府宣布死亡，李蘭英為了撫養李弘，不得不改嫁鄰村的黃金木。如今李弘也三十一歲了，還結婚育有二子二女。

當年七十三歲的黃金木，知道李光輝還健在，就決定搬出與妻子李蘭英共同居住的成功鎮北源村北溪路五十×號，而到另一個兒子黃阿仁在小馬路四十×號的家中居住。但李光輝回台東後，知道妻子李蘭英已改嫁，也不願干擾他們的生活，就去成功鎮都歷村一四×號的三姊林生妹家中暫住。得到了日本政府「視同日本國民」的賠償後，日本內閣閣員也捐贈五千美元，日本駐印尼大使館捐贈六百六十二美元，雅加達記者捐贈送一百五十美元，日本民間捐贈二千四百六十七美元，有馬元治捐贈三千美元，同僚川島贈送的十萬日圓等，均由印尼中華商會的會長蔣貽曾轉交台東縣長黃鏡峰。

取得日本補償與捐贈的李光輝，在台灣養老已不成問題。但李光輝仍拿出十萬台幣給年老的的黃金木，自己搬到新購的成功鎮都歷路一八×號新屋獨居。二十四歲離家，五十四歲返家，妻子早已改嫁，部落面貌全非，加上語言的隔閡，與族人、親人之間不知何以相處，以致他鬱鬱寡歡，絕口不提南方的事。但媒體與政客仍不斷騷擾，要求他穿著叢林時的服裝拍照，蔣經國甚至在一九七八年十月八日還親臨他家，讓他對「大中國化」環境的更加難以適應，鬱悶悲憤難抑，雖然他在原始叢林裡獨居三十年，多次受傷、染患瘧疾，都能痊癒康復；但返台後短短四年，就在一九七九年六月以肺癌病故，結束了他從史尼育唔到中村輝夫到李光輝，悲情卻也戲劇性的一生。

從台大到陸官的媒體寵兒

台灣歷史上另一個有名的「失蹤軍人」，一生也是擁有三個名字，從林正義到林正誼到林毅夫，每個名字都讓台灣政府與民眾跌破眼鏡。故事要從投筆從戎的林正義開始說起。

林正義是宜蘭人，幼年家境清苦，初中每天放學後，必須先到宜蘭新生綜合醫院載運餿水去餵豬。由於家住夜市附近，環境十分吵雜，他總是晚飯後先倒頭大睡，過了午夜十二點才起來唸書到清晨。他的功課很好，宜蘭初中畢業後保送直升宜蘭高中，然後考上台大農學院的農工系水利組。那時台灣所有大學新生入學前，男生要上台中的成功嶺受軍訓八週，但那一年台大學生第一次從「暑訓」改為「寒訓」，也就是大一上學期上完課之後才去。

當時海外保釣運動興起，台大校園也受到波及，林正義趁機發起「大一學生代表會」（一代會）並當選主席，和當時的「班代表聯誼會」（班聯會）、畢業生代表聯誼會（畢聯會）分庭抗禮。為爭取發言權，他發動「校園絕食」，抗議聯合國排我納「匪」，由當時台大訓導長張德溥苦勸後暫停。由於投入太多時間在政治運動上，以致大一上學期成績不佳、瀕臨退學。但他身高一八三公分，在成功嶺受訓時又認真，以致表現突出，深得長官喜愛。受訓一個月後，他向長官報告決定不回台大，而要留在軍中，對當時被社會譏為「來來來，來台大；去去去，去美國」的台大學生而言是一個震撼彈，也是大專學生成功嶺集訓十餘年來的首例。

當時他選擇進入陸軍官校，許多長官感到奇怪，找他去談話，問他：「你是學理工的，為何不選擇中正理工學院。」他說：「從軍就是接受磨練，陸軍官校的環境最適合我，如果我選擇舒服的路，如何能喚醒別人？」為此他向參謀總長賴名湯請纓，「協助我轉到陸軍軍官學校，學習戰鬥技能，將來在反攻聖戰中，好在疆場上為國效命。」賴總長答應了他的請求，並在結訓典禮時當面嘉獎他。當時行政院副院長兼國防部長的小蔣，還特地到成功嶺視察，並發表這一大振奮人心的消息，各大媒體廣為披露，一時傳為美談，此後林正義就一直是國軍的明星，不時在各種媒體以「英雄」形象出現。

在升學主義下的台灣，軍校一向是聯考淘汰者的剩餘選擇，林正義此舉無疑為軍校招生的低迷行情注射了一劑強心針。一九七二年三月一日，《聯合報》三版報導小蔣接見這位新聞人物時，林正義還說促成他最後下定決心的，就是行政院副院長蔣經國在本月九日參觀成功嶺時，對大專學生講的一席話。因為蔣副院長勉勵他們「絕不做被人輕視的民族的最後一代」，而應「成為一個意想不到的完美時代的開端」。所以內心被這句話深深地震撼著，他撥開重重雲霧，看到了青天。從林正義「投筆從戎」時的這段「謝主隆恩」的發言就能證明，原來台灣的領導者愛吃「軍人牌巧克力」，原創者並非阿扁，當年小蔣也很吃「這一套」的。

林正義轉學鳳山的陸軍官校四十四期後，果然不負小蔣與各級長官的期盼。一九七五年八月十一日，《聯合報》三版報導，他以八九．七五分第二名的出眾成績畢業，與第一名傅篤誠的八九．七六，僅差〇．〇一分。報導中還提到他雖然就讀步科，但在一九七三年七月，曾領導十位通信兵科的同學，以廢鐵及普通鏡片為材料，經過一年多的研究與改造，製出一具六吋長的牛頓反光式天文望遠鏡，這項製作的成功，在各大專院校中尚屬首創。報上說：「這位宜蘭籍的優秀青年，不僅在理工科有成就，對社會科學及歷史也頗有見解，是國軍優秀的基本幹部。」

他在軍校期間，小蔣已高升為行政院院長，並在老蔣臥病時，逐漸掌握了黨政軍所有的政治資源。但小蔣與老蔣雖同樣是獨裁專制，腦筋卻清楚一點。他明白對內一九四九年來台的外省籍軍人都已年老，對外又被聯合國逐出後，蔣氏世襲政權代表全中國的謊言已經無法欺騙國人了，必須大力攏落本地人從軍，否則蔣家勢力難保。不但本省政客心存不軌，外省軍頭或政客，也可能以殘殺蔣家「幼主」來立威，並爭取台灣民眾的支持。林正義的省籍正確，又是台大學生，因此多年來一直關心他的近況，小蔣還囑咐他的心腹學生，當時的總政戰部主任王昇，必須特別照顧林正義。畢業之後，他不必立刻下野戰部隊帶兵，而是得以軍職身分進政大企管研究所就讀。

一九七六年六月二十二日，《聯合報》三版報導，台大舉行畢業生酒會，歡送二千五百位應屆畢業同學，校長閻振興在酒會中特別表揚了經濟系畢業生陳憲良，因為他剛戴上方帽子就要南下鳳山，轉入另外一個學校，重新從二年級讀起，那個學校就是陸軍軍官學校。他也將是繼林正義之後由台大進陸官的第二人，陳憲良對記者說想讀軍校很久了，促成他下定決心的是三月十五日岳飛誕辰紀念日那天，行政院蔣院長呼籲大家效法岳飛「精忠報國」精神。他認為，大陸河山正待收復，這一代的青年，都應有「還我河山」的壯志。看來這位學弟學林正義學得還真像，連對小蔣的「巧克力」發言也學得唯妙唯肖。

一九七八年十二月十六日，傳說已久的美「匪」建交終於成為事實。而中共十一大三中全會裡，鄧小平徹底擊潰了以華國鋒為主的「凡是派」，掌握政權後對台政策開始轉變。一九七九年元旦，中國在與美建交的同時，全國人大常會發表「告台灣同胞書」，由國防部長徐向前宣佈，停止對金門持續二十年的「單打雙不打」砲擊。兩岸之間由國共兩黨三十年的軍事對峙，逐漸轉化成統獨之間的政治對峙。這時從政大企研所畢業的林正義，因為與部隊長官同名，也已經改名為林正誼；但依舊是媒體追逐的寵兒、少女崇拜的偶像與青年遵循的目標。

讓金門全島大地震的叛逃連長

一九七九年二月十六日，林正誼剛到金門下部隊，就擔任獨當一面的指揮官，成為最受矚目的金東二八四師馬山連連長。馬山位在金門東北角，是國軍距離大陸的最前哨，與共軍據點角嶼退潮時的距離只有一千八百公尺，可以掌握大陸福建白河口、小嶝角、刀嶼、大伯嶼、小伯嶼等一線共軍的動態。馬山還設有對大陸心戰喊話的播音站，所以馬山連連長要常向到前線視察的長官和外賓們簡報，因此，只有最優秀的基層軍官才能出任馬山連長，也可見小蔣對林正誼這位台籍青年的提攜眷顧之隆。

一九七九年五月十八日晚上六時，晚餐時馬山連連長沒到，到了七時，士兵找連長看電視，還是找不到人，連上開始緊張，士兵到處尋找，直到半夜還不見人，才向師部報告。師部全面清查後發現，不但連長失蹤，連旗和防衛作戰資料也不見了，全師一萬多人立刻全體動員展開搜尋，照明彈從凌晨打到天亮，五〇機槍與各式迫炮及榴砲不斷射擊海面可疑漂浮物，但打到的都是浮木。五月十九日開始，金防部舉行全島「雷霆演習」，十萬官兵與五萬百姓，每人手臂上綁上一樣的白臂章識別，手持木棍翻遍島上每寸土地。但找了好幾天都全無結果，軍方研判他是帶著籃球浮具從海上潛逃。

報載與林正誼同連的詹姓退伍軍官事後回憶，他的營長侯金生因受到師長周仲南斥責，不滿無辜受牽累憤而在金門上吊自殺（經查證是謠言而已）。但因為林正誼失蹤時帶走了金門極機密的駐地作戰計畫，裡面註記了金門兵力部署、防禦演習、反登陸、反空降，以及沿海防禦共軍登陸的瓊麻、刺條等數量，因而金防部基於軍事部署安全，立即將駐守金東的二八四師與駐守南雄的三一九師對調換防。六月，一五八師移防台灣，一二七師改駐小金門，一四六師則駐守金中。短短一個月，駐守大、小金門的五個師全部移防，同時要重新制訂「通訊密碼表」和金門的作戰計畫。當年各營區設備，既無影印機，更不可能有電腦，頁數不薄的作戰計畫在修改前後，不斷地擬出新案，重新刻鋼板再油印，累翻了參與作業的軍官。至於參與移防的小兵，更是累到趴下。

當時的金西師幹訓班分隊長趙守樸也說，雖然軍方對外說林正誼是失蹤，但私下卻告知幹部林正義是叛逃，所以全島的軍事據點都重新部署，甚至連出過事的廢碉堡都啟用，幹訓班也停止操課，全力配合部隊移防，軍心浮動不安好幾個月。但因為一直沒有找到林正誼屍體，對岸也沒有發表他「投誠」的消息，軍方為了保住郝柏村的同鄉，就是林正誼的師長周仲南，陸軍總部就在一年後宣佈「林正誼死亡」，還發給家屬四十六萬元的撫卹金。至於外界傳說台大轉讀陸官的連長叛逃，國防部則派陳憲良當林正誼替身，出面「駁斥謠言」，對外證明軍中還有「台大軍官」。知情者不敢多言，只能選擇相信政府；記憶力差一點的人，當然也就只會選擇相信政府了。

林正誼原本是集三千寵愛在一身、省籍正確、學經歷傲人、家室美滿的「超級明星」青年軍官，誰也不相信他會在戒備森嚴的金門前線叛逃；但不該發生的還是發生了，風靡一時的什麼本省人從軍、台大人從軍等樣板戲就不再演了，一切又回到老蔣時代那種封閉的對眷村外省第二代招兵。在戒嚴時期，沒有任何媒體公開報導林正誼叛逃的事。至於他的替身陳憲良，因為有同樣由台大轉入軍校發展的背景，而被軍方暗中列為「重點考管人員」，所有職務經歷都經過特殊考量，表面上升級待遇與常人無異，但重要敏感的職務和受訓機會卻受到多般橫阻。因此林正誼的生死之謎，一直被他所關切。

一九九三年春，林正誼事件過了十多年，陳憲良終於解脫了「重點考管」，被國安單位放行，得以到美國賓夕法尼亞大學進修，並應邀赴耶魯大學參加兩岸關係研討會。陳憲良在餐敘中遇見幾位大陸經濟學者，初次聽說大陸社科院有位芝加哥大學的博士「林毅夫」，指導教授是諾貝爾獎得主，但他的背景很神秘，不但是台灣人，還是陸軍，可是又沒人知道詳情。他想一定是林正義，就託人到芝加哥大學圖書館去查博士論文，果然有一位Justin Lin，撰寫的是關於中國農村經濟研究的論文，而Justin在英文中就是「正義」，因此他透過駐美副武官將消息報回國防部。但國防部卻沒有處理，因為「林正誼事件」已經以殉職結案，周仲南也繼續高升憲兵司令、警總司令等職了。

其實早在林正誼叛逃一個月後，他的妻子陳雲英與父親就已收到林正誼從日本轉來的家書，但軍方與林家就像當年演「明星軍官」那樣繼續演著這場好戲，郝柏村的同鄉周仲南繼續升官，林家則平白收到數十萬元撫卹金。一九八三年，陳雲英帶著兒女赴美，然後兒子也繼承父業，「逃兵」投奔大陸，陳雲英後來還擔任人大代表。二〇〇〇年總統大選後國民黨落敗，當年國民黨的「明星軍官叛逃記」，也就更加沒人追究了。

二〇〇二年五月，林正誼父親林火樹去世，民進黨裡的台獨大老立委蔡同榮在二十九日向政府陳情，現任中國總理朱鎔基的首席經濟智囊、也身兼北京大學中國經濟研究中心主任林毅夫申請返台奔喪，當年叛逃追訴時效已過，政府應該核准林毅夫返台，讓「林正誼叛逃案」結案，同時可借重林毅夫與中國高層關係，及其在財經方面的專業，作為兩岸經貿往來有利於台灣發展的建言。蔡同榮希望政府能將這個國民黨政府時代最後的「政治黑名單」解禁，讓再次改名為林毅夫的林正義能順利返台結案。

有了台獨大老的「解禁最後政治黑名單」政治加持，林毅夫的叛逃，瞬間在民進黨人眼中成了「反對國民黨」的英雄。與林毅夫同鄉的行政院長游錫堃，被媒體問到是否認識林毅夫時，他說自己當過宜蘭縣長，宜蘭並不大，他都知道大部分的人住在哪裡。媒體再追問林毅夫是什麼樣的人時，游揆仍低調回答他們同是宜蘭人，同樣是宜蘭中學畢業。有關政府是否核准林毅夫申請返台奔喪，他說，政府現在已經依「人道精神」在考量，應該很快就會有所決定。

那些九三海戰、突襲東山島等戰役中被俘的國軍，還有當年在台灣被老蔣徵調去大陸「滲透」的被俘軍人，要入境時因為不是「台灣人」，被政府「依法行政」時百般刁難。但林毅夫來台，經台獨大老立委與宜蘭同鄉院長的「人道」與「台灣人返鄉」加持，內政部長余政憲對媒體說，「台灣人」有返鄉的權利，從人道考量，內政部樂觀其成，只要陸委會點頭，僅需五分鐘作業時間，就可以完成核發入境證件作業。入出境管理局官員則說，根據「大陸地區人民進入台灣地區許可辦法」第四條規定，境管局沒有理由拒絕林毅夫申請進入台灣地區奔喪，因此只要陸委會政策同意，境管局就會放行。

眼看林毅夫將以「人道」的理由與「台灣人」的身分「衣錦還鄉」，阿扁總統還御賜冒領林正義殉職撫卹金的林火樹老先生「遺德可風」輓額、阿蓮副總統也御賜「遺芬裕後」輓額，這一連串的「人道」行動，終於引發台灣人當年的痛苦記憶。民進黨內被尊為「台獨教父」的林濁水立委，在國會裡以拍桌表達憤怒說：

「叛國者和政治異議者不同，黑名單人士是因為政治主張遭政府打壓，兩者不能相提並論。叛國者必須接受制裁，假如軍方研究結果是尚未逾越追訴權時效，林毅夫入境後就應該依法制裁；假如已超過追訴權時效，政府就應將林毅夫列為『不歡迎人物』，讓他奔喪後立即驅逐出境。如果游揆同意林毅夫返台，無異鼓勵國軍隨時叛逃，這樣就廢除國防部，以後要當兵就讓宜蘭人自己去當。」

最後民進黨迫於輿論壓力，將林毅夫返台「冷處理」，林毅夫也只讓妻子陳雲英代表返台，化解了民進黨內部對這件事的爭議。從林正義到林正誼到林毅夫，從「投筆從戎」到「馬山英雄」到「衣錦還鄉」，這位宜蘭籍的「台灣人」，在不同的年代裡，用「愛國」與「人道」，揭穿了國民黨軍頭與民進黨政客的虛偽與醜陋。為了尋找這位台灣的「失蹤軍人」，也讓台灣人更認清，任何政黨一旦掌握權勢，都是同樣的這副嘴臉、這種吃相。「愛國」與「愛台灣」這種讓人耳朵生老繭的陳腔濫調，拜託政客們就休息一下吧！

兩岸之間的「無間道」

「無間」是佛經裡形容地獄中最痛苦的地方。《涅盤經》第十九卷裡提到：「八大地獄之最，稱為無間地獄，為無間斷遭受大苦之意，故有此名。」而無間有三：「時」無間，「空」無間，「受苦」無間。經上說：「犯五逆罪者永墮此界，盡受終極之無間」。所以香港有部電影《無間道》，由梁朝偉與劉德華分別飾演兩個身分混亂的人，各自為警方及黑社會臥底，他們都想擺脫「邊緣人」的身分，跳脫這無間地獄。但這種狀況在兩岸對峙的一甲子裡，其實在台灣還多次真實上演。

一九七八年美「匪」關係全面正常化，老美片面宣布次年一月一日對台斷交，並在一年後結束協防條約；而中國也片面宣布停止對金馬外島的砲擊。最尷尬的是在台灣依然號稱代表全中國的小蔣，就像廣告裡超薄的衛生棉，讓中美兩國政府都幾乎忘了他的存在。面對兩大強權對台灣的「交易」，小蔣只能在島內繼續戒嚴統治，堅持「法統」，停止點綴性增額立委的「花瓶」選舉；而軍中的政治課也依然教育官兵「我們為什麼要反攻大陸」。但中國統戰部門卻依舊出招，乾脆從廈門用漁船送來了八位內戰時期的國軍被俘將領到小金門。

小蔣面對這個從海上漂來的禮物，為了不影響民心士氣，也為了「不接觸、不談判、不妥協」的三不政策，更重要的是不能讓對岸持續這樣「送禮」，否則大陸時期有上百萬的國軍，若是都要來台那還得了；所以他的處置是殺了其中七個，並完全封鎖消息，只留下一個特務頭子達飛，被送去綠島監禁。

達飛當時為何能逃過一死，一種說法是他有親人在台擔任高官，可以直達天聽，向小蔣求情留下命來，日後有需要時可去對岸當「傳話人」；另一種說法則是他在解放後二十多年的勞改，都在青海西藏一帶擔任巡迴赤腳醫生，對當地反共活動還具有情報價值。達飛在綠島八年，一度與施明德同監，他的遭遇在當時黨外雜誌就曾報導過，施的前妻愛琳達也常在公開演講時提到，不過當時黨外民主運動已經「本土化」了，對從前那些「大陸時期的國軍」來台的議題興趣不高，所以即使被殺被關的消息公開了，也激不起台灣社會任何漣漪。

到了小蔣死後，台灣已經解嚴，也開放人民赴大陸探親（根本不限制是否在大陸有親可探，等於是開放觀光），這時中國放來台灣的，就不只是大陸時期的國軍，而是台灣時期的國軍。對阿輝而言，他不必像小蔣那樣，要堅持對大陸的「法統」，來掩飾自己在台灣統治的合理性，所以也不會像小蔣那樣對獲釋的戰俘「殺人滅口」。可是對這些當年究竟是叛逃、還是被俘，甚至可能是情治單位派去大陸臥底的台灣時代之國軍，或留或遣，照樣也是傷透了腦筋。

在澎湖無人島上的失蹤國軍

一九八九年三月二十九日上午，在澎湖的無人島姑婆嶼附近海域作業的漁民，發現島上的違建小木屋中，有一身穿灰色夾克、打紅色領帶、穿黑褲、黃色塑膠鞋的可疑男子出入，即向海防單位報告。海防單位派小艇會同白沙派出所警員登陸，將這名貌似大陸漁民的男子帶回馬公偵訊。但這人卻供稱自己是高雄市人，名叫甘裕郎，一九三九年出生於台南縣佳里鎮，一九六一年在金門的大擔島一九師五七團一營二連擔任二等兵。

至於甘裕郎為何會出現在澎湖的無人島上，他供稱在一九六一年八月三十一日凌晨二時，站衛兵時因打瞌睡，被趁颱風夜摸黑上岸的共軍水鬼擄去對岸，遭下放勞改多年後獲釋，在福建省平潭縣定居，娶妻後育有一子（十三歲）、一女（十二歲）。他在窯廠工作，每月工資僅有人民幣七十元，生活甚苦，又思念台灣的家人，一直想返鄉探望，所以在三月十八日搭大陸漁船偷渡，卻遭人蛇集團欺騙，在海上航行十天後被丟在澎湖的無人島上，上岸後不到一天就被捕。

但軍方並不相信這段供述，因他身上也沒有任何證件可證明他是甘裕郎。雖然他供稱有個住在高雄市三民區的三妹甘碧珠，卻又說不出詳細地址。況且當時一九師五七團並無第一營，應為七、八、九營；查證後確定有一名失蹤的二兵甘裕郎，但失蹤日期是七月三日，並非八月三十一日。尤其是他供稱先前已和在台灣的家人通信，並寄全家福照片，他的家人大可到福建平潭與他相會，也可透過在台家人向政府申請返台定居，無偷渡入境必要，所以懷疑這名男子可能是冒充的「甘裕郎」，準備自行「處理」。

幸好神通廣大的記者，已先在高雄找到了甘裕郎的家人。他在家中八兄弟裡排行第四，上有一兄、二姊，下有二弟二妹，而他的父母、兄嫂與大姊夫都已去世，他的二姊甘秀菊與大妹甘碧珠，聚集在大姊甘彩蘭高雄市鹽埕區家中，看著發黃的老相片，甘碧珠說：「二哥在金門服役時，我讀鹽埕區忠孝國小六年級，因為兄姊在日據時代沒讀過書，父母指定我代筆給二哥寫信，原本一個月固定一封，但到了七月就沒了訊息，軍方也有派人來家中調查，後來就宣布『失蹤』。當家人眼見一起當兵的鄰居紛紛退伍還鄉，就向區公所兵役課要人，他們卻又說二哥是『渡海叛逃』。」

軍方把這名偷渡客關在澎湖營區，調出當年入伍檔案的指紋，雖確認了他就是甘裕郎後，卻還是認為他當年是渡海叛逃。因為根據經驗，水鬼摸哨少有帶走活口的，都是刺殺哨兵後，割了耳朵作為領功的「證據」。甘裕郎供稱是因打瞌睡被兩個水鬼擄走，背他游泳到一個小島，但辦案人員問他有無反抗？如何背負游泳等情節時，他就含糊其詞，無法清楚地交代。

軍方認為甘裕郎當時只是剛入伍的二兵，對共軍並無特殊利用價值，就算被擄去也沒硬留下來的必要。況且通常共軍對被俘卻堅決不降的國軍官兵，在審問或勞改後大多設法遣返，以利用其作宣傳並減少本身的麻煩。例如一九六九年五月二十六日被黃天明用教練機帶往大陸投共的空官學生朱京蓉，一九五八年十月十日在空戰中被擊落的軍刀機駕駛張迺軍，都因不願變節而被中共用漁船秘密遣返金門。可見甘裕郎即使是真的是被「擄」走，當時他本人希望返台的意願顯然也不高，不是叛逃，也算變節。

甘裕郎當年失蹤究竟他自稱的被擄，還是軍方所說的叛逃，他當年的同袍也說法不一。根據四月三日《聯合報》七版的報導，與甘裕郎同是陸軍二三八梯次入伍，並編在同一連的高雄陳先生指出，當年他在連部，甘裕郎在步兵班，失蹤現場僅留有槍械、彈藥及鋼盔。約廿天後，他聽到中共心戰喊話廣播，指甘裕郎已「投誠」，還把部隊的番號、幹部姓名，全說得一清二楚，令當時連上的弟兄將信將疑。不過，由於當天的天氣惡劣，大膽島與福建省雖僅是一水之隔，但海中暗潮洶湧，除非深諳水性，否則游不到對岸。因此當時連上的弟兄，大部分認為被水鬼擄走的可能性較大。

另一位當年與甘裕郎同一排但不同班的洪先生表示，由於兩人同是來自高雄的充員兵，彼此很有話說。在他的記憶裡，甘裕郎個性開朗，失蹤前情緒並沒有任何異樣，因此連上弟兄對失蹤感到奇怪。連上幹部起先不願告訴他的家人失蹤的消息，還找一位筆跡與他酷似的同袍冒寫家書，經過一段不算短的時間才通知他的家人。而甘裕郎失前一天晚上，連上衛兵曾在碉堡外看到一個黑影，幹部研判可能有水鬼混上岸，曾叮嚀衛兵要提高警覺，不料第二天甘裕郎就失蹤，因此當時有人懷疑他是被「摸走」。不過沒人目睹，也無法肯定。

但與甘裕郎同營不同連的王文和則指出，甘裕郎失蹤前一天曾遭班長體罰，以致情緒不穩，第二天站衛兵後就告失蹤，因此當時營上有些軍官認為甘裕郎叛逃成分較高。而記者蔡政諺電話訪問當年甘裕郎的連指導員（就是連輔導長）譚寶琦，他則認為目前正由軍方處理，不願作任何表示。

兩天後《聯合報》七版又有後續報導，在中壢市從事果菜批發生意的袁汝起（六十歲），昨天主動打電話告訴警方，他在一九六一年政戰學校結業後，奉派到金門大膽島擔任一九師二〇七團一營二連政戰幹事（二〇七團才是正確番號），一直到一九七三年才以上尉政戰官身分退伍。甘裕郎是第八班的二等兵，由於全連被調往大膽島支援三營加強防務。袁汝起負責福利社，甘裕郎只有小學程度，人很老實，常去買酒、雜貨等，因而對他印象深刻。

一九六一年七月三日清晨，接班的哨兵發現碉堡的門未鎖，甘裕郎也不見了。後來發現他的鋼盔掉在碉堡內地上，槍靠在牆壁，一隻鞋掉在碉堡機槍口外下面，另一隻則掉在海邊。由當時的大膽島指揮官、營長、營輔導長、連長宛忠霖及連輔導長譚寶琦等人開會研究，七天後向上級報告甘裕郎失蹤，後來甘裕郎在大陸喊話，改向上級報告他叛逃。但甘裕郎只是二等兵，台灣又有母親、姊妹，他又未觸犯軍法，沒理由叛逃；而大膽島海域礁石很多，海流呈漩渦式，游過去很難。另外，當時對岸反常地猛轟宣傳單，根據經驗這是掩護蛙人游到金門附近無人小島，再伺機行動的跡象，所以當時大部分的人都只是懷疑他失職被水鬼摸去了。

甘裕郎當年究竟是被俘，還是叛逃，差別很大。如果被俘後未變節，軍方還應補發給他被俘期間的薪餉。但若是叛逃，依陸海空軍刑法第七九條：「投敵者處死刑。」不過依刑法第八十條第一款規定，死刑的追訴時效為二十年。即使甘裕郎失蹤後第二年，高雄市團管區曾函市兵役處指甘裕郎是「渡海叛逃」的說法屬實，依刑法第八十三條追訴時效要延長四分之一為二十五年，但甘裕郎一九八九年來澎湖時，距離一九六一年已二十八年，早就過了延長的追訴時效。

雖然甘裕郎在台灣還有戶籍，但軍方卻在一個月後，媒體不再追蹤時，秘密的把甘裕郎當成大陸偷渡客，以漁船遣返到平潭。他因曠職一個月，回去後不但工作丟了，還被兇悍的妻子毒打了一頓，成為當地人的笑談。隔年六月，導演林清介向龍祥公司提出新片《兩岸不是人》企畫案，準備把甘裕郎的真實事件搬上銀幕。男主角就是當時剛出道，日後卻走紅的藝人郭子乾。可惜後來電影因故沒拍成，甘裕郎的故事也就沒人再關心了。

復活返鄉的「前國軍烈士」

與甘裕郎一樣難以判斷是被俘還是叛逃的案例，就是當年政工們最愛宣傳的「東山七烈士」之一駱鳳松，這位「前國軍烈士」的經歷更傳奇。早在一九五三年九月六日，軍聞社就在「殉國政工人員壯烈事蹟」的新聞稿裡提到：「東山之役政工幹校陣亡學生七名，駱鳳松：福建莆田人，政工幹校業科體育組肄業，七月於金門軍中實習時，參加東山島戰役，英勇作戰，甦匪特多，於戰鬥緊急之際，身受重傷，不願拖累戰友，更不願陷於匪手，乃壯烈自殺成仁。」當時政工幹校裡還設有一條「鳳松路」，另外逢年過節要舉行紀念儀式的精神堡壘上，也有這位「前國軍烈士」的大名。

一九四七年二二八事變後，駱鳳松自福建來台，在台北縣瑞芳鎮的台灣煤礦公司擔任技術員，一九五〇年九月，他響應政府號召青年從軍，加入高雄鳳山的「台灣軍士教導團」，後來又考取孫立人主持的「陸軍第四軍官訓練班」，結業後派任陸軍總部工兵營排長。一九五三年一月，他考進小蔣剛成立的政工幹校，成為第二期體育組少尉學生。但剛入學不久，一千多名學生即被分發到金門「體驗戰地生活」，碰巧在七月十三日，實習的部隊奉命突擊東山島，他和另外十二名同學組成擔架班，固守東山島山頭的一個據點。

駱鳳松自稱去金門前，校長訓勉他們要「團結，犧牲，奉獻」，而犧牲就是不怕死，我死則國生。所以部隊被共軍包圍時，國軍撤退前營長要求學生們負責掩護。在危急萬分之際，腦海裡充滿了校長「我死國生」的訓示，於是率先衝了出去，但不幸為砲彈擊昏倒地，醒來時，已被俘於共軍野戰醫院中。傷癒後遭遣送到農村勞改，種田苟活四十年，並和當地一名「黑五類」女子結婚，育有二子都已成家。

在駱鳳松受傷時，被另一位同學雷新財目睹，以為他已殉國，返台後轉述給其他同學。軍方為了呼應小蔣設立政工來監軍的想法，就將駱鳳松與其他六位失蹤同學，湊成「東山七烈士」一起宣傳，藉以強調軍中設置政工的必要性。到了一九九三年，駱鳳松和大陸台灣同胞聯誼會取得聯絡，並找到他軍官訓練班時期的同學郭宗富，透過郭宗富和他在台灣南部的表姑申請，於十二月一日返台探親。

暌違四十年後來台，駱鳳松一來想趁機醫好糖尿病，二來希望得到政府適當補償，但因他既不是現役軍人，又無法辦退伍成為榮民，所以去軍醫院或榮民醫院看病都必須自費。而他向縣政府及政戰學校申請的補助和復職薪津，也都音訊杳然，貧病交迫下也無法返回大陸，只好暫住在同袍郭宗富位在土城市順風路的公司倉庫裡。

駱鳳松的故事被媒體揭露後，馬上引起了軍方與社會上正反兩面的意見。由於為他奔走的大多是第四軍官訓練班時的同學，也就是孫立人將軍的學生所組成的「立新會」，這一派系相對於軍中掌權的黃埔系及政工系，可說是冷宮裡的冷凍庫，果然沒多久報上也出現了軍方的不同意見。一九九四年三月二十八日《聯合報》七版，前國軍第四五師一三五團連長陳敬民投書表示，一九五三年國軍突擊東山島時，戰況激烈，他帶領部屬最後掩護五百多名袍澤撤退，但也有部分官兵叛逃。他已建議總政戰部將政戰學校「鳳松路」改名，同時查明駱鳳松到底是被俘或叛逃？

陳敬民指出，當年七月十六日，國軍出動陸軍一三四、一三五團及駐守金門的反共救國軍共一萬多人，在東山島搶灘突擊，登陸後俘虜數百名共軍，送到海灘，因無船載送，也無適當兵力看管，就由在船上實習觀戰的政工幹校學生上岸看管。沒想到共軍看學生年幼可欺，發生暴動，部分學生因而傷亡，國軍也當場打死一百多名共軍。後來我軍空降內陸傘兵被共軍包圍，共軍從八尺門猛增兵力，十七日要和傘兵會合的二二四團，因我方增援的空軍誤炸而陣腳大亂。

十七日下午，部隊開始撤退，當時在東山縣戍守的第三連近百名官兵卻未被告知，當晚他發覺情況有異，叫部下到胡尾等地察看，才知道部隊已撤離。後來發現海上有艦艇的燈光，最後由自告奮勇的一等兵邵文廣（現任高雄市前金區榮復里里長）游泳到艦上，告知第三連還在島上。艦上才派五艘登陸艇回島上接人，沒想到岸邊已聚集五百多名和部隊脫離的官兵，大家搶著上登陸艇，結果有一、二十人因而被輾傷。他出面和同是上尉的李松柏等人指揮官兵，迄十八日凌晨，五百多名官兵才順利撤退。

陳敬民強調，突擊行動中，有一千多名官兵傷亡或失蹤、被俘、叛逃，依當時戰況，駱鳳松不可能帶一個擔架班佔領山頭，更何況哪個營長下的命令？佔了哪個山頭？駱鳳松能說出名字嗎？他希望真相能公諸於世。而駱鳳松在得知有人投書報社，指他有叛逃嫌疑，在接受《聯合報》記者徐柏棻電話訪談時，語氣顯得有些激動。他說如果當時叛逃，應該不會沒人看到，政戰學校也沒有理由會紀念他；但他也表示，不願再就此事多做辯駁。

駱鳳松的遭遇在媒體持續關心下，國防部終於釋出了善意，依照「國軍在台期間作戰被俘歸來人員人事處理作業要點」規定，發給退除役金十萬零二千九百一十元及慰助金五十萬元。總政戰部也另外致贈二萬元慰問金。五月底，駱鳳松默默的離開了台灣，臨行前立新會在台北市中山北路的聯勤俱樂部設宴歡送他，但他怕引起兩岸政府的不快，在會中始終默默無語，只在主持人一再要求下，說了「謝謝」與「慚愧」四個字；而立新會送的榮譽會員證與「義勇忠誠」的匾額，他怕引起共黨的不悅，也不敢帶回大陸。至於日後軍方處理被俘人員，也依然未設專責機構，一切全都回到起點。

他是叛逃？還是詐降？

一九九八年四月九日下午，苗栗縣警局大湖分局刑事組幹員，在公館鄉五谷村吳健忠的住宅中，捕獲了他通緝在案的四十八歲的胞兄吳淼火，經初步偵訊後，即交由軍方羈押在高雄左營海軍第一軍區看守所。警方表示在入出境管理局的電腦資料中，獲知吳淼火已經入境才順利捕獲，當時他正帶著姪子從外面回來，神情相當愉悅。吳淼火起先對警方為何逮捕他感到不解，因為他是在三月二十九日，循合法途徑申請獲准，從香港轉機自桃園國際機場入境。當警方亮出通緝令後，他才一臉茫然的說回來不過是因為太想家了，並無特殊目的，卻未料到被國家設定為逃兵，覺得相當遺憾。

吳淼火又名吳雲火，生於一九五〇年十一月二十五日，台灣省苗栗縣人，海軍專修班結業後，擔任海軍陸戰隊第二師兩棲偵察隊中尉偵察組組長，派駐在烏坵服役。他涉嫌於一九七四年三月二十日，趁著夜晚駕駛M二式突擊快艇投共，繳械後曾獲中共頒贈一萬元人民幣表揚，但隔年三月卻因「企圖越境」被捕，且被依反革命罪刑被拘禁至一九七九年五月。

到了一九八五年一月，他又再次因與國民黨特務連絡而入獄，九月出獄後即在江西省南昌市定居，與妻子桑美紅育有一子（十八歲）一女（十歲），現為某化工廠工程師。

吳淼火被捕後，父親吳阿信十四日由律師蘇盈貴陪同探監。事後蘇盈貴代表他的家人表示，依照中國人民法院一九八五年的「免予起訴決定書」，證明吳淼火是我方潛伏大陸十多年的地下工作人員，台灣每月匯給吳一百元人民幣的生活費，根本沒有叛逃情事。而南昌人民檢察署所起訴他的罪嫌，竟然是他大哥吳雲興從香港寄給他的棉外套，在衣領夾層中的白緞帶上，有吳雲興署名的工作指示；內容是台灣特務機關指示吳淼火要戴罪立功，且附有秘密聯絡方法以及工作組織內容。吳淼火因此「提供了我整黨、打擊刑事犯罪、物價情況等情報；而且侮辱、誹謗了我黨和國家的主要領導人。」但因吳淼火自烏坵的駕艇回歸，對「統一祖國大業」有貢獻，所以予以不起訴的處分。

奇怪的是當年吳淼火「出事」後，哥哥吳雲興及弟弟吳健忠，照樣擔任海軍陸戰隊兩棲偵蒐連的軍官。他們有家人投共的黑資料，在軍中不但未受株連，還能屢次獲派外島，這在戒嚴時代是很反常的事。更奇怪的是其兄吳雲興由一九八〇年至一九八四年，以國安局第二處「台北郵政二二五八六號信箱」，由香港匯款進入大陸給吳淼火，款項約合新台幣三百餘萬元。外界也因而聯想，莫非當年吳淼火的叛逃還另有隱情？

吳雲興也說，一九七四年三月十二日至十五日，吳淼火從烏坵返台，告知家人「蔣總統」有事要召見他，將賦予特殊任務，三月二十日即傳出吳淼火叛逃。隔年，吳淼火透過在美友人胡定行寄了一封家書回台報平安，此後即聯絡頻繁，軍情局也都知情。他還拿出「郭金德」的名片說，一九八〇年軍情局專員郭金德與楊文靈，到他苗栗縣新社鄉的家中，要求他與軍情局配合，請吳淼火代為蒐集大陸資料，軍情局不定期寄錢給吳淼火，至一九八四年前後共寄了約三百萬元，吳雲興也領到軍情局發出每次約三千元的三節感謝金。

吳淼火究竟是叛逃，還是詐降，根據一九九八年四月十五日《中國時報》三版報導，當時在烏坵指揮部擔任炊事兵，現在台南擔任廚師的吳先生指出，烏坵原是反共救國軍防區，一九七三年交由海軍陸戰隊駐守，陸戰隊二師四團組了一個加強營移防。吳淼火很受指揮官器重，他的妻子還能從台灣挺著大肚子來烏坵，在指揮部理髮室為官兵理髮，在烏坵連指揮官自己都沒有這項的攜眷特權。

吳先生說吳淼火的叛逃，是因當時部隊加菜金數目很大，成為軍官上下其手的目標，而烏坵與台灣並無任何交通，僅靠半個月一次的海軍運補。有一次他奉命將部分黑錢帶回台灣，卻「主動」扣除了自己的部分，指揮官就將他關禁閉，還要他寫悔過書。出監後他就利用出海操練時多帶了兩桶汽油，因為他是軍官，也無人敢攔阻。當快艇遠離海岸後，他就掏出九〇手槍逼屬下跳海，自己開船往南日島飛奔。部屬游回烏坵時已一個多小時，根本無法攔阻。

據吳先生回憶，當時他在烏坵燈塔用望眼鏡觀察，共軍快艇紛紛出海，後來對岸就廣播歡迎吳淼火起義來歸，烏坵全島戒備，兩位弟兄還因搜索誤觸地雷，海軍緊急調派陽字號驅逐艦後送，指揮官被撤職調回台灣，吳淼火的妻子也被送回。《中國時報》記者呂昭隆說，吳淼火挪用的款項，包括部隊交付他去台灣尋找女子來烏坵八三一從娼的簽約金。《聯合報》記者林錫霞則說，吳淼火的父親吳阿信認為，吳淼火曾有一名女友，卻被其他的長官給汙辱了，隨後軍中即開始排擠他，使得他在軍中的日子很難過；後來可能是為了爭取離開，即以「負特殊任務」身分駕快艇逃亡大陸。雖然說法不一，但都不脫財與色，也可想見當時烏坵的軍紀。

我向前民進黨族群事務部副主任，也是世居烏坵的看守燈塔家族成員高丹華高姊查證，證實了吳淼火當年確實帶了妻子（或是女友）來烏坵，這是連當地指揮官都沒有的特權。高姊說那位台灣大姊姊，當時也不過二十歲左右，對她非常好。高姊那年十三歲，吳淼火叛逃後，還不懂得要跟大姊姊保持距離。她被遣送回台前的那幾天，高姊依然天天跟她玩在一塊，只記得那幾天她眼眶總是紅的。後來高姊來台灣時，還去高雄找她，她雖然依舊紅著眼，卻開心地帶高姊去當時高雄很有名的大統百貨公司坐電梯。最後因為大人警告與她來往會被軍法組抓去關，高姊才與她失去了聯絡。

吳淼火被軍監收押後，家人不斷透過媒體求援，因為吳淼火來台前，他們曾向軍方與檢方分別查詢通緝內容，結果海軍總部軍法處回文說，海軍並未通緝吳淼火；而地檢署也回文說根本未受理吳淼火的刑事案件，所以也無從處理撤銷通緝狀聲請案。吳家因此才放心的讓吳淼火在離台二十四年後，正式用中國護照搭機返台，如今卻被監禁。而在一九九八年九月三日，大陸海協會也來函台灣海基會，抗議吳淼火來台已快半年，簽證就將過期，卻被「誘捕」無法返回大陸。

爭論多時的最後結果，竟是海軍軍法處處長李志立少將坦承，因為包括他在內的相關官員有疏失，才讓外界有軍方「誘捕」吳淼火的誤解。當年吳淼火叛逃，國防部在六月發布通緝，而海軍在十月也發出通緝，吳家以國防部的通緝文號向海軍查詢，海軍軍法處以簡便行文表回覆無此文號，讓吳家誤以為通緝令已超過法律時效，海軍總部將對軍法處承辦人員記過處分。

吳淼火被判刑五年，關押在台南軍監，服刑兩年半後，在二〇〇一年假釋出獄。二〇〇二年他的大陸妻子桑美紅申請帶兒女來台依親，但兒子的居留申請被駁回，只有妻女獲准與他相伴。吳淼火出獄後曾靠拾荒勉強餬口，後來考取清潔隊員，卻不到三個月就離職。後來陸續在台鐵、高鐵、建築工地等打工，卻都做不滿三個月就離職。

二〇〇六年初，吳淼火在苗栗縣議員詹明光協助下，到苗栗一家溫泉民宿工作；但大陸妻子因不習慣台灣生活，已在二〇〇五年與他分居，只剩就讀高中的女兒與他一起生活。至於高姊所說當年在烏坵的那位台灣來的大姊姊，早已消失在茫茫人海中。吳淼火究竟是叛逃，還是赴匪區當反間，他在兩岸都坐了牢，實在難以分辨，就交由大家自由心證了。

我們那被國軍姦殺的姊妹們

一九四九年中國內戰的局勢逆轉，老蔣帶著上百萬的殘兵敗將退守台灣，接著又有長達三十八年，人類歷史上最長時間的軍事戒嚴。國軍原本在大陸就紀律廢弛，待遇又低，老蔣還限制軍人結婚，加上島上軍民比例嚴重失衡，以致軍人強姦婦女的案件層出不窮。

當時刑法裡的強姦還是自訴罪，官方可在事發後，軟硬兼施的要求被害人和解，並壓制不曝光於媒體。然而比強姦更殘酷的姦殺，官方就用軍法「速審速決」，以免傷害國軍形象。但是台灣封閉的司法系統，審理水準如何，大家已自有定見；而更加封閉的軍法系統，大家必然更有「定見」。

一九九一年三月二十四日凌晨，台北縣汐止鎮北江里的吳×漢、葉×蘭夫婦家中遭搶，兩人遭砍殺七十九刀身亡。警方經指紋比對，於八月十三日在屏東縣林邊鄉七里橋，逮捕海軍陸戰隊九九師六五七團四一〇營四連步槍上兵王文孝（二十二歲，雲林人），他供稱與蘇建和、劉秉郎及莊林勳三人共同犯案，並輪姦葉×蘭，三人因而在八月十六日被警方逮捕。

蘇、莊二人在法庭自稱是遭警方刑求，才寫下「自白書」（警訊筆錄），劉則始終未承認。雖然他們提出不在場證明，卻不被採信，而被以「結夥強盜、強姦、殺人」等罪名被判死刑。部分承辦人員遭檢察官偵查涉及刑求，但最後都獲不起訴處分。

由於台灣的軍法機關獨立封閉，又重視速審速結，王文孝已在一九九二年一月十一日被槍決；但其他三名被告，即使依刑法三審定讞，早該執行死刑；馬英九任法務部長時，與最高檢察總長陳涵研議，先後提出三次非常上訴，雖然都遭最高法院駁回，但馬英九仍以為本案疑點重重，主嫌尚未與三名共犯對質，就先因軍法而遭槍決，如今「死無對證」，所以堅拒簽署三人的死刑執行令。

接下來三任法務部長廖正豪、城仲模、葉金鳳，也都未批下行刑令。二〇〇〇年民進黨執政後，兩任法務部長陳定南、施茂林，依舊不批執行令。另外則在人權律師蘇友辰的搶救下，高等法院於二〇〇三年一月十三日還以罪證不足，由死刑改判無罪，蘇建和三人因而重獲自由。但在二〇〇七年六月二十九日，高等法院又改判死刑，並在二〇〇七年十一月一日，由最高法院發回高等法院更審。這個案件促使台灣人更重視刑事訴訟法制及警察制度的改善，也堪稱台灣司法史上，最受矚目也最具爭議性的案件。

另外二〇〇四年七月二十三日，大法官會議的釋字五八二號解釋，也否定了「共同被告不利於己之自白可相互補強」的判例。簡單解釋就是在同一刑案中，有甲乙丙三名被告，三人即為「共同被告」，若甲乙兩被告都自白坦承犯行，就是「不利於己」的自白。但丙如果堅稱無犯案，即使甲乙都自白犯罪，也指證丙是共犯，仍不能被視為有效的證據。台灣的司法雖然越來越進步，「無罪推定」也成了常識，但回首往事，還是有許多令人不勝唏噓的案例。

他是姦殺共犯？還是目擊證人？

國民政府統治台灣不久，司法史上就爆發過類似的「共同被告自白案」，與同案被告因軍法先遭槍決，致無法對質而產生的懸案。一九五一年九月十三日，台中縣沙鹿鎮鹿峰村的十七歲少女吳×英（又名×玉），與已婚的二十六歲哥哥吳×及村童共八人，同去村後鹿寮山撿拾相思樹枝，大家各撿各的，在山上便分散了。直至下午七時許，同去的村童都回家了，惟她一人未返，全家焦急，其兄吳×則沿原去路尋找。在距離他家約一公里的桃子崙山上，發現其妹吳×英已被姦殺於相思樹下，他一時慌張，隨把屍首揹起回家，再向清水警察分局報案。

檢察官林汝燦，法醫邱六班的驗屍報告裡可見：「處女膜已破損，會陰唇傷裂一公分許，陰部左右兩邊小陰唇內裂傷，血跡糊模，最重要的致命傷在於脖頸處約四平方公分大之硬物勒剋傷痕，窒息而死」。而吳×英生性單純，曾在一間織布廠當女工，因機器聲音太大，管理員要靠近她的耳邊指導工作，被她認為對方態度不雅，就連工資也不要就回家了，可見死者潔身自愛，本案絕非情殺，而是姦殺。況且死者身高一六八公分，同村鄰居陳×又曾見三名壯漢企圖搭訕，但聽不懂對方說話，種種跡象顯示，應是外省籍軍人的輪姦殺人。

這個命案讓中部居民人人自危、謠言滿天，台中縣議會議長李晨鍾，會晤林鄉長與方警察局長後，請求當局要在最短期間內破案，甚至願設法籌撥經費或懸獎緝兇。軍方迫於民意壓力，二十三日晚間八時公開宣布破案。台中憲兵隊和警察局逮捕死者鄰居鍾慶川（十九歲），與軍人鄭功欽（二十歲）、樊輝光（二十九歲）與王錫畯（三十八歲）四人，轉解軍法機關訊辦，國軍輪姦殺人的傳言終獲證實。而本案進入軍法機關後，審判進度也就不為外人所知了。

但是到了隔年（一九五二年）六月十二日，台中地院刑庭吳運祥推事，卻在宣判文裡提到：「鍾慶川共同犯強姦罪而故意殺被害人處死刑，褫奪公權終身。」另外提到「兇手鄭功欽、樊輝光，前經保安司令部軍法處判處死刑，業已執行在案。」為何破案時的四名兇嫌，兩人已由軍法判決槍斃，一人卻交地方法院處理，還有一人卻「人間蒸發」了。

又過了一年，這個案子仍未終結。鍾慶川雖然一、二審都被處死，但他母親鍾林氏良仍向最高法院提起上訴，獲得發回高等法院更審。到了一九五三年九月三十日，高院刑庭主辦推事葉樹琠，合議推事袁潤堂、歐陽本，重行調查審理終結，查出該案發生時，鍾慶川是在家中，且有被害少女父親吳×及其兄看見，並到庭作證，可見是因他最初在警局的舉證，致使鄭、樊兩軍人被捕而不能不伏罪，因懷恨反將他牽扯在內，圖謀報復，故將原判撤消，改判鍾慶川無罪。

一九五四年九月十六日，檢察官再向最高法院上訴，又被發回台灣高等法院更審；結果鍾慶川被高院「死罪加無罪除以二」，改判為無期徒刑。一九五五年十二月二十四日，最高法院以鐘慶川在過去未滿法定年齡時，由其母代為上訴，現已在獄中滿二十歲了，仍由其母代為上訴是違反程序，故判決上訴駁回，纏訟多年的軍人集體姦殺少女案終告落幕。但他究竟是見義勇為，向警方提供線索破案的證人，還是與軍人一起輪姦殺人的兇手，因為軍法的封閉與草率，也就無人能知了。

老兵被迫禁慾下的犧牲品

一九五〇年代的台灣，老蔣從中國帶來的「老兵」（是真的很老的兵），性侵害或性騷擾婦女的問題極為嚴重。那些「有飯就吃、有覺就睡、有女人就上、有仗就打、打不贏就逃」的兵油子，犯下了無數令人髮指的罪行。光是老蔣拘押政治犯作精神改造的「仁愛教養所」，所在地的台北縣土城鄉，就連續發生幼童與孕婦慘遭中年軍人姦殺的悲劇。

一九五七年四月十八日上午十一點，土城鄉農豐街八號之一廖珍開的麵店，來了一名中年外省人，雖然穿著便服，但仍可感覺是軍人。他在酒足飯飽後，又在街頭閒逛，先後誘拐八歲男童杜×珍、張×山、商×俊與他十一歲的姊姊商×娟四人，原本騙說要請他們去看電影，結果卻帶他們去埤塘村崙仔山摘水果。他故意要三男童在山腰守候，只帶女童商×娟繼續登山，女童不肯，他竟強擄直奔，三男童見狀無法制止，只得狂奔下山求救。

被強擄的女童商×娟，遭中年軍人在草叢裡強姦後，還慘遭勒斃棄屍。兇嫌犯下獸行後逃往新店鎮，又因搶劫路人的皮箱雨傘被警方逮捕。警方查證後發現，兇嫌楊明清（四十七歲，四川人）是軍人，因賭博虧空公款而開小差，一九五六年又因盜賣軍火被軍法判刑三年半，但他並未被軍方監禁，只是在鶯歌營區服勞役，如今他又外出犯案。軍方因軍紀廢弛，造成土城鄉幼女被姦殺，民眾卻都敢怒不敢言。

一九五九年四月十日下午，土城鄉頂埔村的大暖坑山，又發生一屍兩命的姦殺案。死者鄭×琴（二十八歲）夫婿翁×榮，在內湖鄉永盛煤礦工作，每週只回家一天，家中還有六歲男孩與四歲女孩，而死者已懷孕七個月，為人嫻淑勤儉，與鄰居相處也和睦。

為了節省家用，鄭×琴常於每天下午二時前往附近大暖坑山上，砍些竹子及雜木挑回家燒飯，不料竟因此遭歹徒殺害。在另一山頭與死者相距約一千公尺處，三名採茶少女都看到有一穿白上衣黃褲子的男子，曾與死者拉扯，後來又跑進營房，當地村民雖懷疑又是軍人所為，卻又不敢公開談論。

死者之夫因是贅婿，嫌岳家環境混雜，乃偕死者遷出另立門戶，竟成了警方調查的重點。另有線報提到一可疑男子，曾藉詞至死者家中借砍柴刀；還有一可疑男子，曾數次至死者家中攀談，而死者的娘家又甚為複雜，所以警方一直將偵查範圍，鎖定在死者週遭的親友，而不敢往軍方追查。雖然本案證據確鑿，刑總法醫沈國藩驗屍時從陰道內取出的分泌物，以及死者左手指甲中的半黑半白毛髮一縷，兇手應該不難找，但本案卻仍然膠著了將近一年。

直到一九六〇年三月二十三日，台灣省警務處刑警大隊才宣佈破案，兇手果然是附近營區的軍人成家才（四十歲，湖北人）。警方公佈的資料顯示他的素行不良，中日戰爭期間在中國是「汪偽政權別動隊」成員，但為何來台後卻成了偉大的國軍，警方並未說明。

另外警方公布的資料裡還提到，成家才在營區附近以性好漁色出名，死者鄭×琴的母親、四伯母、鄰居寡婦游×秀與另一蘇姓婦人，都曾被他強姦，連其他同袍都不恥他的作為，應該是很容易鎖定兇手。但為何本案拖延這麼久？是否還有共犯？軍警究竟有何難言之隱？因為時過境遷，也就難以追查了。

可憐的小金門九歲女童

軍人姦殺婦女的案例，在軍民比例差距更大的前線外島，加上完全都是軍管，情況更加慘烈。尤其金門在瞬間湧入十萬大軍，百姓縱有千百個不願意，軍隊依然直接進駐民宅，在陽盛陰衰，軍民雜居的情況下，難免不出事。一九五八年七月十三日，金城鎮大古崗村的少女董×卿，在自宅遭古崗砲兵勤務連戴姓士官姦殺。一九九三年十月十二日，金沙鎮陽宅村七十七歲老婦，也遭軍人姦殺。但最具代表性的案件，是發生在更前線的烈嶼（俗稱小金門）。

一九九二年十一月十日下午四點，小金門卓環國小四年級的學生林×芳（九歲），家人發現她沒回家而到處尋找，結果竟陳屍於西宅村忠義廟附近的草叢，穿著的運動褲一邊被褪下，內褲又有血跡，明顯是被姦殺。由於十二月十九日台灣將舉行首次的國會全面改選，結束兩蔣以來「老賊代表」的時代；而郝柏村擔任行政院長後，民間「反軍人干政」的氣勢越來越盛；這起令人髮指的女童被姦殺案，兇手大概又是軍人，自然引起當地居民的緊張氣氛。

因為小金門島上並無檢察官與法醫，也沒有辦理命案的刑警，大家擔心軍方是否會護短，金門地檢署檢察長陳聰明與警察局長林世當，於是趕緊指派檢察官涂春生與刑警隊長翁宗堯，搭乘專船前往相驗。而首位金門籍的金防部司令官顏忠誠中將，痛心軍紀廢弛、愧對鄉親，也下令烈嶼師必須全力協助檢警辦案，在多方壓力下，軍方才配合交人。

翁隊長根據西宅村村民指證，有位下士陳志峰（二十一歲，屏東人），曾對林×芳讀中學的姊姊有不軌企圖，且當天中午也在林宅附近徘徊。經查十日上午，他與其他五名軍人飲酒，下午又一起去釣魚，但案發時間則行蹤無法交代。而他汗衫上的血跡，送往台灣由刑事局比對，發現與林×芳血型、DNA完全吻合。但兇手是現役軍人，涂檢察官因而處分不起訴，將全案移送金防部軍法組處理。一九九三年一月二十八日凌晨，陳志峰在紅山靶場被槍決。

陳志峰與同僚上午飲酒、下午釣魚，中間還犯下姦殺案，這樣敗壞的軍紀，軍方是否應賠償受害者家屬？但事實證明卻很難。根據二〇〇四年五月十八日，行政院駁回董×卿之兄董×堅的訴願書所載：「董×卿君係遭古崗砲兵勤務連戴姓士官姦殺，案發後戴君自殺。肇事士官觸犯強姦殺人罪時，固係軍人身分，惟係官兵個人之犯罪行為，非因執行軍事勤務所致，國防部不予補償，揆諸首揭規定，並無不合，所訴核不足採。」看來前線家裡有女眷的居民，還是自求多福吧！

遭冤殺的江國慶命案

但也別以為台灣的軍人大多駐紮在有圍牆的營區，女性同胞就不會像前線離島那樣危險。台北市羅斯福路四段的蟾蜍山，是空軍用雷達監控敵機，控管所有我方的飛彈和戰鬥機接戰程序，比一般軍事單位管制更嚴格的空軍作戰司令部。如果沒發生女童姦殺案，很少有民眾知道在台灣大學附近，還有這樣一個超機密的軍事單位。

一九九六年九月十二日下午三點，兩名修理水管的士兵，在廁所外面的空地上，發現了奄奄一息的五歲女童謝佩×，全身赤裸，下體大量出血，嘴角有瘀血，在緊急送往附近的陸軍八一七醫院急救後依然不治。謝佩×的父親謝×偉，是台北縣警局永和分局的警員，母親陳×桃四天前，剛受雇於空軍作戰司令部福利社熱食部幫傭。因為謝佩×長相甜美，官兵都很喜愛，母親就很放心的讓她在福利社附近玩耍，不料竟發生這樣的慘劇。

這件駭人聽聞的女童姦殺案，不是發生在深夜偏僻的暗巷，而是在青天白日下、戒備森嚴的軍營裡，當時民進黨執政的阿扁市長，要求軍方在一個月內交出兇手。龐大的破案壓力，逼得空軍總部組成「〇九一二專案小組」，約談了福利站所有員工及支援士兵，但卻毫無所獲。

十月一日調查局對這些人全部實施測謊，結果只有上兵江國慶一人未通過。十月二日晚間，軍方把江國慶送禁閉室，由少校保防官鄧震環及上尉保防官何祖耀進行訊問並自白。十月四日江國慶寫下自白書（只有日期，沒有時間），下午一點半軍事檢察官訊問後仍自白，五點被看守所收押。十月三日上午，軍事檢察官再次訊問江國慶，他再次自白後，於十月二十二日被軍法起訴，但江國慶卻在十一月五日初審時翻供，並聲稱是在禁閉室被刑求才自白犯案。

十月九日，江國慶被解除禁見，在與父親江支安在看守所面會時，說到自白是因刑求，之後每次會面與家書裡，都仍作相同陳述。十二月二十六日，初審被以強姦殺人罪判處死刑，但在隔年的三月二十七日，國防部覆審時案情卻逆轉，以證據不足及江國慶的自白出於威脅利誘，撤銷判決發回更審，然而空軍作戰司令部仍然交由與前次相同的三位軍法官審理，在六月十七日判處死刑，八月十四日執行完畢。

江國慶被槍決前三個月，台中市連續發生二起女童遭到性侵害案。不尋常的是這二件案子的犯案手法，也是使用尖銳異物殘害女童下體。另外的一項巧合，嫌犯也是空軍作戰司令部裡案發期間的現役軍人。雖然江國慶早已經被槍決，其父江支安仍然四處陳情，監察院司法及獄政委員會在一九九九年五月完成調查報告，負責的監委江鵬堅從各項疑點展開調查，報告中提出多項疑點，建請國防部提起再審或是非常審判，不過這時江國慶已被槍決十九個月了。

江國慶到底有沒有犯罪，我沒有司法調查權，確實無法論斷；但我卻能從上訴理由中，看到軍中司法制度的荒謬。例如不具司法人員身分的政戰官涉及刑求不當取供，軍法官不具合法身分，重審時交由同樣三名軍法官等，多項違反程序正義的司法過程。但國防部最高軍事法院檢察署，不僅未依監察院的調查意見著手研究，直接就駁回江國慶案非常上訴的聲請，軍法其實是比司法更需要民間監督。

（註：江老先生十多年前就曾向我投訴，但我是落拓潦倒的文人，只能以拙作在部落格上為他伸冤。該案直到二〇一一年才出現轉機，馬總統也親自登門道歉，拙作因而廣為媒體記者引用與摘錄，維基百科也引用過，盼能聊慰抱憾以終的江支安老先生。）

軍史館裡也無法避免的姦殺案

偏遠山區、前線離島，甚至戒備森嚴的營區，都曾出現過國軍姦殺案；然而最讓台灣人難忘的案子，應該就是發生在台北市中華路，展覽國軍光榮「戰」史的「軍史館姦殺案」吧！

一九九九年六月十九日下午二時，住在三重市五順里的台北市景美女中二年愛班學生張

×貞，因為學校規定的軍訓課要交作業，就由哥哥以機車載送到國軍歷史文物館找尋資料，約好一小時後在原地方接她回去，但卻沒接到人。她的家人向軍史館所在的台北市警中正一分局，及住家所在的三重警分局報案，警方陪同她的父親及友人去軍史館搜尋，但軍史館卻以非開放時間為由，拒絕警方進入。

六月二十一日，軍史館讓警方及家人進入，但空軍機械學校四十四期畢業的館長李明德上校，始終不讓警方進入館長室及會議室，只是向張家人保證軍史館很安全，一定是張×貞逃家。張家人要求觀看十九日當天的監視錄影，館方起先推託「白天不錄、晚上才錄」；後來又改說「端午節三天假期沒錄影」。警方與張家人無奈，只好在報上發布「戴眼鏡，頭髮及肩，當天穿白色上衣，咖啡色喇叭褲與白布鞋，屬瘦小型」的尋人啟示，懇請社會大眾協尋。

六月二十二日一早，北市、北縣兩地警方共同研判，張×貞父親是司機、母親做成衣加工，還有兄姊在讀書，家境清寒，不可能是遭到綁架勒贖，必定是在軍史館失蹤，警方與家屬堅持一定要看到錄影帶時，軍史館卻拿五月十九日的錄影帶出來搪塞，企圖包庇嫌犯。

六月二十三日深夜，警方根據張×貞哥哥的說法，當時他在門外等候，曾有穿著運動服的軍史館士兵詢問他有什麼事，於是報請板橋地檢署檢察官蔡顯鑫，要求當天值班的士兵，全部換穿運動服供他指認。在更衣時，警方發現一兵郭慶和（二十一歲，桃園人，住南投，父母離異，與母親同住，一九九八年九月二十一日入伍）行動遮遮掩掩，警方又在他胸前發現抓痕，於是要加以審問。軍方卻以郭慶和是軍人，必須交由軍事檢察官審問攔阻，所幸檢警人員以受害者家屬已向警方報案，受害者既是平民，檢警當然可介入偵辦，且懷疑軍史館是第一現場，必須全部封閉，由警方鑑識人員採證，軍方擔心新聞鬧大才讓步。

經過連夜審訊，郭慶和終於坦承當天因館長連休兩天，他見張×貞瘦弱可欺，就誘騙她到三樓的館長室強姦。但張×貞極力掙扎，不但打翻了館長室內的東西，還抓傷了他，於是他在慾火攻心下，竟把張×貞勒死後姦屍，再用垃圾袋把屍體包好，載到台北縣板橋市和土城市交界的五權公園丟棄。

凌晨三時，檢警要帶郭慶和去起屍時，兩名軍人也跟上車，二人在車上竊竊私語，商議如何讓郭慶和不要跟警方「說太多」，以便留待軍事檢察官審問。到清晨五時，因郭慶和不願說出詳細棄屍處，起屍工作沒有著落，兩名軍人又告訴警方，要將郭慶和帶回部隊。為此軍警又起衝突，警方見狀況不對，直接將郭慶和帶回縣警局，由局長劉勤章出面將人扣下。郭慶和至此才知大勢已去，向檢警供出了正確棄屍處。但他在起屍過程裡，依舊不時對記者露出笑容，一副完全無所謂的樣子，態度令人髮指。

雖然檢警宣佈破案，但媒體記者卻認為軍方態度曖昧。首先是軍史館館長李明德在國防部的記者會上坦承，二十一日他上班後，發現館長室洗手間內有不明毛髮，洗手台下的水管破裂，內務櫃物品也散落地上，卻只令人將現場清理乾淨，並將郭慶和調回勤務指揮部。但張×貞的家人十九與二十日都曾到軍史館找人，二十一日還找到李明德本人要求調閱十九日的錄影帶，李明德明知張×貞的失蹤與軍史館有關，為何還要湮滅證據？他若不是太笨，就是他太「聰明」，這些舉動是企圖包庇或由軍方私了，也就難以判斷了。

其次是本案是否還有共犯？張×貞的母親張蔡×娟六月二十五日對《聯合報》記者說，兇嫌獨自殺人棄屍，館內有同袍多人，卻未察覺他的行動有異，疑點重重，國防部應該釐清，給他們交代。二十日早上她緊張地到軍史館找人，有兩位館方人員出來，後來又來了四位，包括兇嫌在內共有六人。奇怪的是，兇嫌當日凌晨棄屍時，這些人為何都不見了，不然怎麼沒有人發覺犯行，否則就是其中有「共犯」。而軍方這些疑點都未說明，不能就這麼算了。

張×貞的父親張×興也說，有人在參觀軍史館後失蹤，但是軍史館竟然任由一個小兵就可以搪塞一切，而長官全部都在休假，沒有一個主事者。張家父母及鄰居朋友都認為，這件命案沒有這麼單純，他們不相信只有郭慶和一人做案，就可以隱瞞這麼多天，當時也並不只是郭一人值班而已，還有其他人和他一起上班。因此，家屬強烈質疑一定還有共犯。

不僅是死者張×貞的父母質疑另有隱情，連兇手郭慶和的洪姓繼父，也在二十九日公佈郭慶和與母親的電話錄音。洪先生說：「受害家屬再三質疑可能有共犯，國防部為何避談？無前科的郭慶和如何獨自犯下命案，又冷靜安排處理乾淨俐落？案發當日監視錄影帶不見，如此重要證據國防部應交代清楚。而案發當日除郭慶和值勤，尚有值日官、另一名值勤士兵，為何不列入重要證人，甚至嫌疑人？軍史館長二十一日發覺辦公室凌亂有異，為何派人清理命案現場，是否有涉嫌掩飾真相的企圖？郭慶和係南投人，台北地區道路不熟，單獨棄屍板橋五權公園，令人起疑。郭慶和是軍史館的資淺士兵，如何調度新兵協助搬運屍體？」

看來轟動一時的軍史館姦殺案，在郭慶和於八月三日槍決後依然未落幕。從案發到破案的這幾天，軍方的態度與作法不但被記者質疑、還被受害者父母質疑，連兇手的繼父也質疑，究竟是否還有隱情？這段發生在軍史館的國軍姦殺女學生案，雖然已永留軍史；但台灣的司法（尤其是軍法）改革，卻還有很長的路要走吧！

我們那被美軍姦殺的姊妹們

一九五〇年六月二十五日，北韓的偉大領袖金日成下令人民軍越過三十八度線，引爆了韓戰。雖然十多天後（七月七日）聯合國安理會才通過第八四號決議，派遣聯合國軍支援南韓；但對已進入彌留階段的老蔣流亡政權來說，卻無異是從天而降的仙丹。因為韓戰爆發後二天（六月二十七日），美國的第七艦隊就公開介入中國內戰，駛進了台灣海峽，阻擋共軍繼續染指台灣，隨後就是大批美軍的登陸。這一行動雖然讓台灣人民免於被赤色中國統治，但起先數萬到後來數十萬素質良莠不齊的美軍，在台都能擁有原本僅數百位「外交人員」得以享受的司法豁免權，想要不出大事也難。

太子爺自導自演的「我向社會哭訴」

美軍駐台對兩蔣父子來說是又愛又恨，愛的是窮途末路之際在島上還得以稱孤道寡，恨的則是中國皇帝夢已成空，因此總想找機會對老美展示一下手下鷹犬的「動員力」。

一九五七年三月二十日，革命實踐研究院少校職員劉自然，在台北市郊陽明山美軍上士羅伯特・雷諾（R. G. Reynolds）家門前（中正路一段六巷×號之一）被槍殺身亡。士林鎮警察原本在殺人現場逮捕了雷諾，但隨後趕來的美軍憲兵，卻以他具有外交豁免權而不讓台灣警察將人帶走，轉送美國軍事檢察官審理。兩個月後他（五月二十三日）在駐台美軍的軍事法庭上，堅稱是以為有人偷看他老婆洗澡才開槍；但驗屍報告顯示劉自然是被兇手正面近距離射殺在大門前，民間傳說雷諾夫人是個重達一百公斤的黑人，難道劉自然有在黑夜中偷看黑熊戲水的怪癖嗎？（其實從照片看來雷諾夫人並不黑，也不胖）

這場命案的死者劉自然與兇手雷諾兩人都非軍中善類，雷諾將美軍軍品（另一說是嗎啡）透過劉自然轉賣，有許多贓款未清，而雷諾即將外調，劉自然卻想「黑吃黑」賴賬才引來殺身之禍。司法行政部請外交部轉交雷諾蓄意殺人的調查結果，卻因美國擔心美軍盜賣軍品（甚至是毒品）會引發其他有美軍駐紮國家的反美情緒，所以根本不採信。相反的，老蔣手下的各鷹犬媒體，則一反過去「大事化小，小事化無」或「鞏固中美邦誼」的立場，大幅報導本案始末，結果當美國軍事法庭陪審團投票表決，以「殺人罪嫌證據不足」宣告雷諾無罪釋放，並專機立即遣送馬尼拉後，引起台灣輿論嘩然。

次日（五月二十四日）清晨，《聯合報》刊出劉自然的妻子遺孀奧特華〈我向社會哭訴〉的投書，加上社論〈抗議美軍蔑視人權〉推波助瀾，讓民眾反美的情緒到達最高點。上午一〇時，奧特華身著黑色喪服，手持中英文書寫「殺人者無罪？我抗議！我控訴！」（The killer

Reynolds is innocent？Protest against U.S. court martial, is unfair, unjust decision！）的標語牌，到北門塔城街美國大使館前抗議，引來很多路人圍觀。到了中午十二點，黨營的中廣甚至直播記者現場採訪奧特華的哭訴（那時還沒電視，中廣是台灣最大的媒體），吸引了更多人潮向此聚集。到下午一時半，已有少數民眾向大使館丟石頭，二時半民眾高喊「殺人償命」、「打倒帝國主義」，並翻牆而入，砸毀汽車家具，而且有使館人員被毆、美國國旗被焚，附近的美國新聞處被破壞的更慘。最嚴重的是使館內的機密文件與通訊密碼遺失，讓老美極度憤怒。

到了晚間，在日月潭遊玩的老蔣接到了美方的嚴重抗議，才敕令衛戍司令部宣布台北市及陽明山實施宵禁，由衛戍部隊就近直接驅散群眾。原本大幅報導現場狀況的中廣也趕緊轉向，請群眾保持理智。軍警到了午夜一時，在擊斃三人，擊傷三十八人，逮捕一百一十一人後才穩住狀況。五月二十六日下午五時，盛怒的藍欽大使不理會外交禮節，直接進入士林官邸「請教」老蔣，為何不及早出動軍警保護美國大使館？甚至點名當局不敢制止，是不是因為這些闖進大使館的人是太子爺找來的？老蔣詞窮，只得道歉並將負責首都治安的衛戍司令黃珍吾、憲兵司令劉煒、警務處長樂幹三人撤職，並將大幅報導本案的《聯合報》記者林振霆關進綠島。

但當天衝入大使館的成功中學學生，是由教官帶去現場，而皇太孫曾在該校就讀，前任校長潘振球又是小蔣心腹，因此美國不滿老蔣只處分三名鷹犬將官。隔日（五月二十七日）中情局局長愛倫・杜勒斯在國安會指出，五二四事件是精心策劃的行動，據國民黨高層向他透露，小蔣扮演了「積極的」角色。老蔣在理虧力又不足下，只得貶謫太子為退輔會主委，充軍去修築東西橫貫公路，六年後才又回宮擔任行政院政務委員。至於被捕的一百一十一人，高達七十一人被宣布無罪釋放，其他四十人都只被判六個月到一年的有期徒刑，這在白色恐怖時代的台灣司法史上，是從無僅有的「寬厚」。

配合「國策」的不起訴處分

其實兩蔣與老美之間恩怨情仇，無須堅持小民史觀的我來浪費筆墨；但五二四事件發生前，在靶場擊斃日本人的美軍，就被送交日本法院審理，可見美國並不信任兩蔣豢養的司法系統，所以雖然早在一九五四年十二月三日「中美協防條約」（Sino-American Mutual Defense Treaty）就已簽定，但美國始終拖延「在華美軍地位協定」談判，遲至一九六五年八月三十一日才正式簽定。

美軍真正在台所涉及命案最多的原因是車禍，由於日治時期台灣的汽車是採英制（右駕），所以行人是靠左行走；但戰後被改成美制（左駕），行人必須靠右行走。民眾習慣難改，政府又宣導不力，因此車禍頻傳。不過這僅是過失殺人，只要賠償合理，會引發衝突的機會不大。

台灣人民對當年美軍最「感冒」的命案，其實還是姦殺。不過由於受害者多是「特種服務」業，這一類的「職業災害」雖是有姦有殺，但說是「姦殺」似乎是有點牽強，也許說是「虐殺」還貼近事實一些。一九六七年三月六日清晨三時，台北火車站前的懷寧街南國飯店，服務生們聽到三〇七號房間內傳出哭喊和酒瓶摔碎聲，趕緊以備用鑰匙開門查看，發現來自錦西街友愛酒吧的吧女許×香（二十六歲）奄奄一息，全身上下沾滿血跡，趕緊向轄區市警五分局報案，警方到場後發現兇手是一起投宿的美軍下士沙徹·拉菲（三十七歲），不敢「破壞邦誼」，於是轉報市警局外僑組和外事室，並通知美軍憲兵隊。

據警方調查發現，沙徹·拉菲是在四日從越南抵台休「五天特別假」（U.S.'s Rest and Recuperation program），五日晚間獨自在錦西街友愛酒吧飲酒尋樂，然後挽著吧女許×香離開，往懷寧街的南國飯店投宿。六日凌晨三點可能是因酒後失去理智，手持破酒瓶向許×香行兇。受重傷的許×香被送往台大醫院後，在名醫群共同搶救下撿回一命，為躲避媒體追蹤，又轉送台灣療養院靜養。而兇手沙徹·拉菲在案發後，則被美軍憲兵帶走，因為根據剛簽定的「在華美軍地位協定」，美軍在台如犯傷害罪，屬於拴棄管轄權的案件，法院不能訴究；另一方面依台灣刑法規定，兇手如患精神病達於心神喪失的程度，犯罪行為也不予處罰。

承辦本案的台北地檢處檢察官張迺良，到台灣療養院偵訊被害人許×香後，又得知美軍醫院正在鑑定沙徹·拉菲的心神狀態。三個月後，在外界對本案的關注已淡化後，六月十六日宣布「沙徹·拉菲心神喪失，經專家檢查後出具證明，依我國刑法規定，心神喪失人的行為不罰，所以予不起訴處分。」然而「心神喪失」人的行為不罰，雖是其他國家法律均有的規定，但兇手如有殺人的故意，然後喝酒壯膽；或藉酒醉而殺人擬逃刑責，就不該適用「心神喪失」。不過反正本案兇手是美軍，受害者也沒死亡，檢方就配合「國策」處分不起訴，順利解決了這一「小案」，但也觸動了日後更敏感「大案」的殺機。

「尚堪憫恕」的美軍姦殺案

一九七三年三月九日清晨五時半，高雄市公園二路華后飯店的服務生，在清掃五一六號房間時，發現昨晚與一黑人美軍來投宿的年輕女子，躺在床上已毫無氣息，趕緊向警方報案。高雄地檢處檢察官陳瓊讚率法醫馮天生來現場相驗後，發現死者頭部裂傷，頸部繫有一條女用腰帶，又有明顯扼痕，綜合檢驗屍體的各項反應，研判死者是在清晨五時至五時十五分遇害，死亡原因則是被人扼頸窒息。根據服務生證詞，與死者同來投宿的黑人美軍，已先一步離開旅館。

由於這一黑人美軍涉有殺人重嫌，高雄地檢處與警二分局刑事組，趕緊會同外僑組與外事服務站，迅速向美軍單位連絡，在案發後不到二小時，限制美國海軍七一七號軍艦（AD-14號修理艦）暫緩離開高雄港。而高市警局刑警隊外事組長侯朝陽，下午一時率幹員到高雄港美軍七一七號軍艦上搜索時又發現，訊問華后飯店夜宿登記本上的美軍姓名後查證，與昨晚在華后飯店投宿的美軍根本不同，而是黑人下士羅賓遜（Robinson）冒同袍之名登記，顯見預謀殺人的嫌疑更大，但美軍不容警方將羅賓遜帶回偵訊，只得交由美海軍憲兵組留置訊問。

雖然涉案者是美軍，但比起六年前的許×香案更嚴重的是受害吧女已死亡，現在大事化小還有可能，小事化無已無任何空間。省刑警大隊於是通知高雄市警局將遺體與各項證物冰存，並調派在台北的實驗室主任陳玉振，立即搭機趕抵達高雄市，搜集並化驗現場的相關證物。經警方調查，受害者是高雄市將軍酒吧花名「咪咪」的無照吧女雷×霞（二十三歲，台東人，住台東鎮大同路四巷×號）。雷×霞的生父張×興經警方通知後，趕緊帶著妻子來高雄殯儀館認屍，張太太看到愛女遺體時兩次昏厥。

據張×興向記者陳述，因家境清寒，在女兒阿霞十二歲時，送給雷姓朋友為養女，改名「雷×霞」。但兩年後雷姓友人死亡，其妻又趁機離家出走，阿霞只好再回到生父母家裡，因無法找到養母辦理中止收養關係，只好繼續姓雷。阿霞十八歲結婚後，生有兩個兒子，現在一個四歲，一個才兩歲，但其夫在次子未出生時，因竊盜案判刑，至今仍在接受「保安處分」（管訓）。阿霞為了撫養孩子，數月前離開台東到高雄工作，每月都按時寄孩子的生活費回台東。家人根本沒想到她在高雄是當吧女，更沒想到會慘遭殺害。

至於冒名投宿並涉有重嫌的黑人美軍羅賓遜，在接受檢察官陳瓊讚訊問時，經艦上三名美軍同僚與三名飯店服務生一致指認下，才勉強承認昨晚與雷×霞在華后飯店五一六號房共宿，但矢口否認與命案有關。他聲稱與死者進入房間「交易」後，凌晨三時就離開飯店，本來想回艦上休息，但因港區宵禁而無法進入，只好在港區附近散步；至五時許，想返回五一六號房間，一進門就發現雷×霞遇害，他恐被牽連，才又急速離去。至於其他無法解釋的部分，羅賓遜則堅持必須等他請好了律師才肯回答，警方只能交由美軍憲兵處理。

其實高雄市警局刑警隊外事組長侯朝陽，已在羅賓遜艦上的艙房內，搜到一條染有血跡的內褲、華后飯店的浴巾及一雙皮鞋。雖然羅賓遜當場就承認血褲及浴巾、皮鞋都是他的，並經簽認後由警方扣留，但他仍拒絕陳述褲子及浴巾等所染血跡來源。另外在羅賓遜脫衣檢查後，經法醫馮天生驗明他胸部有三處指甲抓痕，下體更有多處瘀傷與抓傷；尤其是右膝及左腿，更有用力擦拭卻仍可驗出的血痕。檢察官陳瓊讚因涉案人身分敏感，訓令法醫採集羅賓遜唾液、毛髮及身上傷痕檢體，與高雄市警方採取的雷×霞手指甲及分泌物比對。

除了驗傷，在追贓上也有重大發現，警方在羅賓遜夾克口袋中，搜出一隻女用K金戒指，警方調查發現雷×霞生前所戴的一支戒指，遇害後在身上及住處都找不到。傳訊三名與雷×霞熟稔的吧女到警局指認，可以確認是雷×霞所有。而羅賓遜堅決否認戒指是雷×霞的，卻又拒絕交代來源，只說要等律師來了再交代。但種種證據確鑿，連在場的美軍憲兵也心知肚明，羅賓遜難逃殺人罪嫌。

由於當時老蔣身體衰弱、神智不清，台美雙方高層都很清楚，擔任行政院長的小蔣，實際上就是「太子監國」。再次回宮的小蔣也深知，一來好不容易獲得訪美的機會，化解美國對五二四事件裡小蔣「反美」的印象，老蔣駕崩後他登基已無阻力；二來國際情勢有了重大改變，台灣被聯合國逐出後，老美對台斷交廢約撤軍都在旦夕，台灣對美關係也沒有「作怪」的空間，所以司法單位必須配合「國策」，即使是證據確鑿，三月二十日高雄市刑警隊偵辦告一段落，擬妥了一萬餘字的偵查報告移送高雄地檢處，仍不敢將羅賓遜列為嫌犯，只列為「關係人」。警方還堅持偵查報告只是供高雄地檢處報請行政院撤回捨棄管轄權參考，並非一般刑案移送書。

由於一年前台中市曾爆發更加殘忍的吧女林×清裸屍命案，涉案美軍已纏訟一年多，不但台灣民間群情激憤，連鄰近有美軍駐紮的友邦人民都受了感染，越戰又已進入和談撤軍的階段，於是美國也不再堅持「護短」，很快就把雷×霞命案裡證據確鑿的兇手羅賓遜，交給台灣司法系統處理。

當然，為了鞏固傳統的「中美邦誼」，本案當然還是要「淡化處理」。六月二十日高雄地檢處檢察官張淳淙將他依殺人罪嫌提起公訴。起訴書指出：「雷女因嫌被告所給夜渡資過少，要求被告將所帶手錶抵充夜渡資，為被告所拒，兩人發生糾紛，被告魯賓遜因一時氣憤，竟將雷女扼斃。」至於贓物戒指，也就配合「國策」憑空消失了。

到了八月三日，本案在高雄地院刑庭宣判，被告羅賓遜觸犯殺人罪判處有期徒刑五年。判決書指出：「被告魯賓遜因長年隨艦在海洋上工作，情緒受到壓抑。此次與被害人雷×霞發生爭執，被雷女擊傷後，怒氣難遏而殺死雷女，情況『尚堪憫恕』，適用刑法五十九條的規定，依法減輕其刑二分之一，判處有期徒刑五年。」轟動一時的雷×霞遭美軍虐殺案，就在台灣法官「尚堪憫恕」下草草結案了。

歹戲拖棚的「英才公寓」姦殺案

在台灣犯罪史上，無論殘忍程度與影響範圍，台北的許×香案或高雄的雷×霞案，都不及台中的林×清案來得嚴重。一九七二年四月二十二日下午六時半，台中市警局外僑組接到在清泉崗空軍基地保養中隊服役的美軍士官長懷特報案，說他的下屬空軍下士魯茲（Ronald A. Lutz，二十三歲，紐約州人）向他報告，說他住在台中市英才路「英才公寓」二×二號房間的女友「裘麗」遭人殺害。警方向台中地檢處呈報後，立即派員驗屍，發現死者屍體全身赤裸，俯臥床下，雙手被女用尼龍內衣反綁，頸上被胸罩勒住，死結紮在後頸部，嘴裡流血並塞著洗臉毛巾，頭部及臉部顏色發紫，研判有他殺嫌疑。由於報案者是美軍，案情重大，雖逢星期日放假，省刑大也立即派員南下協助驗屍。

警方調查後發現，裸屍命案死者「裘麗」本名林×清（四十五歲，四川成都人），在大雅鄉的雙美餐廳（其實就是無照酒吧）做服務生（就是無照吧女）領班，死者同事都說她心地善良，與前夫是在大陸結婚的，雖已離婚十多年，但仍對「家」很關心。她的前夫現住屏東，目前無業；兩個兒子在高雄，林×清經常寄錢供其父子三人開銷。但四十五歲的吧女早已超齡，因此客人不多，賺的錢也少，而房裡財物並未遺失，警方因此研判兇手不是為財。不過從同事口中也發現，林×清生前好賭好玩，但接客卻很有選擇，只找二十多歲的白人士兵，從不接黑人生意，可見她當吧女，也不是全然為財。

凶宅英才公寓是一棟三樓建築的大雜院，共有三十六個房間，每間月租八百元。房間內部陳設簡單，除了一部電視機和幾張沙發外，臥房中有張雙人彈簧床，房客幾乎都是吧女。林×清住的房間是大門右邊的二樓第二間，左右兩間也都有人住，但她平時除上班外都留在公寓內，跟左右鄰居卻少有來往，鄰居對她了解也不多。報案的魯茲則說，二十二日凌晨一時許，他在雙美餐廳與林×清談好價錢，就一起乘計程車到英才公寓，林×清喊說肚子餓，他就先去外面買水餃，林×清則說要在家裡煮咖啡等他買了水餃一起吃。但因時已深夜，找了很久仍無法找到有人賣水餃，只好折返林×清的住處。

魯茲說他進入林×清的臥房時，赫然發現她已全身赤裸陳屍在床上，他趨前檢視發現已斷氣多時，在不知所措下才離開英才公寓，返回宿舍睡覺。但睡了幾小時後深覺不妥，又起身趕到英才公寓，發現林×清的臥房門被打開了，屍體也被移到床下，並且被女用尼龍內衣與胸罩捆綁。他自覺怪異，卻又返回宿舍睡覺，等到天亮後才把發現林×清死亡的經過，向他的服務單位的上司報告，經該單位通知警方處理。

由於報案者是美軍，身分敏感，所以雖然供述的情節荒謬，但警方不敢像對待台灣百姓那樣押人取供，甚至是刑求逼供，只好依「美國式科學辦案」，一一查證後駁斥謊言。省刑大法醫楊日松博士解剖化驗後，發現死者右手中握有一可疑毛髮，下體裡也有男性精液，陰毛裡還驗出不同毛髮。而胃部殘留有柳橙、米飯、竹筍等食物，證實死前四十分鐘曾進食過，也與魯茲所述不符。另外警方也發現凶宅咖啡壺中並無咖啡，而且死者雖然全身赤裸，脫下來的衣裙卻摺疊整齊的放在床邊，顯然是死者生前自己所脫，可見死者與兇手不但相識，死前還發生過性行為。且警方查過附近幾家賣水餃的攤販，都說當晚沒有見過魯茲。有一家水餃攤販老闆甚至說，他的店都到清晨四時才打烊。

雖然台美雙方高層都明白，各種證據顯示魯茲明顯的涉有重嫌。但美軍與其他外國人在台犯罪的司法訴訟過程完全不同，因為老蔣與美國訂立「中美共同防禦條約」後，美國政府擔心兩國法律差異太大，來台協防（甚至是短期度假）的美軍根本不懂本地法律，動輒涉法被捕，影響軍心士氣，因此在一九六六年二月與老蔣又訂立了「中美共同防禦期間處理在華美軍人員刑事案件條例」，但本條例並不適用於其他在台的美國人民。這個條例的重點就是台灣司法機關在審訊美軍被告的程序上，必須先經過撤回「捨棄管轄權」的程序，才能依法追訴。

撤回「捨棄管轄權」就是美軍犯罪時，原則上台灣捨棄管轄權，由美國行使；但遇有「重大案件」，台灣政府可以向美國當局要求撤回「捨棄管轄權」，把美軍被告交由台灣法院偵查審判。至於所謂的「重大案件」，包括有：危害台灣安全、致人死亡、搶劫、強姦、縱火、非法持有或販運毒品、前列各罪之未遂犯或共犯及其他與我國司法重大利益有關之案件。但台灣司法機關向美軍當局「撤回管轄權之捨棄」的程序並不簡單，例如英才公寓吧女裸屍案，雖然美軍魯茲涉嫌重大，仍需由承辦檢察官呈報地檢處、高檢處，再由司法行政部報請行政院決定；再由行政院秘書處與外交部研商，如無異議，才由行政院以命令下行至地檢處，向美軍當局撤回「捨棄管轄權」。

由於撤回「捨棄管轄權」程序繁複，加上在逮捕之前，依「處理在華美軍刑案條例」的規定，美軍被告享有「獲通知其被控特定罪名之權利」，也就是說檢警不能像對待台灣人那樣「先抓人，再取供」，甚至「押人取供」。另外在檢察官偵查或法官審問時，美軍被告可享有「緘默權」，就是他在庭上可以閉口不言，拒絕答覆一切問話（就是著重證據的證明，而不介意被告的承認與否）。雖然這兩點都是英美法系國家尊重被告的立法精神，這些國家的人民都享有這些法律保障，並非美軍的特權，台灣解嚴後立法院也逐漸採用這些主張，可是當時台灣人在老蔣長期的專制統治下，連這些基本的法律素養都沒有。所以每逢涉外案件，在偏狹的國族沙文主義情緒催化下，總是劍拔弩張，有理說不清。

魯茲自稱與林×清是從自雙美餐廳返回英才公寓，但警方向雙美餐廳查證時，雙美餐廳擔心自己無照經營特種行業會惹來麻煩，就謊稱林×清早於三天前就請假未上班，警方只好針對林×清的三天請假行蹤全面調查，看她究竟是與誰共渡這三天？但查來查去都一無所獲，不得已二度向餐廳查證，結果餐廳仍堅持那三天沒上班。警方再細查仍無所獲，第三度向餐廳查問，終於有其他吧女坦承，林×清遇害當晚，是在餐廳上班後才離開，之前幾天也都有上班。由於涉案者的身分敏感，死者交往又複雜，特種行業的業者也不願惹麻煩，供詞真假難辨，以致辦案進度拖延，引發更多爭議。

一九七二年五月八日，行政院才決定對林×清案撤回「捨棄管轄權」，並即以命令轉飭司法行政部，再轉飭台灣高等法院檢察處，再轉飭台中地檢處的承辦檢察官吳庚。有了這道飭令，吳庚才得以向美軍單位連繫，依照「中美共同防禦期間處理在華美軍人員刑事案件條例」的規定，台中地方法院已有權逮捕，偵訊與審判魯茲。不過為了「傳統中美邦誼」，魯茲並未被台灣司法單位逮捕收押，而是交由美軍調查組「看管」。調查組規定魯茲僅能住宿在清泉崗營區內，但每日有兩小時能離開營區，回到大雅路他家中，探視他的台籍妻子。

在司法偵辦牛步化的情況下，台灣媒體又無法訪問到涉案人魯茲，美軍調查組准許魯茲每天回家探視妻子兩小時的命令，無異為困窘的台灣媒體另闢蹊徑。魯茲的台籍妻子周錦屏（二十三歲），立刻成了記者追逐的焦點。她說：「我相信他不會做這種事，他與我一年前在台南相識，不久後結婚，我們有個五月大的男孩。他調來清泉崗後，全家搬來台中居住。他的個性內向，做事很穩重，具有家庭觀念，是個體貼的好丈夫。從軍前他是大學一年級的學生，兩年半前奉派來台服役，再過一個月，即可服役期滿退伍回國。他還說回國後，會與我在紐約州定居，那兒是他的故鄉，他的家人也可以照顧我和兒子。但現在看來，回美國的事可能要延期了。」

到了五月十一日，負責偵辦的台中地檢處檢察官吳庚，正式把撤回「捨棄管轄權」的通知照會美軍單位，並對外聲明魯茲涉案，台灣司法當局將依循法律途徑偵辦。吳檢察官也在對魯茲偵訊前，先行通知美國大使館及魯茲的服務單位。魯茲在接受台灣司法單位偵訊時，依法可聘請律師作為他的辯護人。美國軍方已在魯茲同意下，替他聘請了辯護律師蔣耀祖，律師費用則由美國軍方負擔。由於受聘為魯茲律師者，必須是在台中地院登錄合格，並正式執業的律師，所以必然是由台籍律師擔任。在偵訊時，同時也將邀美國大使館及魯茲服務單位派員列席。

五月二十一日，台中地檢處檢察官吳庚首次開庭偵查，除傳訊被告魯茲，另外也傳訊了五名證人，分別是計程車司機余茂哲，吧女許×珠、羅×芳、戴×蓉及彭×蘭。魯茲穿美國空軍藍色制服，打領帶，提著〇〇七式手提箱，在美國政府代表布勞迪上尉與辯護律師蔣耀祖陪同下應訊。他態度從容，並沒有使用緘默權，只是一再強調他與吧女林×清之死無關。五月二十九日下午第二次開庭偵查，檢察官吳庚應律師蔣耀祖的要求，傳訊了一名台籍美軍妻子曾素玲。她在庭中作證說三年前認識魯茲，深知他是個對女性溫文有禮的男子。

在偵查庭中，美國政府代表布勞迪上尉，也由法律顧問李以理陪同到庭旁聽，市警局外事室則指派警官杜盛鏤擔任翻譯。美軍協防司令部還自菲律賓聘請專家歐德威中校，跟魯茲詳細談話後，使用儀器測驗他的心理狀態後，作成一分長達數十頁的心理分析報告提交庭上，這份報告指出魯茲雖對強者有反抗心理，但對女性不會做出暴力反應。因此布勞迪上尉提出兩點要求，對魯茲作血清反應試驗與測謊器試驗，但沒被吳庚採納。因為血清反應試驗是在喪失自由意志的情況下所作陳述，依照台灣刑事訴訟法規定，不能作為證據。至於測謊試驗，省刑大已經做了，不須美軍辦理。

到了六月五日，台中地檢處依殺人罪嫌將魯茲提起公訴；二十八日上午，在台中地方法院第一法庭開庭，由刑庭推事宗成鎧審理。透過媒體報導，旁聽民眾把地院擠得水洩不通。辯護律師蔣耀祖在庭上提出，起訴書中所指魯茲在中學時性情暴戾的報告有誤，可能是誤拿到其兄雷蒙·魯茲的。庭上又傳證人二十四歲的吧女許×珠，她住死者樓下，命案發生當晚二時廿分，她曾聽到樓上有女人的英文咒罵聲，並雜有哭泣及爭吵聲，因她剛下班洗好澡躺在床上，所以聽得很清楚。與許明珠同房的羅×芳也作證稱，當晚她坐在客廳繡花，也曾聽到樓上有女子罵人聲。

法庭上最「熱鬧」的一幕，就是檢察官自夏威夷請來了一名美軍眷屬，二十六歲的台籍聽障吧女孫×美作證，並由啟聰學校老師丁馬組擔任手語翻譯。孫×美在比手劃腳中指出，她曾與魯茲同居七個月，因魯茲不付錢扶養她而分居。最關鍵證據在她陳述魯茲每次性行為都非常暴力，不但綑綁鞭打她，而且放著正門不走，偏要從後門「進出」，這些陳述與法醫驗屍報告結果竟都符合。然而魯茲則辯稱孫×美因未能和他結婚，引起嫉妒的報復心理，因此才在法庭上藉作證挾怨報復。他還要求庭上傳其妻求證，看他「辦事」都走前門還是後門？

另一焦點則是台灣的毛髮專家，化學博士陳玉振，以鑑證人身分向庭上說明，死者身上發現的兩根非本人體毛，與魯茲的陰毛作對比鑑定時，二十六項鑑定裡的二十項初步鑑定都相符；但律師蔣耀祖則要求另外六項也要做。陳玉振說前二十項鑑定不會損壞體毛，最後六項的血型及切片，則會把體毛破壞。由於在死者身上僅發現兩根體毛，非常「寶貴」，所以不敢輕易作進一步化驗。蔣律師則堅持一定要進一步複驗，檢辯雙方就在是否被告偏好「後庭花」與「兩根毛」上爭論不休。

由於魯茲的律師蔣耀祖堅持要對「兩根毛」複驗，而且要求到國外複驗。於是其中一根毛被送往日本的美國遠東陸軍刑事調查實驗室鑑定，結果對方確認台灣的法醫鑑定無誤，無須複驗。魯茲因而在十二月十九日被台中地院依過失致人於死罪，判處有期徒刑一年六月。但魯茲不服上訴高院，一九七三年五月五日高院開庭，美國陸軍駐日刑事調查實驗室化學分析員還專程來台作證，指出日本化驗設備還不如台灣刑警大隊的設備完善，例如日本就沒有血型檢驗儀器，所以他專程來台檢驗。魯茲聽完美軍分析員陳述後，知道證詞對自己不利，表情凝重，未再作其他辯解。在「兩根毛」被老美也驗出是魯茲所有後，七月十二日上午，台中高分院刑庭宣判，魯茲由一審依過失致人死罪，一年六月徒刑；改判殺人罪，加重為有期徒刑五年。

本來台美雙方都想息事寧人，所以一審輕判魯茲一年半，但他堅持上訴，還要求找國外專家來「驗毛」，結果是越驗證據越清楚。當魯茲上訴到最高法院時，他的吧女妻子周錦屏也「不甘寂寞」，要來與老公搶新聞版面。一九七五年三月二十八日晚間七時，她自泰國搭乘華航班機返台，在松山機場被調查局人員根據線報攔截，查獲隨身行李中有一狗熊玩具，腹中被挖空藏有大麻煙五百五十公克，海洛英一八．五公克，被台北地檢處依戡亂時期肅清煙毒條例提起公訴。一審被判無期徒刑，六月十八日二審改判十五年。隔了一天，魯茲上訴到最高法院的殺人案也定讞了。由於最高法院曾兩次發回更審，台中高分院也越判越重，第三次更審時加判到有期徒刑十年，魯茲不服上訴，最高法院將上訴駁回，本案才以十年徒刑定讞。轟動一時的吧女裸屍案，終於在魯茲夫婦同時入獄後終結。

十一歲的美軍眷屬竟然是兇手

其實美軍駐台期間，涉及疑似「姦殺」台灣女性案裡，真正最驚悚也最殘忍的，竟是出自一名年僅十一歲的美軍眷屬。一九七一年五月二十日晚間七時，台北市松山區寶清街一四〇巷一〇〇弄×號的雜貨店裡，有位老太太跑來大喊後巷內有個女孩子被殺傷了，倒臥在血泊中，因為店主熊×祿是當地鄰長，所以走出門去，遠遠一看就如婦人所說，於是走到公用電話亭撥電話報警。沒想到警方來時，他會同查看才發現，身中六十五刀尚未斷氣的女生，竟是他就讀民生國中二年級的十四歲女兒熊×萍，趕緊呼叫家人一起護送到附近的空軍總醫院急救，但一入院就被院方宣告「到院前死亡」。

據熊×祿向警方陳述，女兒熊×萍品學兼優，沒有男友，也無與人結怨。當天晚飯後她到廚房去看開水燒開了沒時，聽到說粵語的十一歲美僑男孩勞倫斯（Larry Lin Lawrwnce，美軍眷屬，美國學校七年級）在門外喊叫熊×萍，就自後門走出。因為勞倫斯住在附近，雙方家長也時有來往，所以大家也不覺得奇怪。警方一開始也沒想到十一歲的男孩會這麼殘忍，只是按例行公事訪視證人，到南京東路四段二一一巷八三弄一×八號四樓的勞倫斯家，看看從證人口中有何破案線索。

警方上門時，勞倫斯依然在客廳玩耍，非常鎮定，但警方赫然在浴室找到剛洗過的血衣，握起勞倫斯的手，又發現他指甲縫裡有血跡，於是將他押往松山警分局偵訊。勞倫斯不但否認殺害熊×萍，還狡辯說是一個姓王的台灣少年，叫他去把熊×萍叫出來，還把上衣脫下來和他交換穿著，等到王姓少年殺了人，才把血衣脫下還他。至於指甲上的血跡，他則辯稱是被計程車撞傷的。警方見他狡詐陰狠、毫無悔意，但卻畏於他具有美軍眷屬身分，只好先移送台北地檢處。警方追查後又發現，殺人的十一歲男童真實姓名是「鄭明」（CHIENG MINH），母親是南越吧女，他是持南越護照的美越混血兒，一九五九年十一月十五日生，兩歲時由已入籍美國的姨母張萍收養，後來張萍又與美軍文職雇用人員林勞蘭結婚，鄭明跟養母與林勞蘭同居。

五月二十五日台北地檢處檢察官陳義雄作出了不起訴處分，處分書上指出：「被告鄭明是民國四十八年十一月十五日出生，至其犯罪時未滿十四歲，依刑法第十八條第一項之規定：『未滿十四歲之行為不罰』，故予不起訴處分。惟以被告鄭明殺人致死，手段狠毒，於殺人後又毫無悔意，向其母偽稱騎車摔倒受傷，安然逃回家中，請求母親為其洗血衣，藉以湮滅證據，顯見其惡性之重大，有侵害社會法益的危險，為矯正其惡性，並維護社會之安寧，實有令入感化教育處所，施以感化教育之必要。」然而鄭明具有美軍眷屬身分，又未滿十四歲不能羈押，法院只好飭由台北市警局，請美軍治安單位加以看管。

至於鄭明為何要攜帶水果刀去找熊×萍，還刺殺六十五刀存心致人於死，不起訴處分書中指出：「鄭明邀熊×萍外出，兩人同往屋後巷內閒談，因要求代其書寫中文信給熊×萍就讀中國海專的哥哥熊×星被拒，惱羞成怒，以預藏之水果刀猛刺熊女六十五刀，因流血過多，當場死亡，案經台北市警局查獲，認其犯殺人罪，移請偵辦。」這個奇怪的殺人理由實在很難令人相信，但因雙方家長已在處分書公布三天前二十二日達成協議，鄭明家長答允賠償包括喪葬費在內的二十一萬五千元，並立即付出三分之一現款。為了台美邦誼，這件疑似姦殺案也就至此終結了。七年後台美斷交，美軍全部撤離，所有美軍疑似姦殺案，也就全部進入讓人淡忘的歷史中了。

美麗島事件後的用家書愛國運動

專科時我讀的是公共衛生，一九八三年夏季，班上十一個畢業的男同學先後入伍服役，九個在醫療單位，他們運氣好一點的在基地醫院，差一點的也能待在野戰醫院，只有一個被新訓中心的預備師留下來當教育班長。至於剩下最最倒楣，必須到外島下野戰部隊砲兵連的人會是誰？不用說大家也該明白吧！

十月中旬，金門的夜間已略有寒意，我們被集中於金中師師部的小徑村，在新兵隊裡接受銜接訓練，雖然很操很累，但大致與在台灣的新訓中心一樣，作息還算正常，夜間也無需從暖烘烘的被窩裡爬起來服衛哨勤務。但在十月下旬，有一夜我們準備就寢時，大通舖的門外響起了一陣槍聲，寢室立刻騷動起來，很多人都想衝出去看看是什麼狀況，揹著青天白日值星帶的班長，卻堵在唯一出口，喝斥我們通通滾回床上去。

大家雖然回到床上，但顯然已沒有太多睡意。沒多久揹著全紅值星帶的排長來了，叫了我與另外三名新兵出列，要我們找老士官長報到。我心想另外三個新兵都是支援營裡衛生連的新兵，八成沒好事。果然，下部隊時我是沒專長的，必須下到砲兵連；但是出到這種倒楣公差時，我又搖身一變，成了他們眼中有醫護專長的「救護兵」。

槍擊地點就在寢室外不遠的安全士官處，一個白天還跟著我們一起出操上課，連上第三排的班長，竟趁著深夜站安官時，坐在椅子上用美製M一六步槍，槍托朝地，還轉到全自動，下顎頂著槍口自己扣的板機，整個腦殼幾乎都射穿了，四處都是鮮紅的血，上面還浮著白色的腦漿，到了這地步，我們也無需急救了，只好在一旁等政戰處的長官來現場。

趁政戰官來之前，我趕緊先「瞄」了一下遺書，原來是寫給「兵變」的女友。可憐外島無定骨，竟非深閨夢裡人。戒嚴時代外島這樣的悲劇，本案既非空前，也不絕後。在那沒有網路、沒有大哥大，連公用電話都無法打到台灣的時代，外島國軍在遭遇情變（甚至是婚變）時，年輕人一時衝動下的選擇，往往成了許多家庭永遠無法痊癒的傷痕。

外島阿兵哥的返台假

其實在我到金門的前一年，軍方就已經修改國軍休假規定，在外島服役滿一年以上的義務役官兵，可以有一航次的返台假。但因每航次海軍能提供的裝載名額有限，還要考慮戰備需要，因此各單位能分配到的名額有限，常常需要排隊。如果再遇到重大演訓管制休假，即使有假也沒人來放。

因此，外島各部隊多是依下部隊的先後或入伍梯次排假。而那年代軍方實行兩年一次的野戰師外島移防，而移防外島前又一定會把員額編滿，所以剛下部隊就遇到移防的士兵，到外島輪到放假時，常是快退伍的時候，甚至到退伍都等不到。我在一四六師服役時，連上一九八一年隨部隊移防來金門的陸一特（三年兵），到我們一九八四年因「陸精四號」案，全師被調回台灣改編為止，有人兩年多不曾返台休假過。

即使在軍方已明定義務役官兵一年有一航次返台假時，尚且還有這麼多人無法享受這福利，大家或許會聯想到，一九八一年之前在外島服役的義務役官兵，除非部隊移防或退伍，難道就無法返台了嗎？當然不可能，兩蔣沿襲中國固有的政治傳統，前門窄、後門寬；有辦法返台休假的，照樣大有人在。根據一九八〇年三月入伍的網友「猛沃營參一」回憶，一九八一年之前的外島義務役官兵，要返台有五種不同的「管道」：

（一）公假或公差：

受訓、開會或押運後送裝備等，除非特殊狀況，義務役很難有機會。農曆春節採買或專案採購，原則上是一個連一人，想要爭取的人，要想想有沒有親朋好友是果菜肉品批發商，也要有自己貼錢的心理準備。

（二）榮譽假：

更是可遇不可求，通常全營辛苦作工一年，也不過每個連一兩個名額。除非抓到對岸來的蛙兵，但抓到麻煩更大，上面一定追究，為什麼水鬼不從別的陣地上岸，偏偏到你這裡來，就是這裡有問題。結果往往是一兩個人放榮譽假，卻有幾十個甚至幾百人被處分。

（三）慰勞假：

志願役軍士官每滿六個月，有一航次慰勞假；要當三年兵的一特兵，滿兩年退伍的同時，部隊會發「臨時召集令」，也就是必須在原部隊繼續服役一年。這時會有十天的慰勞假，又稱「臨召假」，但大多數人說是「老芋仔假」。

（四）探眷假：

志願役已婚者，每三個月一航次；義務役已婚者，每六個月一航次。

（五）喪假：

直系血親或配偶死亡，憑台灣來的電報或是訃聞請假一航次，返部後以死亡證明書銷假。

為了爭取返台休假，外島義務役官兵還真是「創意」十足，有偽造父母死亡證明的，有冒充自己家中有錢可返台採購的，有自稱家裡附近有瓊麻可以回去挖的，甚至裝病自殘，真是千奇百怪，什麼你想像不到的事都可能出現。

然而根據我在「後備軍友俱樂部」裡，與許多後備軍友們討論的結果，一九八一年之前，國軍裡最有「創意」，大家至今還存有印象的「返台休假」者，就是我們偉大的《亮島家書》作者姚陳秀排長。

「學雷鋒」運動又來了！

一九七九年十二月爆發「美麗島」事件後，小蔣下令逮捕黨外企圖組黨的政治人物，並由警總軍法處，在次年二月二十日以叛亂罪起訴黃信介、施明德、林義雄、姚嘉文、陳菊、呂秀蓮、張俊宏、林弘宣八人，另外魏廷朝、王拓、楊青矗、陳忠信、邱垂貞、戴振耀、邱茂男、范政祐、蔡有全、張富忠、紀萬生、范巽綠等三十七人，則在一般法庭遭到起訴。這是台灣自二二八事件後，規模最大的一場民眾示威運動，但黨外人士被小蔣逮捕入獄後，苦難卻未平息，尤其是某些獨立意識特別強的「頑固份子」，不但本人在特務機構裡慘遭刑求虐待，連在外面的家人也難逃特務們的迫害。當時整個台灣都是監獄，所以在牆裡牆外都無差，特務們「一視同仁」。

一九八〇年二月二十八日中午，美麗島受難者林義雄（當時被拘於新店軍監）位於台北市信義路的住宅遭暴徒闖入，母親林游阿妹被殺十三刀，慘死在地下室樓梯旁，七歲的雙胞胎幼女亮均、亭均各被刺一刀喪命，而長女奐均被刺六刀重傷，後經急救脫險，妻子方素敏則因外出而倖免於難，血案震驚海內外。因為殺人手法極為專業，都是以短刺刀捅入人體，再橫向反勾致死，雖然官方設定為「共匪陰謀」與「國際陰謀集團」的犯行，但比起之前逮捕施明德的積極動員，本案顯然是辦不「上」去。大家都認定這是保守勢力在美麗島事件後，為了壓制日益崛起的黨外反對運動，所採取的「殺雞儆猴」手段而已。

林宅血案一週年時（也是二二八事件三十五週年），國軍總政戰部經營的《青年戰士報》，為了遮蓋二二八與林宅血案的陰影，從二月二十七日到三月一日，一連三天大規模的報導「亮島國旗的故事」，把一位預官排長的二十封家書公開，這也是繼台大學生林正義從軍、黃埔家書張家麟之後，國軍又一次大規模的「學雷鋒」政治宣傳。

「元月廿六日，飄揚在亮島上空的國旗，因為久經風吹日曬，顏色已褪，光榮『退休』了，升起了另一面嶄新的國旗後，姚陳秀排長把『退休』的國旗，寄回給台北市臨沂街的雙親姚松壽夫婦，做為新年的禮物。

姚松壽夫婦接到這分漂洋過海，別具意義的賀禮，心中先是愕然，看了愛子的家書後，卻又喜見兒子已經長大成人，夫婦倆決定把這面國旗好好珍藏，讓這面亮島的國旗在姚家代代相傳，全家朝夕惕勵的精神標竿。姚陳秀的這封家書是這樣寫的：

『值此新年，獻上這面國旗，破舊褪色代表的是我們亮島男兒所流下的每滴血汗，代表的是我們島上健兒們戰技的穩健成熟！爸媽：它還包含了多少遊子鄉愁吶！一片汪洋、一座孤島、一面國旗，組成了屹然卓立的亮島，組合成了最前線上不朽的樂章！』

亮島，是一座花崗石小島，聳立在波濤洶湧的台灣海峽上，是馬祖列島中最偏遠也最重要的一個據點。亮島，原名浪島。五十年代，經蔣總統經國先生將它改名為亮島，取其為照亮大陸給大陸同胞帶來希望的島。從外表上看，亮島黝黑、孤懸、聳立的峭壁及犬牙交錯的暗礁環繞這座小島，強勁季風吹襲時，驚濤拍岸，激起千堆浪花，煞是壯觀。在國軍駐守亮島之前，它還是一座無人的島嶼，但經過國軍官兵二、三十年胼手胝足的辛勤，不但花崗石上長出了菜圃，花崗石下也成為「英雄島」，成為反共的前哨、堅強的堡壘。

在這樣的『英雄島』上，可以使頑夫廉，懦夫立，青年們更是熱血沸騰，激揚澎湃，憂時、愛國的情操油然而生。」

透過總政戰部的大力炒作，亮島成了台灣人不能不知的離島。在姚陳秀排長一封封寫給父母的家書裡，套用了所有軍方政治教育中的素材。尤其是在小島換上新的國旗時，他把歷經風吹雨打的那面國旗寄給父母，因而成為媒體寵兒，還得以返台休假，真是風光一時，不知羨煞了多少像我們這樣每天也要對著國旗唱歌行禮的義務役官兵。在姚陳秀返台休假前，國民黨營的中央社還在三月十五日發布特稿，全國媒體都刊登於重要版面：

「亮島預官姚陳秀，前哨傳家書，愛鄉又愛國的感人故事，轟動了馬祖前線，也獲得參謀總長宋長志的電報嘉勉。在他退伍前夕，戰地各界及婦女代表，正準備以盛大的場面，為他餞行和歡送。

廿四歲的姚陳秀，台灣新竹人，淡江大學經濟合作系畢業，在亮島服役半年，一直擔任排長。這段期間，由於海天遠隔，先後寫了二十多封家書，封封流露出孝悌孺慕的情操和赤子愛國的真誠，同時也傾訴了『島孤人不孤』的軍旅生活情趣。從他部隊長的口中獲悉，他在今年春節前，將一面曾經在亮島飄揚了半年的青天白日滿地紅國旗，寄給住在台北的雙親當禮物。他的雙親感動之餘，回寄了一面嶄新的大國旗給他。元月二十六日，在他的主持下，亮島山巔上，冉冉升起了一面青天白日滿地紅的大國旗，所有的官兵並莊嚴地宣誓，今後在任何崗位上，要和國旗榮辱與共。

亮島是不及一平方公里的孤島，本名浪島，蔣總統經國把她易名為亮島，寓意照亮大陸之島。這個島距大陸僅有二萬碼，誠為姚陳秀在家書提到，「我們唯一的任務，就是讓國旗飄揚在這孤島上。我們唯一的盼望，就是希望家鄉的父老們能過著安樂和平的生活。」在面向大陸迎風招展的大國旗下，一位軍官說，『國旗象徵了前後方軍民情感的大凝結，也帶給亮島守軍無限的復國信心，更帶給大陸同胞追求自由和幸福的希望。』

由於姚陳秀忠孝雙全的情操動人肺腑，已樹立了當代青年愛國愛鄉的典範，參謀總長宋長志獲悉後，打電報給他。電文說：『司令官請轉亮島姚陳秀少尉，欣悉貴同志戍守前線，忠勤為國，積極負責，事親至孝，每於家書中流露出愛國之熱忱，已引起社會普遍讚譽與關懷，詳為革命軍人之楷模，特電嘉勉。』

姚陳秀在大學時代，就曾為社會服務奉獻了自己的光和熱，先後在南投縣信義鄉設立了一座山地圖書館；為宜蘭山地同胞運銷香菇，減少中間剝削，成立了經銷合作社等。他的種種善行，還獲得校方多次獎勵。聽說淡江校長張建邦也將褒獎他。姚陳秀說，『其實我只願做一盞小燈，照耀需要光亮的人們。』

他知道，退伍後將有來自各方的鼓勵。他說，『我不希望個人的名字被報導，只希望更多的後方人士能來戰地，親身體會我們堅守革命戰場的神聖意義。」他說出了這一代青年的心聲。馬防部政戰主任讚許他說：「司令官感動之餘，已準備贈送獎金兩千元、榮譽狀一面，同時在青年節大會上表彰他，並請姚陳秀轉贈馬祖的國產名酒大麴酒四瓶及『教子有方』的獎牌，給他的父親姚松壽。此外，還要將他的事蹟和『亮島家書』編印成冊，作馬防官兵精神教育教材。』

這位廿九期預官的芳名，已傳遍馬祖，許多軍民都想一睹他的丰采，許多熱情的男女青年都寫信給他，表示敬意。在南竿島服役的卅期預官巫欣安表示：『我深以姚陳秀為榮，相信這一代的青年，必能將青天白日滿地紅的國旗，從亮島的山巔升向中國大陸。』

姚陳秀日內將由陣地到北竿等島，接受各界表揚。他心情凝重地說：『我將要告別這塊朝夕相聚的聖島了，長江後浪推前浪，我想一定會有更多的愛國青年，前仆後繼地湧向亮島，親身體會挺立第一線的心情，把豪情壯志和天倫親情投融在這個聖島上。』面對陰沉的大陸河山，他沉痛的表示：『同樣是黃皮膚黑眼睛，只隔著一道海，只因對岸沒有青天白日滿地紅的旗幟在庇護，卻使兩邊的中國人過著迥然不同的生活。』」

各取所需、各得其利

姚陳秀在二二八前夕，經由總政戰部的炒作，一路從《青年戰士報》，紅到其他各大報與電視。繼三月十六日中央社發特稿後，十八日姚陳秀一回到台灣休假，參謀總長宋長志親自致函家住臨沂街的姚陳秀父親姚松壽先生：

「松壽先生夫人台鑒：昨從報端看到令郎姚陳秀少尉，自亮島寄回國旗一面以為新年賀禮，由此可見令郎的報國與思親實屬忠孝兩全，而且在那熱情洋溢的家書中，又可看出那滿腔忠憤與愛國愛鄉愛家的偉大胸懷，此實由賢伉儷平昔完善的家教有以致之，我深深地為國家感到慶幸，亦為賢伉儷之後起多賢而感到欣慰。特致賀忱與慰勉。並頌儷祺，宋長志敬啟三月十一日。」

除了參謀總長致函慰問，三月二十日上午，姚陳秀返回母校淡江大學城區部，接受校長張建邦的表揚，並接受校長張建邦致贈的「轉變逆境，創造機會」紀念牌。下午，他向陸軍總部報到，接受郝柏村上將的慰勉，並將於二十九日青年節大會中接受表揚。晚間六點半，台視還製作特別節目〈亮島的故事〉，將這位從仁愛國中、建國中學到淡江大學，一路都是好學生的預官排長姚陳秀，介紹給全國人民認識。

不過總政戰部肯花這麼大的力氣，來介紹一位在外島服役的小預官，當然不只是要「教忠教孝」而已，而是為了「打擊黨外陰謀份子」。因為一九八〇年底，小蔣恢復了兩年前因台美斷交而未完成的選舉。美麗島受刑人家屬張俊宏之妻許榮淑、姚嘉文之妻周清玉與黃信介胞弟黃天福等人，都獲得高票當選，等於是台灣人民為美麗島事件做了一次「公投」。始作俑者的軍方保守勢力，就藉著姚陳秀的「亮島家書」來提醒國人：

「此回大選今日已全揭曉，不知結局如何，在此只能風聞，而不知詳細情形，只是孩兒對這類事情之見解，在未來亮島前後有很大的不同，或許身臨此境才體念到國家之危難，及雙方劍拔弩張之勢，每日起身第一個意念就是我還活著嗎？待自己確定後才開始一天之工作。床頭枕下是出鞘的刺刀，手槍是隨時擊發的槍，竟日忙碌奔波的是後方安危，你們看不到敵人，而我每天看到敵人，甚至打到敵人，不否認台北、台灣地區是繁榮的，但是其繁榮安定建築在那裏？就是建築在有這麼一群離鄉背井的遊子，他們在這裏流血流汗而來的。」

對於黨外人士主張的「解嚴」，姚陳秀的「亮島家書」裡也趁機教訓一下這些「三合一敵人」說：「想不到以往居然有人提出廢除戒嚴法，削減國防預算，教他老兄在此待上半年，就算半個月好了，他就會打消此種意念了。老實講，孩兒雖未經歷戡亂，但在這段期間內卻體會了安定的重要，一個政府只要能使人民安定、富足、和樂的生活，那我就會毫無疑問的支持。當然，這是我個人的看法，也是來此後感觸良多的地方。謝謝媽每日為我祈禱，『武運長久』，我想在此讓我們一齊祈禱『國運昌隆』，那將更好！」

其實姚陳秀在亮島要驅逐的「匪船」，與我們在金門所要驅逐的一樣，但人家有生花妙筆，在家書裡寫得活靈活現，因而人家回台灣當戰鬥英雄，我們只能留在金門當構工狗熊。「亮島家書」裡這樣寫著：

「這兩天，氣候轉晴，風平浪靜，漁船活動也就頻繁了，前兩天夜裏倒見了非常壯觀的場面。匪漁船集結在海上，密麻地排開，前後有十幾、二十公里長，有紅燈、黃燈、綠燈、各色燈光都有，好像台北之西門町一般，那引擎的聲音就像雷吼一樣。有些還真頑皮，靠近了過來，弟兄們槍砲齊鳴，打得他們紛紛熄去燈光和引擎，一轉眼就暗了下來，還真有趣，這種景象還非此看不到呢！」（六九、十二、廿四，給雙親函）

姚陳秀返台度假的這兩星期，最風光的還不只是長官召見與媒體報導，而是被「特准」列席正在台北舉行的國民黨十二全會，看來國民黨也向共產黨看齊，懂得會玩「工農兵代表」的樣板了。我們再看一下人家在家書裡是如何「奮勇殺敵」的：

「四週都是海，有海就有漁船，就有匪船，我們的任務就是不讓匪船靠近過來，每天都可以聽到機槍的怒吼，今天中午時，衛兵來通知我有狀況，我一口氣衝上了陣地，匪船竟是如此的近，我立刻下令弟兄開火，一撥撥的子彈在匪船的四週濺起水花，匪船仍然不足，四哥再下令直接瞄準射擊，一撥子彈正打中匪船，突然船上的人出現了，有的搖旗，有的跪在船上長拜，顯然是在求饒。四哥用望遠鏡看，心中一陣酸楚，黃皮膚、黑頭髮，中國人哪！放下望遠鏡，四哥親自接下槍，朝著船扣下了扳機，槍管吐著烈焰，子彈呼嘯地飛向匪船，一陣陣的水花散佈在船的四週，搖旗長拜，管他的，四哥不斷地教槍管吐出殺人的利器，只是不打他們人罷了，槍管熱了，煙硝裏四哥仍繼續扣動扳機，四哥內心何等難過，中國，苦難的中國人，而可惡的共產黨！炫弟，中國是苦難的，我們這一代的年輕人要負起拯救中國的任務，而知識是最大的力量，惟有知識及意志能救中國。」（六九、十、廿七、給炫弟函）

當然不只是在前線的姚陳秀成了媒體寵兒，他的父母姚松壽賢伉儷也成了媒體寵「老」，姚老夫人談起自己的四個寶貝兒子，從在海外留學的、到在台就業的、到還在學的，最重要的當然還是要說到這個正在當兵的姚陳秀，越說越高興，連他爸爸當年還是少年兵時，從台南白河武裝行軍走到新竹湖口的豐功偉業也說了出來。可是想想也有點「怪」，媒體上報導當年五十六歲的姚松壽，應該出生於一九二五年，若是二十歲之前當的少年兵，怎麼算也不會是中華民國國軍，應該是大日本皇軍才對。

香港電影《九品芝麻官》裡，周星馳主演的包龍星，在公堂上與大內來的李公公爭執不下時，包龍星的媽媽拿了一把家傳的尚方寶劍，要來「上斬昏君，下斬讒臣」，但李公公卻說：「大清開國以來，從沒聽過有什麼尚方寶劍，這是什麼劍？」結果搞了半天，這把可以「先斬後奏」的寶物，竟是明朝崇禎皇帝所賜，包老太太想用明朝的劍去斬清朝的官。看來在電影中很好笑的橋段，搬到現實生活來一演，就很難讓人笑得出來了。

不過憑良心說，小蔣與他手下的特務們，還是能在錯誤中學習教訓。在製造「台籍樣板軍官」時，不像當年宣傳林正義那樣，笨到去找個未來要當職業軍人的學生，因為那樣「賞味期」太長，風險太大。即使不找「雷鋒」那樣的死人，也要找個像姚陳秀這樣快退伍的預官，如此一來，他放假，我宣傳；他出席國民黨全會，我修理黨外人士；他接受表揚，我堅持戒嚴；他當媒體寵兒，我作幕後黑手；各取所需、各得其利；當然也就不會出現至今還解決不了「林正義（林毅夫）返台」的惱人問題。大家想想看，今天全台灣又還有幾個人，能記得當年轟動一時的「亮島家書」呢？

Part 3 國軍勞軍故事

台灣的情色勞軍與軍中情人

情色勞軍在國軍的軍史裡，始終是個不是祕密的祕密。二〇〇二年十月，空軍台中第二後勤指揮部舉行部慶，找來了鋼管女郎在士兵身上磨蹭，半年後事件曝光，副指揮官被記大過調職，卻無法嚇阻台灣「情色勞軍」的習慣。到了二〇〇五年九月十八日（中秋節），海巡署（戒嚴時代的警總）北巡局訓練大隊，在桃園縣觀音鄉大坡腳營區，舉辦「軍民聯歡晚會」，並邀桃園縣觀音、忠孝獅子會等八名會員參與，大隊長陳武銘中校休假未出席，現場最高階級的指揮官是副大隊長林偉政中校。

向《蘋果日報》爆料的海巡士官指出，當晚舞台上原只是三名辣妹的歌舞表演與摸彩活動，不久一名皮膚黝黑的爆乳辣妹，突然坐在副大隊長腿上，嬌聲嗲氣請示能否展開重口味節目，隨後現場氣氛為之一變，在女主持人鼓噪下，辣妹坐在官兵大腿上扭動身體表演性愛動作，大家看了都很興奮。緊接著辣妹拉出多名士官當「人體鋼管」，用惹火胴體纏在官兵身上大跳豔舞，並將手伸進官兵褲襠，以挑逗動作代為脫去衣物，一名士官被脫得只剩一條紅色丁字褲；在場還有一名鄰家女孩型辣妹，像花蝴蝶般穿梭人群中，笑嘻嘻地用傲人的雙峰為官兵「洗臉」，並站到椅子上把官兵頭部往自己下體猛塞，不斷用下體磨蹭官兵的臉部，讓官兵樂不可支。

另一名參與該晚會的士兵說，辣妹拉著穿丁字褲的士官上舞台後，要士官翹高臀部，任憑她們用力拍打，士官稍後乾脆躺下，任辣妹跨坐在下體部位表演各種春宮姿勢，後面站著另名海巡猛男，則是全身脫個精光，只用薄紗圍住重點部位，晚會歷時兩個多小時，許多人至今津津樂道。

這場情色勞軍被《蘋果日報》圖文並茂的披露後，立刻遭女性立委與婦女團體痛批，海巡署表示，活動當晚的副大隊長林偉政監督不週，將依相關懲處標準追究責任。問題是林偉政已經退伍了，如何懲處？林偉政則強調，歌舞團是獅子會帶來的；不過觀音獅子會許會長卻說，獅子會僅提供約三萬元摸彩獎品與獎金，清涼歌舞秀並非獅子會安排，是海巡署利用「社會資源」自己要來的。海巡署則表示，今後只接受軍人之友社或政府機關勞軍，不再接受民間團體勞軍。雖然海巡署把責任推給了民間，問題是軍友社或政府的「勞軍」就沒問題嗎？

很多人看到《蘋果日報》刊出了荒淫的照片，都不敢相信這是我們的國軍，有人感嘆「世風日下，人心不古」，還有些人要趁機罵一下當時掌權的阿扁總統。但我看了只感到可笑，阿扁是昏君固然舉世皆知，但兩蔣又何嘗是什麼好貨？阿扁時代找跳艷舞的辣妹勞軍，兩蔣時代他們搞的軍友社更乾脆，直接徵招全台北前三名的「人氣酒女」，與另外徵選二十五名能歌善舞的才藝酒女，組團赴外島表演勞軍。要談這段「敬軍花」的台灣酒女勞軍史，就必須先從藝人勞軍招來橫禍的「金鑲玉事件」與「戴綺霞事件」說起。

「勞軍」勞出來的大麻煩

一九四九年有超過百萬的國軍隨老蔣潰敗到台灣，傳統的大內惡鬥也「轉進」到台灣，先是夫人成立婦聯會，接著小蔣也成立軍友社，雙方人馬各為其主，自創各種「勞軍」名目，在台灣各地橫征暴斂。藝人們被欽點去勞軍也是大呼倒楣，因為不勞軍麻煩很大，勞了軍麻煩卻更大。

一九五三年七月，老蔣欽定了由金門國軍攻佔福建東山島的「西海行動」，空軍先炸斷了由泉州通往東山島的九龍江橋，繼而動員了上萬的兵力，還使用戰史上第一次（也是最後一次）美援裝備成立的空降兵，本以為這樣「餓虎撲羊」，東山島上的公安團必然是束手就擒。不料戰況與老蔣想像的不同，國軍雖有海空優勢，卻依然潰逃，共軍發布的戰果是斃傷二四七七人，俘虜八四二人，老蔣聞訊後大怒，一場腥風血雨的「捉匪諜」行動，就在金門展開。

從台北派來的保密局專員發現，國防部「勞軍慰問團」成員豫劇名伶金鑲玉，七月七日隨團赴馬祖勞軍，七月十日轉至金門演出四天，原本應於七月十五日上午隨團赴澎湖繼續演出。但她卻在七月十四日晚上，因急性胰腺炎發作，在金門野戰醫院住院治療。康復後為了感謝金門國軍的照顧，將在返回台北前加演一場。由於國軍發動東山島戰役前一夜，金鑲玉剛巧患病，病房還面對大操場，可以清楚觀察部隊的集結，於是金鑲玉被老蔣的特務當「匪諜」給扣押了。

嬌嫩的豫劇名伶，哪裡受得起特務的嚴刑拷打，當然就成了國軍東山島戰敗的代罪羔羊。但由於加演豫劇的廣告已傳遍全島，司令官胡璉從徐蚌會戰裡集結的數萬殘軍，有超過兩萬人是河南籍，大家困居海島、思鄉情切，好不容易等到一個名角來唱豫劇，卻被老蔣的特務搞砸了，一時之間群情激憤，司令部前聚集了大批河南籍軍人，不但拉起抗議布條，連個人武器都搬了來。金防部司令官胡璉聞訊大怒，當場下令拘捕了九名帶頭的官兵。

金門「金鑲玉事件」傳到台北後，許多原本就對外島巡迴勞軍敢怒不敢言的藝人，群集去向勞軍慰問團的主辦單位國防部「要人」，在台的河南籍軍政大老也連袂拜訪小蔣，而小蔣唯恐引起金門軍變，於是搭專機親赴金門安撫。受盡多日刑求的金鑲玉被小蔣釋放後，還堅持藝人尊嚴，要履行承諾公演，強調自己死也要死在舞台上。小蔣恐又橫生枝節，金鑲玉就在保密局的「保護」下，與小蔣一起搭機回台，從此消失在台灣菊壇，「金鑲玉事件」暫告落幕。

在「金鑲玉事件」後，勞軍成了藝人最恐懼的任務。因為一九五一年十月三十一日，小蔣打著慶祝總統六秩晉五華誕的理由，成立了軍友社，企圖與夫人成立已兩年的婦聯會，競逐「勞軍」這塊大餅。一九五五年一月，浙東外島一江山被共軍攻陷；二月，老美因此要求國軍自大陳島撤退，小蔣必須親自擔任這敗軍之將的任務，對老美早已經很不爽了。與東山島戰役一樣，外島的戰敗只會引發台灣島上更強烈的內鬥，軍友社與婦聯會在台北為了「勞軍」，從此由暗鬥升級為明爭，由《蔣緯國口述歷史》與《蔣介石宋美齡在台灣的日子》等書中所記載的「戴綺霞事件」，雙方的「勞軍吃相」也都越來越難看。

當一江山失陷，大陳島撤退時，小蔣仇美的情緒無從發作，偏偏這時以夫人為後台的「華美協進會」，還由飛虎隊隊長陳納德夫人陳香梅出面，在台北仁愛路的空軍總部大禮堂，為一江山事件遺眷舉行「古今中外服裝義演」，介紹美國的最新流行的H絨條洋裝，應邀出席的還有美國駐台大使藍欽等各國使節和夫人。當天晚上，皇太孫孝文少爺與小蔣的親信軍友社總幹事江海東（少將），開著兩輛軍友社的廣播車，動員了六七百個軍人在空軍總部門口，高舉「我們中國人拿中國女孩子的大腿去慰勞美國洋鬼子？」的抗議布條，四處也貼滿了類似標語。節目第一場演出的是「貴妃醉酒裝」，模特兒就是現今仍在菊壇富有盛名的武旦戴綺霞老師。穿著少將軍裝的江海東，威脅戴綺霞不准上台，還禁止其他表演用的服裝送進會場。

主辦單位見到有軍人鬧場，趕緊向夫人通報，夫人於是急電國防部第三廳副廳長蔣緯國，請他就近處理。緯國雖非太子，但卻是受過德國軍事訓練的正統軍官，比起老蔣小蔣父子流氓冒充的軍頭更具威儀，一到場「擒賊先擒王」，以擒拿術逮住了江海東，其他跟來鬧場的軍人一看，另一個皇子來了，帶頭的又被抓了，於是馬上鳥獸散去。江海東被蔣緯國扭送保安司令部後，戴綺霞的義演才順利開始。但在江海東被捕之前，一大群軍人已先衝進會場，奇怪是這些軍人剛才不是在仁愛路上抗議美國洋鬼子的嗎？但金髮碧眼的美國駐台大使藍欽毫髮無傷，泰國和南韓等東方人臉孔的大使卻遭到毆打，陳香梅的司機還被打成重傷。上面的說反攻不反攻，下面的說反美不反美，國軍還真是一支神奇的軍隊，什麼不可能發生的事，在這裡都有可能發生。

「戴綺霞事件」最後的結局，是在老蔣接到老美與其他東方國家使節們的抗議後震怒，判了江海東徒刑三個月，但他實際上只被關了幾天，就被小蔣放了出來，不過軍友社總幹事這職務還是被免了，但依舊擔任理事。總幹事一職由小蔣手下的救國團第三組組長洪同接任。陸軍政治部副主任外調的洪同，也是老政工出身，二月十七日接了這燙手山芋立刻頭疼，因為藝人都以金鑲玉與戴綺霞為鑑，再也不敢去勞軍惹麻煩；商人也對主導反美示威，手段、口號、標語都像極了共產黨的軍友社敬而遠之。

洪同在「人財兩失」的窘境下，還要張羅軍友社負責的外島勞軍，一開始當然是焦頭爛額；但這個老政工的手段也很靈活，既然「藝人勞軍」行不通，乾脆另闢蹊徑，直接來搞「情色勞軍」。他找上了「台北市烹飪商業同業公會」，要求台北市內十九家「公共食堂」捐款二十萬，還要動員「女服務生」組團去外島勞軍。讀者請不要被什麼「烹飪公會」或「公共食堂」的名字給誤導了，「公共食堂」賣的不是人民公社的大鍋飯，而是……

票選酒國名花的勞軍活動

「煙籠寒水月籠沙，夜泊秦淮近酒家。商女不知亡國恨，隔江猶唱後庭花。」

「山外青山樓外樓，西湖歌舞幾時休，暖風吹得遊人醉，直把杭州作汴州。」

杜牧與張岱的詩寫得太好了，逼得幾百年後流亡在台灣的老蔣，為了讓軍民一致「臥薪嘗膽」，禁止設立酒家。但就像老蔣模仿日軍設立的慰安所，明明是軍妓院，偏說是「特約公共茶室」；民間開酒家的老闆有樣學樣，改名叫「公共食堂」，酒女就叫女服務生了。

軍友社一開口就是二十萬，但這些酒家老闆搞的也不是慈善事業，兩蔣敢要，他們當然敢給。台灣與中國傳統社會一樣，風塵界都流行選「花魁」，但因老蔣怕他的反攻神話被人揭穿，禁止這種「直把杭州作汴州」的選美活動。如今有了「勞軍」良機，酒家老闆們就打算印製「敬軍手帕」一萬張，每張義賣二十元，看哪個酒女能對恩客推銷得最多，誰就是台北市的花魁。可是辦法還沒制定，鶯鶯燕燕就群起反對，因為手帕每張的成本就要四元五角，這筆錢是老闆出，還是小姐出？況且一次拿二十元，恩客捧場的機會不大，最重要的是即使恩客大手筆，一次買了幾百條，難道要他放在口袋裡嗎？

敬軍手帕被酒女們打了回票，酒家老闆們腦筋動得很快，磋商後改成義賣「敬軍花」，每朵花只需五角成本，義賣價十元，買方輕鬆，賣方也輕鬆；而且紙花鮮豔奪目，恩客買了可以公開展示出鋒頭，大家才會競相大筆認購，酒女們也會認真推銷。於是由孔雀、白百合、百齡、皇賓、紅蕉、海宮、清月、第一、愛樂夢、新中華、新永樂、新興、萬里紅、群英、鳳仙、鳳林、燕林、瓊林、麒麟等十九家酒家（按店名筆劃排列），決定自二月十二日（春節）起至三月二日止，二十天裡預計義賣二萬朵，募得二十萬元。賣得最多的三家食堂及三名女服務生，由軍友總社報請國防部頒獎公告。

掛勞軍羊頭，賣選美狗肉的敬軍花，可以讓酒家與酒女的名字上報，等於是最好的宣傳，各酒家老闆於是帶頭購買店裡小姐的花，理事長吳錫洋首先向店裡的小燕購買五十朵，孔雀吳添裕隨後向文英購五十朵，接著各家老闆都以五十朵為單位買旗下小姐的花。鳳林的小雀和安娜發現老闆沒有向她們買花，就自己買給自己五十朵，果然帶動了競爭氣氛，酒女們開始用盡各種嬌聲媚態，希望恩客捧場，讓自己能當上花魁。在群芳競豔、爭相賣花的競爭下，三月二日活動結束時，不但超出軍友社原本預計的二萬朵，還多賣了三一九一四朵，募款五一九一四〇元。團體組冠軍是鳳仙一〇〇〇三朵，亞軍是鳳林八二三五朵，季軍是麒麟五二一八朵。至於大家最關心的個人組，是由鳳林的曼華七五八一朵奪魁，亞軍是鳳仙的雲裳七二八七朵，季軍是萬里紅的彩琴三六六六朵，第四名至第十名分別是皇賓的玉琴，海宮的娟娟，麒麟的清紅，瓊林的麗卿，白百合的清琴，鳳仙的小燕，愛樂夢的愛卿。

膺選「敬軍花后」的曼華，當年二十二歲，台北人，讀過高中（在酒女中是高學歷），在鳳林陪酒兩年了。她的養父在四年前去世，養母、弟弟與兩個妹妹，都靠她陪酒的收入生活。有一位豪客一口氣就買了她兩千朵，加上其他恩客捧場，讓她在台北市一千多位酒女中奪得花魁。全國各地的風流人士，爭相去鳳林酒家盼能一親芳澤。這種酒女選美風氣蔓延全島，各地酒家也紛紛舉行「敬軍花」活動，連北投的妓女戶也共襄盛舉，所有恩客買了四千朵敬軍花。

七月一日，敬軍花前三名的曼華、雲裳與彩琴，組團前往金門馬祖勞軍十天。為了節目更精采，另外徵選了凰仙的玉萍、麗美、文玉，鳳林的紅鷺、愛咪，麒麟的豔秋、梅蘭、明美，海宮的玉娟、美玲、文英，皇賓的純純、娟娟，白百合的美紅，百齡的麗玲、瑪莉，第一的照美，孔雀的文雀、麗紅，群英的美琴、美蘭、美英等二十五名能歌善舞的酒女，由名舞蹈家王月霞教導各種舞蹈，另外還有菊壇名師教導平劇，讓前線官兵士氣大振，軍友社的酒女勞軍團，比其他單位組織的各類藝人勞軍團都更受歡迎。

台灣永遠的「軍中情人」

一九七〇年之後，國軍內部成員也出現了巨大的改變，老蔣從中國帶來的士兵都已老邁退役，國軍藝工隊表演的什麼平劇豫劇，對在台灣出生的士兵只有「催眠」作用，軍友社只好徵召三家電視台，一年三節（春節、端午、中秋）各組龐大的勞軍團，由總經理帶隊，分赴金門、馬祖與澎湖三處離島勞軍，但願意參加的當然也都只是一些小牌歌星。直到真正的，也是永遠的「軍中情人」鄧麗君出現，勞軍才擺脫了京戲、酒女、小歌星等窠臼。但鄧麗君一九八〇年開始的密集勞軍，並成為我們在外島當兵時的「軍中情人」，背後也有讓人很心酸的原因。

一九七九年二月十四日，老美剛宣布與台灣斷交不久，人心惶惶，軍心也惶惶。當時因為台灣與日本沒邦交，台灣人進日本要申請日本政府核發的《渡航證明書》，回台灣又有警總等特務把關，無論進出拿台灣護照都很麻煩。尤其是為了怕藝人「投共」，出境前除了要外交部與警總核准，還要會函新聞局與教育部，常常耽誤正事。所以鄧麗君在寶麗金唱片安排下，拿著一張印尼護照，自香港搭乘中華航空C一一六班機由東京羽田機場入境。日本海關一開始沒有認出她是大明星「泰麗莎．鄧」，就放她入境了。

次日，台灣報紙不知從哪來的消息，都說鄧麗君用的是假護照，日本警方於是會同印尼駐日大使館調查後，十六日先將鄧麗君拘留。台灣的入出境單位大驚，因為鄧麗君在二月十三日由香港過境台北時，就是先以印尼護照入境，卻被台灣的海關人員認出她是鄧麗君，希望她用台灣護照入境。但是急著要去日本灌唱片的鄧麗君，擔心次日無法如期赴日，便折返香港，次日由香港持印尼護照入境日本，不過台灣海關似乎也沒有辨認出護照是「假」的，因為台灣法律雖然允許雙重國籍，用其他國家真護照出入境是合法的；但用假護照一樣是犯法。

鄧麗君被日本警方拘留後，台灣報紙標題都用「洋相出到扶桑國」，或「堂堂正正中國人，鬼鬼祟祟幹什麼？」把她當成「叛國賊」來公審。二月二十二日，日本出入國管理局東京事務所公佈調查結果，證明鄧麗君所持的印尼護照並非偽造，印尼外交部官員在護照上的簽字也是真的，只是「發給手續不合法」，因為外國人取得印尼國籍，應在印尼居住六個月以上，但鄧麗君長年在各國奔波，不可能符合條件，所以這本護照已由印尼駐日本大使館收回。

二月二十四日，日本法務省裁決將鄧麗君驅逐出境，且一年內不准許她入境日本。這時她想返台也不行，因為有一位叫「董尚和」的人，向台北地檢署檢舉她涉嫌偽造文書，回台後依然難逃牢獄之災。所以鄧麗君在日本出獄後，只好持蓋有美國入境簽證的台灣護照，直接赴美國「深造」。官方用對待黨外陰謀分子的方法，全面「口誅筆伐」；演藝界更是落井下石，「影視劇演藝人員生活自律評議委員會」召集人葛香亭表示，鄧麗君已損及演藝人員的榮譽，並對演藝人員的風氣有不良作用，待鄧麗君抵達台北，評議會將召集會議懲處。

鄧麗君在美國低調隱居，落入了有家歸不得的窘態，直到一年後，一九八〇年九月二十一日重返日本。由於鄧麗君這次復出，不但在日本、香港大紅，中國大陸也因文革後的開放政策，她的歌雖然尚未解禁，但卻隨著錄音機很快風靡大江南北，人們使用兩個錄音機對錄她的歌曲，讓她在大陸擁有廣泛歌迷，連當時文化部部長劉忠德都是。大陸人稱鄧麗君「小鄧」，而稱鄧小平「老鄧」，所以有「愛小鄧不愛老鄧」的說法。小蔣發現鄧麗君在對岸這麼紅，深恐她被中國當局「統戰」回去，於是前倨後恭，不但派人恭迎她回台，還由新聞局頒發「愛國藝人」獎座，讓她與李季準一起主持金鐘獎，並開始一連串的外島勞軍，並錄製特別節目《君在前哨》。

一年前被當成過境老鼠，人人喊打的不愛國藝人，一年後軍方又奉為上賓，被吹捧成愛國藝人。政治，就是這麼一回事啦！愛國不愛國，全看軍方高層翻來覆去的態度。所以我喜歡鄧麗君的歌，但我堅持不愛國，也不愛台，我還是比較愛狗。

台灣第二代的「軍中情人」

到了一九九〇年代，「軍中情人」鄧麗君也四十歲了。雖然對於中年的高階軍官依舊有魅力；但是對二十歲入伍的基層士官兵來說，年紀比他們大一倍的歌星，無論多紅，勞軍受歡迎的程度總是逐年下降。軍方也發現了「軍中情人」需要世代交替，國防部於是委託《青年日報》，舉辦軍中情人票選活動，結果選出了方季惟、周慧敏、陳明真、孟庭葦、蘇霈、何雨雯、高勝美、林葉婷、蔡幸娟、酒井法子為「十大軍中情人」。其中最受人注目的，還是藍白唱片的玉女紅星方季惟。

方季惟本名葉純華，一九六七年生於台北市的老社區萬華（艋舺），在家排行老二，童年時家境富裕，但國中時父親生意被朋友拖垮，全家生活陷入困境，就靠著一間小小的瓦斯行維生。身高一七〇公分的方季惟，完全男性化的裝扮，幫忙家裡送瓦斯，還擺紅茶攤賺點外快，半工半讀一直到高中畢業。曾有媒體報導，她也當過檳榔西施，可見學生時代的經濟窘困。協和工商美工科畢業後，她進藍白唱片公司擔任美工，負責設計歌手的海報與封套。老闆高耀楝慧眼識英「雌」，把她從扛瓦斯小弟與檳榔西施的平凡造型，改頭換面，重新包裝成玉女紅星。

一九八八年公司裡另一位創作歌手潘美辰，自己作詞譜曲的代表作《悔》，因為外型限制，公司將這首歌交給身材與面貌都比較討喜的方季惟主唱，果然一炮而紅。一九八九年，與電影巨星秦漢演出華視瓊瑤連續劇《海鷗飛處彩雲飛》，成為演歌雙棲的紅星。爆紅之後的方季惟，還是鄰家小女孩的個性，一有空仍舊回公司繼續她的美工設計。公司同事都笑她是最不會享受的人，放假也不知道該去那裡。陽光般的健康開朗，月光般的感性體貼，讓她受盡媒體與歌迷的呵護。一九九一年香港《賭俠II——上海灘賭聖》開拍，男主角延續上一集由周星馳擔任，女主角鞏俐則必須一人分飾二角，一個是演星仔的夢中情人如夢，一個是如夢智能不足的姐姐如仙。

當時台灣還禁止大陸演員主演的電影在台灣播映，為了中國市場，女主角必須找鞏俐；但遷就台灣法令，只好把鞏俐的角色交給港台明星，乍紅的玉女紅星方季惟就成了替代人選。在香港與上海的拍片現場，鞏俐拍完每一場戲，方季惟就接著再拍一次。這部戲在台灣上演時，當然是用方季惟主演的台灣版，片中插曲也改成她的唱片主打歌〈怨蒼天變了心〉，讓整部片除了賭與笑料之外，更多了一種愛情的悽美，可以說是港中版與台灣版各有特色。

但電影在台灣上映時，或許是因為唱片公司急於推銷〈怨蒼天變了心〉專輯唱片，一九九二年五月初，媒體開始報導，歌壇的「夢中情人」方季惟，驚傳罹患了甲狀腺癌，四日上午在台大醫院開刀割除腫瘤，並檢查癌細胞是否蔓延到其它部位，即使能痊癒，日後也不能再唱歌了。報導還說，兩年前她就已經證實得了甲狀腺腫瘤，起初以藥物控制，但病情卻時好時壞。今年初以來，她的體重減輕了五公斤。三月底在台大醫院作穿刺檢查，已發現有癌細胞；隨後又去長庚醫院檢查，也是同樣的結果。

正值青春年華的方季惟罹癌，手術後還無法唱歌，震撼了台灣各界。她說自己希望在開刀前能錄最後一個專輯，把最好的聲音唱給觀眾聽，同時也留作紀念。華視張小燕和陽帆主持的《綜藝萬花筒》，特將原節目暫停，改播方季惟專輯。〈怨蒼天變了心〉也因為歌詞的意境貼近，立刻紅遍大街小巷，新聞局長胡志強與歌星立委張志民（張帝），還親自到台大醫院探視。熱心的歌迷組織起來為她接力祈福，電視與廣播節目都不停放送〈怨蒼天變了心〉，讓唱片與電影都省了宣傳費用。

不料手術之後，媒體又踢爆方季惟被切除的只是良性腫瘤，她遵醫囑吃冰淇淋對喉部傷口冰敷，被人發現後更坐實了她生病是作秀的說法，引起歌迷一陣譁然。《賭俠II——上海灘賭聖》在台灣推出後不久，政策又出現重大轉變，大陸演員演出的電影可以在台播映，鞏俐的《活著》、《大紅燈籠高高掛》等新舊作品，都在台灣上演了。現今台灣的電影台，還不時播放《賭俠II——上海灘賭聖》，但用的都是鞏俐版，當年在台灣唯一允許上映的方季惟版，反而再也沒機會看到，連錄影帶店也只能租到聲俐版了。

方季惟在媒體與歌迷的反彈下，逐漸淡出演藝界。當然，兩岸關係的改變，外島的環境也出現重大變化。軍人的役期縮短到不到一年，而且週休二日，外島軍人只剩下象徵性的人數，休假竟能搭機返台。外島不只設立了公用電話，手機、網路也讓聯絡更方便，打開電視有一百多台，看得不過癮還可以看對岸的。軍隊不再需要勞軍，國防部也裁撤了各軍種的藝工隊，如今再也不需要什麼「軍中情人」了。我們這個年紀的外島軍人，也只能從《君在前哨》的錄影帶裡，懷念自己的年輕歲月了。

強逼幼女賣淫的國軍特約茶室

二〇〇八年三月八號的總統大選前夕，正逢國際婦女節一百週年，國民黨總統候選人馬英九受邀出席了「台灣慰安婦阿嬤圓夢同樂會」。他親切的問候這些「資深受害婦女」，還發表感言：「我們對日本在台灣所作所為，對於國民黨過去在台灣所作所為，對於中共在大陸所作所為，我們用的標準是一樣的：該認錯就認錯、該道歉就道歉、該賠償就賠償。」他還表示當選後還是會持續關注慰安婦問題。後來大選勝利，五月二十日他就位登基之後，果然也為這些苦命的阿嬤們又做了些事。

十二月二十四日下午，他在總統府接見了陳×、吳×妹、何×鳳、盧×妹、蘇×嬌、林×中、蔡×美等前台籍慰安婦，也提到自己從一九九七年起關心慰安婦平反的議題，至今已經十一年，和許多阿嬤之間都有很深厚的感情。多年來他不僅參與紀錄片的拍攝，也不間斷的出席義賣活動，李敖老師在當年的義賣中捐贈多件物品，獲得很多社會名流參與響應，一共募集新台幣三千八百多萬元，讓當年還在世的五十八位阿嬤，每人領到一百萬元作為補償。之後王清峰律師協助阿嬤們赴日跨海訴訟求償時，他在政大教書，也幫忙撰寫國際宣傳的英文文稿；他甚至支持將慰安婦的悲痛經歷，放進中學歷史教科書裡。

馬英九針對慰安婦這段史實所說的：「阿嬤們的故事是台灣歷史的一部分，不應被遺忘。這不是個別種族議題，而是一個人權議題。歷史的錯誤或許可以被原諒，但絕不能被遺忘，以免重蹈覆轍。」他的這段話讓我很感動，年輕少女被政府強逼為軍妓，這是何等令人髮指的罪行，當然不能被遺忘，更不該被遺忘。

不過我也要提醒馬總統，台灣少女被政府強逼充當軍妓這種缺德事，不只是在二戰時才有。您之前每年要去桃園跪拜哭悼的那兩具乾屍，生前也沒少幹過。所以也請您撥出對慰安婦百分之一的愛心，用在國軍特約茶室裡早已哭乾眼淚的女侍應生身上，她們也是台灣人啊！

兩蔣與二戰時的日本軍閥，是二十世紀時全世界唯二設置軍妓的政權。當然，政府與兩蔣的盲從者，總能昧著良心，將「特約茶室」推給所謂的「民間」，這些說法在我們聽過日本右派為「慰安婦」辯解時，大概也都聽到耳朵長繭了。更糟糕的是這些人睜眼說瞎話，硬說「侍應生」與「慰安婦」不一樣，慰安婦是被迫的，而侍應生是自願的。

特約茶室裡究竟有無「逼良為娼」？有無未成年少女？甚至有無女受刑人？就看大家要看事實真相，還是愚民宣傳了。

一本「不公開發行」的軍妓專書

二〇〇六年十二月，金門縣政府出版印行了當地作家陳長慶先生的大作《金門特約茶室》，這是繼他在前一年完成《走過烽火歲月的金門特約茶室》後，又加了許多資料與圖片的新作。陳長慶原任金防部政戰福利站聘僱會計員，一九六七年七月奉調成為相當於軍職中校福利官的福利站經理，進入所謂的「政五組」，開始他管理國軍特約茶室的三十多年歷程。許多管理規定、編制、預算、檢查的制度，都由他擬定簽准實施。就連國軍本身對這段史實的熟悉度，也不及這位滿頭白髮蒼蒼的老者。這本《金門特約茶室》是國內第一本由公帑贊助、官方背書的國軍性工作者歷史紀錄書刊。

當這本由金門文化局印行、局長李錫隆作序的官方出版品才剛印好，我就透過熱心的金門軍友，專程去幫我「要」來了一本。之所以要用「要」的，是因為雖然這已是官方出版的「潔本」，為了替我們「偉大的民族英雄」擦脂抹粉，已經左遮右蓋、上刪下減得夠辛苦了。但即使這樣「掛一漏萬」，依然能惹惱了軍方高層。所以金門文化局僅印製一千本，提供各地圖書館收藏之用，沒有上市計畫，也就是說本書是「只送不賣」的非賣品。

雖然我已有幸收藏一本，但在二〇〇八年八月二十四日，我與軍友回金門追蹤訪談二一三事件時，還是親臨作者陳先生在山外村經營的書店，向他本人又買了一本《金門特約茶室》，還請他老人家簽名。我問本書究竟是何處「犯忌」？他告訴我《蘋果日報》上報導的「軍方壓力」，是因書中影射曾有一名「少將」沈迷侍應生美色，常派吉普車接送，結果卻惹來了三名老將軍的「關心」此事。原來老蔣的愛將們，還都有類似的癖好，真的「不是一家人，不進一家門」，什麼皇帝就挑什麼將軍，武大郎要他不挑夜貓子也還真難。書裡只寫一名「少將」召妓，書外引來三位老將抗議，古代有一桃殺三士，現代有一妓殺三將，還真是今古輝映啊！

陳先生是當年金防部「特約茶室」業務民間承辦人，他在書中不但列舉特約茶室設立法源與編制分佈，並直言軍妓業務就是由國軍各級政戰部政五處承辦。關於國軍特約茶室制度創設者、實施，書中明指是一九五〇年由五十二軍政戰主任楊銳建議、國防部總政治部主任蔣經國批准試辦、一九五一年由金防部司令官胡璉任內開始實施；直到一九九〇年時，才由國防部長陳履安下令全面裁撤。陳先生能承認這個偉大的「革命事業」，是出自兩蔣自己，而不像無恥的日本軍國主義者，將慰安婦問題全賴給所謂的「民間」，這樣對女侍應生的平反，總算也是貢獻良多。

雖然我對陳先生勇於保存史料的勇氣如此肯定，但很抱歉的是，我對他在接受記者採訪時仍然堅持：「軍妓全是自願到金門執業，與二次世界大戰日本強徵慰安婦不同，兩者不能相提並論，外界長久以來有著錯誤觀念，不斷醜化軍妓形象，甚至誣指軍妓是因犯罪被流放到金門賣身，其實都是子虛烏有的傳言。」陳先生會說這樣「子虛更烏有」的話，實在令我更加難過。

這個社會上說謊的人太多，但我對本來就該說謊的人說謊，就像人該吃飯、狗該吃屎一樣，沒有任何意見。但是對於馬總統或陳先生，基本上我還是相信他們依然有點人性，因此我只能簡單提幾個國軍強逼少女充當軍妓的真實案例，也盼他們「好人做到底」，不要好人遇到兩蔣就轉彎。

軍中雛妓的剪報

「特約茶室」原名「軍中樂園」，阿兵哥們則通稱為「八三一」，而且要用北京話讀做「八三么」。八三一的由來，一說是軍中使用的中文電報明碼，女性生殖器官「屄」的電碼是八三一一，於是八三一便成為軍中的暗語；另有一說當時的軍中特約茶室，手搖總機代轉的號碼為「八三一」。但因年代久遠，難以考證。「八三一」裡強迫未成年少女賣淫，在戒嚴時代根本不是秘密。請看當時《聯合報》社會新聞，《聯合報》當時的發行人王惕吾，是黃埔軍校與老蔣侍衛出身，他總不會有毀謗軍方的動機吧？

一九六九年一月十一日《聯合報》第三版報導，台北市議員宋霖康，中壢鎮清香亭妓女戶老闆林蜂蜜，紅玫瑰妓女戶老闆吳明章互相勾結：「向台北市婦女職業輔導所強保已從良的雛妓許阿森、劉月霞，又將她們迫入火坑，被最高法院以妨害風化罪，各判處有期徒刑三年六月。法院在判決書中指出：被告宋霖康身為民意代表，不思造福人群，為民表率，竟自趨下流，甘受妓女戶老闆驅使，為虎作倀，千方百計，騙誘立志從良稚齡少女送入火坑賣淫，如同逼人入地獄，情節可惡，罪不可恕。林蜂蜜將十九歲的雛妓許×森，吳明章將十四歲雛妓劉×霞，先後分別送至『桃園特約茶室』賣淫，未久，於同年三月十六日，為桃園縣警察局查獲，轉由省警務處於同年四月七日，送交台北市政府婦女職業輔導所保護，均已立志從良。」

「被告林蜂蜜，吳明章因不甘損失及欲圖使她們繼續賣淫，以藉得重利而資維生，乃勾搭台北市議員宋霖康前往該所說情，但因該所規定，保釋在所學生，限於直系尊親屬，並在一定條件之下才可以，因此宋霖康等又勾串許×森之父許金生、劉×霞之父劉清在，以他們名義前往保釋。同年五月二日上午，宋霖康偕同許金生、劉清在，前往婦女職業輔導所要求保釋，該所主任吳清香曾一再勸阻，並告訴宋霖康如將許、劉二女保釋，可能再被迫入火坑，但宋霖康等竟一再糾纏，吳清香見他們甚為堅決，又怕開罪議員找上麻煩，遂准予保釋。」

「當日下午三時許，許、劉二女隨他們父親離開輔導所大門後，許金生即偕其女許×森沿廣州街左行至二十公尺處，即為林蜂蜜等所預伏的保鏢四人，強行押上停候路旁之紅色計程車，直駛中壢清香亭妓女戶，許×森在該妓女戶樓上被非法禁閉四日後，於四月六日下午，被林蜂蜜及老鴇林邦文誘至桃園原茶室強迫繼續賣淫。」

上面這則社會新聞很清楚的點明，國軍的桃園特約茶室裡，有年僅十四歲的未成年少女在裡面充當軍妓。當然啦！馬總統對老蔣這種「瘋」功「瘺」業，或許還認識得不夠清楚，會推託說這是「個案」。以下我就隨便再公布三則剪報，請馬總統與全球各地的蔣粉絲們看清楚，國軍的「特約茶室」裡，到底有沒有未成年的軍妓？這些軍方專屬的雛妓，到底是怎樣被逼成「自願」的？以及這些案例到底是個案？還是通案？

一九六五年十一月十七日《聯合報》第三版報導：「台北市警局少年警察隊，偵破一件涉嫌逼良為娼案，十五歲陳姓少女於本月十二日逃家，經家屬報警查尋結果，才知道是被傅傑、林滿妹夫婦誘拐離家，經傅傑施以強暴後，由同夥謝文鑫、鄺農二人將陳女賣到關渡茶室，繼又轉賣到『龍崗特約茶室』，由其經理石金貴及管理員劉煥洋迫她每週接客一百次，使陳女無法忍受，昨日經市警局少年隊救出火坑，交由家長領回，一干涉嫌逼良為娼疑犯，均已捕獲偵辦。」

一九六五年七月二十七日《聯合報》第三版報導：「十九歲花蓮籍女子曾×英，因不堪在『特約茶室』出賣靈肉之苦，於哈莉颱風來襲時逃出，向北市警局刑警隊請求保護，警局將於今日把她送到北市婦職館收容習藝。曾女在警局哭訴；她在十六歲時因生母死亡，生父即作主將她嫁給一個四十多歲的男子為妻，至去年與該男子離婚，乃父騙她到台中遊玩，結果是以兩萬元代價把她押給『台中特約茶室』賣淫，她因不堪長期接客出賣靈肉之苦，趁颱風來襲逃出，到台北由一女友陪同到市警局請求保護。」

一九六五年三月二十四日《聯合報》第三版報導：「花蓮縣十四歲少女名王×妹，因她的母親受一個由台北去花蓮的男子誘騙，於今年一月二十三日把她送到景美鎮的『特約茶室』做工，當時她母親得到現款八千元，介紹人得到四千元，但到茶室做工一事完全是騙人的，自一月二十五日起，該茶室老闆即迫她接客賣淫，她因不肯就範，曾多次被打。」

從以上三則社會新聞裡，很明顯的能看出在龍崗、台中與景美這三家特約茶室裡，這些雛妓會「自願」在這裡為「國」捐「軀」，原因分別是逃家被歹徒強暴後轉賣、被生父販賣與母親被歹徒所騙。三年前我將這些剪報資料，公佈在我們後備軍友俱樂部網站後，有些軍友們也憶起當年「特約茶室」的景象。在眾多回憶與評論中，曾任《中國時報》記者的網友「六〇砲長」就一語道破：「對於以上的剪報資料，媒體會罵人口販子，會罵充滿貪念的家長跟無恥的嫖客，但還是不敢提到軍方，可見當時的政治氛圍。」

只要還殘存一點人性、一絲良知的人就能看出，國軍的特約茶室與日軍的慰安所，根本就是同一個娘養出來的貨色。老蔣統治下的三民主義模範省，那些國軍特約茶室裡的雛妓，生活究竟有多「幸福自由」，我就再來貼一段剪報。一九六六年三月三十日《聯合報》第三版報導：

「台南市警察第二分局，二十九日凌晨遠征高雄縣橋頭燕巢兩地，偵破一件規模龐大的販賣人口案，十六名大多未成年的妓女，正被帶返警局依法保護。橋頭滿春園妓女戶老闆方深洲及另一男子吳清漢涉嫌被捕，尚有多人在逃，警方正擴大偵查中。警二分局係根據『燕巢特約茶室』十八歲妓女古×妹及十七歲妓女陳×帶二人，徒步由燕巢到台南市警二分局民生派出所請求保護。當時她們指橋頭滿春園妓女戶與『燕巢特約茶室』老闆涉嫌販賣人口，並予不人道的虐待，而於二十九日凌晨一時許採取上項行動。」

「古×妹、陳×帶兩人自稱被滿春園妓女戶老闆方深洲買去，放在『燕巢特約茶室』賣淫賺錢，且被關在裡面不准外出，每人每日規定要接客三十次以上，否則即被鞭笞毒打。有時生病或遇經期，亦強迫接客不准休息，所賺的錢全部被老闆拿去。她倆受不了皮肉之苦與精神虐待，乘監視人睡眠不注意之時，私自打開鐵門，冒著生命危險，由燕巢經過岡山，步行了五個多小時，走到台南市，然後始向警方求援，請求拯救尚在受苦中的姊妹脫離苦海。」

「警二分局長王協五據報後，指派刑事組周局員率領刑警人員，於深夜趕至橋頭，先將方深洲逮捕，並在滿春園妓女戶查獲未成年妓女三名，接著轉往『燕巢特約茶室』，再將吳清漢逮捕，並在密室裡面查獲妓女十一名，連同報案之古、陳二人，共計十六人，全部帶返分局偵辦。被查獲的十六名妓女中，半數以上為山地姑娘，年齡從十三歲到十九歲，大多是未成年。古等十三人異口同聲的說，她們在賣淫期間，如達不到鴇母指定接客次數，即遭受毒打，同時還要遭受下列不人道的虐待與摧殘：

(一)她們經期來時只准休息一天，第二天起即被迫用棉花塞進子宮裡繼續接客。

(二)她們所賺皮肉錢，除少數給予一次一元零用外，大部份是分文不給。

(三)年齡未滿十四歲，發育不全者每星期打荷爾蒙針劑六針。

(四)茶室裡有兩道鐵門，派有專人把守，她們沒有自由活動的權利。

（五）處女接客時，派有保鑣在房門外監視，不准哭叫，不准反抗。」

終結軍中雛妓的「民族英雄」

很多兩蔣粉絲看到這裡，也許還要強加辯解說這是老蔣時代的事，到小蔣時代就沒有了；或是曲解成這是台灣「外包」的特約茶室，到了金門馬祖等外島，由軍方「委託直營」的特約茶室，就不會出現雛妓了。很抱歉，下面這則一九八七年發生在金門的「十六歲江姓少女賣淫事件」，就能證明陳長慶先生的大作《金門特約茶室》裡，對小蔣時代金門依然存在的「八三一雛妓」，還是有著「為君諱」的傳統美德。

根據台北地方法院士林分院的判決書記載，一九八七年五月，在金門縣金城鎮經營庵前特約茶室的游自樂（四十八歲，住台北市士林區天玉里），經由軍中老鴇吳惜（三十三歲）的介紹，得悉吳惜之姊吳金英有意販賣與江正雄所生的江姓少女（十六歲），就返台與吳金英接洽，並向陸軍外島服務處申請台灣金馬地區往返許可證，當年七月四日將江女送往金門「省親」，老鴇吳惜在金門尚義機場接機。

吳惜在機場一接到人，就把年僅十六歲的江女帶到庵前特約茶室，起初江女不願接客，游自樂卻威脅她必須「做滿三個月」才能返台，加上吳惜的遊說，江女不得已先後接客三千餘人次，賺得四十餘萬元，游自樂抽取二十餘萬元，直到十月九日才讓江女返台。而江女的生父江正雄得悉女兒被送去金門賣春，報請基隆市警察局第三分局移送基隆地檢署起訴，因管轄錯誤，移轉至士林分院審理，涉嫌質押女兒的吳金英已另案處理。

但游自樂在法院辯稱江女前往金門，一切均按軍方規定處理，需軍方同意後才能出境。而國防部總政治作戰部答覆基隆地方法院的覆函指出，依金防部規定「須年滿十八歲，始可前往軍中樂園接客。」法官認為，游自樂明知江女未滿十八歲，卻意圖營利而容留江女接客，不能以江女的出境是獲金門防衛司令部核准而減免其刑責，所以判他十月有期徒刑。

初審宣判後，台北市婦女救援社會福利事業基金會，對金門軍中樂園這種蹂躪少女的現象一再發生，而且還出現在戰地金門，特提出嚴重抗議；且認為法院判游自樂十月徒刑處罰太輕，籲請檢察官上訴。《聯合報》第六版的社會新聞，也有一段記者陳永富的特稿「雛妓赴金門，誰開的門？法院調閱申請單，卻被軍方打回票」，新聞這樣說的：

「十六歲的江姓少女，被強迫在金門軍中樂園賣淫案，士林分院審理期間，為了瞭解到底是軍方那個單位違法核准游自樂帶她去金門，多次行文給位於台北市公館的陸軍外島服務處及金防部要求調閱游自樂的申請單，但都被打回票，到底那個單位應該負責，法院無法查明。由於金防部已指出，按規定年滿十八歲才可到軍中樂園接客，江女卻能搭軍機去金門，且接客長達三個月，什麼單位該負責，軍方也應查明嚴辦。」

「游自樂是台北市人，卻能在戒嚴的戰地金門經營特種營業，是否有特殊關係或特別規定，外界不瞭解。但按理說，游自樂以『軍中樂園』負責人的身分替江女申請前往金門，並到特約茶室工作，受理申請的軍方人員，不可能不知道她被送往金門的目的。如果金防部早已定下十八歲以下的女子不可前往軍中樂園接客的規定，外島服務處是明知故犯？還是這個規定形同虛設？或者江女已不是第一個到金門的雛妓。」

「除了外島服務處以外，據瞭解，法院也曾函請金防部寄送有關核准江女到金門的文件當辦案參考。根據金防部寄回的文件，江女的年籍資料與她本人符合，但獨缺游自樂替她填寫的出境申請單，問題是否出在受理的審核人員，值得追查。至於金防部規定年滿十八歲的女子，就可到軍中樂園接客，不問她過去是否就操賤業，也有可議之處。」

游自樂先生在一九八七年導演的「十六歲江姓少女賣淫事件」，由於案情太驚悚，終於導致後來國軍特約茶室在解嚴後因輿論壓力而關閉，社會大眾也慢慢淡忘了這位「終結雛妓的民族英雄」。

到了二〇〇六年五月二十日，阿扁女婿趙健銘的台開案爆發，為綠色王朝敲下第一記喪鐘，兩名共犯之一的寬頻房訊董事長游世一慘遭收押。同時間媒體又爆出游世一與民進黨中評委蔡天啟聯手，讓趙建銘出面用游世一人頭購買豪宅，TVBS因此獨家專訪了游世一的父親游自樂時，我們才赫然發現，果然這一家與兩蔣一樣，真是「虎父無犬子」啊！

李敖老師筆下的「小妓女」

其實關於國軍特約茶室裡的悲劇，李敖老師早在一九六〇年代就已揭露。後來李敖老師在他自己主持的電視節目裡也說：

「一個小妓女拉我衣服說：『排長啊！買張票。』我也不是故作清高，我說：『排長壞掉了。』我就指著我下面，我說：『壞掉了，不能搞。』她說：『我給你看樣東西。』她把裙子一撩，大腿上一條一條都被打得那個紫的痕跡，紫的傷。她說：『排長請買張票，不然他們會打我。』我一看這樣子，我說：『好，我買張票給你。』她說：『你要進來一下，你不搞我沒關係，可是你要進來坐一下，不然的話他們會說，怎麼排長沒搞就走了？你把排長給得罪了。』還要拉我進去坐一下，坐一下以後我才出來。

人被打成這樣子因為每天接的客人不夠。要接多少客人呢？要比賽，我接三十個人，我接四十個人，我接五十個人。接五十個人放鞭炮慶祝了。請大家想想，一個女孩子一天接五十個人是什麼感覺！那種黑暗是你想像不到的。

我當兵回來，有一次跟殷海光聊天，我講軍中樂園的這個女孩子情況給大家聽。我說：『殷老師，如果我是這個妓女，我身分證被沒收了，我人生自由被控制了，我要跑的話，他們把我腿打成一條一條紫紅色的傷痕，我沒有辦法，我非做妓女不可。可是如果台灣換一個政權，每天接客四十次，每一次接客多一塊錢，我有什麼選擇呢？我就會支持這個政權。它能夠改善我的生活，把我的悲慘世界改善一點點，這個政權我就擁護它，管它是國民黨，管它是共產黨，管它是日本人，對我沒有意思啊！國家對我沒有保護，我的生命是這麼樣的悲慘，根本沒有保護我，我有什麼選擇呢？』

我說：『殷老師啊！你們談自由、民主、人權、博愛，對這些中國人而言，對這些下層的群眾而言沒有意思，完全沒有意思！』殷老師聽了潸然淚下，他哭了。我說：「你們幹的事情，你們不瞭解另一個時代的另一個族群，她們怎麼在活，她們也是中國人。所以，作為一個妓女眼光裡看起來，你們這些高高在上的人，管你是什麼黨，管你是哪省人，你們根本都是壓迫我們的人，你們是不能夠解決我們生活的人。」

聽完李敖老師的話，心裡更加沉重。如今老蔣死了，小蔣死了，連小蔣的三個兒子，外帶一個私生子都死了。時代進步了，戒嚴令解除了，國軍特約茶室廢止了，建築物荒廢了，侍應生姊姊們老了，我們這些阿兵哥也忘了。但歷史呢？歷史會遺忘那兩個曾在台灣逼良為娼，強迫幼女充當軍妓的「偉大領袖」嗎？沒人知道，但我誠摯的希望不會。

金中之花：小徑八三么的七號姊姊

一九八四年初，我所服役的步兵輕裝一四六師，因為「陸精四號案」被調回台灣改編。年輕讀者可別被「輕裝師」這三個字給騙了，所謂的「輕裝」並非輕鬆，而是「沒有機動車輛」，也就是只能靠著兩隻腳移動的部隊，在金門就一定駐防在金防部附近的金中，所以又稱「金中師」。

郝柏村在一九八〇年代擔任參謀總長後，部隊裡就謠傳陸軍要裁軍，輕裝師輪調回台後，會被改編為配發新式裝備的機械師。當然啦！對我們這小兵來說，部隊能從金門調回台灣，放假有機會回家就好，至於是輕裝師、重裝師、還是機械師，坦白說我們也不是特別在意。

回台之後，我們在台南隆田整訓了三個月，當部隊上了火車，經過傳說中機械師的駐地嘉義時，車沒停下，我們心裡就有數了。果然火車到了台中豐原，我們下車才知道，原來二九二師的砲兵營已被改編成機械師的砲兵營，我們則被改編成二九二師的砲兵營。但二九二師是重裝師，每個連編制都超過百人，我們輕裝師並沒這麼多人，於是二九二師師部又從步兵營裡找來了一些老兵，填滿這些空缺。於是我們這個砲兵營裡，就有了兩批完全不同背景的老兵；在二九二師的番號下，卻由一四六師的軍官帶領，成為一支名副其實的「雜牌軍」。

二九二師的老兵一年前在金門是金東師，與金中師的我們，不但是兩套完全不同的文化，也有著兩種完全不同的回憶。例如金東師的夢中情人，就是鵲山三家村裡的姊妹花「夢十七」與「夢十九」。據網友「六〇砲長」回憶，八二三砲戰時當地被轟的只剩三戶人家，所以被戲稱成「三家村」。但這裡雖然人煙稀少，卻有一家小吃店生意特好，原來這家店是由兩位年輕貌美的姊妹經營，姊姊十九歲，妹妹十七歲，當時有個洗面乳叫「夢十七」，廣告打得很兇，女主角（應該是貝心瑜）又超美，阿兵哥們就戲稱妹妹是夢十七，大她兩歲的姊姊就是夢十九了。

夢十七會讓金東師的阿兵哥津津樂道，最初是傳說有空軍士兵「煞」到夢十七，想用一百萬當聘金上門提親，結果被夢十七父母拒絕了；另外還有軍官去提親也碰了釘子。謠言傳來傳去，故事裡提親的人身分不斷水漲，聘金數字也隨之船高，到最後從台灣來的阿兵哥，一下部隊聽其他老兵說出「行情」，也沒有癩蛤蟆再敢妄想天鵝屁了。

我到金門時，夢十七應該已經晉升為夢二十一了，但「行情」卻依然有增無減。二〇〇七年三月三日中午，我隨著網友阿信組成的金門「回憶兵」旅行團，三十多個中年男子，專程去了一趟鵲山三家村，在陽×菜館用了午餐，也找到了已當祖母，卻依然美麗的夢十九；

她說夢十七最後成了金城街上金×利菜刀店的少奶奶。

二九二師老兵的夢中情人，最後嫁入島上「豪門」，相夫教子，還能就近奉養父母，不但故事情節完全普遍級，連最後的結局也超幸福圓滿。相形之下，一四六師老兵的夢中情人，謠傳中「小徑八三么的七號姊姊」，故事情節就比電影《我倆沒有明天》還辛酸曲折，也見證了戒嚴時代台灣與金門的真實面貌。我在一九九四年僥倖獲得第八屆聯合文學評審推薦獎的短篇小說《塵年惘事》，就是以小徑八三么為背景的。

甄妮家搶案引發的「一律軍法」

一九七六年二月五日，農曆算來才大年初六；但台灣三家電視台的晚間新聞裡，卻無絲毫歡樂之氣，相反的還充斥著肅殺血腥。所有觀眾不管大人小孩，都無預警地在晚餐時間，看到四個青年被憲兵押解到新店安坑刑場執行槍決的實況錄影。

這四位青年雖然都不是軍人，但當時台灣還屬於戒嚴時期，平民犯罪是否會被交由軍法或刑法處理，全憑最高當局自由心證。他們四人從被捕到槍決，含農曆春節假期在內竟不到一個月。尤其這四人中還有兩人是親兄弟，他們的母親在仁愛路與新生南路口的大安分局裡，知道兒子被移送軍事法庭，就獨自走到羅斯福路與和平東路口的一家壽具店。壽具店老闆是位四十多歲的福佬人，從隨行記者口中知道她的遭遇後，雖然無法完全聽懂老婦人的濃厚鄉音，但也陪著她掉淚。老婦人選中一具原價七千元的棺木，店主知道她家境不裕，又要在過年前一次準備兩具棺木，同情之餘還自動減價為兩具一萬元。

這場公開槍決的案件，起因於當年的一月五日上午九點半，影視歌三棲紅星甄妮（本名甄淑詩）位於台北市四維路十四巷×號的四樓住宅，遭四名持刀蒙面歹徒闖入，將叫「阿惠」的連姓女傭綑綁後，劫走價值七十餘萬元的現款、外幣及首飾等。在甄妮家中遭搶前，台北市還有光復南路加油站搶案、新生南路玉珊寶石公司劫案、三民路民生社區婦人李謝碧鴻住宅搶案未破，如今又爆發第四件。

當時小蔣雖還只是行政院長（名義上總統是嚴家淦），但去年四月已從駕崩的老蔣手中，接下國民黨主席一職（老蔣那時要叫總裁），成了台灣黨政軍一把抓的真命天子。偏偏登基後還來不及點三把火，首都就出現這麼多不長眼的毛賊，於是層峰震怒之下，「治亂世用重典」的說法出現了。行政院屬下的司法行政部長（後改為法務部）王任遠特別下令，所屬司法單位對於重大暴戾刑案，務必嚴辦快辦，以遏搶風；也就是電視上政令宣導一再強調的「結夥搶劫，不分首從，一律軍法，絕對死刑」。

案發當時，甄妮在台中酒店演唱。之前她就一直是橫跨影視與社會新聞的話題藝人，報導中還傳出曾有人向她恐嚇，警方已展開監控。而甄妮的父親任職於警政署交通科，母親也在台北市警局交通科任職，四個倒楣的毛賊哪家不好搶，竟然太歲爺頭上動土，結果可想而知。據甄家女傭阿惠的口供所述，九點半時門鈴響了，她透過對講機問要找誰，對方以台語回答：「修門鎖」。剛巧甄家大門鎖前幾天就壞了，約了修鎖工來修理，阿惠於是開了門，兩名蒙面歹徒一人穿西裝、一人穿牛仔裝，入屋後先將阿惠推到靠牆壁處，穿西裝的歹徒問：「甄妮在不在？」阿惠回答說：「不在，小姐到台中去了。」歹徒接著說：「我知道她要去台中。」隨即拔出短刀威脅阿惠說：「你是當佣人的，我們不為難你。」接著拿出帶來的綠色尼龍繩，綑綁阿惠手腳在沙發後，並用刀切斷電話線，再放另外兩名衣著比較破舊的蒙面歹徒進屋。

他們留下一名歹徒在客廳監視阿惠，另三人則分別進入甄妮與她父母的臥房搜刮財物。四名歹徒在屋內停留一小時，離去時還用三個小箱子，把甄家珍藏的三十六瓶洋酒也帶走了。阿惠在歹徒離去後掙脫繩索，跑到平台上用力敲擊隔鄰的天窗，鄰居阿婆才打電話報警。專案小組初步研判，歹徒顯然對甄妮的活動情形及家庭狀況頗為了解。也有鄰居提供線索，說一輛咖啡色福特雅士型車號「八六二一」的轎車，當時停在巷內。那時台灣的汽車數量還不多，專案小組隨即清查台北市車輛資料，確定車號為「市一一之八六二一」。辦案人員，立刻將住在景美的車主請到警局，他供稱該車在本月二日至五日，以每天七百元租給一位青年「張寶澤」使用。警方調出個人資料，發現他有過搶奪及恐嚇罪等前科，再把相片拿給阿惠指認，她一口咬定照片上的男子，就是首先侵入甄家的兩名歹徒之一。

警方趕緊請准檢察官會同，趁深夜潛入永春街一五三巷十二弄十×號的張寶澤家中，在睡夢中的張寶澤和他的哥哥張寶源不及反抗就被捕，接著又在張家搜出甄宅被搶的美鈔、港幣以及首飾、洋酒和化粧品。因贓證俱在，張家兄弟俯首認罪，並供出同夥做案的兩個共犯唐亞民及張建堂。警方隨即到桃園逮捕唐亞民，但住延壽街的張建堂在刑警抵達前已溜走。然而他從新聞裡看到其他三人都已落網後，自知法網難逃，也只好出面向大安分局投案。轟動當時的搶案偵破後才發現，原來這四名嫌犯去年八月，也以同樣手法搶劫女歌星包娜娜位於忠孝東路上的住宅，搶走四十萬元的現款和首飾，但包家怕歹徒報復而未報警。

落網不到一周的一月十六日上午，警總軍事法庭審理女星包娜娜和甄妮家搶案。當時庭外陰雨綿綿，庭內也一片肅殺。下午二時，審判長宣讀判決書，四名被告都被判處死刑，張寶源與張寶澤的父親聽到同時要死兩個兒子，傷痛到當場昏倒。「結夥搶劫，不分首從，一律軍法，絕對死刑」的口號，就透過這對兄弟的母親買棺、父親昏倒與過年時上法場的新聞，成為「法治教育」的最佳廣告。

桃園金信銀樓的鴛鴦大盜

兩蔣在台灣實行戒嚴統治四十年，「治亂世用重典」已成了當政者的制式思考，但「殺無赦與斬立決」的軍閥手段，根本無法解決治安問題。同樣是搶劫，可以不分嫌犯首從、不分案情輕重，全憑當權者當時心情好壞，任意交司法或軍法處理。被送軍法的買棺材，被送司法的請律師，不只是讓司法淪為執政者的橡皮圖章，更讓原已嗜血、野蠻、不重人權的台灣社會，瀰漫著更無理性的殺戮氣息。果然張家兄弟被槍決後兩年，「結夥搶劫，不分首從，一律軍法，絕對死刑」的政策，就因桃園市金信銀樓的鴛鴦大盜而面臨挑戰。

一九七八年四月十三日晚上九點，桃園市民生路一×二號的金信銀樓，遭一對年輕男女持槍搶劫，銀樓老闆王太宏還被擊傷。據四十二歲的老闆娘王奏香口供承述，由於銀樓位於鬧區，老闆王太宏晚餐時間，很放心的外出應酬，留她一人看店。兩位搶匪都很年輕，男匪約二十五歲，一七〇公分，穿套頭上衣、夾克與牛仔褲。女匪約二十歲，穿天藍色外衣。他們騎乘車號「省一〇之一五四二八號」的本田黃色機車，進到店裡就像是一對情侶。她見上門的女子面貌清秀、聲音輕柔，自稱要買結婚飾品，就毫不懷疑地就拿出手鐲、金鍊與戒指等供他們選擇。

王奏香除了不斷推銷這些金飾，還對兩人的男才女貌讚美不已，她問年輕的新郎倌喜歡哪一款時，那男子爽快的回應：「通通都要。」王奏香以為遇上了「大戶」，還來不及高興，那男子就掏出手槍抵住她，女子則抓了七個手鐲與三條項鍊，還有一些零碎金飾，放入手提包內，兩人立刻轉身逃走。在槍口威脅下，王奏香不敢反抗，眼睜睜看兩人出了店門。但剛走到門口前的騎樓，酒足飯飽的老闆王太宏剛巧回來，王奏香趕緊以台語大喊：「抓賊喔！緊（快）抓賊喔！」王太宏立刻一驚，酒醒了大半。

身材壯碩的柔道高手王太宏，雖然站在兩名搶匪面前，卻始終不敢貿然行動，因為對方手上還有槍（雖然不知是真槍還是假槍）。但王奏香不甘心店裡的金飾被洗劫，就衝上去抓住那女子，持槍男子威脅她放手，王太宏也漸漸逼近。被抓住的女匪竟大喊：「你不要管我，趕快走啦！」可是王奏香不肯放手，持槍男子威脅要開槍了，那名女匪竟又大喊：「你快走啦！我求你不要開槍啦！」連圍觀群眾都看傻了，搞不懂眼前這是什麼狀況。

雙方對峙了一會兒，圍觀的群眾越來越多，大家還以為是在拍電影，這時「砰」的一聲巨響，王太宏立刻倒地，群眾發現那男子手上握著的是真槍，嚇得立刻鳥獸散去。持槍男子則趁機拉著女伴朝成功路方向逃去，連原本騎乘的機車都沒來得及騎走。王太宏因為是頭部中彈，大家根本等不及叫救護車，攔了計程車後就直奔高速公路，送往台大醫院。醫生檢查發現子彈自右眼下部射進，右耳部出，幸而並未貫穿腦部，因此暫無生命危險。

速審速結，一律死刑的軍法，不但無法嚇阻搶劫，反而讓搶匪的手段更加兇殘，鬧市之中竟然出現鴛鴦大盜持槍傷人，層峰當然是比前年甄妮搶案爆發時更加震怒。警方於是趕緊追查，從現場遺留的機車循線追出，最先的買主是台南縣安定鄉安正村一×五號的蔡文山，但該車已在兩年前出售，以後數易其主，最後由台南縣籍的王六富購得。警方找來王六富訊問，他卻說車已在三月三十日在台南市理髮時被竊。雖然他當場發現竊賊，還借了一輛機車猛追兩公里卻沒追上，只依稀看見竊賊衣服的特徵。

雖然「從車追人」的線索已斷，但「從彈追人」則大有斬獲。根據現場拾獲的彈殼與彈頭，研判是國軍制式四五手槍所擊發，於是趕緊會同軍方查緝逃兵資料。赫然發現持槍歹徒竟是桃園縣蘆竹鄉的徐興倫（二十一歲，四川人），四月九日晚點名後，才從台南縣佳里鎮服役的陸軍步兵一一七師裡，竊取四五手槍一支逃亡。讓警方更驚訝的是，徐興倫的身分還不只是逃兵，他竟然是陸官專修班結業，官拜中尉，擔任副連長的「逃官」。原本在軍中表現平平，近來因結交女友後恩愛纏綿，時常藉故在晚點名後不假外出，當晚與輔導長發生口角後，竟然憤而攜械逃亡。

至於徐興倫的女友程×芬（十七歲，湖北人），家住高雄縣大寮鄉精忠路五×四號，這學期剛從高雄某工職二年級輟學。纖細貌美的程×芬，在男生居多的工業職校裡，擁有甚多愛慕者，班上唯一討厭她的人就是導師。年輕女生每隔二十八天，就會有一個「無形監護人」要她上學遲到，然而導師不但不體諒男女生的生理差異，甚至遲到僅十分鐘，就登記成曠課，她一怒之下就自己修改為遲到，導師將她以「私下篡改點名簿」移送訓導處，她卻堅持自己是「公開修正點名簿」，被訓導處認為是「死不認錯」，以致遭校方勒令休學。

程×芬在家中是長女，底下還有兩個弟弟。她喜歡讀書，也喜歡繪畫，最愛讀的是台大外文系顏元叔教授的散文《玉生煙》（皇冠出版），還有中文系葉慶炳老師的《晚鳴軒散文集：長髮為誰留》（九歌出版）。但被學校強迫休學後，本想半工半讀，準備補習重考高中，就到高雄首輪院線的三×戲院當服務生。沒想到她在戲院裡認識了一個相同年紀的好友崔×清，後來崔×清因故與戲院經理發生爭執，被戲院開除了。程×芬為了眷村女孩的那種義氣，就與好朋友同進退，兩人一起離開了三×戲院。

只有國中學歷的程×芬，失業後要找新工作並不容易，那年代也沒有檳榔西施這一行。

年輕貌美的她乾脆一不做、二不休，跑去雪×舞廳應徵舞女。不料經理見她年幼可欺，面試時就想霸王硬上弓，揚言要「試車」後再決定是否錄用她，嚇得程×芬落荒而逃。假如她沒遇到這個豬哥經理，讓她順利當個未成年舞女，接著也不至於有這麼悲慘的遭遇。

崔×清與程×芬都是眷村小美女，而崔×清還常與許多軍人聯誼出遊，就帶著程×芬一起去。其中有個青年軍官徐興倫，一見到程×芬就驚為天人，狂追猛求、糾纏不清。起初程×芬並不太理會他，但烈女怕纏夫，在徐興倫的死纏爛打下，程×芬慢慢的接受了他。尤其是在兩人有了進一步的關係後，更是「黏」成了像連體嬰那樣的情侶。

徐興倫雖是外省子弟，卻對軍旅生涯極為厭倦。一九七〇年代由於國軍的基層幹部出現斷層，老蔣從大陸帶來的老兵已逐漸凋零，小蔣與其身邊的權貴小圈圈，在恐懼台獨的陰影下，也只敢把台籍軍官當成樣板，招募基層軍官還是要從眷村的外省第二代積極下手。徐興倫就在這樣的時代背景下，高中畢業後進了陸官專修班。所謂「專修班」就是原來的「後補軍官班」，學員受訓一年，畢業後以少尉任用，服役期限四年，期滿後可以再繼續簽志願留營服務。

「後補軍官班」最先是為了讓大陸來台的老兵，「扶正」為基層軍官時給的一個資歷，後來這些老兵真的「老」到不能當兵時，又改成對社會上沒有軍旅經驗的年輕人募兵。專修班受訓一年，不能比照學歷，相對於正期班，在軍中很難有發展。一九八〇年之後，由於教育日益普及，軍方就逐步減召進而廢止專修班。基層軍官一方面自一九七八年起，改召受訓與就學二年、服役八年的專科班；一方面則鼓吹大專青年轉服受訓半年、服役四年的志願役預官（後來又稱「官預」）。在正期、專科、專修、預官、官預與行伍六種不同出身的軍官裡，專修班軍官在軍中應該就只是個「充員官」而已。

一九七〇年代國軍正處於「大換血」的時代，為了留下兩蔣認為「相對安全」的外省軍官，還真是無所不用其極。但專科班的還沒下部隊、行伍的已衰老殆盡、官預人數很少、預官也只是數饅頭等退伍，所以軍中還是以正期與專修這兩種職業軍官為主幹。偏偏為了延長役期，正期班被改成「等同終身」，但不是在招生時就先預告，很多入學後賠不起公費的學生，就用「大錯不犯、小錯不斷」的方法離開軍中。專修班覺得自己在軍中沒前途，有些也鬼混度日。軍方也知道這兩種軍官想以惡搞換退伍的把戲，所以對這些無心於軍旅的職業軍人，不假離營大多也不上報，而是採用「私了」的方式。

徐興倫一一七師的長官們，大概也是在這樣的心理下，對於持槍不假外出一事，起初也沒上報，只是私下找尋規勸。由於徐興倫的家人都在國外，他們也找了程×芬的父親程×大，想要查詢徐興倫的去向。程×大說女兒前幾天跟她要了五百元，說想要北上找工作。由於徐興倫的家人都在美國，長官們推測小倆口也許躲到哪裡去恩愛纏綿了，等錢花完、玩膩了，大概就會自動回營報到了。哪裡知道才到第三天，他們就在桃園闖了這麼大的禍，而且還驚動層峰，一一七師也因此被牽連的焦頭爛額。

「我倆沒有明天」

徐興倫與程×芬在搶了銀樓後，跑到桃園市東門，攔了一輛計程車北上。為了付車資，經過龜山鄉時，還下車在當舖裡，典當了一枚玉鐲。由於計程車司機之間消息傳得很快，這位司機還跟他們兩人聊起桃園剛才有銀樓被搶，老闆還被送去台大醫院急救。徐興倫雖然慶幸司機沒看出他們就是搶匪，但為了聲東擊西，剛到台北市，兩人又轉乘遊覽車南下，以假名投宿各旅社，並一起到墾丁海邊遊覽，拍下了很多彩色照片，被報章雜誌揭露。從那些當時還很少見的彩色照片裡，可以看出穿著當時也很少見的比基尼泳裝，程×芬確實是有天使面孔與魔鬼身材。

另一方面警方從監聽程×芬打回家裡的電話得知，兩人結束墾丁之行後會回到桃園，於是在徐興倫老家附近，埋伏了火力強大的憲警，準備來個甕中捉鱉。但徐興倫也很警覺，回桃園後並未返家，而是以假名投宿桃園市杏花村大旅社。警方又從監聽程×芬家裡的電話發現，兩人已搭乘遊覽車北上，投宿於南京東路五段的親戚家，警方又埋伏了一夜，結果還是撲了個空。不過從監聽程×芬家裡的電話發現，原來他們用假名藏匿在台北市漢口街一段二十九號的華華大飯店。

警方來到華華大飯店，確認兩人投宿於八〇八號房。為了避免傷亡，就化裝為飯店服務生，兩次以送茶與送棉被的理由敲門，本來是想只要裡面一開門就趁機衝進去，可是徐興倫似乎很警覺，兩次都拒絕開門。警方無法掌握在房中的徐興倫，現在是在用手上的槍在對警察做臥射預備，還是用身上的槍在小女友身上做實彈射擊。為了防範徐興倫的困獸之鬥，就不採破門而入，而是由兩個警員在八〇八號房門前走道上，假裝醉酒，不斷吵鬧扭打。

兩個警員在走道上打鬧了十幾分鐘，但八〇八號房裡的男女，也不知是忙著在做進出口生意，還是已累得呼呼大睡，任警員們如何叫嚣，他們就是不理會門外發生了什麼事。警員從假打都快搞成真打了，終於等到徐興倫不耐煩的開門，想看一下發生了什麼事，警方發現門露了一個縫，立刻奮力衝入，當場制服徐興倫，程×芬也同時被捕。警方在房內枕頭下搜出了作案的四五手槍，用剩的五發子彈，以及搶到手尚未典當出去的四枚手鐲、一塊金牌與三條金鍊。

徐興倫是現役軍人，持械逃亡又搶劫傷人，被捕後移送軍法天經地義；但程×芬不但是女生，而且未成年，加上身材纖細、長相清秀，一副楚楚可憐的模樣；尤其是現場這麼多目擊者能做證，她曾勸阻男友不要開槍。如果照小蔣所要求的，結夥搶劫就移送軍法，然後不分首從，一律死刑，程×芬馬上就會像搶劫甄妮家的四個彪形大漢那樣，被高大的憲兵挾持著進入新店安坑刑場，槍決前還要讓電視轉播，這樣的畫面要如何傳送到全國各家庭裡？萬一流傳到國外，台灣的「國威」豈不更要光照寰宇？

程×芬擁有豆花妹的臉龐與瑤瑤的身材，在鏡頭前何止是我見猶憐，你見了八成也一定要憐的。不管是犯了什麼罪，有人說要槍斃瑤瑤或豆花妹，一定會有人反對的。於是全台民眾開始思索，軍法是否被濫用？原本軍法之所以要禁止軍人搶劫與強姦，是擔心軍人在軍事行動時，因忙於財與色的滿足，以致延誤或洩露軍機，所以要以絕對死刑來約束。這條法令並非用來維護社會治安，用於非戰區就很荒謬了，用在平民身上更加荒謬。兩蔣時代那種不分首從，不分次數，不分是否傷害或凌辱被害人，移送軍法就速審速決的集體槍斃，更是荒謬中的荒謬。

說穿了兩蔣之所以在台灣搞出人類歷史上最久的戒嚴令，也不是為了軍事需要，而是為了讓他那個小朝廷「合法」免於改選，搞個「法律遮羞布」來掩人耳目。因此結夥搶劫是否要移送軍法，與案情輕重無關，而是憑當權者的政治需要，要殺人立威時就用軍法，不須殺人時就交付刑事法庭審理。當然啦！很多愚民因為對治安狀況不滿，也會盼望當權者「治亂世用重典」，還以為這樣才能大快人心。暴君與愚民配在一起，台灣就這樣荒謬的過了四十年。

徐興倫在被捕後一個月，就由軍事法庭依陸海空軍刑法「結夥搶劫」等罪判處死刑，褫奪公權終身，經國防部覆判核准後，於五月十六日清晨執行槍決。至於當時駐台南新化的一一七師，由於徐興倫事件被高層認為軍紀太差，原本將與台北的三三三師對調防區，緊急更改由嘉義的二三四師北上，成為台北衛戍師，三三三師則去新化。而一一七師則先調去嘉義，隔年一過完陰曆年，就被調去金門。未成年的搶匪程×芬，在輿論同情下死裡逃生，沒有被移送警總，而是在五月十日改由桃園地檢署檢察官孫長勛，依陸海空軍刑法結夥搶劫罪嫌起訴。但孫檢察官卻在起訴書裡說，程×芬雖犯「唯一死刑」之重罪，衡情亦不無可憫恕之處，特請刑庭「念被告因年紀尚輕，受男友引誘，才失足犯罪」，從輕處以較適度的刑罰，以鼓勵她改過自新。

程×芬被移送桃園地方法院少年法庭審理後，承審推事彭南元，也在五月二十二日宣判的判決書中說，程×芬所犯雖是「唯一死刑」之重罪，但念她「智慧淺薄，交友不慎，犯罪後亦頗知悔悟」，而程×芬的父親程×大，也願意賠償金信銀樓，「因此從輕量刑，以啟自新」，只輕判「七年」。程×芬當庭感激涕零，叩謝彭推事法裡施仁，表示將在獄中好好讀書，未來重新「做人」。

鴛鴦大盜男的被槍決，女的承諾要在獄中好好讀書，看似已經圓滿收場。不料我們在金門當兵時，坊間卻謠傳程×芬竟然是在小徑八三么裡，每天讓很多阿兵哥來幫他重新「做人」。一四六師師部所在地的小徑，八三么的生意竟然好過金城總室，至於島上其他像山外、沙美、成功、庵前那幾家更不用提。

這裡要解釋一下，金門駐軍多達十萬，原則上每一師會有一家八三么，但一四六師是一支輕裝師，名義上是「師」，實際人數等於重裝師一個旅而已，所以顧客基數比其他家都要低。但小徑八三么當時的生意，為何會比其他幾個地方的八三么更好呢？或許大家都想爭相目睹「七號姊姊」的芳顏吧！一九九四年九月十三日《聯合報》三十九版「探索」，金門籍的記者董智森「大盜・賢妻・茶花女」報導裡就說：

「軍中特約茶室的女子中，早年很多是原住民，後來則以原來即在台灣從事特種行業的女子為多，通常年紀都在三十餘歲左右，馬祖的特約茶室曾有一位五十餘歲高齡的，如此年紀還要從事這一行，說來令人鼻酸。另一種來源，則是因案被判刑的女子，自願到外島充當軍中特約茶室女子以求縮短刑期，不過這樣的人較少。」

「約在十五年前，高速公路曾有一對表姐弟鴛鴦大盜，被捕判刑後，表姐自願到前線以求減刑，她被分發到金門小徑，由於有高知名度，一下子引來不少好奇的客人，有陣子她還被某高級將領包下來，這位將領倒毫不避諱的常載她坐吉普車呼嘯過金門街道，引來百姓的爭睹。據說，後來這位女子因每天接客太多，覺得不堪忍受，打算提前解約，但軍方不同意，後來她寫信向當時的蔣經國總統陳情，經國先生並不知有勞軍減刑這類的『法外情』，認為法律的尊嚴不該被這樣交換，所以把這個制度廢止了，當然特種女子的來源也受到影響。」

小徑的七號姊姊究竟是不是那個鴛鴦大盜的程×芬？應該會有比我更具資格的一四六師老兵（或說是老顧客）來解答。但兩蔣在軍中所搞的八三么，是否會逼良為娼？是否會找女受刑人來獻「身」報國，以「工」代刑，這是屬於國家機密，在此也就不多說了。

大陳女義胞與老兵的一妻三夫

這是一個在台灣已經老掉牙的冷笑話：在火車站的售票口前，有個男子想插隊，就跟排在隊伍中最前面的人說：「喂，讓我個先，我是『義胞』！」排隊的眾人發現有人要插隊，卻都敢怒不敢言；幸好排在隊伍最前面的先生很有智慧，大喊說：「什麼？你是『一包』（義胞），那我是『三包』（山胞），你還少我兩包，插什麼隊？到最後面去！」所有的民眾聽了後大笑，少了人家兩包的「義胞」插隊不成，只好滿臉羞慚的乖乖到最後面排隊了。

雖然這冷笑話已經很有歷史了，可是對生活在水深火熱的大陸苦難同胞來說，大概就跟我們台灣的年輕人一樣，覺得這笑話很難笑，因為他們搞不懂什麼是「一包」（義胞）？什麼又是「三包」（山胞）？「山胞」比較好解釋，就是兩蔣時代官方對台灣原住民的稱呼。從清領時期的「番人」，到日治時期的「高砂族」；兩蔣時期被官方稱為「山胞」，似乎是皇恩浩蕩、澤披四海，這群當權者眼中的化外之民，已被先皇在口頭上視為「同胞」了。

不過「山胞」的說法，始終不被多數原住民所接受。一來依據醫學、語言學、考古學和文化人類學等研究推斷，原住民屬於南島語族（Austronesian），他們和菲律賓、馬來亞、印尼、馬達加斯加和大洋洲等地的南島民族，關係還遠大於漢人。二來如達悟族（雅美族）、阿美族與卑南族等，根本不住在山地。但兩蔣基於政治需要，硬是要扭曲歷史與文化，將這些既非漢族，有些也不住山地的台灣原住民，扣上「山胞」的稱呼。直到解嚴之後，「原住民」才得以正名。至於什麼是「義胞」？這就更複雜了。

活在「天堂」裡？

二戰後中國對台灣的移民分為三階段，第一階段是兩蔣派來「接收」（說是「劫收」也行）的官民，這群人由於來得早，大多「合法搶佔」了日軍撤退時帶不走的豪宅。第二階段則是一九四九年跟隨兩蔣或逃避共黨清算鬥爭的兩百萬潰軍與難民，這群人的遭遇可說是兩極化，少部分權貴鷹犬依然吃香喝辣，大多數難民或軍中裁撤下來的老弱殘兵，則是台灣最典型的「賤民」。

不過雖說是兩蔣時代的「賤民」，教育程度卻天差地別，有共黨眼中「臭老九」的知識分子，有在學中的流亡學生，當然也有被老蔣部隊「拉伕」的文盲。但共同點就是兩蔣不會去管這群「賤民」的死活，於是日治時代都市裡的公園預定地、鐵路沿線兩旁必須「淨空」的保留地、河川兩岸的行水保留區、順向坡的山坡地，全都「非法」擠進了這些難民。不過這一點也要替老蔣辯誣，原本六百萬人口的台灣，一年之內湧進了兩百萬人，都要「合法」

居住，叫神仙來也沒辦法的。幸好北韓大統領金日成對老蔣「雪中送炭」，韓戰無法讓朝鮮半島統一，卻解救了風雨飄搖的台灣。

當國共內戰的戰場從神州大陸，轉移到了台灣海峽，而且擁有海空絕對優勢的美軍介入後，島內情勢也有了重大改變。老蔣嚴格限制了大陸軍民對台灣的移動，從此進入移民的第三階段，也就是實質上的「一邊一國」已經在執行；除非是基於政治宣傳的需要，兩岸自此是完全斷絕往來了。要進入台灣的大陸軍民，如果是個人，必須是官方認可的「反共義士」；如果是團體，就必須是官方認可的「反共義胞」。在台灣的「義胞」，有來自香港調景嶺、也有來自泰緬邊界、越南富國島等；但最有名也最具代表性的，還是要屬「大陳義胞」。

所謂的「大陳義胞」，其實並非全來自大陳島，而是一九五五年來台的浙東沿海包括上下大陳島、漁山列島與南麂列島等地的二萬八千多軍民，但官方稱這些人是「大陳義胞」，那就跟稱呼「山胞」一樣，不管你是不是住在大陳，也不管你是不是真的想來台灣，反正說你是「大陳義胞」，你就是「大陳義胞」了。

一九四九年十二月老蔣抵台後，國共內戰已進入尾聲，殘存的國軍只能退守到西南山地與東南沿海的島嶼。一九五〇年上半年，內戰的情勢消長更明顯，西南山區的國軍已退到泰緬邊境，舟山群島及海南島的國軍也相繼「轉進」，僅剩閩南外海的金門、閩北外海的馬祖與浙東外海的大陳還有駐軍，隨時在等待「轉進」。幸而韓戰爆發，共軍必須專注於北方的朝鮮戰場，東南沿海島嶼的國軍才得以稍獲喘息。但好景不長，一九五三年韓戰停戰，共軍又將矛頭對準東南沿海諸島。一九五四年共軍更對金門發動的九三砲戰，引發了第一次台海危機。

然而比金門情勢更險峻的卻是大陳，因為這時上海已有可供噴射戰鬥機起降的機場，但從台灣起降的噴射戰鬥機卻因航程不足，無法支援大陳駐軍，共軍已取得了大陳週邊的制空權。十一月十四日駐守大陳的太平艦，又遭共軍魚雷快艇擊沉，雖然「復仇運動」在台灣各地造勢宣傳，但大家也心知肚明，失去海空優勢，大陳的「轉進」已無可避免了。一九五五年一月十八日，共軍攻下一江山島後，老蔣終於拍板敲定了「金剛計劃」。一九五五年二月八日，由小蔣親臨大陳，負責指揮撤離浙東沿海諸島的所有軍民。在美軍第七艦隊的保護下，四天後完成最後一批居民的撤離。

「大陳義胞」一律都在基隆港上岸，經過兩個星期的安全調查後，除少部分有政治或治安疑慮者，轉送相關機關或外島部隊「收容」，其餘則按漁、農、工、商等志願名額分類登記職別，再陸續分發安置到宜蘭、花蓮、台東、高雄、屏東、桃園、台北等「大陳新村」或「一江新村」等地。大陳義胞剛到台灣，就能無償取得棲身之處，相對於早幾年來台的外省賤民，待遇簡直就是天之驕子；因為他們並非軍眷，政府根本沒有法源去配發宿舍，何況就算是軍眷，老蔣也無法讓人人都能進眷村居住？

老蔣對大陳義胞與其他外省賤民之間的差別待遇，大陳義胞當然也感同身受。因此相對於其他各省的外省人，大陳義胞對兩蔣的死忠，更可說是鐵桿死忠。很多大陳村中都還興建「蔣公廟」，把老蔣當神來膜拜，其中又以高雄市旗津區大陳新村的「蔣公感恩堂」最有名。有大陳義胞自稱是「八旗中的正黃旗」，從眷村的發展史來看，大致是符合的。如果說義胞與榮民，是台灣最支持老蔣的兩個團體，應該也不會有人反對的。

義胞與榮民雖然有屋可住，有蔣公可當神來拜，但他們真的是生活在「天堂」裡嗎？一九六〇年代在高雄發生的一件情殺案，就突顯了這問題。即使老蔣對義胞與榮民恩上加恩，依然難以改變這些「非志願移民」在跟隨強人政治移民後，難以融入本地生活的困境。套句電視芭樂戲《藍色蜘蛛網》主持人盛竹如的典型芭樂開場白：「這件案情原本看似單純的謀殺案，背後卻隱藏著許多不可告人的秘密。究竟是事出有因？還是是非善惡的因果循環？或是天意作弄？情愛的糾葛？命運的糾纏？金錢的誘惑？抑或是利益的衝突？總之苦主種下了日後一切糾葛的種子，也因此埋下了殺機。一切在冥冥之中自有安排……讓我們看下去……」

一個少婦陳屍於荒野以後

一九六四年四月九日清晨六時四十分，高雄縣鳳山分局鳳崗派出所的值班員警，看到一位農婦慌慌張張地跑來，用台語大喊：「害啦！害啦！（不好了！）出人命了！」員警趕緊上前安撫，並詢問細節，才知道來報案的農婦，是家住鎮西里中山路×號的居民黃吳月秀。她說早上去田裡工作時，在聖王廟左後方二百公尺的稻田中，發現一具全身沾滿血跡的年輕女屍，她嚇得趕緊放下農具，跑來派出所報案。

僻靜的鄉間出現兇殺案，警方獲報後也不敢大意，趕緊上報鳳山分局刑事組及高雄縣刑警隊，分局長宋興與刑警隊長周化南，半小時後就馳赴現場勘驗，但這時已有數百位鄉民在圍觀。高雄地檢處差派的檢察官孫炯昭偕法醫簡文彬，這時也趕到案發現場檢驗屍體。

法醫簡文彬驗屍後，發現死者是一年輕女子，生前曾生育過；死亡時間應在昨晚十時，遇害前還曾吃過晚餐。至於死因則是遭人持刀殺害，前胸、後背、頸項、腰際等處共計被刺四十八刀，每一傷口都長三公分，寬兩公分，腰部傷口大如茶杯，致命原因是氣管上的一刀，死狀至慘。從兇手刀法研判，極可能是受過特種訓練的軍警特工。

由於陳屍的稻田離住家並不遠，死者身上又沒有掙扎或互毆跡象，附近住家也沒人聽到女子求救或爭吵的聲音，因此警方研判，兇手一定是熟人，預謀將死者騙來此處後，趁死者不注意時，先一刀割喉放血，使其無法呼救；進而亂刀捅刺全身洩憤，完全是蓄意殺人。另外從衣著與打扮來研判，死者可能是風塵女子。加上警方發現死者身上的金飾與錢包都未遺失，衣褲也都完整，已排除財殺與姦殺的可能。因而警方相信，只要確認死者身分，兇手一定難逃法網。

雖然警方無法立刻找出死者的身分，但屍體旁邊卻有許多撕碎的照片殘渣，經大批警力全面搜尋，即使無法拼湊出全貌，但到了八時十分，也已依稀可辨識出是一張男女合照。這時圍觀的群眾當中，忽然出現一名操國語的外省籍男子，他自稱姓何，也拿出身分證讓警方查驗，並聲稱他能知道照片中的那女人是誰。警方一聽有人能認出死者身分，當然喜不自勝，勘驗身分也就免了，趕緊上前查問。

那位「何先生」對警方說：「照片中女人叫吳×花，是大陳人，住在太平新村一巷×號，但那個男子我不認識，不過絕不是她的丈夫姚子秀就是了。」警方一聽大喜過望，趕緊跑去太平新村，將姚子秀拘提到現場。姚子秀一看見屍體，就確認是他結婚六年的妻子吳×花，但警方見姚子秀認屍時情緒平穩、毫無哀痛震驚的樣子，就覺得其中必然另有隱情；於是警方再請姚子秀在辨識照片中與他妻子合照的男人是誰時，他也很輕鬆的就說出：「是鄰居馬嘯天，住在太平新村二巷×號的馬嘯天。」

案情至此似乎已出現了曙光，但警方請姚子秀寫出馬嘯天的正確姓名時，姚子秀卻呆住了，因為他是文盲，哪裡寫得出筆劃複雜的「嘯」字？警方一直催促姚子秀好好想一想，就算寫不出完整的「嘯」，畫出個大概也行。當姚子秀正在為難時，忽然他指著在人群中的一名男子說：「那個人認識馬嘯天，他會寫。」警方趕緊去請那位男子幫忙，確認了「馬嘯天」的正確姓名，趕緊就到太平新村去抓人。

上午九時半，警方到了到太平新村二巷，馬嘯天卻不在家中。警方在門上貼好約談單，要他盡速到鳳山分局報到。由於這時警方已從工作清單中查出，三月二十一日早晨，馬嘯天曾與吳×花兩人，在鳳山鎮曹公路的國民黨縣黨部前打架，經鳳崗派出所調解後雙方言和，各自離去，由此證明兩人關係並不尋常。到了下午，馬嘯天自動到鳳山分局應訊，他堅決否認與本案有關，但承認與死者吳×花早有姦情，並在三月二十一日曾打傷她。分局長宋興與縣刑警隊長周化南偵訊後，決定暫時先扣押馬嘯天，次日起再慢慢來施行「具中國特色的科學辦案」。

很多人也許不解，自一九六一年瑠公圳分屍案爆發後，警方在破案壓力下，誤抓二戰時的空戰英雄柳哲生將軍府邸的廚工劉子玉、司機陳世有與勤務兵李家禧三人，嚴刑拷打四十一天後宣布「破案」，結果卻是烏龍一場，當時警方不就堅稱日後再有刑案，一定要採科學辦案了。怎麼這次到了高雄，警方又用「先押人後辦案」的老招，難道這也是「南北差異」？其實這是外界誤解了，雖然警方用的是老招，但這馬嘯天可不是什麼想抓就抓的普通老兵。原籍河南省淯川的馬嘯天，雖然只是陸軍步兵學校的文書上士，但他可是國大代表馬子正先生的公子，警方打狗也要看老子，若是沒萬全把握，又怎麼敢收押馬嘯天？

其實這馬嘯天不但有個好爸爸，在藝文界也頗有來頭，是個很「有名」的書法家。「有名」之前後要加引號，是因為他的書法若用右手寫的，固然稱不上名家；但他用左手寫的，就是全台第一；至於他用腳趾頭夾毛筆寫的，就是全中國第一；若是用舌尖沾墨汁寫的，就絕對是全世界第一了。馬嘯天靠著這套書法加雜技的「特異功能」，早已全台聞名。但警方也不是省油的燈，雖然馬嘯天是貴為老賊之子，自己又是「有名」的雜技書法家，不過警方照樣可以「先押人後辦案」，理由何在呢？

原來馬嘯天為了自提身價、附庸風雅，竟天真的在自己「墨寶」上，加了老蔣的題詞，還附上一顆七平方公分的鑑賞印章，裱褙後準備高價出售。警方一到馬嘯天家中，看到牆上書法作品中的這枚印章，立刻喜出望外。因為老蔣會殺人，全台灣的警察都知道這是真的；但老蔣會去鑑賞書法，全台灣的警察當然也都知道這是假的。就像豬不會背九九乘法表，狗不會唱國歌那麼容易分辨。果然警方輕鬆一查就發現，那個老蔣鑑賞的圖章，是馬嘯天自己委託鳳山鎮協和路一×四號的「陳緒建刻印店」所偽造。光是偽造老蔣印章，這個「企圖叛亂」的罪名，就足以收押馬嘯天十年八年了。

但馬嘯天說倒楣也真倒楣，說幸運也還真幸運。原來馬嘯天被收押後，同拘一室的慣竊盧俊英（三十七歲，住屏東縣萬丹鄉社皮村×二號），大概是年紀大了，受不了警方的「具中國特色的科學辦案」，竟在十日早晨突然因「心臟麻痺」而死亡。高雄地檢處檢察官林汝燦偕法醫馮天生，立刻來拘留所檢驗屍體，認定無任何外傷後，令屏東縣萬丹鄉的家屬領回屍首安葬。

盧俊英搶先一步「心臟麻痺」，讓同居一室的馬嘯天逃過了警方「具中國特色的科學辦案」，雖然仍被關在拘留所裡，但警方不能重施故技，只好另外調查是否有其他涉嫌者的可能了。

命案背後的悲劇

警方約談死者的先生姚子秀時，才赫然驚覺太平新村這個義胞眷村，外界都以為此地是「天堂」，背後竟然還有這番景象。吳×花死時二十一歲，在家中是長女，底下還有二弟一妹。她的父親吳老跛是個瘸子、母親是智障。吳×花十二歲時，全家在軍方的槍口威逼下，被迫離開大陳，搬遷到台灣這語言不通、謀生無著的地方。雖然配有眷舍，看似比一九四九年來台的外省賤民幸運些；但那些外省賤民，也許是軍人、也許是讀書人或商人，和日治時代殖民政府刻意「農工化」的台灣，某種程度是互補的。然而一九五五年被老蔣帶來台灣的大陳義胞，大多卻是與台灣社會同質性過高的農工漁民，很多悲劇就這樣開始了。

吳老跛一家來台後由於生計艱難，一九五八年竟用自己的十五歲長女吳×花，招贅了湖南籍的退伍老兵姚子秀，一年後生下一子，吳×花死時孩子已五歲了。由於吳×花的母親是智障，不會照顧小孩，四個孩子也都營養不良，發育遲鈍。可笑的是姚子秀招贅進來後，由於帶著一點微薄的退役金與積蓄，加上打煤球賺取的稀少工資，除了養育一妻一子，外帶岳家的老小五口，吳老跛一家才過了一年的安定生活。更好笑的是生了小孩的吳×花，竟然在衣食無缺後才開始發育，不但越長越漂亮、三圍凹凸有緻，連身高也高過姚子秀了。

但可惜的是姚子秀退伍後，並無一技之長，一年後積蓄就花光了，打煤球的工資也養不活一家八口。另一方面吳×花隨著年齡增長，也開始有了生理需求，身材矮小又日夜操勞的丈夫，根本無法餵飽吳×花生理與經濟的雙重需要。姚子秀眼看年輕的妻子情竇初開，整天在村裡跟同鄉男子眉來眼去，更是敢怒不敢言。

還好這時姚子秀找到救星了，他的軍中同僚儲作權（江蘇泗陽人），也帶著一點退役金與積蓄，離開軍中要自謀生活。姚子秀邀他來家裡住，他則將退役金與積蓄都交給吳×花處理。儲作權雖然五十多歲了，但身體卻相當好，無論在生理上與經濟上，都能補姚子秀的不足，吳×花與她的家人也都很滿意這樣的組合。這樣「一屋二夫」的合作，就在太平新村裡很「太平」的上演了。

無奈好景不常，吳×花隨著年齡日長，生理與金錢上的欲求都越來越大，加上吳老跛一家本來就食指浩繁，當儲作權的退役金與積蓄也花完後，吳×花故態復萌，又跟同村語言相通的年輕男子搞七拈三。身分證上合法的丈夫姚子秀無力阻止，但地下丈夫儲作權則不甘心，於是他不再打工，改行騎腳踏車做小生意，足跡遍及大寮、五甲、鳥松，甚至屏東，先後賣過饅頭、燒餅、牛肉、冰棒等；可惜收入都很有限。這段時間他還因偷竊失風，被抓三次，兩次入獄。但他只要一有了錢，就回到太平新村吳家，和姚子秀、吳×花一家人共同「生活」。

最後，奔波多時的儲作權，終於找到了一個「高薪」的工作，原來兩蔣時期有一重要財稅收入，就是屠宰豬牛羊等大型牲畜必須繳納「屠宰稅」；但農民的耕牛年老後若要汰除，哪裡肯乖乖跟著你兩蔣來搞「中華民國萬萬稅」，所以私宰這一行開始盛行。儲作權從騎腳踏車叫賣牛肉的小販，「力爭上游」後成為上游的私宰商人，收入瞬間爆增，吳×花又對他另眼相看了。就這樣「一屋二夫」的生活型態，又延續了好幾年。

但吳×花十八歲後，身材更加高挑苗條，加上個性活潑外向，成為村中年輕男子搭訕搞曖昧的第一人選。姚子秀已完全心冷、視而不見；但儲作權則醋勁甚大，經常為此事和村中男子爭吵，甚至大打出手。但這時由於警方查緝私宰更加嚴厲，儲作權不能常在吳家久留，私宰利潤也不及前幾年，吳×花在生理與經濟都不滿的情況下，在村中又勾搭上了第三個丈夫馬嘯天。姚子秀睜一眼閉一眼，反正再多一個男人來幫忙「養家」，對他而言也不無小補；但儲作權就不這麼想了，村裡的人都知道，儲作權整天跟蹤馬嘯天和吳×花，連他們兩人看電影時，他也要坐在旁邊「監視」，這段三角畸戀，遲早一定會「出大事」。

一九六三年初，吳×花不理會儲作權的糾纏，堅持要將馬嘯天公開來往。吳老跛不滿儲作權多管閒事，妨害他們一家人的「平靜生活」，所以警告儲作權別再從中作梗，否則就要趕他出去。儲作權雖然不甘心，但他確實也沒立場干涉吳×花的決定，就這樣從「一屋二夫」變成「一屋三夫」。可是到了十二月二十四日，馬嘯天竟然違反協議，帶著吳×花「單獨出遊」，到隔年二月十六日（農曆正月初四），才送回太平新村。吳×花回家後，吵著要跟姚子秀離婚，姚子秀當然拒絕；因為離婚後，他不但沒了這年輕貌美的「義胞妻子」，還必須搬出義胞的眷村。

姚子秀拒絕離婚，但也不干涉吳×花與馬嘯天「出遊」；可是儲作權卻不同意，與馬嘯天爭論後大打出手；吳老跛一怒之下，要儲作權立刻離開太平新村，否則報警處理。儲作權只好搬去鳥松鄉小貝湖畔，一位梁姓友人搭建的草寮中暫住。但儲作權平日還是常回太平新村，因為他擔心姚子秀若是不繼續堅持，吳×花一離婚，必然會和馬嘯天結婚，這樣他和吳×花的關係就會完全斷絕。姚子秀和吳×花的離婚糾紛，經高雄縣婦女會調解兩次，始終不能獲得離婚協議，吳老跛認為都是儲作權在從中作梗，因而對他敵意甚深。

儲作權搬離太平新村後，吳×花與馬嘯天之間卻沒有因此「太平」。原來去了一趟台北，吳×花的眼界大開，發現憑她自己的條件，根本無需如此辛苦的週旋於這三個老兵之間，於是決定「自力更生」。吳×花到鳳山鎮東亞戲院旁的「東亞清茶室」擔任服務生，由於年輕貌美，客人口耳相傳，立刻每天「幾十砲而紅」。三月二十一日早上，馬嘯天約吳×花在曹公路高雄縣黨部前談判，吳×花帶著姚子秀一起赴約。馬嘯天要她辭去這每天生張熟魏的風塵行業，吳×花不允，馬嘯天憤而當街毆打她，姚子秀在旁勸阻，但因身材瘦小，也遭池魚之殃。

馬嘯天在大街上毆打吳×花，經路人報警後，由鳳崗派出所員警負責調解，雙方各自離去。吳×花死後，姚子秀接受警方約談時供出上情，並說吳×花在四月七日下午離家，八日上午回家，下午六時再外出，不料竟慘死於稻田中。雖然各種跡象顯示，馬嘯天涉嫌程度甚大，警方也先以他偽刻老蔣印章、涉嫌叛亂為名收押；但警方也同時詢問姚子秀，儲作權長相如何，現在人在哪裡？姚子秀竟說：「儲作權就是那天幫我寫出那個『嘯』字的那個朋友，你們也見過啊！」

警方聽到姚子秀說儲作權是當天幫忙寫字的路人，立刻大呼：「慘了，抓錯人了。」原來警方想起，那名幫忙寫字的路人，不就是最先指認出死者的「何先生」？如果他是儲作權，為何要謊稱自己姓何，還說自己認不出相片裡的馬嘯天是誰；可是等一下姚子秀不會寫「嘯」一字時，他又能輕鬆寫出，其中必然有鬼。警方於是趕緊調集大批軍警，照姚子秀所說的地址，全面封鎖鳥松鄉小貝湖周邊道路。但軍警還是晚到一步，儲作權早已畏罪潛逃了。

當軍警正在全面緝捕儲作權時，仁武鄉卻驚傳在池塘裡撈獲一具無名男屍，警方一度誤以為儲作權已畏罪自殺，由姚子秀確認後才證實，屍體與儲作權無關，隨即又在南部各鄉鎮繼續偵緝。十一日下午一時許捷報傳來，有人發現儲作權在屏東民眾閱覽室看報，警方不敢大意，荷槍實彈地進入閱覽室，卻發現儲作權正趴在桌上睡覺，不費吹灰之力就順利逮捕到案。儲作權一被捕，就坦承人是他殺的。他是九日晚間馬嘯天被收押後才逃來屏東的，下午時他曾向太平新村的朋友借錢，但是沒借到。他萬念俱灰，來到民眾服務站要服毒自盡，不料卻被警方叫醒，成了階下之囚。

警方調查後發現，儲作權身上有一西式信封，裡面裝著一張遺書，坦承自己不滿吳×花移情別戀，以及吳老跛趕他出門，四月八日在鳳山第一市場的五金店，以四元買了一把水果刀，到處尋找吳×花，還先後到她家中兩次，直到深夜十時，才在鳳山火車站附近看見吳×

花和一位陌生男子在一起，他在旁等到那男子離開後，藉口要請吳×花吃宵夜，兩人沿火車站左前方的協和路向西走。吳×花告訴儲作權，她已決定要去台北討生活，永不再回太平新村這個變態的家，也不要見到你們這三個變態的老男人。儲作權知道和好無望，一怒之下就拔刀殺了吳×花。本來還想掩埋屍體，但因未帶工具，慌亂中就從附近稻草堆，拖來一大捆稻草掩蓋屍體，然後到火車站附近，騎了他的腳踏車回小貝湖，再把兇刀埋在附近草堆旁的瓜架下面，然後洗滌在稻田弄污的布鞋和濺了血的衣服。

警方按這遺書所說，輕鬆的起出兇器與血衣，本案順利偵破。但警方也不解，遺書裡儲作權明明提到自己服用了氰酸鉀，為何卻沒死。於是照著遺書上所說的藥房去追查，才發現原來是老闆看儲作權來買藥時神色黯然，怕他買去服毒，就故意更換成強力安眠藥。警方將儲作權移送地檢處羈押，經法院三審判處死刑，褫奪公權終身確定，呈奉司法行政部核准，發交台南高分院檢察處，在八月二十一日清晨執行槍決。

吳×花命案從案發到破案不到七十二小時，而且是凶器、血衣、自白一應俱全，真可說是台灣警方首次最成功的「科學辦案」。但卻因為死者的大陳女義胞身分，還有與兇手之間的微妙關係，使得高層也對破案有功的員警「冷處理」。由於當時老蔣已開始裁軍，很多當年在大陸因被拉伕而蹉跎青春的老兵，如今只能靠著積蓄去購買女子成婚，但由於軍餉微薄，坊間早已盛傳有兩個老兵「合買」一個老婆的流言，官方當然是嚴加駁斥。結果這個命案背後的「一妻三夫」，比集資「合買」老婆的傳言，讓政府更加難堪，何況這「商品」還是大陳女義胞。

不過我確實也很佩服老蔣，他老人家還真的是能「扭轉乾坤」；先是任意的在全中國拉伕充軍，接著又在大陳諸島這樣全島淨空的武裝計畫移民，終於讓三個本應無夢的老兵在台灣瘋狂追夢，還能讓一個應該勇於追夢的少女在台灣全然無夢，最後產生了這段「台灣奇蹟」。

可惜王偉忠、賴聲川這些藝術大師，大概也只對虛構的莒光日模範眷村，例如什麼「自強一村」、「寶島新村」，還有什麼父慈子孝、兄友弟恭的虛幻題材有興趣；真實出現在台灣社會裡的「太平新村」，大陳女義胞與老兵的一妻三夫等真實故事，就只能永遠深埋在陰暗的歷史角落裡了。

騙婚謀殺中國老兵的「黑寡婦」

「黑寡婦」原意是指一種熱帶地區帶有強烈神經毒素的蜘蛛，牠們以各種昆蟲為食。當獵物被纏在牠們所結的網上時，就迅速用堅韌的網包裹獵物，再刺穿獵物並注入毒素，等十分鐘後獵物的掙扎都停止了再食用。這種蜘蛛最大的特徵，就是在交配後，雌性往往會像對待獵物那樣，殺死並吃掉雄性。

但是在台灣，由於某些政客或媒體的操弄，許多因結婚而入境定居的中國女性，也被污名化為「黑寡婦」，例如二〇〇三年三月七日《自由時報》第三版，記者王志宏的報導就說：

「民進黨立委簡肇棟、湯火聖及林育生昨天召開『大陸黑寡婦、一連嫁九夫』記者會指出，大陸新娘在台再婚比率偏高，有二位大陸新娘來台結婚高達九次，輝煌的婚姻紀錄背後存在許多問題及故事。兩岸長期敵對狀態讓大陸新娘成為黑寡婦，除了台灣社會融入度，還有遺產繼承等人性面現實問題。」

坦白說，兩蔣父子在台灣實行的四十年戒嚴統治，對台灣傷害最大的，還不只是屠殺了多少人、剝奪了多少人的自由、禁梏了多少人的青春；他們最惡劣的是為了鞏固權勢，延續香火，不惜將這社會上僅存的一點人性摧毀殆盡。即使解嚴之後，貪腐的阿扁家族與支持他免於被罷免的民進黨，看似在反對兩蔣，但骨子裡卻有著一樣的心態。他們對追求「轉型正義」的興趣不大，只是積極地在社會上尋找更弱勢的族群來壓迫，反正只要底下踩著一些人，即使自己的上面還有壓迫者，但心理上也覺得安全多了。

民進黨裡的那些政客，尤其是召開『大陸黑寡婦、一連嫁九夫』記者會的這三位立委，確實是深得民粹要領。他們在使用民粹語言時，比那些外省權貴第二代政客更露骨、更辛辣也更誇張，甚至連最基本的拐彎抹角、包裝遮掩等動作都省略了。對弱勢的外籍配偶（尤其是來自中國的），他們急於表現本地人與多數人口族群的優越感，將兩蔣以及他身邊的政客當年對本土族群的打壓與歧視，加倍轉嫁到這群新移民身上。

台灣已經是個法治社會了，中國籍女性嫁來台灣，是合法取得居留身分。他們結婚的對象若是當初隨老蔣來台，或被老蔣拉伕而來的退伍軍人，最年輕的也都七八十歲了，而台灣男性的平均壽命本來就是七十多歲，這些人死亡率高是很正常的。況且這類的兩岸婚姻，夫婦雙方年紀差異這麼大，文化差距又這麼多，甚至有些老兵還喜新厭舊，因此結婚離婚不斷，離婚的關鍵不見得是出自中國女性移民，況且她們的結婚次數再多，也不代表她們有殺人啊！

民進黨立委在尚未證實那些老兵是被謀害前，就先將「黑寡婦」這種聳動的標籤，貼在這些弱勢的外籍配偶身上，實在是很沒人性。這些中國新娘到底有沒有殺夫，出來開記者會的立委與報導出來的報社也都沒寫，那麼就讓我來補充報導，把當年台灣新娘連同姦夫（甚至是父親兄弟），騙婚謀殺中國老兵的故事公布出來，讓大家認清誰才是「黑寡婦」的開山始祖。

改良版的「電視莒光日」

為了鞏固政權與傳位給兒子，來台初期老蔣禁止陸軍士官兵結婚；況且軍人待遇差，也不可能組織家庭。所以早期能結婚的不是伙房兵，就是補給、經理、運輸等那些有油水的兵科。後來開放軍人能結婚後，一來他們年紀大了，二來還是沒什麼錢，能娶的不就是全台灣上山下海所有重度智障與重度精神疾病女子？

老兵對台灣最大的貢獻之一，就是他們替全台灣解決了家族與國家該擔負的責任。大家可能不知道，眷村始終是台灣重度智障與重度精神疾病人口最多的社區。只要去榮總精神科或花蓮玉里醫院去看看，那些八十多歲的老榮民，帶著智障與精神疾病的妻子與孩子去看門診或探病，年輕時我讀公共衛生科實習的那一年裡，就被這種景象震撼了。

收視率極高的電視連續劇《光陰的故事》，只是改良版的「電視莒光日」。劇情中那種烏托邦眷村，別說過去沒有、現在沒有、將來更不會有。眷村裡有兩個老兵合買一個智障女「共用」的。有家裡裝四個鐵籠，把妻子與三個已經發病的兒女各關一個，留一個正常還在讀小學的女生負責煮飯照顧（在這樣的環境裡，她到青春期後想不瘋也難）。有妻子因沒錢養育兒女偷偷去賣淫，被抓後憲兵堅持行文外島她丈夫服役的單位，害那個老兵在同僚面前很沒面子，站安全士官時持槍自殺，這婦人接到消息後在家裡毒死了四個兒女再上吊。我同學的爸爸被檢舉是匪諜遭槍決，媽媽入監，她與兄弟姊妹都送孤兒院。老兵婚姻的血淚史，真的是「罄竹難書」。

然而另一方面，老兵在叢林式的婚姻市場裡，除了買到重度智障與精神病的女子，必須拖累後半生以外，即使買到了年輕貌美的台灣女子，也不用高興得太早，因為很可能是謀財害命的陷阱。

一九五四年六月十九日清晨，台中市北區當時還是荒涼地帶的旱溪，有路人報案發現一具男性屍體，警方調查發現死者是家住台中市北區橫坑巷一×〇號的鄧敏忠（二十九歲，廣東梅縣人），他是一九四九年來台的軍人，去年十二月因逃兵被捕，判刑一年，執行半年後，六月十八日才剛假釋出獄，不料就慘死郊外。警方調查時也發現，當初向軍方告密，使鄧敏忠被捕入獄的人，就是他的妻子黃水月（二十三歲），因此將她列為兇嫌。

結果調查後果然證實，黃水月自一九五一年起，就與鄰居朱城（三十六歲）通姦。到了一九五二年，他們發現鄰居鄧敏忠是攜款潛逃的軍人，就密謀由黃水月向鄧敏忠示好，進而結婚，用來當障眼法，以免朱城妻子醋勁大發。但婚後不久鄧敏忠就發現黃水月與朱城有姦情，因而時常吵鬧。一九五三年十二月，朱黃兩人乾脆密謀向軍方告密，讓鄧敏忠被捕入獄，藉以霸佔財產，兩人又雙宿雙飛了半年。

但半年之後，他們知道鄧敏忠將假釋出獄時，黃水月與姦夫朱城已暗結珠胎，為了一勞永逸，就計畫謀財害命。於是由黃水月寫信到獄中，約鄧敏忠返家前先去「旱溪」，而朱城則出錢請黃水月的姐夫陳德金（二十五歲）與自己的弟弟朱載元（十七歲），三人一同埋伏。待鄧敏忠十九日凌晨二時到現場後，三人先以大鐵管將其擊昏，再合力用巨石重擊至死。

十月十三日上午十一時，台中地檢處起訴黃水月、朱城、朱載源、陳德金四人，經地院刑庭多次開庭審訊後，由推事鄺宗源宣判：「朱城、朱載源、陳德金共同殺人，各處無期徒刑，褫奪公權終身。黃水月幫助殺人，處刑十五年，褫奪公權五年，鐵棍一條沒收。」案發時黃水月因懷孕交保，宣判時已順利產下一名男嬰，因而當庭收押。

一九五五年四月二十五日下午，四人上訴台灣高等法院後改判：朱城及陳德金仍維持原判無期徒刑，黃水月因並未實際殺人，朱戴源則因犯案時未滿十八歲，都獲改判有期徒刑十年。轟動一時的「旱溪命案」才告落幕。

不過鄧敏忠雖被謀害，但起碼還跟黃水月過了一年的有名也有實的夫妻生活，死得還不算最冤。十年後的一九六〇年代，接連數起的「黑寡婦」案，那些老兵卻是連青春的肉體都還沒摸到，就先進了枉死城。

宏興大旅社殺夫案

一九六八年九月十八日凌晨，嘉義市警局接到公明路上的宏興大旅社櫃台女中（服務生）的電話報案，指稱昨天晚上十一時，在嘉義山仔頂服役的通訊連排長韋久勝，與自稱是他未婚妻的曾淑花（十七歲，住南投縣竹山鎮福興里中興巷一×號），兩人登記投宿於三〇號客房。到了清晨，曾淑花來櫃台請他代為報案，說她在房內與未婚夫行了二次周公之禮後，未婚夫竟因氣喘病發而忽然暴斃。由於韋久勝年過四十，自一九四九年隨軍來台後，近二十年來都是孤家寡人一個，沒有其他家屬可以處理後事，於是警方除報請檢察官相驗外，也通知軍方領回屍體。韋久勝服役的單位完全不疑有他，就派人將遺體領回，準備火化後寄存。

但來宏興大旅社相驗的嘉義地檢處檢察官黃文禎，卻發現自稱死者未婚妻的曾淑花年紀雖輕，穿著與言行卻有濃厚的風塵味，且與韋久勝年齡相差甚多，語言又不甚相通，心中就暗自起疑。

另外黃文禎也從軍方派來收屍的同僚口中得知，死者生前省吃儉用，因此頗有積蓄，訂婚時就已付給女方聘金二萬元；但在宏興大旅社暴斃後，身上竟無任何現金，那要如何支付房間費呢？於是偷偷報請嘉義地檢處首席檢察官張耀海，指派法醫王世宗相驗屍體。

果然王世宗勘驗後發現，死者根本未患氣喘病，也非死於與女性交歡時過度興奮的「馬上風」。而且在死者睡過的旅社床鋪木板上，還發現有藥物反應，取下化驗後確定是氰酸鉀，認為韋久勝的死因極為可疑，於是呈報嘉義地檢處首席檢察官張耀海。張首席研判後也認為，死者被謀殺成份極大，就一面通知軍方，韋久勝的屍體不得火葬，一面命令檢察官黃文禎赴南投調查。

黃文禎遠赴南投縣竹山，在曾淑花家中搜到幾張照片，都是她與死者訂婚後，最近與另一有婦之夫林清弼（四十歲，住南投縣鹿谷鄉秀峰村鳳明巷二×號）一起拍攝的雙人照，以及二人來往的親暱書信。黃文禎認為這對男女的關係不單純，在交通不便的情況下，又跋涉四小時的山路，到鹿谷林清弼家中，搜出了不少與曾淑花的情書，最重要的是還在他家中搜出了一瓶氰酸鉀。黃文禎於是飭令逮補林清弼與曾淑花兩人，並押解回嘉義市偵訊。

九月二十三日上午，穿著大花青上衣與黑色長褲的曾淑花，被押到地檢處偵訊。數千名嘉義縣市的居民，也特地來此爭睹被報紙喻為「少女潘金蓮」的廬山真面目。曾淑花面對圍觀人群與記者，只能以手遮臉，並不時搖晃頭部，藉以躲避採訪記者的照相。檢察官黃文禎告訴曾淑花：「你的年齡未滿十八歲，會得到法律的減刑，最好從實招供，免得一錯再錯。」接著又讓她聆聽姦夫林清弼的供詞錄音，曾淑花才坦承毒斃韋久順的經過；並對林清弼漏述的若干情節加以補充。

原來曾淑花自十五歲起，就以「明珠」或「娟娟」等花名，在屏東、高雄與板橋等地的私娼寮接客。到今年五月，才返回故鄉竹山鎮，在當地人林進騰（四十二歲）經營的私娼寮續操淫業。六月初，年過四十卻依舊單身的通訊排排長韋久順，請住在彰化縣花壇的媒婆黃門作媒，黃門利慾薰心，存心詐騙想婚成痴的韋久順，就與張文宗合謀，找來在竹山經營私娼寮的林進騰，請他安排年輕機伶的妓女曾淑花，四人共謀詐騙，偽稱曾淑花為良家婦女，安排她與韋久順相親，五天後就在竹山鎮曾淑花住宅訂婚，而韋久順將聘金二萬元交給曾淑花，另付三千元介紹費給在逃的黃門，而黃門則將三千元與已經到案的林進騰、張文宗三人朋分。

由於曾淑花本來就是存心詐騙，毫無一絲從良的念頭，因此訂婚後仍操淫業，並與有婦之夫林清弼繼續姘搭，雙宿雙飛與夫婦無異；而韋久順在嘉義服役，完全不知已當了冤大頭。到了九月三日，兩人在嘉義市登記完婚後，韋久順於九月五日，與曾淑花去竹山鎮辦理戶籍遷移，林清弼竟當著韋久順的面邀曾淑花飲酒，韋久順怒不可遏，就警告林清弼，曾淑花已是他的妻子，若再繼續糾纏，就對他不客氣了。林清弼聽了老羞成怒，頓萌殺機。

九月十七日上午，林清弼在竹山鎮橫街八×號的明堂西藥房，對老闆郭傳發謊稱要毒魚，花二十元購買了一小瓶氰酸鉀。他隨身攜帶三粒，與曾淑花於下午五時十分乘汽車至斗六鎮，再換車來嘉義市。由曾淑花將韋久順約出營房，一起吃過晚飯後，又去逛街，至夜間十一時許，再相偕進入公明路宏興大旅社投宿。曾淑花將林清弼事先準備好加入氰酸鉀的黑松桔子水，騙韋久順說這是進口的春藥，喝下去可以一夜都金槍不倒。韋久順不疑有他，就一口喝了下去，當場暴斃，而林清弼則趁機將其全身財物搜去。

十一月五日下午三時，嘉義地方法院審理終結：「林清弼共同殺人處死刑，褫奪公權終身，又搶奪財物處有期徒刑十年，褫奪公權十年，應執行死刑，褫奪公權終身。曾淑花共同殺人處有期徒刑十三年，褫奪公權十年，又共同詐欺處有期徒刑一年，應執行有期徒刑十三年六月，褫奪公權十年。張文宗、林進騰共同詐欺，各處有期徒刑四月。」轟動一時的「宏興大旅社」殺夫案，總算暫時落幕。

驚悚的蕉園雙屍命案

一九五四年遇害的鄧敏忠，與妻子黃水月還同居了一年；而一九六八年遇害的韋久順，與淫婦曾淑花最少也還同居過幾天。但這些殺害中國老兵的女性，都不是在立法院召開「大陸黑寡婦」記者會的三位民進黨立委或《自由時報》所說的來自對岸，完全都是土生土長的台灣人。當然，這些女人會謀害親夫，除了謀財之外，背後也還有想與姦夫繼續苟合的慾念，說是「黑寡婦」也不盡然完全合理，說是「潘金蓮」還比較恰當。

台灣真正最恐怖的「黑寡婦」，要算是一九六七年蕉園雙屍命案的兇手朱冬梅（二十四歲，住高雄旗山鎮南昌路×號）。因為與她同謀殺害無辜中國老兵的共犯，根本不是什麼姦夫，而是父親兄弟。兩個素不相識的中國老兵趙錫貴（四十八歲）與沈虎臣（四十二歲），只是因為想「婚」了頭，中了朱冬梅一家所設下的美人計，最後這兩個老芋伯別說羊肉沒吃到，連羊騷味都還沒聞到，就先丟了自己的兩條老命。比起鄧敏忠與韋久順兩人，他們的遭遇就更令人同情了。

一九五〇年代菲律賓與南洋各國尚未生產香蕉前，台灣向來被稱為「香蕉天堂」；靠香蕉輸出賺取的外匯，曾達到台灣輸出金額的八分之一。而蕉園雙屍命案的發生地點旗山鎮，位於高雄縣東北方，由於氣候與地理條件適合種植香蕉，更有「香蕉王國」的美名。一九六〇年代起，由於日本人喜歡台灣生產的香蕉，一公斤高達約六至七元，為旗山人帶來了巨大財富。蕉農隨便割一串香蕉，就能換得一兩百元，而酒家茶室的女侍應生陪男客一節僅需五元。因此這裡的「賺吃查某」，只要見到衣服上沾有蕉汁的男客，無不奉為上賓、爭相逢迎；相反的，衣物乾淨的男客，就算不是坐冷板凳，女侍應生也只是隨意敷衍。

一九六六年十一月十七日，高雄縣杉林鄉的警員查戶口時，發現住在通仙巷四×號，以開墾山坡地種植樹薯為生的退伍老兵沈虎臣失蹤了，經鄰居證實已失蹤一個月以上了。無巧不巧的，兩個月前高雄縣內門鄉的警員查戶口時，發現住在永富村一號之×，以開墾山坡地來種植樹薯的退伍老兵趙錫貴也失蹤了，經鄰居證實也已失蹤一個月以上了。這種無家無眷的在台老兵，都是老蔣當年自中國撤退時拉伕而來，如今年邁已無利用價值，就將他們在台灣各荒山野地「放生」，還美其名為「拓荒實邊」，這些統治者眼中的喪家之犬，即使失蹤了幾個，通常也不會有人關心。

幸好本案遇上了高雄縣縣警局刑警隊長佟繼澤，他警覺到這兩位老兵的失蹤大有疑問，於是調閱檔案資料，赫然發現這兩位原本素不相識的老兵，卻都在旗山鎮的廣福派出所有過報案紀錄，而且兩人控告以「結婚」為餌來詐財的人竟然相同，都是家住旗山鎮廣福里南昌街×號的朱冬梅（二十四歲），還有她的哥哥朱炳輝（二十六歲）與弟弟朱澄輝（十七歲）。於是佟隊長率領刑事組長林總，隊員徐建、焦浩民及旗山分局刑事組全體人員，組成專案小組，研判後決定前往朱家調查。

起初朱炳輝自稱早已把錢還給兩人了，只是未立和解字據，也沒任何還款收據；至於他妹妹朱冬梅已在八月十五日由鄰居宋順唐介紹，嫁給台南人趙書聲且已懷孕。但專案小組覺得非常可疑，多次勘查朱家及沈虎臣、趙錫貴生前住處，發現有異，於是在一九六七年五月二十一日晚間十時，於杉林鄉一香蕉園的草寮內將朱澄輝捕獲，但朱炳輝則早已在去年十一月警方首次來家裡問話過後，就已不知去向大半年了。

警方調查後才發現，本案被害人趙錫貴，於一九六五年八月自軍中退役後，經友人吳樂善介紹，九月一日到屏東縣里港鄉土庫村孫月芩經營的農場擔任管理員，後來孫月芩將農場轉給趙錫貴自己經營，而趙錫貴又僱用了朱炳輝、朱澄輝與朱冬梅三人為耕作工人。由於趙錫貴年近半百、成家心切，竟妄想染指年輕貌美的朱冬梅，這種豬哥相讓她哥哥朱炳輝窺知，就以妹妹為餌，向趙錫貴借了八千五百元；在一九六六年的春節前，又預支了兄妹三人兩千多元工資，日後又零星借支，總共借了一萬二千元，把趙錫貴的積蓄榨乾了，農場也因周轉不靈而被迫再次轉賣出去，朱氏兄妹趁機返回旗山老家，倒楣的趙錫貴落得人財兩空。

趙錫貴發覺受騙後，只好轉往高雄縣內門鄉開墾荒地，而朱氏兄妹則轉住杉林鄉另一退伍老兵沈虎臣的農場工作，趙錫貴屢次去旗山的朱家催討欠債；但朱炳輝依然拖欠，朱冬梅也不履行婚約。一九六六年七月十三日，趙錫貴又去朱家討債未遂，憤而向管區廣福派出所訴明經過，經派出所警員從中斡旋，但仍無結果。

無獨有偶的是相隔不到一個月，八月十日廣福派出所又來了另一名退伍老兵沈虎臣報案，指控朱氏兄妹以同樣手法，詐騙了他一萬三千元，派出所警員找來了朱氏兄妹與鄰居（也是媒人）的宋順唐，相約於八月下旬在朱家進行調解，但與趙錫貴的結果一樣，朱冬梅最後還是嫁給了台南人趙書聲。

沈虎臣早在一九六〇年六月，一退伍就在杉林鄉開墾山地。到了一九六五年冬天，朱氏兄妹離開趙錫貴經營的農場後，返回旗山老家，朱炳輝與朱澄輝透過友人周國榮介紹，到杉林鄉沈虎臣的農場擔任臨時工。朱炳輝見沈虎臣成家心切，於是又生歹念，邀沈虎臣至其家中作客，由其父朱清霖（六十二歲）謊稱女兒朱冬梅還待字閨中，有意招他為婿，詐騙一萬三千元聘金；而朱冬梅也故意對沈虎臣獻媚，還親筆寫情書給沈虎臣，因此朱炳輝及朱澄輝在沈虎臣的農場，又是借錢週轉，又是預支工資，每次二、三千元不等，總計數萬元。

到了一九六六年八月，沈虎臣的農場已被朱家搜索一空後，他們又重施故技，不再為沈虎臣做工，朱冬梅也在八月十五日與趙書聲結婚。沈虎臣脾氣暴躁，多次攜帶手榴彈到朱家門口叫罵，揚言要炸燬朱家，鄰人大感恐慌，也要求朱家趕緊出面解決。朱清霖於是派遣未成年的兒子朱澄輝出面安撫，謊稱其姊朱冬梅是在家人不知情的情況下與人私奔，他們會退還聘金與歸還所有借款。但現在香蕉尚未收成，現金不足，稍緩一段時間後將連本帶利的歸還。沈虎臣聽說當時香蕉價錢很好，旗山這裡有許多農民都因此一夕暴富，就再次聽信了朱家人的花言巧語。

警方發現朱家的人，這大半年來既不耕作、又不打工，但卻出手闊綽，就懷疑趙錫貴與沈虎臣這兩名退伍老兵的失蹤，與這一家人有關。五月二十一日率隊前往朱家搜索時，發現朱家附近香蕉園裡的一座獨立草寮，地板雖經大力刷洗，但狼犬仍能聞出有人血反應，於是逮捕了朱澄輝，而朱炳輝早已逃逸多時。

警方偵訊朱澄輝時，他坦承去年七月間，趙錫貴屢次來家裡向朱炳輝索債未果，十三日那天還鬧到派出所。朱炳輝因無法償債，正感走頭無路時，其父朱清霖的好友宋順唐（五十九歲）就勸朱炳輝要趕快解決，朱炳輝原本並無殺害趙錫貴之意思，但宋順唐警告這些老兵要找槍械與手榴彈都不難，如果不先下手為強，恐怕會全家遭殃，朱炳輝因此立萌殺機。

七月三十日早上，朱家人先在香蕉園裡挖好了洞穴，等趙錫貴來朱家討債時，朱清霖夫婦與宋順唐正在飲酒，遂邀趙錫貴共飲。直到趙錫貴略醉，朱炳輝才現身扶他進入屋旁草寮中休息，朱澄輝也陪同至草寮。這時趙錫貴仍不忘索討債務，朱炳輝滿口答應還錢，但要趙錫貴先寫收據，於是趙錫貴親手寫了收據一紙，卻不肯蓋章，揚言要收錢到手後再蓋章。朱炳輝就偽以收據漏字為由，另以趙錫貴聽不懂的福佬語通知朱澄輝「拿家私」（拿兇器），趁趙錫貴在修改收據字句時，兄弟二人分別用鐵鍬及木棍，合力重擊趙錫貴頭部，直到腦漿溢出死亡後，再用麻袋包裹，抬往早上挖好的深坑埋下。

由於朱氏兄弟也是第一次殺人，手法還不老練，以致趙錫貴被擊時並非立刻死亡，還多次高呼救命。朱清霖夫婦、朱全輝、朱冬梅、宋順唐等五人，在屋裡都聽到慘叫聲而往草寮查看，被在外面的朱炳輝攔阻，只有宋順唐一人走近草寮門口，看見趙錫貴死在當地，宋順唐立刻告訴朱澄輝，如果有人問及此事，應說另有四名幫兇，由朱炳輝以九百元代價請來，然後即往草寮後面把風，等朱炳輝將一切行兇痕跡收拾乾淨，才一同去宋家借宿四天四夜。

至於另一名退伍老兵沈虎臣，八月起知道朱冬梅要與趙書聲結婚，就多次上門叫罵，朱家人為了一勞永逸，又共同商定要重施故技，一面由朱炳輝向友人陳金田索取安眠藥五粒，另一面由朱冬梅繼續寫情書與沈虎臣拖延週旋。至九月十一日，朱澄輝到沈虎臣居所，謊稱其姊朱冬梅願與他私奔，沈虎臣於十二日黃昏被騙到朱家，朱澄輝將一杯置有高單位強力安眠藥的青草茶，端給沈虎臣解渴，沈虎臣喝了一口因感到茶味奇苦而拒絕再喝，但經朱炳輝多次勸請，才一飲而盡，未久即告昏迷。

約一小時後，朱炳輝將另一弟弟朱全輝叫來，共同將沈虎臣抬到香蕉園內。然後由宋順唐與朱炳輝二人共同挖坑，將沈虎臣推入活埋。下手之前，他們又共同侵占沈虎臣衣袋內的現款七百元、印章一顆及其遺留的電晶體收音機一個、單車一輛等。

因為沈虎臣曾向警方控告朱炳輝一家詐欺，朱炳輝既取得沈虎臣的印章，就在十月十八日與陳金田同往屏東縣黃德安代書處，由陳金田冒充沈虎臣，寫了一紙撤回告訴的狀子呈送警方，企圖了結前案。結果欲蓋彌彰，反而引起專案小組的懷疑，認為沈虎臣的無故失蹤與朱家有關，經多方追查求證，結果破獲了這宗慘絕人寰的蕉園雙屍案。

朱澄輝被警方逮捕後，起先還故弄玄虛，只供出趙錫貴的埋屍地點，警方在五月二十二日下午，於旗山鎮廣福里南昌街一號左側的香蕉園起出，並經高雄地院檢察官史如洲與法醫楊國禎到場檢驗，認定趙錫貴係被鈍器打死後埋屍滅跡。至於沈虎臣的屍體，朱澄輝則詐稱埋在朱炳輝的姘婦林翠娥家中的田裡，而林翠娥的父親林礽昌住在台東縣關山鎮，朱澄輝想趁警方押解他去台東起出屍體的路上找機會脫逃，也是朱家賊星該敗，二十二日下午起當地大雨傾盆，警方無法啟程，但帶來的狼犬卻在香蕉園裡聞出破綻，警方僱工冒雨挖掘，竟然找出沈虎臣尚未腐爛完全的屍體，立即報請高雄地檢處檢察官施國家會同法醫楊國禎相驗，在屍體上並未發現傷痕，與朱澄輝供認於下毒後埋屍滅跡的情形相符。

蕉園雙屍案被警方破獲後，兩位被害人趙錫貴及沈虎臣的骸骨，在五月二十八日由退除役官兵輔導會高雄縣聯絡中心予以安葬。殯葬當天，旗山各界及退除役官兵二百餘人，曾舉行追悼會，為死者安靈，然後送入公墓安葬。大家曾要求警方提解在押兇嫌朱澄輝為死者上香，但警方恐發生意外而予婉拒。至於在逃主嫌朱炳輝，警方在二十六日下午，於甲仙鄉關山村中和巷十×號陳姓鄉民家中，找到他留下的部分書籍及日記以及一本親友通訊錄。據甲仙鄉民眾說，朱炳輝去年起在當地販賣鹹魚乾，在寶隆村時化名王子雄，當地人都叫他「阿雄」，後來移住關山村，又化名朱意恆，原來戴黑框眼鏡的他，現已不戴眼鏡。

趙錫貴的屍體被警方挖出後，朱炳輝的哥哥朱杞輝就跑到山區報訊，告知弟弟朱澄輝已被捕，當晚兩人在草寮中睡了一晚，第二天朱杞輝下山回家，朱炳輝則剪短頭髮，拋棄眼鏡，開始逃亡。他換了一件舊的藍布褲子，赤足進入甲仙鄉山林中的小林村，在那裡住了兩天，又翻山逃到台南縣境的南化鄉玉山村，在一位姓鄧的農民家裡做了七天的零工。然後再回到高雄縣甲仙鄉，在和安村四德巷十鄰三×號彭傳枝家裡做零工，直到六月十八日被捕當天，他還在幫人做工。警方在獲得密報後，趁朱炳輝入睡時，順利將其擒獲。朱炳輝平日只穿汗衫、長褲和膠鞋，晚間也都穿著鞋子睡覺，他說這是預防被警察追捕時可方便逃跑。

朱炳輝的高中學歷，在當時南台灣鄉間，已算得上是知識份子。加上原本留長髮、戴眼鏡，很有書卷氣息。但逃亡時卻剃光頭，不戴眼鏡，全身被曬得又黑又紅，化名林瑞和在彭傳枝家中做工時，由於工作賣力，彭家每天都給他四十元工資，他已積蓄了二百多元，誰也不曾懷疑他就是連續殺害兩名老兵的朱炳輝。受過高中教育的他，知道弟弟朱澄輝只有十七歲，在法律上可以減刑，所以事先教他萬一被捕時，應多方抵賴，實在無法抵賴時，也只能承認是他人幹的。由於本案是朱家家族性的計畫犯罪，所以都已事先串供，即使破案了，在司法上依舊纏訟多年。

七月六日，高雄縣警局將本案移送高雄地檢處，警方在移送書中列有十一名涉嫌人。除共同殺人及埋屍滅跡的在押被告朱炳輝、朱澄輝、宋順唐等三人外，朱炳輝已出嫁的妹妹朱冬梅，弟弟朱全輝，父親朱清霖等三人也一並移送。至於朱炳輝之兄朱杞輝、朱炳輝的姘婦林翠娥，及林翠娥的父親林礽昌三人則涉嫌藏匿人犯。而朱炳輝的友人吳上吉，涉嫌偽造沈虎臣的撤銷告訴狀，另一友人陳金田，涉嫌供給朱炳輝安眠藥，也被一併移送法辦。

七月二十六日，高雄地檢處檢察官史如洲偵查終結，將朱炳輝、朱澄輝和宋順唐，依殺人、侵占，偽造文書等罪嫌提起公訴。其他被警方列為被告的朱冬梅、朱全輝、朱杞輝、朱清霖、林礽昌、林翠娥、吳上吉六人，都因罪證不足獲不起訴處分。另一被告陳金田為現役軍人，依法移轉軍法機關審判。

八月二十二日上午，本案在高雄地方法院第一法庭首次開庭，由女推事楊玉簪主審。獲不起訴但卻成為記者與地方人士關心焦點的騙婚女主角朱冬梅，以證人身分出庭作證。由於檢察官在起訴書中的心證，早已認定朱冬梅只是在不明內情的情形下，抄寫朱炳輝擬好草稿的情書，其他一概不知情，朱冬梅至此已完全逃過了法律制裁。

十月二十日深夜，被押在高雄地方法院看守所的朱炳輝，自忖連續殺人已難逃死刑，竟慫恿關在同一監舍的人犯尋找鐵器，計劃鋸斷鐵窗，越窗逃亡。被看守所值夜法警發覺，鳴槍制止後送回監房，並加上手銬腳鐐，改送犯則房中加強監禁。

十二月十三日本案初審宣判前夕，凌晨一時四十分開始，朱炳輝就在犯則房內大哭大鬧，使看守所幾乎通宵不得安寧。他告訴法警說：「半夜裡突然有一條冰涼的腿伸進我的被窩裡，接著有人伸手扼住我的脖子。」管理人員苦勸無效，一直鬧到凌晨四時才安靜下來，使看守所內數十名在押人犯大受干擾。

十二月十三日下午五時，高雄地方法院宣判，被告朱炳輝、朱澄輝、宋順唐被控共同殺人，除朱澄輝因尚未成年獲判有期徒刑十五年外，朱炳輝和宋順唐均被判處死刑，褫奪公權終身。但本案纏訟至一九七〇年四月三十日，仍被台南高分院依殺人罪判決朱炳輝、宋順唐處死刑，褫奪公權終身；然而朱澄輝卻被減刑為有期徒刑十二年，褫奪公權十年。轟動一時的「黑寡婦」騙婚謀殺退伍老兵案，從此漸漸被人淡忘，直到進入二十一世紀，「黑寡婦」這個話題才又被民進黨立委挑起，只是事過境遷，那些真正殺害退伍老兵的「黑寡婦」沒人記得，反而是中國的女性移民要來扛這個罪名。台灣弱勢族群的人權，或許還有很長很長的路要走吧！

老蔣為美軍打造的「性」福台灣

一九七二年在老蔣英明統治下，三民主義模範省的台灣省政府，發行了一本英文觀光指南。既然是官方印製，手冊上又有著謝東閔、陳大慶、黃杰等歷任省主席的序言與簽名，裡面的文字即使是介紹到北投的觀光業，也是中規中矩到了無聊的程度，但編輯選用的配圖卻引起軒然大波，原來那是一個美軍白人士兵與兩個台灣女子共浴的照片。然而這張「一箭雙鵰」的鴛鴦戲水圖，也不是什麼漢奸或匪諜拍的，而是出自於一九六七年十二月二十二日出版的美國《時代雜誌》(Time)。因為這張照片點出了老蔣表面上雖說要建設台灣成為反攻大陸的「復興基地」，實際卻將台灣改造成越戰美軍的「射精天堂」，用大量美軍來台買春所支付的美金，取代一九六五年起終止累計已將近十五億的美國經援，就是要用美軍「精」援來取代美國經援。

瞭解時代雜誌歷史的人，自然就會知道這本暢銷世界的雜誌創辦人亨利．路思義（MR. Henry R.Luce）與老蔣的關係。他出生於一八九八年四月三日的山東登州（今蓬萊市），父親是長老會在華的宣教士（我是假山東人，他才是真的山東人）。現在台灣中部的東海大學，校園裡最有名的建築物「路思義教堂」(Luce Memorial Chapel)，就是紀念他父親。而亨利·路思義生前對老蔣可謂恩至義盡，但好笑的是雜誌裡這篇標題為「五日豐富之旅」(five-day bonanza)的文章中，只有兩小段文字與一張照片圖說裡提到「台灣」，偏偏這時老蔣正如火如荼的大搞「中華文化復興運動」，老美卻照實報導台灣為美軍提供的「性服務」，以致羞慚轉為震怒的老蔣查禁了雜誌。但可笑的是在他老人家統治下，中華民國只剩一個的省政府，卻用同樣的照片在招攬美軍來台買春，真是「只許台官放火，不准美刊點燈」。

越戰美軍的「射精天堂」

在美國停止經援台灣的同時，美國涉入越戰的規模也越來越大，越戰軍人在亞洲各國的R&R(Rest and Recreation Program，休息與消遣計畫)也越來越大。這篇文章是介紹越戰美軍除了每年除三十天的休假外，還有額外五天可以自由選擇前往包括越南、日本(東京、京都)、曼谷、台北、香港、檀香山、馬尼拉、檳城、吉隆玻、雪梨等十餘個都市進行豐富之旅。文中提到「台灣」的兩段分別是：

「台北，除了少數的文化景點，以及故宮博物院的精美中國文物收藏之外，親切和藹的女孩(就是妓女)以及著名的餐飲，讓R&R將其定為官兵休假及休閒的地點。」

「不要上公車，因為你的錢包可能會不見。還有買春別超過二十四小時，因為她們第二天起床後的『芳容』常會讓你驚艷。」

雖然早在一九六五年十一月二十一日，越戰美軍來台度假初期，《聯合報》第三版就建議政府：「戰場上下來的人需要刺激，去酒吧間的人自不在少數，但酒吧間不是一切，也不必把美國青年估計得太低，認定他們的樂趣僅限於一二方向，在此同時，要為他們安排更多的項目，使他們能按照個人的興趣，各有所適。咖啡店、茶室可以分分工，闢設各種不同性質的音樂沙龍。」不過事實也證明，除了少數英語教堂裡，有虔誠的基督徒美軍聚會，甚至還參加短期宣教外，絕大多數美軍在台灣的「五日遊」，還是落在老蔣為他們規劃的「射精天堂」裡。

這篇文章裡提到，從一九六五年開始的越南美軍「五日遊」制度，起初每個月送五百人去香港或曼谷度假，現在則每月送出三萬人到台北等十多個城市，正如文中所誇耀的「這可能只有世界上最富有的國家才辦得到」，還說「美軍通常是教育程度較高的，比較成熟，對異文化好奇，品行也好得多。」文中提到香港人認為美軍的軍紀還好過駐港英軍，這一點是事實，來台度假的美軍也比當時駐台美軍的軍紀要好很多。不過最重要的是「他們有更多的錢可以花用，平均每個人五日遊大約花二百元美金。」

文章中也提到這些「五日遊」的美軍，計算時間是飛機到達旅遊城市才開始，度假專機起飛前，美軍還有「勤前教育」，教導他們當地的禮節與禁忌，每個人先理髮，換上乾淨衣服，飛機上座位也不分階級，二兵可能就坐在上校旁邊。文中還建議美軍，如果不想在度假時看到太多同袍，不妨選擇吉隆玻、新加坡等城市。當然，雜誌裡自吹自擂了五頁，只是要推出「他們可能是歷史上品行最好的軍人了」這個結論。

老美在介紹自己的軍人時，當然就像好萊塢拍的商業電影，男主角一定是英雄救美的騎士，東方女性就負責投懷送抱、以身相許。文章裡介紹東京，是一個在清水寺遊玩的美軍，「他的義務導遊是個女大學生，她想藉著翻譯來練習英文。」介紹越南的照片圖說是：「南越東海岸浪很高，酒吧也開得很晚，一個在戰場上努力殺敵的海軍，總能找到穿比基尼泳裝的越南少女。」介紹香港的圖說：「香港灣仔區是蘇絲黃的世界，一個剛從越南來的美軍，正和彩虹酒吧的海倫共舞。」介紹曼谷是美軍坐著吃泰式美食，「女服務生跪著把菜送到他口中。」另外在曼谷運河上，三個美軍躲在泰國女性為他們撐的陽傘下，是為了「可以更接近泰國人民」。

當然，最讓老蔣氣憤的是，介紹其他亞洲城市的女性「服務」度假美軍，照片都不及介紹台北的這張露骨：「從台北坐計程車，只要三十分鐘就可達北投，當地有七十五家溫泉旅館，其中最出色的是文士閣。雖然不是每個美軍，都會丟下台北的樂趣去找文士閣，但像來自辛辛納提的二十一歲陸戰隊班長亞倫貝利（Allen Bailey），是不會後悔這個決定的。」

根據網友「行政排」的考證：「在時代雜誌刊出這張照片時，男主角Allen Bailey確實也無法後悔這個決定的。因為生於一九四五年八月三十一日，在美軍第七陸戰團第二營服役的他，早已在一九六六年三月四日，美軍在越南廣義省發動的『猶他作戰行動』（Operation Utah

）裡，搭直昇機進入戰場時因槍傷陣亡了。我們回頭仔細看這張讓台灣艷名廣傳全世界的照片，會發現這個當年才二十歲的美國大兵，從隨時都會死傷的戰場上來到台灣，享受兩位年輕女子的共浴服務時，他的眼神倒也沒有什麼曖昧淫穢，反而就像是一個兩歲的小男孩，洗澡時讓媽媽在旁邊替他沖水時一樣。他那種單純滿足的質樸表情，對照他『五日遊』之後回到越南，立刻就戰死沙場的悲劇，戰爭的殘酷與荒謬，這張照片或許就是最好的見證。」（不過據我的考證，那應該只是同名同姓的美軍，原因下一篇文章再詳述。）

國軍叛逃飛官的控訴

一九六三年六月二日，台灣中央社報導：「空軍總部宣布：我機一架一日上午在台灣上空做例行性訓練飛行時，因氣候惡劣失去聯絡。」然而中國《人民日報》卻刊登新華社的消息稱：「原蔣軍空軍第二聯隊十一大隊四十二中隊上尉飛行員徐廷澤，駕美製F－八六F噴氣戰鬥機起義，飛返祖國大陸，於今日上午在華東某機場安全降落。」在福州降落的徐廷澤，除了獲得後來照樣也「駕機叛逃」的副主席林彪，頒贈了二千五百兩黃金，還解釋自己「回歸祖國」的理由竟然是：

「我感到台灣在美國的控制下，軍人過著屈辱的生活。國民黨當局對外喪權辱國，對內禍國殃民。美國控制著台灣的軍事機構和軍事活動。美國顧問湯姆強姦了空軍總部一個上尉聯絡官的妻子，也無人過問。」

一九五〇年韓戰爆發後，美軍開始進駐台灣二十多年，最先來的是軍事顧問團與中情局，因為人數不多，有些還在閩浙外海上的離島，所以問題不大。但隨著韓戰的停火，一九五四年十一月，台美之間簽定了「中美共同防禦條約」後，大量美軍駐台。老蔣曾與老美簽下臨時協議，在雙方簽定「在華美軍地位協定」前，所有駐台美軍都比照顧問團，而顧問團又屬美國大使館；也就是說這數萬名的駐台美軍，全都能在台灣享受「外交」待遇。這種情況下，美軍在台灣的「性」福，當然是可想而知。

根據二〇〇一年五月六日，香港《亞洲週刊》所報導的專題「駐台美軍惡行檔案曝光」，該刊獲得一九六六年七月十一日，台灣省警務處處長周中峰（後任國安局長）給台灣省主席黃杰的機密報告稱，歷年來處理美軍的「涉外案件年約二千至二千五百件之間，雙方均能顧全大體」，「符合弭禍於無形，制亂於初動之要求」。

至於美軍在台所犯下「涉外案件」，最主要的還是強姦台灣婦女。老蔣擔心引起民憤，加上美軍在台又有治外法權，官方只好扮演「龜公」的角色，盡量「大事化小、小事化無」，強姦案最後都是「和解」收場。在軍統局特務出身的周中峰處長，上呈軍人轉任省主席黃杰的這分機密報告裡，有許多駭人聽聞，但在戒嚴時代台灣媒體圈，誰都不敢報導的「涉外案件」。

例如一九六六年六月二十六日下午，被收容在台北博愛婦孺教養院裡，一名年僅十四歲的林姓孤兒，竟然被一個黑人美軍強拉上車，駛至美陸軍通訊中心附近荒僻草地，該黑人在車內將林姓少女強姦後逃去，後經員警外事組向美軍懷特中校展開調查，確認是美陸軍通訊中心人員布朗所為。該美軍由受害人在數十黑人行列中確切指證無誤，由於案情嚴重，交由台方司法機關審判。至於「和解」條件如何，報告裡未提到。

另外報告裡也有一個強姦「半」遂的和解案例：一九六六年五月二十日至六月十五日，十七歲羅姓女傭，連續被美軍莫庚林軍士脫光衣服強暴三次，《亞洲週刊》裡報導，機密檔案的調查巨細靡遺，指稱每次強姦時均是莫庚林「尚未深入即不支洩精」。經「協調」後雙方同意和解，由莫庚林賠償羅女美金三百元。

機密檔案最「勁爆」的話題，就是這起「美軍強姦，國軍賠錢」的案例。一九六六年六月十九日凌晨二時，駐台中的美國空軍一等兵聖米格爾，在台中市大公街一家旅社內，原欲召妓不遂、竟然頓萌歹念，先搶奪旅社李姓女服務生（三十五歲）手上所持之身分證逃出，李女追出門外至無人處，米格爾突以小刀威脅李女就範，在旅社以外約二百碼處巷內施以強姦。該處原堆放公賣局回收酒瓶等雜物，李女被強按於雜物上，以致臀部被割傷。案發時旅社員工發覺有異，隨即報警，員警當場捕獲該美軍現行犯，並檢獲小刀、皮夾、內褲等證物。台中市警察局立即報告台中地檢處，並通知美軍憲兵組長到場處理。

由於受害人的丈夫，是國軍的空軍第三聯隊士官。檔案裡還特別提到：「本案牽涉中美雙方軍人，性質極為嚴重，稍一不慎極易招致重大糾紛。為維護軍心士氣，並避免擴大起見」，國軍的做法竟然是先行「墊付」受害人遮羞費十萬元，再由受害人「向地檢處撤回告訴銷案」。至於國軍日後是怎樣向美軍催討先行「墊付」的遮羞費，檔案裡沒說，大家也不用多問了，反正我們國軍是很有錢的。

駭人聽聞的「埤頭事件」

這三起一九六六年台灣婦女被美軍強姦的案例，能得到美軍的賠償，甚至是國軍的先行「墊付」，而不是像一九六三年叛逃國軍飛行員徐廷澤所說的「無人過問」，關鍵是在於這三起美軍強姦案件，都發生在一九六六年四月十二日，台美之間剛簽署換約後正式生效的「在華美軍地位協定」後。這個協定之所以在美軍駐台十多年後才搞定，最大問題就是第十四條第三項裡，關於美軍在台犯罪的管轄權，尤其是在「強姦」罪的部分。

至於拖延十多年的「在華美軍地位協定」，能在一九六六年得到美方讓步，將在台灣涉及「強姦」罪的美軍，交由台灣司法機關處理，關鍵也就在於兩年之前的「埤頭事件」，以及為這案件奔波勞碌，讓老美也敬佩的已故東吳大學校長端木愷大律師。

一九六四年八月，越南爆發「東京灣事件」，北越游擊隊向多處美軍基地展開攻擊，正規軍的三二五師甚至越過北緯十七度線，進入南越領土集結，美國國會因而在八月七日通過「東京灣決議案」，授權總統自行判斷動用包含武力在內的一切行為來處理。

隨著美軍涉入越戰的情勢升高，十一月三日（星期二）國軍與美軍在中台灣聯合舉行「天兵六號演習」，不但駐台美軍參加，連琉球（當時還由美軍佔領）美軍也來調動來台支援。但在演習過程中，美軍一七三空降旅五三團三連的三名黑人士兵莫利、布希與英格瑞，竟在光天化日下，於彰化縣埤頭鄉和豐村，持槍輪姦一名在田裡工作的年輕女子，該女在受暴過程中因未完全配合，還遭三名美軍毆打成重傷。

這件駭人聽聞的輪姦案，在淳樸的台灣農村發生後，雖然媒體在老蔣的戒嚴體制下不敢報導，但小道消息已傳遍各處，美軍高層知情後，連夜將三名涉案軍人空運回琉球。老蔣當然也擔心，案子若在台灣的美軍法庭裡審判，像九年前「劉自然案」那樣被判決為無罪，台灣勢必引發反美暴動，心裡當然也希望美軍趕緊把這三人送走。至於受害的農村女子，為了「中美軍事合作」，就當作為國捐「軀」一次（不，是捐了三次）吧！

案發之後四個月，一九六五年二月八日，被送回琉球的三名涉案美軍，在琉球奎裕營軍事法庭開庭審判，被輪姦成重傷的台灣農村女子，並未在琉球出庭，而是由已故的東吳大學校長，也是密西根大學法學博士的端木愷大律師，蒞庭為被害人爭取權益。當年美國本身的法學博士也不多，端木大律師德高望重，法學素養與職業經驗，連老美也敬畏他三分。

因為端木大律師的義助蒞庭，被輪姦成重傷的台灣女子，在美軍法庭裡獲得了公道。涉案的三名黑人士兵，都被判以不光榮退伍，並停止一切薪資與津貼入獄服刑。二月九日，輪姦並施暴的主犯莫利，被判處五十年的重刑。二月十日，布希因為是從犯，雖強姦被害人，但並未毆打施暴，所以被判處二十年徒刑。二月十一日，英格瑞不僅是從犯，並未毆打施暴，而且強姦時因緊張而未深入，也無法射精，犯案後又立刻在台中向美軍牧師懺悔，所以法庭只輕判他十年徒刑。

「埤頭事件」在端木大律師的義助下，美軍法庭終於讓強姦婦女的大兵受到法律制裁，而美國軍方也開始正視軍人強姦駐在國婦女的軍紀問題，同年八月三十一日，老蔣終於得到老美同意，簽署了延宕十多年的「在華美軍地位協定」，將美軍在台涉及的強姦案，在換約生效起，交由台灣司法當局處理。雖然台灣軍警為了「大局」，還是會軟硬兼施的讓受害婦女接受遮羞費後「和解」，但無論如何，台灣婦女的人身安全，還是多了一點保障，一切都要感謝這位擔任東吳大學校長多年，卻從不領薪水，去世後還捐出房子的虔誠基督徒——端木愷大律師。

雖然台美之間簽署了「在華美軍地位協定」，但美軍在台也逐漸走進歷史。一九七〇年代後，「越戰越南化」讓美軍不是很光榮的脫離了泥淖，而台灣也少了度假美軍來買春的外匯收入。隨著老美與中國的「關係正常化」，駐台美軍的人數也逐年減少，琉球美軍更不可能來台演習了。到一九七八年十二月，老美終於「背信忘義、排我納匪」，斷交之後一年，協防條約終止，台灣自此也就再也沒有美軍來了。美軍「射精天堂」的這個惡名，當然也終於洗刷乾淨了。

《時代週刊》引爆全台的按圖索「妓」

二〇〇八年初，台灣島內經歷了一場驚天動地的總統大選，曾任台北市長的小馬與高雄市長的長仔捉對廝殺，很多人大概以為馬謝兩人的出身背景、政治主張、施政風格都涇渭分明，不會有交集的地方。不過二〇〇二年初，台灣紀伊國屋書店平擺陳列的新書《極樂台灣》，卻讓在政壇永遠互唱反調的馬謝兩人，很難得採取了一致的立場與做法。

《極樂台灣》說穿了原本只是一本日文「買春指南」，作者吉本三郎以親身經歷的筆法，向買春客介紹台北西門町、林森北路、雙城街及高雄七賢一路的風月場所，還附上了一些女侍應生的露點照片，連每家店的營業時間，坐檯費、出場費、過夜費、能不能「抽皮鞭、滴蠟燭」、懂不懂日語，甚至如何殺價都詳列其上。由於這些資料對某些喜歡按圖索「妓」的讀者很有幫助，因而剛出版就銷售一空，但也引起了台灣媒體的抨擊與婦女團體的抗議。

長仔的政治敏感度比較高，在高雄首先發難，查扣了全市各書店與書報攤陳列販售的《極樂台灣》。慢了一步的小馬，只好跳過新聞處，自己出面發表更聳動的言論，揚言對這些日本買春客「來一個抓一個，來兩個抓一雙」，還準備仿效對岸公安，在他們的護照上加蓋「淫蟲」兩字，最後並向即將卸任的日本交流協會台北事務所所長山下新太郎當面抗議。檢方也依妨害風化罪嫌，移送了引進這本書的紀伊國屋書店微風分店主任關根大輔，並向法院請求加重其刑責。

其實類似《極樂台灣》之類的買春指南，在日本書店可說是司空見慣。這種「吃好兜相報」的買春經驗譚，別說在香港的報紙上，即使《蘋果日報》剛進台灣時，也都經常出現，只是在標題上沒有刻意突顯「台灣」而已。所以即使這本書寫得再淫穢、再誇張，也不會有問題。偏偏出版社把書名扯上了「台灣」，日本在台的書店從業人員又不識「國情」，不了解「台灣」這兩個字的政治敏感性，兩黨政客都要藉此大作文章，被移送法辦也怪不得別人了。

台灣這種「假道學」的媚俗做法，在二十一世紀是已經進步了很多，警方這次移送的是日籍書店從業人員。時光倒回三十年前，戒嚴時代台灣有一張兩名北投妓女與來台度假的越南美軍，在旅社房間裡共洗鴛鴦浴的彩色照片（那年代彩色照片還很少見），被刊登在當時全球流通的《時代週刊》（TIME）上，讓老蔣覺得出了「洋」相。而警方追究的不是攝影記者、不是雜誌相關從業人員，也不是男主角，因為他們全都是老美，我們一個也得罪不起，被法辦的只好是那個領有政府頒發執照的女侍應生：北投「三一四七」應召戶裡的美玲姊姊。

美軍的「五天幸運之旅」

一九六四年七月三十一日，美軍驅逐艦馬多克斯號在靠近北越的公海上遭到魚雷艇襲擊，美軍則以轟炸北越海軍基地作為報復，爆發了「東京灣事件」。美國國會於八月七日通過「東京灣決議案」，授權總統自行判斷動用包含武力在內的一切行為來應付這一事件。雖然詹森總統一開始也不願意派兵參戰，但次年二月，美軍在越南中部的波來古基地遭到北越攻擊，空軍隨即發動第一次報復性轟炸。三月八日，三千多名美國海軍陸戰隊員在峴港登陸，成為第一批進入戰區的美軍戰鬥人員。七月二十四日，一架美軍F四C戰機被擊落後，詹森總統將駐越美軍提升至十二萬人；十一月二十七日，國防部要求提升美軍數目至四十萬人，以便執行大規模掃蕩。到了一九六六年八月，已有多達四十三萬美軍士兵進駐越南。

美軍在越南的逐步增兵，對中南半島越柬寮三國人民來說是場災難，但對其他未被戰亂波及的鄰國（尤其是台灣），卻成了刺激經濟發展的動力。一九六七年十二月二十二日，《時代週刊》刊登了一篇介紹駐越美軍有五天海外「特別假」的報導，文中提到東京、京都、曼谷、台北、香港、檀香山、馬尼拉、檳城、吉隆玻、雪梨等十餘個都市，其中介紹台北的部分，刊登了那張北投女侍應生陪浴的照片，雖然讓台灣的觀「光」業，得到了比登廣告還難得的宣傳機會，但老蔣的勃然震怒讓北投警方誠惶誠恐，於是引發了一場全民到北投按圖索「妓」的風潮。但這篇 Five-Day Bonanza（五天幸運之旅）其實重點也不是買春，我先引述全

文如下：（中文翻譯部分感謝後備軍友俱樂部網友「行政排」賜正）

「全世界僅有這個最富有的國家才擔負得起，駐越美軍的五天特別假計劃。光是飛機來往的旅費，美國政府每年就要付給泛美航空公司二三五〇萬美元。沒有一支軍隊有過這樣的制度，但也沒有一場戰爭會像越戰這麼艱困，這就是美軍的特別假計劃——每年三十天例假以外的五天休假。這一計劃的特點，就是美軍可以自由選擇，由政府供應機票，飛往世界上美好的某一都市，自由自在地玩五天，然後免費飛返防地。

特別假計劃始於越南戰爭。在兩年以前，飛赴香港或曼谷渡假的美軍，每月僅有五百人，到了本（十二）月，飛離越南非軍事區陰冷的雨季，或泥濘的湄公河三角洲地區，前往許多美麗都市狂歡五天的美軍約達三萬人。這些都市現在包括檀香山、東京、台北、新加坡、馬尼拉、檳榔嶼、吉隆坡，最近又加上雪梨。這個計劃也許僅有世界最富有的國家負擔得起。美國政府每年要付給泛美航空公司二千三百五十萬美元，泛美每月開往檀香山一地的噴射專機現達四十五次，去曼谷的DC—六客機每月六十五次。根據許多美國士兵的意見，再沒有比這筆錢用得更值得的了。

美軍抵達越南九十天後，就有資格享受這五天休假，但通常都接受勸導在半年後舉行，因為這樣可以把他一年服役期分為兩半，充分收到調劑生活的功效。休假的安排以駐越美軍兵種人數比例為標準，陸軍六五％，陸戰隊十五％，空軍十二％，駐在基地的海軍六％，海岸防衛隊二％。美軍填報了自已所選的時間和地點，未必都能毫無變動，但一獲准出發，他就變成了一個被優待並且高興的人。

他可以領到一套棉質A級制服，代替他原來的戰地軍裝。他又接受建議，身邊至少帶一二五美元。他由部隊送往最近的三個『特別假』空軍基地之一，把軍用券換成美金，檢查服裝是否整潔，上了一堂有關舉止行為的課後，在二十四小時內出發。第一件樂事是登上龐大豪華的泛美客機，舒適的座位，漂亮的空中小姐和美味的點心，在這裡，士兵和校官的座位同在一起，消除了階級的隔閡。

休特別假的美軍能如此輕鬆，是因為他們不必擔心飛行時間的長短。這五天五夜的假期，要從飛機著陸後才開始計算。飛抵目的地後，他再度接受簡短的忠告。(例如到台北時會聽到：「不要上公車，因為你的錢包可能會不見。還有買春別超過二十四小時，因為她們第二天起床後的「芳容」常會讓你驚艷。」）當地的『美軍特別假接待處』，將為他租用便服（有幾個國家對穿制服的美軍很敏感）。然後就開始他五天無憂無慮的日子，全心全意地去享受。

他在這五天中所追求的，正如美國青年一樣的各式各樣，都不相同。大致說來，近代的美軍比過去的教育良好，對國外文化與趣較濃，行為也較好，而且可花的錢較多。休假者平均每人花費二百美元，使休假區一年約增七千二百萬美元的旅遊收入。同時，他們也許是歷史上軍紀最好的軍人。

駐在泰國的一位美軍特別假接待處軍官說：『違紀而引起事故的比率很低，低到沒人相信。』在曼谷休假的美軍，一萬二千人中只發生一次嚴重的事故。香港的警察當局也說，駐在當地的英軍都比休假美軍發生的事故多。近代的美軍從心底是平民，他們對那些提議有『好地方』的惹人厭的黃牛，會用微笑或老練地搖頭表示拒絕。

這龐大的休假計畫，基本需要很簡單，首先是精美的食物，整潔的床單和熱水的供應。第一步兵師一位迫擊砲砲兵伍華德說：『第一天我洗了四次熱水淋浴。十個月來我一次都沒有洗到熱水浴。』有人首先找到當地的美軍特別假接待處，狼吞虎嚥地吃下新鮮的牛奶、漢堡及冰淇淋。

第二個目標，用第一七三空降師傘兵的話來說，就是『女人』。但他接著說：『我對外國的文化也很有興趣，我想我也許只有一次這樣的機會。』正因為他們也許不會再有機會，許多渡假美軍熱心地搜尋、觀賞、探測他們在其他情形下無法經歷得到的文化領域。

休假美軍喜歡訪問的城市之一是曼谷。曼谷的柏卡蒲里路（水門路）上，矗立著霓虹燈閃閃發光的金手指按摩院、威士忌阿哥哥夜總會，以及約五萬名酒吧女郎，此外還有讓人印象深刻的大小寺廟。能講英語的伴遊女郎，一天代價美金十一元，整整五天則收五十元。

除了曼谷，東京、香港和台北也引起休假美軍同樣的興趣。東京在夏天尤受歡迎，涼爽的天氣，吸引了喜歡新式夜總會的美軍，而且日本也是擁有東方偉大文化的國家之一。

台北除了故宮博物院豐富的中國文物收藏外，很少有文化古蹟可以欣賞，但卻以女人的柔順和食物的精美，膺選為美軍休假城市。

香港是第七艦隊的休假中心；美國在越南海外擔任巡弋任務艦隻的來往，記錄在有名的灣仔區許多酒吧兼舞廳的黑板上面。申請在檳榔嶼、吉隆坡及新加坡休假的較少，會到那些地方大部分都是不想和其他美國人晤面的軍人。

最近崛起的休假城市是澳洲雪梨，雪梨列入『特別假』城市的名單才兩個月；它的吸引力在於良好的衝浪海濱，食物可以換換口味（一位士兵說：『盤子裡終於不再見到米飯。』），以及人人都說英語。第一空降師的雷恩中尉說：『雪梨的偉大，在於重新可以看到眼睛很大的白種女郎。』勞米易少校是第一騎兵師的直升機飛行員，未從軍時是農人，他花了一天的飛行時間去訪問澳洲的牧場。他說：『在這裡，我感到像是回到了自己人中間。』澳洲人顯然也有相同的感覺。已有四千家澳洲家庭，願意在他們家裡招待休假美軍。

說也奇怪，在特別假計劃中，申請人數最多的城市卻是檀香山。檀香山之受人歡迎，既不在於熱辣辣的草裙舞，也不是風光如畫的海灘。只因夏威夷位居美國本土與越南的中間，是短短五天中和太太或情人會晤的最理想場所。夏威夷的旅社雖有軍人優待折扣，費用之大仍然可觀，但是，月復一月，踏上這一漫長旅程前往休假的美軍，遠較其他城市為多，每月約在七二九〇人以上。

五天假期結束時，不論他們的行動合宜不合宜，文明不文明，他們都要準時前往美軍特別假接待處報到，辦理返越手續。雖然顯得疲倦，也許囊空如洗，他們幾乎都很愉快，至少比以前愉快一點。」

「五五仔」創造的經濟奇蹟

《時代週刊》的報導若只是這樣而已，還不至於如此觸怒龍顏，偏偏在彩色照片裡，刊出了這張「一龍二鳳」的戲水圖，旁邊還附註文字說明：「從台北坐計程車，只要三十分鐘就可達北投，當地有七十五家溫泉旅館，其中最出色的是文士閣。雖然不是每個美軍，都會丟下台北的樂趣去找文士閣，但像來自辛辛納提的二十一歲陸戰隊班長亞倫貝利（Allen Bailey），是不會後悔這個決定的。」

老蔣會如此盛怒的原因，就在於當時北投與士林並非台北市轄區，而是與官邸一樣歸陽明山管理局管轄。如果台北市是首都，陽明山就是紫禁城。北投由於在日治時代就已發展成溫泉觀光區，所以陽明山管理局循例准許合法的女侍應生到旅館陪酒、陪浴與陪宿。但與台北市合法公娼執業的寶斗里與江山樓不同的是，公娼是限定只能在妓女戶內執業，女侍應生卻相反，她們不能在女侍應生戶內執業，而是必須等旅館服務生打電話來店裡叫人，再搭「限時專送」（載客摩托車）去旅館接客。

天子腳下有女子以肉體為國爭取外匯，這就像現在台灣搞台獨一樣，只能做卻不能說。但《時代週刊》不但說，還登出照片，在老蔣看來，不等於出「洋」相到全世界嗎？雖然他自己年輕時也特好此道，連日記裡都還紀錄，但他是總，我們是被統，他能做的我們不見得能做。

其實美軍駐台高層是希望駐越美軍來台度假時，能比照駐台美軍，只在美軍比較多的中山北路酒吧或北投旅館尋歡，而不願意看見他們去台灣本地人出沒的「綠燈戶」。除了擔心妓女不合衛生條件外，也怕洩漏軍機或引發軍民糾紛。

但娼寮與酒吧旅館的費用差距好幾倍，當時的美軍又大多還是義務役士兵（越戰結束後才改成全面募兵），收入有限，所以還是有人跑去娼寮。美軍駐台高層有這樣的顧慮，也是因為更早之前，駐台美軍就因嫖妓而闖了不少禍。

在洩漏軍機上，例如一九五六年七月二十三日，美軍安徒生搭乘三輪車至台中光復路私娼館，找了張×雲及林×珠兩名妓女到興中街自宅姦宿。春風不知幾度後，兩女見安徒生昏睡，離開時竟直接拿走了他的公事包。安徒生第二天酒醒後，發現公事包不見了，嚇得趕緊向台灣警方報案。雖然逮捕了兩女，追回美鈔一百八十元及台幣二百二十元，但被她們視為「不值錢」的文件則被丟了。台美雙方還要動員大量人力，才從垃圾場找出美軍需要的文件。

在引起軍民糾紛上，例如一九五九年九月十九日晚上七時，在羅斯福路服役的美軍黑人士兵戴維斯與強生，駕車到歸綏街的美華閣綠燈戶尋歡。由於當年民風「保守」，年輕妓女都不願接待黑人，只好請年老色衰的上陣。其中一黑人士兵與四十八歲的妓女廖×鳳春風一度後，竟然意猶未盡，赤身裸體跑出房間，對三十七歲的老闆娘李×乖繼續糾纏，李×乖嚴辭拒絕，廖×鳳也比手畫腳解釋說：「老闆娘自己不接客。」但戴維斯與強生誤認老闆娘歧視黑人，就拳打腳踢兩女後駕車逃逸，造成李×乖輕傷，重傷的廖×鳳則被送往順天外科醫院急救。情治單位擔心引起民變，趕緊會同美軍憲兵，扣押了戴維斯與強生。

根據駐越美軍休假中心一九六八年所公佈的調查結果，一九六七年最受美軍歡迎的休假城市，第一是夏威夷，第二是曼谷，第三是台北與香港，第四才是東京。台北受歡迎的理由是人情溫暖、消費低廉、觀光旅館和風景區都合一般國際水準。雖然美軍在台度假，被限制只准在旅社裡與持有執照的酒吧吧女（吧女還要帶著外出證）共宿；但因為價差，私娼還是有生存空間。至於為私娼拉客的色情黃牛，台語稱為「三七仔」，因為他們和妓女是三七拆賬；但專拉美軍客人的黃牛，由於私娼收費時比接台灣客人時高，所以拉客的佣金也相對提高為五五對分，這種專拉美軍客人的黃牛叫「五五仔」。

規矩一點的五五仔，只守在旅社門口拉客；若是與旅社服務生串通好，就大膽地進去叩門拉客。警方若查獲有私娼與美軍同宿，旅社會被罰停業七天，已有前科的黃牛依取締流氓辦法移送職訓總隊管訓，不過實際上這些油水比較厚的管區，警察與色情業者之間也都有一定的暗盤。但有時旅社從業人員也確實是受害者，因為五五仔如果在旅社外面替美軍介紹了女伴，由美軍自己帶回旅社，雖然旅社櫃台查出她們提不出吧女外出證，可以不准她們進房，但美軍「看中」了那女人，就硬說那是他的女朋友，因此也常發生衝突。

某些腦筋動得快的五五仔，為了跳過警方與旅社業者，乾脆直接把渡假美軍接到「家」裡住五天，直到假滿歸去。這種「家」有的走華麗路線，完全是故宮格局，院子裡有盆景、假山、水塘、游魚，而且有古式紅木床、太師椅，甚至水菸筒；小姐的旗袍雖然拖地蓋足，但質料透明，兩側開叉到大腿頂端，美軍在這裡享受的是帝王級待遇。

但也有的「家」反其道而行，改走淳樸路線，完全是農村形態，裡面的小姐全都村姑打扮，紮辮子，穿粗服，甚至陪美軍一起澆水種菜，也吸引了另外一種需求的美軍。

這些「家」的設備好，女生「溫柔」，費用又比觀光飯店低，來過的美軍返回戰地後自動宣傳，很多美軍一下松山機場，就被五五仔接去。有些腦筋動得快的五五仔，甚至在南越的英文報紙上登廣告，或派專人在當地招攬美軍。

休假美軍只要在登機來台前交一筆錢，到台北一下飛機，除了自己購物、買醉及找小姐辦事之外，所有的住宿伙食與美女導遊都不必付費。五五仔安排得有條不紊，費用也比單獨行動低很多，大多美軍來台前就先在越南登記了。但也因為五五仔的服務太週到，台北搶走了其他亞洲城市賺美金的機會，甚至美軍由於迷戀溫柔鄉，逾假不歸的情形很嚴重，台美雙方也都為此傷透腦筋。

美軍搞烏龍的「美琪事件」

《時代週刊》刊出這張美軍在北投洗鴛鴦浴的照片，是在一九六七年十二月二十二日，由於女主角是北投「三一四七」應召戶裡的美玲姊姊，所以稱為「美玲事件」。但這張照片會在台灣引起軒然大波，卻是因為在十一月初，中山區爆發的「美琪事件」。

一九六七年十一月二十四日，台北市警察局發佈協尋消息：駐越美軍一等兵雷石（RASEY LARRY）來台度假，原定十月二十八日假滿返越，但至今尚未向美軍特別假接待處報到。美軍和市警局都在找尋，並請省警務處轉知全省警察單位找尋。警方希望發現這位美軍的市民，請即通知該局外事室（電話二九九四〇）或聯絡中心（電話二二四九三）。資料顯示雷石身高五呎十吋（一八〇公分），體重一四五磅（六十五公斤），黃頭髮、褐眼睛、兵籍號碼五六六六七三一九號，高中畢業，家裡還有兩個弟弟、一個妹妹。他可能是留戀台灣而隱居本島某處，住在民宅或小旅館裡。

由於發布協尋公告時，雷石在台逾假已將近一個月，但因為駐越美軍進出台灣，都由美軍自行管理，美軍在台擁有治外法權，台灣根本沒資料，現在台灣警方已全島搜尋過了，根本沒有雷石蹤影，認為他早已出境，但台灣的美軍特別假接待處表示，剛接獲駐越美軍的電報，證實雷石尚未返回越南防地。老美都這樣說了，台灣警方也只能照辦，發布全台協尋公告。

根據警方調查，雷石是個孩子氣很重，不到二十歲的大男孩。十月二十三日來台時，身上帶有二百元美金，認識了一個叫卡妮的吧女，兩人住在觀光飯店，並且四處遊玩。到了二十五日，他全身只剩下十元美金，卡妮也不願再陪他剩下來的三天假期，就把他介紹給另一個吧女美琪。美琪當時二十七歲，離婚帶著兩個小孩，看這個美國大男孩很可愛，就不計較錢，把雷石接回自己家裡住。卡妮可能也覺得自己「賺」太多了，又貼補了美琪二百元台幣。雷石也賣了自己身上穿的西裝，換了二十元美金，就這樣在美琪家中住了下來。

美琪陪著這個美國大男孩在台北到處遊玩，錢不夠時雷石就想賣掉自己的照相機，但被美琪勸阻了，她認為省一點用就可以，不夠時她也可以拿錢出來，相機裡裝的都是最美好的回憶，不應該隨便出售。雷石與美琪相處了三天，也愛上了這個心地善良的吧女，甚至還向她求婚。但美琪在婚姻上受過打擊，只想賺錢把孩子養大，而且她也覺得雷石太孩子氣，兩人語言文化年齡都不相配，所以只當作風塵生涯中一個恩客的醉言醉語。

十月二十八日清晨四點，雷石在台的假期滿了，美琪就把他叫醒，由於雷石之前住在飯店時送修的手錶還沒拿，兩人先搭計程車去飯店拿回手錶，再到美軍特別假接待處報到。由於交通阻塞，雷石來晚了，美軍開往松山機場的交通車已發動，接待處就叫雷石先上車，到機場再報到。而美琪送雷石上交通車時有人證，警方也認為雷石的失蹤與這個善良的吧女無關，可是美軍堅持雷石沒回越南，警方只好讓美琪出面喊話，告訴雷石如果愛她，就要趕緊出面，千萬別做傻事。

同一時間，台中也有線報，說雷石藏匿在台中市，警方大舉出動，結果發現也是烏龍一場。但中山區的酒吧與五五仔都叫苦連天，因為警方為了找雷石，臨檢再臨檢、搜查再搜查，他們的生意一落千丈。擴大臨檢了半個月，到了十二月五日，美軍才正式回函向台灣警方致歉，因為雷石早在十月二十八日就已回到越南，只是因為在台北的離境手續沒辦完全，造成這場誤會。不過警方固然很辛苦，但蒙受不白之冤的美琪，才是這場烏龍逃兵事件中的最大受害者吧？

為國爭「光」時所受的委屈

中山區的美琪事件結束後，北投區的美玲事件緊接著登場。由於《時代週刊》這篇介紹越南美軍海外休假制度的文章，其實不是同一個人寫的，而是亞洲各城市的特約記者（就是自由投稿、按件計酬的狗仔）投稿，在美國由編輯自己整理的。照片攝影者是美國人安德魯，他的妻子來台北史丹佛中心學中文，他隨妻來台，在士林的美國學校教書。他說動一位海軍陸戰隊的憲兵下士艾倫·拜萊（Allen Bauley）接受招待，在北投溫泉路七十八號的文士閣旅館拍下這張照片。

戒嚴體制下的台灣報紙，都是特種行業（也就是特權行業）。在政治上必須支持當權者，但在經濟上則必須自力更生。所以就跟色情業者一樣，警察來了就關門鞠躬敬禮奉茶送紅包，警察一走就開門拉客收錢大賺皮肉錢。這張照片在《時代週刊》都出來後，台灣媒體不能像現在的《蘋果日報》那樣直接刊出照片，只能藉由文字大加抨擊，利用民族情緒來刺激銷售。尤其這張照片裡若只是一男一女在洗鴛鴦浴，還無法激起同仇敵愾；但就像街頭美國大兵左擁右抱著兩個吧女，那種一男兩女的畫面，全台灣雖然看過這張照片的人不多，但透過報紙的文字敘述，原本壓抑的民族情緒立刻高亢了起來。

媒體與論都抨擊政府應該查禁《時代週刊》，但老蔣哪裡敢得罪這份雜誌，只能技術性的讓這期雜誌在台灣出現的慢一點、少一點。負責審查外文書刊的內政部出版事業管理處熊鈍生處長，還「此地無銀三百兩」的發表聲明：

「對該雜誌的進口，不會採取任何報復措施；也不認為這張照片刊在這分世界性的雜誌，會刺激中美兩國的國家與民族感情。但這張照片最可恥的是，一個執行軍中風紀的美國憲兵，居然容許別人拍他這種傷風敗德的照片，且刊於流傳全球的雜誌上，他們的道德水準如此，我們無話可說。美軍在遠東渡假的地區如日本、泰國和香港等地也都有娼妓，連美國也有，為何獨選登台灣，令人費解。不過《時代週刊》一向對我友好，因為它是已故中國之友亨利．魯斯（路思義）辦的雜誌，相信他們也會檢討這件事，因為上鏡頭的這位美國憲兵，自己也有父母妻子兄弟，他們看了作何感想？」

有了熊處長指示，媒體拿了尚方寶劍，就像現在中國的糞青那樣，積極展開「人肉搜索」，公佈了艾倫•拜萊的兵籍號碼二三〇四五〇五，與在越南的信箱號碼FP〇九六六〇二，連他在辛辛那堤的父母與九個兄弟姊妹也公佈了。可是男主角遠在越南，家人在更遠的美國俄亥俄州，公佈了對他們也毫無影響。於是官方與媒體又轉了方向，針對攝影者安德魯。行政院新聞局局長魏景蒙（影星張艾嘉的外公）邀他來局裡面談，他卻態度強硬的要求台灣政府不應處分旅館與女侍應生，要法辦就衝著他來，他願意代替女侍應生坐牢。問題是魏景蒙也沒這個膽子去法辦老美啊？只能等他後來簽證期滿後強迫離境。可想而知的，尚方寶劍最後當然就只能落在旅館與女侍應生的腦袋上了。

新聞局拿老美記者與大兵都沒皮條，於是換警察來處理吧！由於案發地點在天子腳下的北投，陽明山警察所長馮載光唯恐烏紗帽不保，在十二月十六日竟以刑法二三四條的「公然猥褻」罪，勒令文士閣旅社於十七日起停業一週。根據合眾國際社台北十七日電，美國《時代週刊》駐台北代表弗德立克·安德烈強烈抗議：「如果中華民國政府對最近時代週刊發表的裸女陪浴照片採取法律行動，我們應為刊登照片負責，而非旅社及陪浴女郎。此舉如違犯中國法律，應向我們採取法律行動。」雖然時代週刊願為文士閣旅社及陪浴女郎後援，但文士閣卻嚇得趕緊也發表「自清」聲明，除遵行警方命令外，不擬採取任何行動。

文士閣旅社是一間只有八個客房的小旅館，哪裡敢跟官鬥？乖乖歇業七天就認了，但另外兩個陪浴的女侍應生就倒楣了。其實國民政府的陽明山管理局（與縣政府同級）沿用日本遺留下來的管理方法，在北投發了四十張「樂戶」牌照，稱為「大牌」。女侍應生必須住在「樂戶」裡，但不能在街上拉客，也不能在戶內接客，只能接受飯店媽媽桑電話叫人。所以台北市的旅社若讓妓女與房客姦宿是違法的，而陽明山管理局轄區的北投這裡剛好相反。

另外陽明山管理局會根據「大牌」的坪數，以二張榻榻米為「一人」，發出一張女侍應生牌照，這張要稱為「小牌」。但一家業者最多只能申請四十張，所以北投合法的「小牌」不會超過一千張。不過北投這裡的潛規則是，有「大牌」的業者，會以一張「小牌」夾帶另外三個沒牌的，所以樂戶都是「以合法掩護非法」。萬一遇到大CASE，業者連沒牌的都不夠用時，就會向其他樂戶借人。遇到全北投的樂戶都不夠用時，還會聯合向華西街的妓女戶借人，這時借人就都是用遊覽車載來，鶯鶯燕燕下車時還真壯觀。

警方要找女侍應生開刀，其中背對鏡頭的女子，八成就是沒牌的，抓到了警方也麻煩，只能證明自己平日收賄包庇或查緝無能而已，所以這個女子也逃過一劫。因此最最倒楣的，就是這個正面入鏡，露臉又露點的溫泉路「三一七四」美玲姊姊。什麼是「三一七四」？一般人可能不懂，在此解釋一下：由於當時士林北投屬於陽明山管理局轄區，與台北市的電話不相通。士林的局碼是八八，北投則是八九，所有北投的應召站、機車店、餐廳、美容院等，都用電話八九之後的後四碼當店名。

美玲姊姊被陽明山警察所長馮載光移送地檢處後，有些媒體又開始同情這位可憐的風塵女子了。因為她既然是合法領有「小牌」的女侍應生，陪客人洗澡是理所當然。但警方認定旅社是公共場所，所以她在公共場所內陪浴，構成了「公然」為猥褻行為罪而移送該案。然而刑法上所謂的「公然」，是指在事實上足使人共見共聞的狀態。最高法法院的十八上三三八號判例就指出：「所謂公然，乃指不特定多數人得以共見共聞之狀況而言。」司法院的院二〇三三號解釋令也指出：「刑法分則中公然之意義，只以不特定或多數人得以共聞共見之狀況為已足。」依上述解釋及判例，「公然」是指在公共的場所，也就是公眾可出入的處所，所以在戲院演脫衣舞就是「公然」為猥褻行為罪。

旅社雖在廣義解釋可視為公共場所，但旅社內的房間出租給旅客後，他住在房裡就和住在自己的家裡一樣，在法律所許可的範圍之內，他該有絕對的自由，不能視為法律上所稱之公共場所。否則縱使是夫婦，也不能在旅社房間裡穿著內衣褲睡在一起，如果還有更親密的舉動，依警方的移送理由，豈不也觸犯了「公然為猥褻之行為」罪？況且女侍應生在北投旅社內陪宿，是陽明山警察所自己發給她們執照，准許她們「犯罪」的，陽明山警察所長馮載光是否也該移送自己？當時的專欄作家薇薇夫人就在一篇〈顛倒黑白〉的文章裡聲援美玲姊姊說：

「讀了這則新聞，使人感到欲哭無淚，欲笑無聲。一件舉國喧譁有辱國體的事情發生了，國人議論紛紛，有的指責、有的譏笑，於是勢必要做點什麼給大家看看，要抓幾個人出來頂罪才是辦法，誰最好惹呢？當然是撿最好欺侮、最軟弱的。有礙邦交的事做不得，狡猾的黑牌嚮導（講難聽點就是皮條客）捉拿不到，老鴇地頭蛇之類的黑色大亨不好惹，剩下的還有誰呢？那個被拍下照片的女人，捉拿她『歸案』該是既容易又合情合理的，因為『證據確鑿』，賴不掉的。既准許為何又有罪？本來嘛！職業是陪人浴，焉能不脫光？所有出賣色情的，都可責其『行為猥褻』，這個陪浴女郎的行為又有什麼特別的？」

一月十八日上午十時，台北地檢處傳訊了美玲姊姊出庭，她本名余×卿，台北縣人，住中和市永和路×號，當時二十一歲，由羅一宇檢察官開秘密偵查庭承辦。美玲姊姊當天穿著一席黑色鑲白邊的大衣，臉部用絲巾蒙住，由一男一女陪著進入地檢處，偵訊至十時半結束。她在偵訊中說，當時安德魯自己帶著另一名中國女子（背對鏡頭者），本來是男女四個人一起入浴，結果安德魯忽然起身去房間，拿了相機拍下這張一男二女的共浴照片。她一再抗議，卻因語言不通而作罷，沒想到被登在世界通行的雜誌上，她為了這件事已經哭了好多天。

當天地檢處前有上千人圍觀，就像二〇〇八年前總統阿扁因貪污案出庭時一樣，圍觀者中有同情她的粉絲，希望一睹這位聞名世界的名妓風采；也有自認愛國的衛道者，要一吐中國女人陪美國大兵洗澡的怒氣，因此雙方人馬互相叫陣。直到一月二十九日，羅一宇檢察官予以不起訴處分。在不起訴處分書內他指出：「余×卿是在旅社套房的浴室內陪浴，並非為眾人所共見共聞之公共場所，所以不構成公然為猥褻行為之罪，而余×卿陪浴被拍成照片刊登於時代雜誌上，事前並不知情，因此應予以不起訴處分。」

轟動一時的「美玲姊姊」案就此告一段落，但《時代週刊》引爆全台的按圖索「妓」才剛剛開始。因為在台灣很難買到那一期的《時代週刊》，電視報紙也不敢刊出這張照片，當時又沒有彩色影印，更沒有網路，台灣人若想一睹「美玲姊姊」的風采，只好親自光臨北投。但來的人這麼多，「美玲姊姊」又不是宋七力會有分身，怎能應付？於是飯店服務生就隨便找一個「美玲姊姊」，反正「美玲」是很常見的花名，何況還有很多人本名就叫美玲。不過這確實是帶動了北投觀「光」業的本土化，促進了當地的經濟繁榮，刺激了內銷產業。雖然事隔四十多年了，但我們還是應該感謝她當年為國爭「光」時所受的委屈。

Part 4
國軍軍紀故事

台灣對中國的「奪機」鬧劇

一九八三年五月五日，中國民航自瀋陽飛上海的二九六號班機，被六名暴徒持械劫持飛往南韓，在首都漢城的春川美軍飛彈基地降落。這艘被劫持的三叉戟客機上，還有九名機組人員與包括三名日本人在內的九十六名乘客。

消息一出，台灣有點常識的人都知道麻煩大了。當時南韓處心積慮地想與中國勾搭，但中國因為要拉攏北韓，始終不予理會。如今爆發劫機事件，又有日籍乘客，中國官方勢必要出面與南韓官方接觸。果然兩天之後，中國民航總局局長沈圖到了漢城，交涉人機歸還問題，等於促成了南韓與中國官方的正式接觸；而人機於五月十日平安飛回上海，也等於促成了南韓與中國的首次「直航」。

從《東京公約》、《海牙公約》到《蒙特利爾公約》裡都明定，以暴力手段劫持民航機是萬國公罪。但兩蔣統治下的台灣，一切仍以政治思考。為了「反共」的神話，官方與媒體不敢說這是「劫機」，而必須配合政策，統一口徑稱為「奪機投奔自由」；至於在中國因犯案通緝而出此下策的卓長仁、姜洪軍、高東萍、王豔大、安偉建及吳雲飛等六名暴徒，則必須說是「六義士」。南韓當時以違反國際反劫機公約判處他們四至六年徒刑，台灣這邊群情激憤。激情一年後，南韓在台灣外交單位的積極活動下，才在一九八四年八月羈押他們一年三個月後，趁媒體忙著報導洛杉磯奧運時，提前釋放這六名劫機犯，並驅逐出境遣送到台灣。

接回了「奪機六義士」，小蔣如獲至寶，不但立刻接見，盛讚他們「唾棄暴政的英勇壯舉」，還藉此勸勉國人「共產制度違反人性理性，自由與奴役不能共存」。而帶頭「起義」的卓長仁，也在抵台記者會上說：「我們來到中華民國的目的，就是要報效國家，沒有其他目的。如果中華民國政府和我國人民相信我們，那請看今後行動，我們將全力以赴，投入收復大陸、統一祖國這項偉大事件。」卓長仁的「今後行動」，果然在小蔣死後實現，讓全台灣灰頭土臉。

為了「六義士」的來台，官方除動用了第二預備金，發給每人二百五十萬元以外，還安排年長的卓長仁在「中國大陸問題研究中心」專職，其餘的「五義士」則在世界新專和實踐家專就讀，並在公賣局、社教館等機關「帶職留薪」（就是免做事拿乾薪）。他們受到各界英雄式的熱情歡迎，紛紛捐獻慰問金，這種待遇是台灣小老百姓夢昧難求的。

但「六義士」在對岸都是些什麼樣的貨色？特務與傳媒也不至於笨到完全不知，只是在「愛國有理、反共無罪」的最高原則下，大家爾虞我詐的來合演這場反共鬧劇。然而「六義士」卻始終覺得台灣社會虧欠了他們，因為他們認為開戰鬥機來台的共軍飛行員，比他們拿的獎金更多。

「六義士」與之前那些為黃金而反共的「黃金黨」一樣，來台沒多久就將獎金揮霍殆盡。策劃者卓長仁在一九八八年元旦，與六人當中唯一的女性高東萍，於豪華的圓山大飯店席開二百桌結婚，場面盛極一時，但七個月後卻因曠職過多，被任職的研究機構停職；而他的大陸元配王玉春，也透過黨外國代吳哲朗，在台代打重婚罪的跨海官司，卓高二人因而被起訴，一九九一年一月被台北地方法院判決兩人重婚，處以有期徒刑一年，緩刑三年；但他們依舊無視法律尊嚴，公然在台姘居，還生下兩個非婚生子女。

阮囊羞澀的卓長仁，與另一位共同「奪機」來台，先被台北市公車處記過停職、又被世界新專退學的「義士」姜洪軍，於一九九一年七月共同綁架殺害前國泰醫院副院長之子王俊傑，再對其家人勒贖。卓長仁被捕後，當年奉小蔣之命到南韓探望他們的情治官員，阿輝時代已任國安局長的宋心濂，生前持續關心本案，以致由一審、二審、更一到更五審，纏訟九年，直到國民黨下台，阿扁登基後的二〇〇〇年九月才定讞。二〇〇一年八月十日，卓長仁在高喊「中華民國萬歲」與「中國統一」的口號下被槍決，「奪機六義士」的鬧劇終於結束。

二太子的專機「飛」走了

台灣在戒嚴時代，對「大陸苦難同胞」鼓吹「奪機」來台，固然是謊話連篇；可是另一方面對台灣這邊的暴徒劫持民航機叛逃，照樣是連篇謊話。其實兩蔣統治台灣時，也出現過「奪機義士」（不，要說是劫機暴徒）。

一九五六年一月七日凌晨，台灣爆發了歷史上首次的劫機飛往中國事件，但這架被劫的「民」航機，卻是專屬於一「民」，也就是全台灣只有他一個人夠資格唱〈哥哥爸爸真偉大〉的「人民」——老蔣的二太子緯國殿下。而參與「奪機」的三位「義士」，背景與那些自中國來台的「黃金黨」，也有異曲同工之妙。

當時是老蔣遷台的第七年，「一年準備，兩年反攻；三年掃蕩，五年成功」的口號，已經證明是全部落空。但是「十年生聚，十年教訓」的口號依然響徹雲霄，臥薪嘗膽、克難運動也在軍中貫徹實行。然而與老蔣來台前的大陸同樣光景，前方吃緊、後方緊吃，基層軍人連兩餐雜糧都難以吃飽，日軍留下的台北松山機場裡，卻有一個隸屬於民航局的奇怪組織「台北飛行社」。社裡有二十幾架「民航機」，專供大內權貴巡幸全國各地使用，而被劫持的這架賽斯納旅遊專機（A一七〇A型），則專屬於緯國少爺。至於駕機投共的飛行員韋大衛，則是當時典型的「兵油子」。

什麼是「兵油子」？就是長期在軍中而沾染了惡習的士兵。當年中國境內從各省軍閥，到「以黨治軍」的國軍或共軍裡，都有為數不少的兵油子，他們的「五大信念」就是：有飯就吃、有覺就睡、有女人就上、有仗就打、打不過就逃。兵油子不斷逃兵，又不斷改名（或冒名）到其他部隊當兵。那年代反正一來打仗就是會死人，二來長官也要「吃空缺」，所以兵油子領了月初的餉就「開小差」，在外面招搖撞騙不行了，又換個部隊領餉吃糧。但這是中國內戰下的特殊情況，像韋大衛在台灣這種沒戰爭的地方，還能在陸海空三軍都輪流吃糧開小差，國軍來台時的軍紀如何，也就可想而知了。

韋大衛是廣西壯族人，一九二九年生於桂林，三個叔叔都是國軍飛行員，因此從小就嚮往飛行，但三個叔叔卻先後殉職，以致父母反對他當空軍。一九四九年七月，國軍在廣州撤守前，以「陸軍騎兵學校」為名義招收學員，韋大衛考上後在八月二十三日，與同學們從黃埔港乘「惠民輪」來台，但沒料到這只是老蔣「拉伕」的騙局，船一到高雄，他們就被押送到鳳山，編入八〇軍三四〇師充當二等彈藥兵，然後又調到紅毛港。韋大衛在這裡開了小差，往南逃到了屏東，進了空軍十一大隊。

在空軍待了一段時間，他又開小差回到高雄。遊蕩一段時間後又進了海軍，被分派到二戰後自美接收的「八艦」之一永泰艦，但沒多久他又厭膩了海上生活，一九五二年再次開了小差，回到空軍，半年後竟成了飛行員。

這時老蔣在軍中也進行了大規模的整肅，韋大衛因逃兵前科被調到台北司令部監控，接著與其他七名同學竟因匪諜罪被轉送台南空軍監獄，再押往火燒島（現改稱為綠島）管訓，幸好其中一位同學有後台，將七人保出，其他六人都回到空軍服役，只有韋大衛來到民間，靠同鄉介紹進了這個不軍不民的台北飛行社工作。

一九五六年一月七日凌晨，韋大衛利用機場值班人員換哨時，與台北市警局雇員翟笑梧、陸軍總部士官梁楓，自台北松山機場劫持蔣緯國的旅遊專機叛逃，國軍出動軍機追趕不及，韋大衛成功迫降於福建南安境內，獲中國頒發八千元獎金，不但福建軍頭葉飛設宴款待，毛、周、鄧、彭等領導人也相繼接見，成了傳誦一時的回歸英雄。

但到了一九六八年三月，韋大衛卻因「七三一案」被捕，繫獄七年後，又在一九七四年十月越獄，而且逃到了北京，在葉劍英保護下安享晚年。文革結束後，妻子薛蓮莉帶女兒去了美國，他則再娶靳玉珍，並出任「花瓶黨」民革中央祖國和平統一促進委員會副主任，以及連任第七、八、九屆全國政協委員。

睜眼說瞎話的「神岡空難」

韋大衛劫持的「民」航機，因為機上的兩位乘客也是共犯，而全民勒緊褲帶來成就老蔣反攻大夢時，二太子擁有旅遊專機的消息也不宜曝光，所以情治機關與媒體高層將本案淡化處理。八年之後，台灣爆發了民航史上真正第一次，以及至今仍是傷亡最慘重的劫機事件，但老蔣為了塑造台灣是民主富裕的天堂，中國是極權落後的地獄，以及反攻基地裡萬民擁戴的神話，自由寶島裡怎能有人想劫機投奔中國呢？只好將這起空難歸罪於航空公司的「駕駛疏忽」。要談這起劫機事件，就必須先從被老蔣栽贓是「禍首」的民航公司說起。

二戰之後中國有中航、央航及民航空運隊等三大航空公司，老蔣遷台時僅有民航跟隨，而中航、央航則從上海將數十架飛機陸續移至香港，但中航總經理劉敬宜及央航總經理陳卓林，在一九四九年十一月九日早上，指揮十二架飛機從香港啟德機場飛往共軍控制的地區，在香港及海外辦事處的員工也發表聲明投共，並陸續回到「匪區」復員。老蔣擔心統治香港的英國政府承認新中國後，會將兩航香港還剩下的數十架飛機還給中國，讓共軍渡台更方便，只好緊急將飛機產權移轉給陳納德主持的民航，成為美國人的資產，再根據這個理由請民航出面打國際爭產官司，要求扣押這些飛機。

雖然老蔣已是「賤賣」兩航，但民航營運狀況本來就不佳，陳納德的個人財力也不足，買下兩航後，本來寄望官司勝訴後，收回的飛機可以營運或販售，不料這些飛機滯留香港啟德機場多年，缺乏保養維修，收回時已鏽蝕不堪使用，只能拆換零件與當廢鐵來賣，因此民航的資金周轉始終難以脫困。幸好美國中情局入股，把空援印尼反蘇卡諾叛軍、西藏反中國叛軍，以及對中國的滲透等官方不便出面的「特別任務」，全都給了民航，這家公司才得以存在。可惜後來中情局又將位在台南機場的維修部獨立為亞航，把特種任務部份獨立為美航，所以民航在發生空難時，營運又日漸困窘。

一九六四年六月，第十一屆亞洲影展在台北舉行，各國的知名影星，尤其是遠道由好萊塢而來的威廉荷頓，以及馬來西亞的華僑富商陸運濤夫婦都來台赴會。六月十八日晚上影展結束後，十九日起與會貴賓赴島內各地觀光。陸運濤夫婦對老蔣從北京故宮搶運來台的文物很有興趣，當時台北近郊士林的故宮博物院尚未完工，陸運濤夫婦就希望專程到台中縣霧峰鄉吉峰村倉庫，參觀這批文物。

二十日上午，陸運濤夫婦由台製廠廠長龍芳、國泰電影總經理夏維堂、省新聞處長吳紹璲及行政院新聞局聯絡室主任廳耀奎陪同，搭乘民航B九〇八號環島班機前往台中。出發前他還在圓山大飯店訂下麒麟廳及金龍廳，預備當晚回台北後，宴請包括行政院長嚴家淦在內的六百多位貴賓。威廉荷頓原定二十日返美，因而十九日已去過了台中，躲過這場大劫。

當時民航班機就像縱貫線的對號火車一樣，早上由台北起飛，在台中降落後再飛台南，然後再跨海飛澎湖馬公；這時飛行員及空服員們下機休息，下午兩點鐘再起飛循原路飛回台北。當天的正駕駛是空官二十四期的林宏基，副駕駛是空官十期的龔慕韓。十七時三十五分自台中水湳機場起飛後，另一架空軍救護中隊的直升機正在附近執勤，發現這架C四六起爬升一千多呎時，就突然轉向往南飛，接著又往西飛，又猛然轉向北飛，最後就在直升機飛行員目視下，於神岡鄉三村里稻田內墜地爆炸。直升機飛行員馬上轉往失事現場降落，現場唯一存活人士，是一名地面被飛機爆炸破片擊傷的小男孩，其他則沒有任何生命跡象。

神岡空難發生後，立刻震驚海內外，一來這是台灣首次民航機空難，五十七名乘客（含二十名外籍）與機組員全部罹難，尤其陸運濤夫婦的猝逝，造成台港兩地電影界極大震撼，年底的金馬獎也因此停辦。二來失事現場管制不嚴，附近民眾蜂擁而來撿拾罹難者財物，而機上又有許多美軍顧問團與中情局人員，美國大使館擔心機密文件或物品外流，派出駐台空軍武官趕赴現場勘查。結果他在現場殘骸中，發現了一本很厚的二戰時期美國海軍《雷達識別訓練手冊》，而書的中間挖空成一把手槍的形狀。

美軍武官發現這本書後，中央社與《聯合報》等報社記者，立刻上前拍照存證，現場的治安人員制止不及，只將書收走。接著在駕駛艙附近的殘骸中，又發現了一把編號一八六六一一二的四五口徑手槍，而飛行員林宏基的屍體從殘骸中被挖出時，右頰有個小洞，左半邊的臉則被炸掉一半，顯見是在近距離遭槍擊。另外駕駛艙內也發現一件撕爛的卡其布上衣，上面有著海軍中尉的肩章，根據衣服撕裂的情形判斷，應是劇烈扭打時被撕爛的。當飛機左發動機被吊起來之後，又發現另一把編號一六九八九二二的四五口徑手槍，同時也發現了另一本中間也被挖空成手槍形狀的雷達手冊。兩本手冊都有澎湖海軍第二造船廠圖書館的借書卡，借書卡可看出借書人是「曾暘」，借書日期是在一星期前。

另一方面，在澎湖的民航公司女售票員指證，空軍每天下午有一班飛機自馬公直飛台北，軍人及榮民都可申請免費搭乘，但三十八歲的湖南籍海軍中尉曾暘，與四十八歲的海軍退役軍官王正義，捨棄免費直飛的班機，偏要購買經台南、台中再飛台北的班機機票。而民航公司在馬公機場的地勤人員也指出，曾暘及王正義兩人下午一點半鐘，與其餘二十六名旅客依序登機，手裡都拿著一本厚重的英文書籍。但當時機場裡並沒有金屬偵測器，軍官登機前也未搜身，這些證據都明白顯示，兩人選定陸運濤所坐的班機，是想劫機萬一失敗時，還可以挾持他來作人質。但空軍出身的兩位飛行員，寧死也不肯飛往匪區，最後暴徒選擇全機同歸於盡。

儘管劫機事證如此明確，媒體與民航公司雖不敢直說是「劫機」，可是那張被挖空成手槍形狀的雷達手冊相片，以及飛行員頭部遭槍擊的報導見報後，全國人民都已心知肚明。六月二十七日民航公司董事長王文山，在立法院交通委員會答覆質詢時，還亮出這張藏置手槍的書本照片，交由委員們傳閱，中央社記者陳侃聲也拍攝了下來。但老蔣為了面子，硬是要民航局睜眼說瞎話，駁斥有任何劫機可能，而將失事責任推到民航公司身上，就連依法召開的失事審查委員會審議結果也說：「該機左操縱線有嚴重磨損痕跡及左螺旋槳轉數超速現象，顯見維護有欠週到，駕駛員亦有措置不當之跡象。」民航空運公司裡的美籍員工聞訊後非常氣憤，因為這樣不但保險不理賠，公司還要倒貼賠償罹難者，所以上書美國國務卿魯斯克，希望美國政府能出面解決。

但劫機事件老蔣已在台灣定了調，美國國務院為了情治單位對中國的特種任務，還需要老蔣的配合，竟反過來勸民航公司以大局為重，別再提劫機的事了。據空官十八期曾在民航公司任職張崇斌回憶，陳納德將軍夫人陳香梅女士，也出面拜託美籍職員閉嘴，因為公司的營運還需要老蔣支持，連大股東中情局自己都不吭聲，民航公司只好將這個黑鍋揹起來，導致日後黯然離開台灣航空市場。

在這次劫機造成的空難裡，監察院交通委員會郝遇林、馬慶瑞兩位委員也趕來湊熱鬧，提糾正案「為民航空運公司客機，因維護欠週，駕駛員措施不當，失事墜毀，造成全機五十七人罹難之嚴重慘劇，交通行政當局對該公司平時姑息，疏於監督，致肇禍端，民航法令疏漏陳舊，不能與時代併進隨時增修，易生危險，亟應改善，特依法提案糾正。」

不過話說回來，民航公司的飛安紀錄也甚差，創業時的機師都是戰後滯留中國的美軍飛行員，技術一流，但紀律與日後國軍飛行員組成的華航類似，把民航機當戰鬥機開。一九六八年二月十六日，民航公司唯一的那架波音七二七型噴射客機「超級翠華」號，從香港飛抵松山機場降落前，在台北縣林口山區墜毀，造成二十一人罹難，調查結果當時竟是美籍機長的朋友在駕駛（雖然這位朋友也是飛行員）。林口空難為民航公司敲了喪鐘，原本代表台灣的國家航空公司地位，被國軍新組成的華航取代。一九七五年越戰結束後，大老闆中情局決議解散民航公司，民航公司就此走入歷史。

華航劫機案引發的省籍情結

一九七八年三月九日下午五時十五分，華航從高雄飛往香港的七三七班機在降落前，距啟德機場約六浬的二萬呎上空時，客機上的機械士施明振，以剪刀威脅正駕駛高志賢與副駕駛龔仲康，將飛機駛往廣州白雲機場，正副駕駛不從，施明振就在駕駛艙內揮動剪刀，向正副駕駛襲擊，正駕駛左額受傷，副駕駛胸部及腳部受傷。但正副駕駛受傷後，仍奮勇搏鬥，使暴徒未能得逞，而由機上的便衣警衛鄭良將其擊斃。客機降落啟德機場後，另有兩人遭香港警方逮捕，但警方拒絕透露他們的身分及逮捕原因。正副駕駛則被迅速送往香港伊麗莎白醫院急救，檢查後並無大礙。

這是台灣媒體有史以來，在媒體上首次報導的民航機劫機事件。然而卻是因為劫機地點在兩蔣勢力範圍所不及的香港，當地媒體事發當時就報導是劫機了，但台灣的情治機關與華航高層，管你香港怎麼報導，他們起初只比照十四年前神岡空難，還想在台灣關起門來搞愚民政策。一開始竟然說是：「機械士施明振與機長高志賢發生衝突，繼而互毆，隨後副駕駛龔仲康也加入鬥毆，正副駕駛都受了傷，施明振因傷重送醫不治死亡。」

把劫機淡化成互毆，情治機關與華航高層天真的以為可以大事化小、小事化無。但問題是「互毆致死」這種荒謬的說法，卻惹來更大的麻煩，因為他們無意間觸及了台灣內部最敏感的族群問題。空軍退役高官把持的華航，就跟兩蔣政府裡的組成一樣，裡面拿高薪的管理階層與飛行員，都是空軍退役，甚至客艙裡的空服員，反正白領階級幾乎都是外省籍；僅有少數機械士等「黑手」，才會讓本省人擔任。

像這艘出事的客機裡，五十八歲的機長高志賢是河南洛陽人（空官十五期），四十九歲的副駕駛龔仲康是江蘇崇明人（空官三十五期），開槍的三十八歲便衣警衛鄭良是山東樂陵人，身高一七八公分，體重七十公斤，在嘉義讀高中時得過拳擊冠軍，服役時擔任總統府侍衛，退役後任職四四兵工廠，一九六九年進入華航擔任空勤，這三人都是外省籍。

至於被擊斃的三十四歲機械士施振明是台灣彰化人，在七個兄弟姐妹裡排行老四，家住在台北市南京東路五段一棟四層公寓的三樓，台北工專機械科畢業，一九七四年與楊垂映結婚，兒子三歲，女兒一歲多。原本在台電工作，因成績優良派往新加坡研究發電工程，一九七七年七月才轉任華航儲備飛航機械士。

劫機行為在一九七〇年代起，因為巴勒斯坦游擊隊與日本赤軍旅的多次犯案，各國都針對這一行為制定專法、並科以重刑。然而眷戀權位的情治與華航高層，當劫機消息在香港曝光時，還想用「互毆」來淡化劫機。但這些外省權貴顯然是長期執政後，大腦逐漸退化，說謊的結果變成了前門拒小狗，後門進群狼，坊間就以華航這個「互毆」版本來發展謠言。什麼駕駛艙裡一個外省人與一個本省人打架，另一個外省人也來幫忙圍毆本省人，本省人拿了一把剪刀自衛，外省人機長就叫客艙裡的外省人警衛進來，開槍殺了本省人。沒過多久，這種三個外省人打死了一個本省人的故事，就在坊間迅速流傳開來，成了二二八事件以後最勁爆的族群衝突。

戒嚴時代法官判案的自由心證，經常強調「案重初供」，但警方或那些什麼調查局警總之類的情治機關，往往抓了人就先好好「招待」一下，所以在實務經驗裡，「初供」往往是屈打成招的冤案源頭，大家對法庭裡「初供」的公信力也消失殆盡。但是對媒體又不同了。像民航公司的神岡空難，一開始媒體把挖空成手槍形狀的原文書照片、駕駛員屍體的頭上有槍傷等劫機證據，報導得非常詳盡。偏偏上面政策一轉，要對「劫機」的說法消毒，戒嚴時代的媒體與民航公司一樣，也都是兩蔣政權所豢養的，要靠皇恩浩蕩才有生意可做，當然也樂於配合，於是方向一轉，駕駛員身上沒火藥反應了，手槍無擊發現象了，大家煞有其事的抨擊民航公司與駕駛員，前幾天報導的內容，好像從來不曾出現過。

有了這種經驗，台灣老百姓也學乖了，對媒體報導劫機案就是要「案重初供」，只要看他們一開始報導什麼，真相就大概是什麼。不然等情治單位一開始「關心」，對案情指導了「播報方向」後，接下來就只剩下口號與謊言了。

不過這次華航在香港的劫機案，就完全不適用對媒體「案重初供」的經驗法則了。因為一開始「只是互毆」的官方說法，捅穿了台灣更麻煩的族群問題，即使後來情治機關不敢再遮掩劫機的事實，放手讓媒體自由報導。但無論再怎麼修改，一開始說了謊，後來想彌補也就難了。

從一開始的「互毆」事件，直到被情治機關定調為「劫機」後，媒體趕緊訪談其他先返台的機員與前排乘客，以及在香港醫院養傷的正副駕駛，不但巨細靡遺的報導劫機過程，正副駕駛與警衛，也從口角打架、持槍殺人的疑犯，變成了臨危不亂、忠黨愛國的反劫機英雄。

為了證明死者施明振是劫機暴徒，華航董事長司徒福還親自出面召開記者會，把施明振犯案前向國泰人壽投保的一百萬元三個月期意外險，還有本來想投保人壽險及旅行險，卻因血壓太高與空勤是高危險工作，沒被保險公司接受，當作「預謀劫機」的準備動作。另外還公佈一張施明振被格斃後，香港警方從他身上搜出用英文草擬的計劃書影本，這張長約十五公分、寬約十公分的紙上顯示，預定劫機的目的地一是汕頭，二是廣州，並註記其他飛航資料。

但華航老董親自召開的記者會，外加媒體舖天蓋地的報導這是「劫機」，仍無法斷絕民間言之鑿鑿的傳言，就是有人要選擇相信這是「互毆」。立委鄭水枝在立法院交通委員會質詢時說，外傳這次劫機不是政治因素，而是華航高層對不同省籍的員工，有不公平的待遇，造成本省籍的機務士情緒不好，與駕駛發生了衝突，因而他促請政府澈底查明劫機事件的真象，公諸於世。也有人質疑既然劫機者只有一人，武器又只有剪刀，警衛有槍，其他男性空服員為何不一起制服暴徒，卻由警衛一槍畢命，現在死無對證，莫非另有隱情？

島內謠言滿天，外國媒體在報導本案時，也是說法不一。《路透社》十二日自香港報導：「施明振在空中攻擊其同僚的動機為何，今天疑雲加重。香港警方原說這次事件是劫機企圖，但現在卻說，他們對施明振的動機『未有定見』。警方雖證實他們在施明振身上，發現一張寫有降落計劃的小卡片，但又說『它不是週詳的劫機計劃』。警方強調施明振是機務士，身上帶著這種卡片可能很正常。」同一天《美聯社》自香港報導則說：「香港警方似乎不完全相信施明振企圖劫機的說法。」香港本地報紙《南華早報》則說：「在施明振身上發現的所謂劫機計劃，可能只是自繪的飛行圖。」顯然外國媒體也都認為這次事件並非單純的劫機。

為了證明施明振真的是劫機，國民黨的《中央社》十九日報導「施明振在新加坡期間已被中共收買，同時中共對於騎劫華航失敗曾進行內部檢討。中共因香港左派對該事件之宣傳處理不當，已召回一名在港負責統戰的爪牙參加該項檢討。在檢討中還透露，施明振這類人沒有什麼政治意識，有錢有利即可輕易拉攏。」

另外在三月二十五日華航公佈的〈空中反劫機經過調查報告〉裡則說：「施明振在華航服務一年餘，調服空勤僅兩個月，各單位對他的考評大致相同，認為他『個性內向，不太合群、心胸狹窄、幻想多疑、不明事理、自卑偏激』。且早就收聽匪偽廣播，劫機已有預謀。」

華航的報告讓人很不解，為何公司要讓一個「個性內向，不太合群、心胸狹窄、幻想多疑、不明事理、自卑偏激」的機械士擔任空勤？不過華航當時內部的省籍問題，與兩蔣政府裡的問題可說是一模一樣，劫機事件的追查，也就只能跟著最高當局的決策而不斷修正。

一九八六年二月十六日，這架編號B一八七〇的七三七客機，在澎湖馬公機場重落地拉起重飛後墜海，機上十三人全部死亡。八年前的這齣劫機鬧劇，就在人死機毀後，消失在大家的記憶中。

省籍情結下必須執行的公開槍決

一九五〇年代的台灣，可說是二十世紀台灣歷史上最恐怖的十年。由於老蔣政權在中國瞬間瓦解，台灣又是歷經日本半世紀的殖民統治，以及二二八血腥衝突後的新附之地，一百萬的殘軍加上一百萬的難民，蜂擁而入這個僅有六百萬人口的小島，這在人類歷史上，也算得上是難得一見的移民奇蹟。一個原本統治四億人的君王，在政局豬羊變色後，必須被迫在這樣一個島嶼上重新站穩根基，不殺人，甚至不大量殺人，根本不可能辦到的。

在人命賤如螻蟻、短似蜉蝣的年代裡，台北馬場町每天清晨，只要天氣不太差，都要槍決幾名到十幾名的「匪諜」。這種處決大多是秘密執行，除非是涉案人層級特高的超大案件：例如一九五〇年六月十日，國防部次長「吳石案」裡被槍決的吳石、陳寶倉、聶曦、朱湛之；七月十一日台電公司總經理「劉晉鈺案」裡被槍決的劉晉鈺、嚴惠先，才會在報上發布「綁赴刑場」的照片。但在政治案件以外，由於短時間內大量敗退的國軍進入台灣，治安問題非常嚴重。

國軍在中國時，因為有長期不斷的大小內戰，軍人的薪餉雖低，但只要有戰役，從活人到死人身上，總有機會搜括一些，有了錢除了花用，也能用來嫖妓，所以搶與姦的問題都還不大。可是撤退來台後，因為海峽的阻隔，加上韓戰之後美軍的進駐，基本上島內已經安定。無仗可打的軍人，加上過低的薪餉與禁止士官兵結婚，造成了軍情浮動與治安吃緊。

當時老蔣給二兵每月七元，但一條固齡玉牙膏就要十五元，無錢可用又無妓可嫖的軍人，加上根本不管制，也無法管制的槍械，讓軍人持械犯罪的案例越演越烈。由於持械犯罪的軍人大多是外省籍，而受害者從人口比例來看，當然又絕對是本省人居多，以致原本單純的刑事案件，卻常演變成複雜的族群衝突。老蔣為了穩固政權，某些「敏感」的刑事案件，涉案的外省人不但要「速審速決」，還要公開「就地正法」。家父是外省人，家母是本省人，但他們回憶年輕時，也都還對「就地正法」存有記憶。

家父是在北投的薇閣育幼院（現在的薇閣小學）任教，平日就住在院裡。他回憶一九五二年六月九日晚上，薇閣的一名工友，在台北火車站前的公路局（現在的國光客運）東站，搭乘回北投的巴士，八點十分到了唭哩岸的沼瀨川橋（後改名磺港溪橋）上，一個穿軍服的年輕人拔出手槍，強迫司機將車開往關渡的山路上停車，再喝令全車乘客交出財物，搜括了六百一十八元三角，四個手錶，一枚戒指，二支自來水筆後逃逸。結果被陽明山警察所所長王魯翹（警政署長王卓鈞的爸爸）率領部下圍捕，次日清晨在舊北投火車站（現在的捷運北投站）前，抓到了搶犯鄭震千（二十九歲，湖北人）。六月二十日清晨六時，鄭震千被憲八團押赴沼瀨川橋上，在眾人圍觀下被槍決。

家母是艋舺（後改名萬華）人，每天要走路去大稻埕（後改名延平區）當裁縫。她回憶一九五二年三月二日早上，在迪化街一段六三號的第一銀行大稻埕分行前，也有憲兵槍決人犯的場面。我查資料找到，那是在二月二十日上午十時，鄭強生（二十三歲，浙江人）在此持槍搶了張李娥的布包，裡面有一千五百元，當場被治安人員捕獲後，由憲八團執行槍決。

不過這種持械搶劫案由於案情單純，又是隨機犯案，沒有敏感的族群問題，圍觀的人也就不會太多。台灣最轟動的一次公開槍決，應該是一九五一年十月二十三日下午，在三重鎮清和里的淡水河邊，在數萬人圍觀下執行的「憲兵姦殺鎮長女兒案」。

三重鎮長千金慘遭憲兵姦殺

三重原名三重埔（埔是平原之意），是台北市近郊的一個鄉鎮，清末由新莊登陸的閩粵移民往北拓墾，第一個平原稱為「頭重埔」（現在捷運新莊線頭前站）；「二重埔」在三重與新莊交界處。「三重埔」於日治時期屬台北州新莊郡鷺洲庄管轄，一九四七年四月一日才與蘆洲分治，設立三重鎮，一九六二年正式改制為縣轄市，不僅是台北縣第一個改制為縣轄市的鄉鎮，在全台灣也是第一。改制前的三重鎮長，除了戰後剛接收時，由鎮民代表投票選任的李阿賜當了一任外，自一九四九年老蔣遷台後，就由被地方上譽為「不倒翁」的莊×藤，連任長達十一年。

莊×藤是地方上的望族，擔任鎮長除了最初兩年是經鎮民代表投票選任外，其餘九年都是由公民直選而蟬聯三屆，在地方上深得人心。如果不是受限於選舉法令，不得再度競選四屆鎮長，他也許會一直連任下去。但即使是在地方上「喊水會結凍」的鎮長，面對老蔣帶來的憲兵照樣要吃癟。秀才遇到兵，就已經有理說不清了；鎮長遇憲兵，大概就非要被打到烏青了！

一九五〇年六月，憲兵在三重鎮菜寮里成立幹訓班，高官當然就要佔住附近的「豪宅」。位於六合里八十×號的鎮長莊×藤住宅，成了長官的最愛，高官身邊的幕僚侍從官兵，也不管你鎮長同不同意，硬是強佔了部分廳舍。還好鎮長家夠大，就這樣軍民雜居了一年多。

一九五一年十月十一日夜間，大家剛慶祝完老蔣帶來的「國慶」，鎮長家中就發生了不幸。莊×藤膝下六子，僅有一掌上明珠，排行第三的莊×蕙（二十歲）文靜有禮、清秀大方，從小就深得莊×藤的喜愛。省二女中（現在的中山女中）畢業後，在三重鎮公所服務了兩年，是地方上人人敬愛的好姑娘。她事親至孝，每天早出晚歸，回家後就只在自己香閨中讀書。她的香閨位於大院北廂後進，是一間小巧精緻的臥房，佈置得清潔講究。這一天下午六時，莊×蕙由鎮公所開會後回家，晚餐洗浴後在香閨看書；十時許，由於家中住了一大堆閒雜軍人，士兵開門讓一個賣杏仁茶的小販到院子裡來叫賣，莊×蕙也走出房門，來院子裡買了一杯杏仁茶當消夜，然後入房脫衣就寢，不料這一走動，竟為自己引來了殺機。

十一時半，莊鎮長夫婦及全家人在睡夢中，被一連串槍聲驚醒。由於鎮長公館面積廣大，無法確認槍聲出自哪一個房間，於是慌亂地到處巡視。到莊×蕙的香閨時，才發見她頭部早已被槍彈轟得血肉模糊，完全無法辨識，死狀極慘。莊鎮長夫婦看到愛女突遭橫禍，深夜慘死在香閨，幾乎昏厥過去，家人也同聲痛哭，趕緊向台北縣警察局三重埔分駐所報案。由於莊鎮長是地方望族，家裡又駐有憲兵高官，到底是誰敢在太歲爺前動土？於是軍憲警全部動員，將三重鎮完全封鎖，歹徒自知無法逃出三重鎮，於是在案發一小時後，攜帶衝鋒槍一枝，向三重埔分駐所自首。

果然不出警察所料，兇手是住在莊鎮長家中憲兵高官的中士駕駛劉貴陽（二十一歲，江蘇省鎮江人），只因酒醉後邪念橫生，無從發洩，竟然手持衝鋒槍，闖進莊×蕙的閨房，把槍口按在她的臉上企圖強姦。莊×蕙為保衛自己寶貴的貞操，狠狠地在劉貴陽的胸部咬了一口，劉貴陽大怒，對準她的嘴先開了一槍，子彈由後腦穿透，舌頭被打得碎爛。但劉貴陽還不罷休，接著又瘋狂地連發了十餘彈，莊×蕙除臉部中三槍外，胸部也中了四槍，早已香消玉殞。台北地檢處檢察官及法醫，於隔日下午三時許前往莊鎮長公館驗屍，交其家屬收殮。

由於莊鎮長是地方大老，莊×蕙卻在自己的閨房裡被軍人持槍姦殺，地方上群情激憤，族群衝突一觸即發。保定軍校九期出身，一九四五年來台接收的台灣省行政長官公署參議、官派台北縣縣長梅達夫，這時剛以外省人身分，當選台北縣首任民選縣長，本來還是老蔣「省籍和諧」的樣板，不料竟發生了如此敏感的大案。梅縣長趕緊率領民政局長陳清池等縣府官員，到三重鎮慰問莊鎮長，其他三重鎮的縣議員及鎮民代表，也紛紛前往慰問，並與各界人士成立治喪委員會，預定於十八日上午九時出殯，台灣省婦女會也決議，對寧死不屈的貞潔烈女莊×蕙，將派代表前往參加執紼。

由於兇手劉貴陽是憲兵高官駕駛，又在案發後不久向警方自首，軍方包庇加上司法減刑，民眾都懷疑兇手不需償命。十八日上午九時，莊×蕙的葬禮在六合里八×號的凶宅舉行，靈堂排滿了各界贈弔的輓聯、輓軸、花圈，台北縣縣長梅達夫、國大代表謝文程、省參議員林世南、縣議員蔡詩祥、省婦女會代表高月珍暨三重鎮各界人士七百餘人親臨致弔，場面隆重、備極哀榮。但死者已下葬，兇手卻未伏法，地方群情激憤，梅縣長趕緊使出緩兵之計，擬定二十二日上午十時，在三重鎮農會二樓召開座談會，由縣長親臨主持，還將邀約縣議員、三重鎮鎮民代表、里長、地方人士等百餘人，討論如何防止類似不幸再度發生，並加強軍民感情之融合。

問題是三重鎮民在這個時候，哪裡聽得進什麼「軍民一家」的空洞口號，大家只知道軍民住在一家，女兒就會被姦殺。眼看暴動一觸及發，行政院趕緊發新聞稿澄清：「本案經陳誠院長據報後，極為震怒，當即諭令國防部迅予嚴辦具報，國防部亦已訓令承辦機關，限剋日將該案審結並即依法嚴辦，預料該案兇犯於短期內，即將受到國法之制裁。」

二十三日下午三時，留短髮，穿白紗背心，白布短褲，足履黑色運動鞋的劉貴陽，被憲兵押解至三重鎮清和里附近的淡水河沙灘上，在數萬三重鎮民圍觀下，胸部中二彈斃命。莊鎮長還親自查看，判明確為殺害愛女莊×蕙的兇徒劉貴揚，對眾人揮了揮手，圍觀的數萬群眾才緩緩散去。

但持槍姦殺愛女的歹徒劉貴陽雖被公開處決，莊鎮長的噩運卻還沒結束。一九五五年二月二日《聯合報》第三版報導：「在農曆新春一片『恭喜』聲中，明志路台北縣議長謝文程公館，卻發生一件不明不白的綑打案。據在場人士說：『那天議長公館擠滿了各色各樣的賀年賓客，突來幾位彪形大漢，座上客皆驚奇的面面相覷，頃刻間一聲吆喝，謝文程議長和三重鎮莊×藤鎮長竟被綑綁起來，這群怪漢將謝莊二人打罵一場後揚長而去。』此事發生後，謝、莊二人及在座賀客都莫名其妙，有關機關得悉後異常重視，刻正進行調查全案真象中。」至於這是否為當地憲兵的報復，反正是他們自己在查，結果也就無人可知了。

警察犯下的士林滅門案

其實軍隊就是這樣，會闖大禍的通常都是爽兵；正如口號形容的「軍警一家」，這道理在警察身上也很適用。日治時期的一九〇八年，台灣總督府所屬的園藝試驗所，在台北近郊的士林鎮，設立了士林園藝試驗分所。戰後到了一九四八年，試驗分所裡蓋了西式庭園。一九四九年老蔣流亡來台，先住在草山招待所，隔年五月，園藝試驗分所就被徵收為總統官邸。由於士林鎮成了官邸所在，大批情治單位進駐，警察任務就輕鬆了些，成了容易出事的「爽警」。

一九五二年三月四日晚間十時，士林鎮火車站前的舊街上，一位計程車司機載到了一位血流滿面的男性乘客，他對司機說：「我在路上被土匪擊傷，快送我去醫院。」司機趕緊加速將他送到中山北路二段的馬偕醫院。但快到醫院時，這位受傷的乘客又改口說：「請把我送去刑警總隊。」司機發現有異，就將已半昏迷的乘客先送進馬偕急診室，再向醫院附近的平安路派出所報案。

同一時間，士林鎮的陽明山警察局士林分駐所，也接到民眾報案，舊佳里五鄰的一幢竹屋裡，發生了滅門血案。屋主陳生（五十一歲）、妻子陳胡寶招（四十三歲）、次女陳彩鳳（二十三歲）與次子陳惠傑（十四歲）中彈斃命。長女陳桂英（二十八歲）與長子陳惠俊（十八歲）各都身中三彈，生命垂危，警方趕緊將兩名傷者送入台大醫院外科施救。至於兇手，與台北市警局第三分局聯絡後，確認了是在馬偕醫院急診室的李慰誠（山東省益都人，二十五歲），他臉部中了一彈，血流如注，經急救後醫生確認暫無生命危險，警方也派員在院嚴加看管。

士林滅門血案在案發後第二天早晨，士林分駐所就派員專車來台北，接送台北地方法院檢察處檢察官褚劍鴻、刑警總隊法醫楊日松、高坤玉，共同前往案發現場驗屍。凶宅是一幢建築了才一年的竹屋，左邊是另一幢磚屋，右邊是一片空地，前門朝向一條小巷，門前圍了一行籬笆，死者陳胡寶招橫屍於竹籬笆之邊，肩胛部中一彈，頭部中兩彈，背部中一彈，屍體俯伏於地。進門後的客廳裡，屋主陳生橫屍在客廳通往後房出口，心臟中一彈，後背中一彈。次女陳彩鳳橫屍於香閨床前，乳房中一彈，穿過後背。次子陳志傑則橫屍於同房床上的棉被中，頭部中彈，穿後背而出。整間凶宅鮮血淋漓，慘不忍睹。

褚劍鴻檢察官率法醫，勘驗陳生等四具死者的屍體後，便發交親戚黃錦文領去收埋。並訊問了血案發生時的目擊者，也就是陳家的客人史煥章，據史煥章說：「我來陳家向屋主陳生學習日文，恰巧兇手李慰誠來向陳生索討欠債，兩人一言不和、吵了起來，我曾在旁邊勸解無效，李慰誠忽然眼露兇光，拔出手槍就向陳生及其長女陳桂英射擊，我嚇得轉身就走，出了門拔腿就跑，以後之事也就不知道了。」

訊問完現場目擊者後，褚檢察官又向凶宅附近的鄰居探詢。據其鄰居說：「陳生一家自去年搬來這裡，夫妻就經常吵鬧，一開始我們都還去勸和，但都被陳生怒罵，後來大家就不理會他們家的事了。陳家長女陳桂英在台北教小學，早出晚歸，對她沒什麼印象。次女陳彩鳳與鄰居比較有往來，大家對陳家，也就只對她一人比較有好感。兇殺案發生時，連續幾聲槍響，我們還以為陳家又在打架，根本無人理會，直到陳桂英大喊救命後，才發現是有人開槍殺人，我們嚇得都躲到戶外，直到大批警察來了，我們才敢回家。」

褚檢察官在凶宅附近訊問完畢，就偕同法醫楊日松等驅車至台大醫院，探視傷者陳桂英與陳惠俊。姊弟兩人都在外科病房第一一〇室接受醫治。陳惠俊所中的一彈，是自腰部穿入，傷及內臟，出血甚多，雖經緊急搶救，依然生命垂危。而陳桂英所中之彈，都是自右胸腹邊際穿入，雖然傷勢不輕，但應無生命危險。士林分駐所則告訴台大醫院醫師，對這兩位傷者要全力施救，一切所需醫藥費用，該所都將負責。至於士林分駐所為何會這麼好心，還要出錢搶救傷者？原來兇手不但是警員，而且就是士林分駐所的警員。

陳桂英在病床上，用虛弱的聲音告訴檢察官：「我與妹妹都是高中畢業，我在台北雙連國校教書。家父畢業於日本時代的台灣帝大，原本家境甚好，前幾年來因惡性通貨膨脹，造成公司周轉不靈而倒閉，去年才遷居來此。兇手李慰誠是本地警察，曾介紹妹妹去士林紙廠工作，但後來卻以此為由，要求與妹妹結婚遭拒，所以心懷憤恨。昨晚十時半，他又來家中與家父大吵大鬧，後來甚至開槍擊倒家父，我跑來勸阻，也被開槍射擊。後來他又跑入後房，槍殺了我妹妹與小弟，再出來向我大弟射擊，最後則在門前槍殺了家母。」

至於自殺未遂的兇手李慰誠，在馬偕醫院急救後，傷勢越來越嚴重，說話已極困難。褚檢察官為了把握時機，親自驅車至馬偕醫院訊問，據李慰誠供稱：「去年七月，陳生與妻子鬧起桃色糾紛，陳生責陳胡寶招不貞，兩人一言不合，大打出手，鄉里間無人願意出面調解，我只好挺身而出，也因此認識陳彩鳳，一開始還沒有感到什麼，但陳彩鳳卻自做多情起來，時常來找我，或者要我請她去看戲，或者請我到她家裡吃飯，還對我說：『我在學校讀書時，沒有機會接近男人，也不敢接近男人，如今看到你，我覺得很高興，我爸媽也很歡喜你呢！』」

「九月間，有天晚上她邀我去士林車站附近的一家照相館，合拍一幀相片，拍完後我準備離開時，她卻要求我陪她回家，還說：『我一個人不敢走夜路，而且有很多話要對你說。』那時夜色茫茫，我們在路上談心起來了，她說：『我爸媽都很喜歡你，我們可以做一對公開的朋友嗎？』因這時我對她也有點好感了，就滿心歡喜的答應。從此我把她當成女朋友，還想盡辦法，介紹她到士林紙廠當會計員。我們的交往越來越密切，她也時常從辦公室打電話給我，至於她家，我更是時常進出。」

「可惜愛情是多變的，當要論及婚嫁時，她的父親就想到學歷、家世與省籍等問題，嫌我和她家門不當、戶不對，她也就變了心。二月二十一日晚上，她陪我到一個朋友家裡去玩時，在途中就對我說：『現在外面閒話太多，既然我們不可能結合，就切得乾淨一點，以後請你也不要來找我了。』陳家因經商失敗，窮居士林，我因她的關係，把陳家看作一家人了，還到外面代借了三千多元給陳家應急，送她的東西也不少，既然婚姻無望了，別的不說，代陳家所借的錢總該歸還吧？這件事有關我在士林的信用啊！」

「但我幾次去要債，陳生總是東推西推，到了昨晚，我覺得陳彩鳳既與我無緣，我就準備請調，離開士林鎮了，也請陳生把債務了結。陳生卻無賴的說：『錢花光了，沒辦法！』我要他寫一張借條以為憑據，他卻口出怨言，還說要寫『以六個月為期』，陳彩鳳的姊姊陳桂美也在旁插嘴，笑我是外省人還這麼小氣，註定永遠討不到老婆。我受不了他們一家人對我的輕蔑，一時衝動，就闖下了大禍。」

李慰誠殺人後自殺未遂，腦部中彈，子彈由右臉頰顴骨下射，自左眼靠近鼻樑骨處穿出，右眼已失明。檢方原本要等傷勢好轉，能完全清醒談話後再訊問筆錄。但民間傳言外省警察持槍逼婚不遂，就槍殺本省仕紳全家，這種滅門血案還拖拖拉拉，最後可能會逃過一死，傳言引起了地方民眾激憤，警方趕緊移送李慰誠至台灣省保安司令部，在速審速結下，四月十九日清晨六時，李慰誠被憲兵押赴案發地點執行槍決，才勉強弭平了即將引爆的族群衝突。

砲兵少尉犯下的三姓橋滅門案

除了憲警以外，軍人持槍犯案更是時有所聞，最慘烈的應該就是「三姓橋滅門血案」。三姓橋位於新竹市區約五公里處的香山鄉，據說清代曾有十多位陳姓、許姓與曾姓的屯墾移民，在此遭遇原住民的「出草」而遇害，十多具無頭屍體被其他移民收埋於當地，並建小祠供奉，稱作「三姓公廟」，一旁的小溪也就稱為「三姓公溪」。日後興建了橋樑，又稱「三姓公橋」，大家就簡稱此地為「三姓橋」。

一九五六年六月二十二日清晨，當時台灣農村還很貧困，農民也都沒有鐘錶可以計時。習慣早起的三姓橋附近十多戶居民，都只是大約知道，剛吃過早飯後（大約七時半），就聽到斷斷續續的十多響的槍聲，大家趕緊跑去市區向警方報案，大批警力到了該地，挨家挨戶搜查，才發現三姓橋十×號的陳家，男主人陳講（七十歲）、媳婦陳蔡時（四十歲）與孫女陳富（十九歲）三人，都已倒在血泊中，這是一齣慘絕人寰的三代人同時被殺之滅門血案。

陳講一家在三姓橋這裡，可說是最富裕的家庭。兒子陳木火為台灣省衛生試驗所新竹分所職員，孫兒陳成鑑去年高中畢業，在大莊國校當老師，媳婦陳蔡時還經營礪米廠及新新撞球房（外省人稱為「彈子房」），全家過著衣食無缺、幸福快樂的日子。但撞球房雖然是每天都能收現金的暴利行業，可是來店裡打彈子的人，三教九流都有；為了招攬生意，又必須聘請年輕貌美，重要的是能善於交際的女記分員。年輕人在此難免爭風吃醋，加上族群緊張與槍械管制鬆散，殘酷的殺戮也就逐漸醞釀發酵。

根據計分小姐廖美雪（十九歲）對警方陳述：「新新撞球房有兩張球桌，砲兵少尉葉超鵬（三十歲，四川省隆昌人）經常來捧場，目的是要追求計分員戴賢妹（二十一歲，桃園縣觀音鄉人）。但戴賢妹早已屬意一名憲兵，而且論及婚嫁，葉超鵬因而對憲兵不滿。端午節過後，返家團聚的戴賢妹就沒再回新竹。由於不能沒人計分，老闆（陳蔡時）就聘了我。但葉超鵬脾氣暴躁又不講理，發現戴賢妹不在，就認為一定是我在老闆面前說了她的壞話，不但威脅老闆一星期內要請回戴賢妹，還追問我戴賢妹的住處，問題是我根本不知道她住哪裡啊？」

「二十一日晚上九時（兇案發生前夜），葉超鵬又來找我麻煩。他的球藝很差，卻要一次撞一百分，我勸他不要這樣，他不但打了我一巴掌，還用撞球桿重擊我的頭，老闆陳蔡時於是拿著板凳，她女兒陳富也拿著菜刀衝出來，恰巧年長的陳講也在場，三人一起怒斥葉超鵬，並呼叫傭工林木跑去新竹憲兵隊報案。葉超鵬在其他同事勸解下，並找來他們連上的指導員，才半哄半騙的把葉超鵬拖出撞球場。但他臨走前還叫囂：『格老子的，我要殺光陳家的人。』憲兵來了之後，也只是囑咐老闆：『如果有軍人再來尋事，可到憲兵隊報案。』但過了幾個小時以後，他就來這裡殺人了。」

三姓橋雖是新竹市郊的一個小村落，但因為地處交通要衝，四方八路的「好漢」都會集於此，加上新竹一帶駐軍甚多，茶室，撞球房也應運而生。遇到鬥毆鬧事，警察自己火力不足，往往要會同憲兵隊才敢到場。警方研判葉超鵬是在二十二日上午七時許，自牛埔營區帶著衝鋒槍一把及五十發子彈，由後山僻徑繞道下山，到三姓橋時，在新新撞球場附近水溝旁路側，鐵道橋腳約五公尺處，撞見陳家的孫女陳富，帶著一籃衣服，要到溪畔洗衣，就開槍殺了陳富。葉超鵬殺了陳富以後仍不罷手，再跑到通往陳講住家的小巷，恰好陳講在巷裡飼鴨，看見葉超鵬拿著槍，就雙腳跪地哀求，但仍難逃一死。而陳蔡時雖嚇得躲在屋內，依然難逃毒手。

葉超鵬在陳家殺了三人還不甘願，由於他來陳家之前幾分鐘，陳講之孫陳成鑑因大庄國校的女同事早一步來找他，已經離家在前往學校的路上；而陳講之子陳木火也因要趕到新竹市上班，提早一步離家得以倖免。至於陳講之妻陳楊話，因久病臥床於另一廂房，陳富的妹妹陳秀則奉侍在側，祖孫兩人很萬幸的躲過大劫。葉超鵬張望四處，找不到陳木火與陳成鑑，就持槍跑入三姓橋街，向北由稻田中直奔牛埔山。

葉超鵬連上的指導員則說：「當晚我將他帶到在番子橋上納涼，規勸了半個鐘頭，總算已心平氣和一些，這時卻忽然見到憲兵吉普車到達，葉超鵬痛罵陳家與憲兵欺人太甚，雖被我勸回營區，竟然氣憤到整夜不能成眠，還秘密寫好遺書，天一亮就持槍來此行兇。」

由於葉超鵬持有衝鋒槍，新竹市警察分局督察長趙次龍及憲兵隊長黃建賢都不敢輕忽，在牛埔派出所內組成軍警憲臨時聯合指揮部，一面出動憲警三百人，尾隨葉超鵬逃往牛埔山之路線追緝外，另一面洽請當地駐軍，出動一個營的兵力從青草湖登牛埔山包圍，切斷葉超鵬逃走的去路。但從案發的二十二日上午八時起，搜索到晚上天黑時，始終未發現葉超鵬行蹤，指揮官恐怕黑夜搜山危險性太大，於是下令全部撤退，只封鎖牛埔山至萬寶山的山路所有出口。

次日清晨（二十三日），由於搜山的憲警過於疲倦，專案小組於是由新竹縣警局調動另一批警員，會同駐軍與憲兵及義警等約三百餘人，重新混合編成十五組再度搜山。上午十一時，一名鄉農李溪，說他看到衣著像貌與逃犯相似的青年。另一名瓜農則說，一個男子在他瓜田中拿走一個西瓜，因為相貌凶惡，所以不敢計較。另有一個牛車車伕也說，看見過一個相貌衣著與李溪所說類似的青年。這三個百姓所提供的情報，讓專案小組決定修改搜索路線，向東南方的茄苳、大湖村、內湖等地前進，但到了太陽下山仍無所獲。

兇案發生後第三天，被槍殺的陳家祖媳孫三代，已由檢察官驗屍完畢，發交陳木火收埋，在二十三日入殮，原本預定在二十四日下午三時出殯。但葉超鵬在行兇前曾揚言：「要殺光陳家人」，行兇後又始終在逃，三姓橋這裡的百姓惶惶不安，謠言四起，傳說葉超鵬將在陳家埋葬三個被害者時，再殺光陳木火等四人才要自殺。當地居民一方面忐忑畏懼，不敢出席喪禮；一方面也懷疑軍方是否在袒護同僚，新竹市警分局長黃人與憲兵隊長黃建賢為了破除謠言，不但派員保護陳家，還臨時請准自其他地區，增派武裝憲警近千人，將「枕頭山」公共墓地外圍，以優勢武力團團圍住，陳家與當地民眾才安心的把陳講、陳蔡時與陳富三具遺體安葬。

雖然三名死者已落土為安，但葉超鵬依然行蹤成謎，只要不落網正法，民眾就無法正常作息。專案小組研判葉超鵬隨軍調來牛埔山已三年，對附近地形瞭如指掌，而且他患有肺癆，夏日艷陽高照，根本無法跋涉叢山，所以一定還躲在山上。新竹縣警局為早日恢復治安，也擔心釀成族群矛盾，決定懸賞高額獎金來緝拿兇犯。於是在三名死者的喪禮中宣布：「凡活捉葉超鵬者，獎金新台幣五千元，擊斃者三千元。」另一方面葉超鵬的同事蕭先生也說：「通緝公告上的兇犯檔案相片，是他還在大陸時拍攝的，葉超鵬因為肺癆，臉已消瘦很多，而且來台後，軍官也不能再留西裝頭了，現在他剪的是平頭。」

新竹縣警察局長李連福知道後，就特別自台北找來素描專家，請經常出入撞球店的顧客協助，重繪了通緝公告，廣印三萬張分發新竹縣各鄉鎮市，連鄰近的苗栗、台中、桃園等縣市也四處張貼。果然重賞之下，必有勇夫。家住牛埔村一×號的劉姓軍人向專案小組報告，葉超鵬是他的同事，二十三日晚間九點，持槍闖入他家中，跟他妻子劉駱氏要了一碗冷飯充飢。因為葉超鵬手中有槍，家裡又沒有其他男人，無法反抗，只好聽命行事。等二十四日中午喪禮過後，才向丈夫透露內情。發現了葉超鵬的藏身處，軍憲警組成了特蒐隊，在二十五日中午出動，一時半到達現場，葉超鵬雖頑強的開槍拒捕，還匐匍前進、企圖突圍，但寡不擊眾，在劉家約二十步的竹籬笆處，背後中彈，倒在地上被捕歸案，他偷出來的五十發衝鋒槍彈，只剩下五發。

葉超鵬被生擒後，警方立刻發出五千元獎金，晚間在月宮酒家開宴慰勞軍憲警特蒐隊。為了避免族群衝突，葉超鵬被移送軍法審理，雖然被告的公設辯護人代為辯稱：「被害人開設新新撞球場以營利及供人娛樂為目的，但向來鄙視軍人，時以『你是個軍人，那瞧在我眼裏？』與『阿兵哥五毛錢有一紮厚』等種種侮辱之詞諷刺。六月廿一日晚間，甚至舉家以木凳毆擊，持刀欲殺被告，復歪曲事實，謊報憲警，激起反感，引動殺機，咎由自取，於人何尤？請庭上從寬議處。」

至於葉超鵬自己也辯稱：「被告於民國廿九年入伍，經歷抗戰，剿匪諸役，跋涉山川，踰越險阻，出入槍林彈雨之中，效命疆場，歷盡險阻艱辛，不無微勞。從軍十有餘年，已養成士可死而不可辱之習性，突然遭其污衊，一時氣憤填膺，被迫致動殺念，衡情應有可原，請庭上開恩。」

但軍法官徐家壁速審速決，在一週內就判決定讞了：「被告葉超鵬於六月二十二日早晨七時三十分，在新竹縣香山鄉香山村三姓橋，以〇二三一七五號衝鋒槍連續殺死陳富、陳蔡時、陳講三人，業據葉超鵬先後供認不諱。經新竹地方法院檢察處驗有驗斷書抄本附卷，事證明顯，自堪認定。被告連殺三人，是連續數行為而犯同一罪名，以一罪論，依法加重處以極刑，並褫奪公權終身，以昭炯戒。」

七月一日上午六時三十分，葉超鵬從新竹憲兵隊拘留所，被押解到三姓橋公路與鐵道中間的山路口，就是他槍殺第一位受害者陳富的現場，現場已有多名受害者遺屬與鄉親圍觀。葉超鵬還未理解「殺人者死」的道理，聽到法官宣讀判決書主文「當處以極刑」時，還大聲叫囂：「我只是懲戒侮辱國家軍人的愚昧老百姓」，並且揚言：「我沒有對不起國家的地方」。但法官僅安慰他：「大家都明白你的心情」，然後就略過犯罪事實那幾段，直接跳到：「被告於民國廿九年入伍，……歷盡險阻艱辛，不無微勞，……已養成士可死而不可辱之習性」這一段被告答辯，葉超鵬才靜默下來。

軍法官讀完宣判文後，准其留下遺言，葉超鵬要求軍法官，代予通知在台同鄉葉丕文，將其屍首善加收埋。接著又要求軍法官，表示自己年輕時從軍，還隨軍來台，如今要命喪於此，能否准許在執刑前與他的長官一談，但一時找不著他部隊裡的人，憲兵隊長黃建賢於是再三安慰，讓其傾吐胸中心事，葉超鵬才平靜下來，慢慢吃喝了憲兵準備的紅露酒與滷菜，結果民眾都等到不耐煩了，終於兩位憲兵的雙槍齊響，九天前遇害的陳家遺族也同聲大哭祭告，「三姓橋滅門血案」才告落幕。唯一遺憾的是葉超鵬的遺體，並未交由同鄉收埋，而是被抬往牛埔山公墓，葬在陳講一家三口的墓旁。一切恩恩怨怨，就讓他們在九泉之下自行解決了。

美軍盜挖的板橋林家花園祖墓

「盜墓」與「武俠」可說是華文小說裡特有的題材，從上個世紀倪匡的衛斯理科幻系列《盜墓》，到二十一世紀網路興起後，南派三叔的《盜墓筆記》，以及天下霸唱的《鬼吹燈》，不但在虛擬世界裡點閱率超高，就是印成實體書也熱銷兩岸；連年輕人愛打的線上遊戲，也出現《盜墓者》這樣的產品。但現在的年輕人大概很難相信，在兩蔣時代，「盜墓」既不是拿來當小說看，也不是用來當電玩打，而是國軍弟兄精心策劃的作戰目標；並且還聯合老美的盟軍貫徹實行，原來在半世紀之前，台灣的盜墓這一行，就已邁入「國際化」了。

自一九四九年老蔣帶兵來台後，就整天宣傳著中美聯合反攻大陸的神話。可惜先皇的理想太過崇高，連國軍的基層官兵也無法體會，何況遠道而來的美國大兵？但因對岸的「匪軍」很配合，也整天叫囂要解放台灣，甚至血洗台灣，讓台灣成為全世界最歡迎美軍駐紮的地方，這一點連老美都很吃驚。因為美軍駐紮在世界各國，尤其是在東亞地區，由於文化衝突，常有激烈的反美示威；美軍營區的衛兵，執勤時總是戰戰兢兢，唯有台灣例外。派駐在台灣的美軍，別說是站崗時槍丟在一邊呼呼大睡，還有一些「爽」到連退役了都還捨不得離開，也為台灣帶來了極嚴重的治安問題。

退役美軍滯留台灣，從好處想當然是台灣氣候溫暖、人民友善好客（不過這只限於對白種人與日本人）；但從壞處想則官民皆知，這是因為台灣的處境特殊，老蔣在政治、經濟與軍事各方面，用國語說是「都要抱老美的大腿」，台語說就是「都要捧老美的LP」，所以數萬到數十萬的駐台美軍，甚至連來台演習與度假幾天的大兵，都能擁有外交人員才有的「外交豁免權」。在老蔣「恩准」下，他們有了戰勝國駐軍都難以擁有的特權，得以完全享受在「自由中國」的完全「自由」，才會出現一九五七年「劉自然案」裡販毒殺人的士官，一九六五年「埤頭事件」裡輪姦重傷少女的三名士兵，這些都被美軍高層用一張紙，就分別送往菲律賓或琉球的鬧劇。

在老蔣的「澤及四海」下，台灣成了美軍的「完全犯罪天堂」。但美軍真正讓台灣小老百姓憤怒的，其實還不是犯罪事件本身。因為軍隊是人組成的，只要是人的組織，就不可能完全避免有犯罪問題，全世界哪個國家沒軍人犯罪？老蔣帶來的國軍，在台灣製造出來的犯罪問題，比起美軍還更猖獗。最讓台灣小老百姓難以理解的是，在對岸的軍事威脅下，現役美軍在「自由中國」享受了「自由犯罪」的特權後，能堂而皇之的搭軍機從美軍基地裡「自由離境」也就算了；但誇張到連退役美軍在台犯罪後，也能用這個「合法」管道冒名脫逃，那就令人難以忍受了。其中最典型的案例，就是一九六六年的板橋林家花園盜墓了。

政大高材生的搶劫案

企劃這宗盜墓案的現役國軍，可不是老蔣從大陸拉伕的農民，而是來自浙江省富陽縣，政治大學在台復校後，西洋語文學系四年級的肄業生；至於執行盜墓的退役美軍，也不是什麼工農階級的大兵，而是畢業於明尼蘇達州州立大學新聞系。在一九五〇年代，別說國軍裡沒什麼大學生，就連美軍裡的大學生也很罕見；可是分別來自台灣東西兩岸舊大陸與新大陸的兩位高學歷青年，卻能在這「犯罪寶島」，合謀做出這宗人神共憤的盜墓案，追察他們結識的地點，竟然是在台北監獄。至於這兩位高知識分子，為何會在獄中邂逅，還是先從國軍這裡說起。

一九六一年一月二十四日這一天，正巧是農曆十二月八日，就是農曆「臘八節」。當時的台北市，基本上還是個農業社會，什麼聖誕節、元旦的根本沒人理會，但傳統要吃臘八粥的日子，西門町漢中街一一九號的上海老天祿食品店，生意立刻好到爆。上午十一時，有一位身材英挺，上身穿著淡黃色絨質西裝，沒有結領帶，腳穿黑皮鞋的年輕男子，買了不到一百元的香菇、干貝，卻拿出一張一千五百九十二元的到期支票，請店家找給他現金。老闆曾雪櫻警覺有異，奉茶後請那位青年稍坐片刻，暗中則請店員打電話到第一銀行查詢，銀行答覆該支票剛經票主申請止付，曾雪櫻立即請店員通知附近的漢中街派出所。

警方一翻報案紀錄，就發現這張支票的失主，竟是附近成都路「幸福夫人」服飾店老闆吳程永清（五十二歲，江蘇人，家住建國南路一七四巷×號）。昨晚上十一時，她在家門口被一騎腳踏車男子，從後面忽然衝出，將其手提包搶去，內有現款一千二百多元，一銀及一信到期支票二張，票面金額分別是一千五百九十二元與三千九百九十二元，另有支票兩本，圖章，身分證、西藥一瓶等雜物，吳程永清驚魂甫定後，即向管區四分局報案。

漢中街派出所一面通知失主吳程永清之子吳孝良，就近前往老天祿查對；一面派人圍捕。原本想要換取現金的年輕人，發現老天祿店家拖拖拉拉的，做賊心虛下竟然連到期支票也不要了，拔腳就跑，曾雪櫻立刻大喊：「捉賊」，在店員與熱心顧客的協助下，抓住了這個逃沒多遠的青年，交給隨後趕來的警員。經搜身後發現七百六十元現金及吳程永清的支票二本，確認是昨晚的搶犯，隨即押上警車，解往第二分局。由於案發地點是在鬧區，各報記者也都立刻趕來。但是當搶犯身分確認無誤後，立刻震驚全島。

原來這位年輕的搶犯，竟然是政大西語系的應屆畢業生王道（二十三歲，浙江省富陽人，住台北市松山洲尾一×八號）。王道的父親王乃耿，陸官十六期畢業，官拜上校，據說是官邸要人，家裡除了母親，只有一個在讀大學的妹妹，家裡經濟狀況應該極為寬裕。而王道自己也相當傑出，小學五年級來台後，初中讀成功中學，高中讀師大附中，現在一方面大學只剩一學期就畢業了，另一方面他還在美軍某單位工作，每月薪資換算成台幣就已經高達三千元，是普通人的好幾倍。他為何會來搶劫，還笨到想用支票換現金?在二分局時做筆錄時，他對警方說了一個纏綿悱惻的愛情故事。

王道說他去年七月在國際學舍跳舞時，邂逅了一位本省籍清純少女葉冰如（二十一歲，高中畢業，住和平東路三段六〇巷×號）兩人一「舞」鍾情後，就有相見恨晚之慨。從此儷影雙雙，早已論及婚嫁。二十三日晚間，他和葉冰如在新生社分手時，葉冰如流著淚說：「養父嫌我在委託行當店員薪水太少了，要把我賣給酒家。如果明天晚上不能先拿兩千元應急，我就……」王道說他當時手頭雖沒錢，但卻色令智昏，竟打包票要替她想辦法。兩人分手後，他就騎著車繼續在街上閒逛，結果釀下了這場大禍。明天政大就要開始舉行畢業考了，也不知是否還來得及應考？

王道有著英俊的儀表和魁梧的身材，加上流暢的中英文，讓在場的各報記者對這位浙江權貴子弟，竟然放棄大好前程、以身試法，只為搶救本省籍女友淪落火坑的悲慘故事，無不痛哭流涕、五內感銘，立刻奮不顧身，掄起生花妙筆，盼望藉此教化眾生、消弭省籍矛盾，讓全島軍民同胞都能在偉大領袖的英明領導下，不分籍貫階級，共同致力反攻大陸、收復河山。這套政治上「省籍和諧」的主旋律定調了，還有誰敢亂唱反調？

本來老天祿食品店在年關前，協助警方捕獲搶犯是大功一件，市警局局長潘敦義派刑警隊長羅仲銑代表，要頒給老闆曾雪櫻獎金二百元及獎狀乙紙，店家竟低調婉拒。王道的父親王乃耿跑到台北地檢處，謁見首席檢察官楊鳴鐸，請求讓他孩子明天先去應考。政大校方也派主任教官，專程來二分局了解狀況並安慰王道。被害人吳程永清也對媒體改口說，當時天色昏暗，王道可能只是順手牽羊，「誤拿」了她的皮包。報紙上還有人批評台北市的路燈太少，才會引誘大學生犯罪；也有人以王道是生於一九三七年，日軍發動盧溝橋事變全面侵華，害得戰亂中的孩子無法受完整教育。反正千錯萬錯，就是搶劫的王道沒錯，王道還真是「王道」。

不過上一次當，學一次乖；就算你是馬或扁的特忠實粉絲，被騙三次後，也該學一次乖了吧！由於媒體記者與台大校長，前幾年在「陳素卿自殺案」裡，被兇手張白帆用同樣手法擺了一道，因此這次又遇上「省籍和諧」的老梗，細心一點的記者們就持續查證，果然隔了一天就發現另有蹊翹。先是王道所說家住和平東路三段六〇巷×號的本省少女「葉冰如」，根本就查無此人。接著王道從被捕的二分局，移送到案發地點的四分局後，竟然來了三位女友。第一位是浙江籍就讀台大的表妹陳×櫻，王道說兩人自中學起就開始交往，但她只會讀書，沒什麼共同樂趣。至於另外兩位「女友」，故事就複雜了。

王道的第二位女友是江蘇籍的葉×寶，家住松江路一五六巷×號，中學畢業後在委托行當雇員。第三位女友是台籍的曾×，家住台北縣鶯歌鎮中正路五×號之一，現住重慶北路三段一×八號，曾在桃園縣中壢鎮嘉賓酒家執壺，現在轉到台北市麒麟酒家，花名「娜娜」。三位女友裡，又以葉×寶表現得最殷勤，不但兩度到四分局探視，見面時還抱頭痛哭；但王道的父親王乃耿則在一旁聲色俱厲的痛罵，要葉×寶死了這條心，王家絕容不下她這種女人。還說王道都是為了替她買毛衣，還有送年貨給她母親，才會犯下大錯。

雖然無法理解王乃耿為何會這麼討厭葉×寶，但王道昨天在二分局所說的，搶劫是為了讓本省籍女友免於落入火坑，如今卻已證實，葉×寶根本就是江蘇人；而曾×雖是台籍，卻本來就在火坑，顯然王道昨天只是為了騙取同情，才用兩個女友的背景，合編出這個故事。

案情急轉直下後，警方又赫然發現，王道竟是竊盜前科犯。原來早在前年七月中旬，王道就因偷了友人一架收音機被捕，由於台北地檢處檢察官唐錦黃，念在他是國立大學的學生，因而法外施恩，予以不起訴處分，讓他有個自新機會來完成學業。如今王道卻惡行日增、由偷變搶，張澤涵檢察官偵訊後，隨即飭令羈押於台北地院看守所。

王道被羈押後，以二百元賄賂管理員代購一把刮鬍刀，企圖以自殺表示懺悔，但檢方不為所動，雖然王道並非軍人，但仍在一月二十七日，以陸海空軍刑法第八三條「搶奪財物者處死刑、無期徒刑或十年以上有期徒刑」起訴。在輿論壓力下，二十九日政大也召集訓育委員會，對王道處以「開除學籍」的最重處分；校長劉季洪更以「身體健康欠佳，深感難勝重任」為由，向教育部提出辭呈，但經層峰批復慰留。

二月十三日台北地院刑庭庭長王迺俊法外施仁，以最輕刑度的十年減為六年，而且不褫奪公權。但王道依然上訴，四月三日高院審結，維持原判；王道再上訴，十二月七日經最高院三審定讞，維持原判六年，王道隨即自看守所移監執行。

在台美軍的結夥販毒案

一九六〇年代初期，台灣的監獄裡除了政治犯，很少會有大學生，更難見到美國人。王道入獄後，由於他能說一口流利的英語，獄方並未安排他與一般囚犯同住，而是讓他成為獨居房裡一位美國囚犯的唯一獄友。這位不通中文的美國囚犯，拒吃監獄提供的米飯，只吃他華籍妻子送來的麵包；原本獄方的規定是受刑人兩週才能會客一次，為了讓他妻子送的麵包不會發霉，也特准她一周探視兩次；獄方還容許他將獄中早餐所吃的饅頭，留到中餐與晚餐再吃；甚至可以使用刀叉而不用筷子。如果不是限於經費，搞不好獄方還會為他蓋個抽水馬桶。這位台北監獄裡唯一的外國囚犯，究竟是什麼來頭，讓獄方如此細心「善待」？

原來這位美國囚犯名叫白濟傑（Harry Peljiger，一九二六年生，德克薩斯州人），明尼蘇達州立大學新聞系畢業，一九五五年九月來台服役，娶了華籍妻子，至一九五七年十月返美，一九五八年四月再次以記者身分，與另一美籍友人李達拉相偕來台，同住一處，對外宣稱要合資攝製電影。但因資金短絀，李達拉深恐盤纏耗盡，就在西門英語補習學校執教。

雖然白種人在台教授英語的鐘點費很高，但兩人素來好逸惡勞，又熟悉台美外交現況，深知就算東窗事發，老蔣豢養的鷹犬，對台灣人時是鷹犬坐著，百姓跪著；但對美國人時，就變成老美站著，鷹犬只能跪著。在這樣的「特殊國情」下，不搞點生意來做做，真是對不起老蔣的苦心。

一九五八年六月二十五日下午，美軍駐台顧問團三等技術兵馬楷向上司報告，他說昔日同僚李達拉自稱要委託友人在香港購買手錶，拜託他以軍郵信箱代收後轉交，可是他收到的卻是一個密封的保險箱。他的上司趕緊會同美軍憲兵，委託鎖匠開箱後，發現竟是二包鹽酸海洛英。大包的分裝成五大瓶與一小瓶，共計四二五・九九二八公分，小包的分裝成三小瓶，共計二・七四八公分。美軍憲兵於是會同省警務處，趁晚間馬楷到西門補習班前，將小保險箱交給李達拉時，一舉逮捕李達拉及陪同前來的台籍男子林隆清。

三天後，白濟傑自港搭乘美國軍機飛台，在松山機場一下機，就遭美軍憲兵緝獲。由於劉自然案的影響，加上白濟傑與李達拉都已退役，不再具有軍籍，美軍高層也不袒護了，直接送交台灣的司法機關。根據美軍憲兵透過美國駐香港領事館調查，這個小保險箱是白濟傑六月十七日在香港永通打字機行購買的。他將海洛英置入後，外加紙盒封皮。次日早晨攜至美艦奧卡乃根號（USS Okanogan APA-220），向艦上郵局櫃檯自稱是日本美軍顧問團洛克中尉，奉派來港調查一美軍士兵自殺案，箱內所藏的都是調查密件，要寄到台灣美軍顧問團馬楷收，以上談話美軍艦上郵局皆有錄音存證。

白濟傑與李達拉兩位美僑，被美軍憲兵移交省警務處刑警大隊後，仍狡辯說自己從未見過毒品，小保險箱是一香港蔡姓友人托寄，要交給台灣一羅姓友人。但警方對老美又不敢施行「具中國特色的科學辦案」，只好大費周章，由省警務處飭令全台各戶籍單位，調出所有羅姓戶口卡片相片，令白濟傑辨認，他卻根本無法認出。況且兩位美僑若只是代人收寄，大可當隨身行李交航空公司託運或逕付郵局寄送，何需冒充軍官，還透過軍郵輾轉託交。另外警方在七月三日搜索被告白濟傑位於天母之住宅時，還查獲二五口徑手槍一支（槍身號碼為七五九三一）連黑皮槍套及子彈十一發（二五口徑六發與三八口徑五發），也一並查扣到案。

警方盤問白濟傑、李達拉與林隆清三人的口供後，移送台北地方法院檢查處，經檢察官羅必達偵訊後，認為二位美僑一派胡言、毫無悔意，下令羈押。七月二十二日偵結，依戡亂時期肅清煙毒條例提起公訴。共犯林隆清部分，則因證據不足，另予處分不起訴。白濟傑由於手頭寬裕，立刻禮聘大律師俞叔平為他辯護；李達拉沒錢延請通曉英語的律師，只好由法院分派語言不通的公設辯護人代為辯護。

由於本案牽扯兩位美僑，又是在劉自然案引發台美衝突後，由美軍憲兵直接移送，交由台灣法庭審理，老蔣也深知案情重大，處理不慎必將危及台海安全，因此在初審時即組成合議庭，由庭長劉鴻坤任審判長，推事黎志強、鄭健才陪審。

八月五日上午，初審開庭調查，起訴檢察官羅必達蒞庭執行職務，除提審兩美籍被告外，另傳林隆清、梁伯鐘、楊祖光、陸正等四人作證。九月二日上午十時，台北地院宣示判決：白濟傑、李達拉因共同販毒，分處有期徒刑十五年與十二年；另白濟傑被控販賣槍械，科以罰金二百元，被告對本判決倘有不服，可於收受判決書十日內，提出聲請上訴，白濟傑、李達拉均還押。不過台灣的法院數十年來如一日，都是「初審重判、二審輕判、三審豬腳麵線」（用台語唸才會押韻），對待老美的被告，當然也不能例外。白濟傑與李達拉向高院提出上訴後，二審由庭長章悴吾任審判長，推事章琳，史錫恩陪審。

十月二日上午，二審開庭調查，白濟傑仍在狡辯：「託我寄貨的也許不姓羅，因為我是根據英文記憶，可能是姓陸或姓駱；我也不知裡面裝的是毒品。」庭上痛斥：「既無深交，連姓氏也不知，你為何受託？」不過庭上罵則罵矣，量刑時仍需參酌「國情」。一九五九年一月二十九日二審宣判：「白濟傑念其為一外僑，對我國法律稍乏瞭解，酌情減免，改處有期徒刑十二年。至於李達拉則因欠缺具體積極證據，改判無罪。」白濟傑的母親聞訊，自美國致函司法行政部長谷鳳翔，以其年邁，其子十二年後刑滿回國，母子二人將天人永隔而請求赦減，但谷部長則以司法獨立與不干預審判而婉拒；李達拉獲釋後立即返美，美僑販毒案暫告一段落。

退役美軍與現役國軍的「聯合創業」

販毒的白濟傑與搶劫的王道在台北監獄「圓房」後，美台二地的大學生得以相互切磋，痛悔不該犯下這種搶劫與販毒的「大罪」，也相約重獲自由後，能在台以「專業知識」共舉「大業」。一九六四年九月十八日，白濟傑服刑六年三個月，王道服刑三年八個月後，在同一天假釋出獄。白濟傑仍滯留在台，住在衡陽路一號，自稱是在松江路開設車行，經營美軍與眷屬在台的自用汽車買賣。王道則改名為王雲漢，被徵召入伍補服兵役，外調公路局板橋汽車訓練隊，還娶了板橋鎮民代表陳章沛的千金陳文珠，住在板橋鎮楠雅南路四×號。王白二人已在細心籌畫，近期內要在板橋這裡「聯合創業」。

「盜墓」在中國是個由來已久的傳統，正史裡也多有記載。《後漢書・劉盆子傳》裡說：「赤眉貪財物，復出大掠。……至陽城、番須中，逢大雪，坑谷皆滿，士多凍死，乃復還，發掘諸陵，取其寶貨，遂污辱呂后屍。凡賊所發，有玉匣殮者率皆如生，故赤眉得多行淫穢。」赤眉軍成立於西漢末期，這時呂后死了兩百多年，就算真如作者范曄所說「率皆如生」，呂后駕崩時也已是雞皮鶴髮的六十老婦，赤眉軍盜墓時卻還不放過這一「死口」，照姦不誤。由此可見盜墓者之所以要姦屍，其實並非出於性慾，而是要發洩其階級仇恨。而豪門巨室對盜墓者之恨之懼，不是怕盜墓本身，反正金銀錢財進了墳墓，都是有等於無，他們擔心的是隨盜墓而來的姦屍。

一九六六年十月十六日上午，省刑警大隊第二偵查隊獲得線報，在板橋衛生所後面的空地上，這個月以來的每天深夜凌晨零時至三時，有三名白人中年男子在施工，但在做什麼神秘工程則不知道。由於在台美軍的經濟能力大於本地百姓，很少有可能會親自施工。警方透過管道向美軍查詢，確認並非老美的機密軍事工程。再找來地主訊問後則發現，今年年初，有一操國語的「外省兵仔」，帶著兩名美國人，要來向他打聽地價，表示要買這塊空地，設立汽車裝配廠，但他不肯賣祖產。偵二隊的員警知道，此地瀕臨林本源家族的林家墓園，因而趕緊請來林家公產管理人，也就是板橋鎮民代表主席黃春榜協助調查。

黃春榜對警方說，看墓人謝春鳳九月底已向他報告，墓地附近的農民在反應，田邊每天清晨總是出現大量新掘出的泥沙，大家都傳說是林家的墓地在鬧鬼。黃春榜一聽大怒，斥責謝春鳳胡說。林柏壽是台泥、台視等多家大公司的董事長，平日熱心公益，積善之家豈會鬧鬼？於是會同多人一起探勘，發現墓地裡的各墓台也都完好，並無遭人盜挖的現象，就只當作是興建工程的包商濫倒廢土，請附近農民自己夜間要多注意，也因此警方會收到有三名美國人在深夜施工的線報。警方聽了黃春榜的陳述，請軍方的工兵配合，便裝再到現場探勘，果然發現地底下有通往墓地的密道，必然是有人在盜墓，於是立刻準備埋伏抓人。

一九六六年十月十八日晚間，偵二隊第四組人員配合台北縣刑警隊數十人，在獵犬的協助下，抓住了利用深夜在挖掘密道的白濟傑，以及住在雙城街，號稱是車商的郝斯曼（Jack Horsman，四十歲，華盛頓州人）與麥士威（Maxwell，四十歲，香港出生的無國籍白種人）。三個白種人被捕後，警方赫然發現麥士威手上拿的，竟是當時台灣人未曾見過的高科技產物金屬探測儀。由於麥士威並無美軍背景，妻子又是香港人，警方訊問時不必像訊問美軍或美僑那樣投鼠忌器。

在經過一番「恩威並濟」的開導後，麥士威坦承他被香港一家汽車公司派遣來台後，因為會操作金屬探測儀，「被迫」加入這家公司同事們所組成的盜墓團體，還供出這一團體的幕後，有一位本地人「大衛王」在指導；但深夜挖掘時他從未出現，平時也只跟白濟傑一人連絡。由於麥士威沒有老美撐腰，警方得以自由施行「具中國特色的科學辦案」，因此案情迅速明朗。但警方也言而有信，麥士威坦白交代後，不僅未移送台北地檢處，二十一日上午就為他辦妥出境手續，讓他乘飛機離台返港，臨行前還請他大吃一頓，結束他在台北一年多的生活。

可是另外兩位美籍共犯則相當不合作，由於美國駐台大使館副領事孟德，在麥士威獲准離境的同時，也前往刑警大隊探視白濟傑及郝斯曼。刑警大隊不敢怠慢，特別去買了奶油、麵包與牛奶供兩人食用。兩人對犯案過程與台籍主謀者，也都守口如瓶。雖然麥士威交代得很詳細，但警方仍需自己想辦法，抓到這「墓」後主謀大衛王。警方研判，麥士威說他們三人從大衛王口中獲知，這些墳墓看來不起眼，埋沒在荒郊多年，但墳裡面卻藏有一顆價值連城的夜明珠及無數金磚珠寶，總價值在一百萬元美金以上，所以他們才願意配合，利用深夜親自盜挖，還先買了價值不斐的金屬探測儀。

警方再綜合地主陳述，帶這三個外國人來買地的是「外省兵仔」，不僅精通英語，還能從石碑上：「光緒庚寅年季春皇清晉封一品夫人御賜積善餘慶匾額先祖妣林母鄭太夫人佳城長孫爾昌次孫爾康增孫熊徵立石」，就能判斷要從旁邊空地，挖這麼長的地道來到這一塚，必然也不是普通的軍人。光緒庚寅年是光緒十六年（一八九〇年），距離當時已七十六年，鄭太夫人是漳州遷台第三代，連板橋當地人都搞不清這墓裡埋的是誰，這「外省兵仔」卻能看出裡面有寶，並交由讓警方無法自由施行「具中國特色的科學辦案」的前美軍來執行，實在有夠狡猾。

但王道也是聰明反被聰明誤，警察找不到他，他卻自作聰明，冒充美國大使館派來的通譯，要來省刑大探視被扣押的兩名美籍僑民，想趁機串供脫罪。雖然王道外表英挺、英文流暢，不會讓警察起疑。問題是人家老美的副領事就已經來了，你是不是通譯，老蔣手下的警察認不出，但人家老美認得出啊！就這樣王道自投羅網，讓盜墓案兇手全數就擒。由於王道假釋出獄後就被徵召服役，因而具有現役軍人的身分，警方直接將其解送憲兵隊，軍方如何處置就不得而知了。不過這兩名美國人二十五日被移送台北地檢處後，對老蔣這政權的鷹犬來說，依然很棘手。

由於白濟傑及郝斯曼都很熟悉台灣國情，面對檢察官張迺良檢察官的偵訊，依然狡賴說他們喜歡研究考古，還曾應埃及政府邀請，挖掘古金字塔，並發表過許多學術論文。張迺良斥責兩人惡性不改，並警告他們這種行為，嚴重傷害台灣人的感情，為了不避免觸動反美情緒，美國大使館已將他們二人交由台灣的法院審理。他也將依刑法二四八條「發掘墳墓者，處六月以上五年以下有期徒刑。」及第二四九條「發掘墳墓而損壞、遺棄、污辱或盜取屍體者，處三年以上十年以下有期徒刑。」起訴兩人。

郝斯曼一聽嚇壞了，流淚向檢察官說：「我不知台灣人這麼厭惡盜墓，法律還處置得這麼嚴。對這次參與盜墓，我完全認罪。」檢察官諭令交保候傳；白濟傑則因惡性重大，又在假釋期間犯案，因而慘遭收押。而郝斯曼雖暫時逃過牢獄之災，在美國的前妻麥蒂，也以她兩個兒子洛雅（十三歲）和保羅（十歲）的名義，委託馬君碩律師向台北地方法院民庭提出「給付生活費」之訴。原來在一九六二年，郝斯曼就因虐待妻子，經美國勒維斯頓法院判決離婚，每月應付小孩生活費一百五十元美金。但郝斯曼退役後就停止支付，而且行蹤不明。直到盜墓案爆發，麥蒂才知道郝斯曼被限制不得離開台灣，因此向台北地院提出告訴，要求支付這三十五個月的生活費美金五千二百五十元。

盜墓案在一九六六年十二月三十一日上午，由台北地方法院宣判：白濟傑處刑九個月，郝斯曼處刑五個月。但白濟傑之前因販毒案被判刑十二年，僅執行了六年三個月就假釋出獄，一旦被判刑確定，假釋將被撤銷，須再補坐五年九個月的牢。判決後白濟傑還押台北看守所，郝斯曼仍交原保候訊。

但在接到初審判決後，兩人都繼續上訴高院，由庭長陳秦謙，受命推事王治、陪審推事黃炎成三人所組成的合議庭，在一九六七年五月十六日上午宣判，竟接受兩位美僑的辯解，認為他們是在挖墓「考古」，將原判決撤銷，白濟傑和郝斯曼都改判無罪。此一「恐龍判決」一出，立刻引起全台輿論大譁，高檢處檢察官杜世珍也在五月二十三日緊急向最高院上訴。

白濟傑和郝斯曼雖被高院判決無罪，但高檢處上訴後，兩人都被限制出境，白濟傑還需一萬元舖保。但白濟傑和郝斯曼仍不願安分。一九六八年四月四日，又被台北地檢處依偽造有價證券及侵占罪嫌提起公訴。而之前高檢處上訴最高院的盜墓案，經發回高院重審後，已覆判白濟傑九月徒刑，郝斯曼五月徒刑，但仍可上訴最高院。可是奇怪的是兩人皆放棄上訴，郝斯曼僅判刑五月，可易科罰金，放棄還可以想像；但白濟傑不只是要服刑九月，還要補之前假釋的不足刑期五年七個月，他怎麼可能放棄上訴，坊間都盛傳這兩人早已不在台灣，否則不可能不上訴的，但省刑大則堅決否認，認為他們並未偷渡。

到了四月十二日，放棄上訴的白濟傑必須入監，但卻未到案，台北地檢處在五月三十日下令通緝白濟傑。直到六月十一日消息傳來，白濟傑和郝斯曼都已逃抵美國。而他們逃亡的管道，竟是透過美國海軍供應司軍士克萊孟斯（Dalr.W.Clemmon）及約翰．杜蘭（John. J. Durand）協助，冒用他們的身分，以美軍的身分從清泉崗搭軍機赴美。

這一消息見報後，全台各地的反美情緒更加沸騰，美軍已自知理虧，七月二十三日將這兩名軍士交給台灣司法機關，十月二十七日由高院判七月，但是否執行就不得而知。不過轟動一時的美軍盜墓案，總算是塵埃落定了。

台灣的「巧克力」軍隊——ＭＰ

小時候台灣還有美軍駐紮時，常在街頭看到許多從越戰前線來台度假的軍人酒後鬧事，台灣的軍警此時往往束手無策，但只要有幾個帶著白色鋼盔，上面寫著「ＭＰ」兩字的美軍一出現，這些大兵馬上夾著尾巴滾蛋。所以台灣即使是不認識英文字母的小老百姓，也知道ＭＰ就是維持軍紀的憲兵。但是一九七〇年代後期，美軍撤離台灣後，ＭＰ在台灣人口中就改變意義了。侯文詠的《大醫院小醫師》裡有一段這樣說的：

我在外科實習已經一個禮拜了，不知道為什麼仍然常挨主治醫師罵。我為此感到非常困擾。決定好好地和我的住院醫師談一談。我抱怨：「我覺得自己很認真，可是仍然挨罵，我不知道那裡出了問題？」住院醫師說：「嗯，你是做得不錯。不過有樣事情你沒學好。」

「有樣事情沒學好？」我可緊張了。他問：「你知道ＭＰ是什麼的縮寫？」我得意地大叫：「憲兵。Military Police。」

「天哪，難怪你不會成功。」他用一種看笨蛋的表情看我，「提示你一下，ＭＰ是馬屁。那你說ＢＭＰ是什麼意思？」

我的反應很快：「拍馬屁，對不對？」他再追問：「嗯，很好，那ＭＢＭＰ是什麼意思？」我抓了抓頭，但這也不見得能難得倒我。「有了，猛拍馬屁，對不對？」這位前輩一副孺子可教的神態，不斷點頭，接著又問：「那ＰＭＢＭＰ呢？」這回我真的被難倒了。他告訴我：「拚命拍馬屁。」

大帥哥與巧克力

台灣的國軍從大陸時期開始，就以高喊「蔣總統萬歲」為口號。改朝換代後，執政者雖然以「去中國化」來號召，但在ＭＰ文化上卻比老蔣更「中國」。因拍阿扁ＭＰ而「龍心大悅」得以高升者，首推因三一九槍擊案下台的前總統府副侍衛長沈再添，他在台南空軍連隊長任內，首創在阿扁視察台南機場時要飛行員「戴扁帽迎扁」，是三軍裡的ＭＰ始祖，日後果然進入總統府。但後來晉升海軍總司令的陳邦治則更勝一籌，在春節阿扁參觀左營營區，除了把阿扁的官田老家模型搬來，連官田名產的菱角田也記得置入，成為台灣第一個沒上過船卻能當海軍總司令的人。但三軍的ＭＰ大戰總冠軍，最後還是由名符其實的ＭＰ——憲兵奪得。

二〇〇六年十月六日，阿扁視察林口憲兵學校時，所有憲兵整齊劃一地喊著：「總統、總統、大帥哥」「你是我的巧克力」拍大合照前，還比出拇指朝上的挺扁手勢，讓被倒扁運動搞到民意支持度「坐二望一」（接近一成）的阿扁笑得合不攏嘴。據《壹週刊》二九〇期報導，憲兵學校校長陳良翰在「巧克力事件」後，即將榮升總統府侍衛長，結果卻是「見光死」。有些讀者大概很難理解「你是我的巧克力」與MP何關？其實「你是我的巧克力」出自一九九〇年代台灣的一支巧克力飲料廣告，主角是香港四大天王之一的郭富城。畫面上的大帥哥小郭手裡拿著一朵玫瑰花，向心愛的女生表白這句經典台詞：「妳是我的巧克力！」大家沒看過這個廣告沒關係，但只要想像一下郭富城與阿扁的長相，就該發現憲兵口中的「大帥哥」與「巧克力」不只是MP了，而是百分之百的PMPMP。

台灣在戒嚴時代，憲兵不只是「軍事員警」而已，他們與警總、調查局等單位一樣，都是讓小老百姓聞之色變的「情治機關」。大家常戲稱警察是「合法的帶槍流氓」，那麼誰敢太歲爺頭上動土，打員警、殺員警、包圍警察局、砸毀甚至焚燒警車呢？不是匪諜，不是台獨，也不是黨外人士，而是憲兵。要談起憲兵殺員警的歷史，就要從老蔣在大陸時期的上海「金都戲院血案」開始說起。

一九四七年七月二十七日晚間九點，上海福煦路西段（今延安中路）的金都大戲院，放映國泰公司製作，馮吉吉和陳燕燕領銜主演的電影《龍鳳花燭》。新成分局值班員警盧雲衡與憲兵二三團八連排長李豫泰和上兵吳伯良因細故爭執，李吳兩人竟聯手將盧雲衡打得口吐鮮血，盧雲衡狼狽逃回新成分局，局中盧雲衡的警校七期同學，憤而聯合老閘與黃浦分局的其他同學，三個分局超過一百名員警徒手乘車前往金都大戲院，要找打人的憲兵討個公道，戲院門口立即眾人雲集，場面非常混亂。

在戲院裡的李豫泰等憲兵，趕緊向康腦脫路（今康定路）的隊部告急，沒多久荷槍實彈的第八連與第九連一百多名憲兵，搭乘卡車及吉普趕到，在戲院樓上架起湯姆機槍向員警與群眾掃射，其他武裝憲兵也開槍射擊，立刻造成七名員警與四名市民死亡，憲兵則無人死亡。當時上海言論還算自由，所以各報次日均以頭條新聞報導。但憲兵團則發表聲明，強調員警搶奪憲兵槍支與射傷憲兵的情節。市長吳國楨急電淞滬警備司令部、上海市警察局和憲兵團組織調查委員會，同時令淞滬警備司令宣鐵吾電請南京國防部派遣大員來滬處理事件。

員警在這次械鬥中死了七人，雖然群情激憤，但火力不及憲兵，無法發洩以致將矛頭轉向金都大戲院。七月二十八日上午十一時、下午一時、四時半，數十名員警帶著警棍，連續三次搗毀大戲院。他們逢物就砸，見人便揍，這座豪華戲院立刻變成廢墟，許多員警也罷崗抗議。憲兵見事態擴大，怕激起民憤，也被奉命停勤，龜縮在營房裏。七月二十九日，上海各報繼續報導，連外國大報也跟進，老蔣聞訊後，急令國防部次長秦德純飛抵上海，擔任軍事法庭審判長。七月三十一日首次審訊案犯，八月十五日轉至南京審理。九月二十七日老蔣簽署的電文發往上海：

查上海金都大戲院警憲衝突一案，迭經電飭國防部依法訊辦後，茲據先後呈復到府。經核定如次：（一）憲兵司令張鎮對部屬統權無方，訓導不力，致生巨大禍亂，應記大過一次。（二）憲兵二十三團團長及該營營長兼上海警察局長宣鐵吾對本案處理欠當，應記大過一次。

平素教練無方，應各降一級。（三）憲兵罪刑部分，准照國防部九月二十七日簽呈所擬原判辦理。憲兵羅國新因首先開槍射擊被處死刑，以及判李豫泰、吳伯良等二年有期徒刑不等。（四）關於警員犯罪部分，俟憲兵部分執行後准予移送首都地方法院依法訊辦。（五）上海新成員警分局局長卓清實准予撤職，連同肇事警員移送法院並案究辦。

老蔣對這次衝突的處理，表面上是憲警雙方「各打五大板」輕輕放過，但他也明白憲兵武裝聚眾，在上海鬧區以機槍射擊民眾，連老外也驚動了。因為槍戰除了十一位警民死亡以外，還造成一輛路過的美軍吉普車撞倒電線桿、衝入民宅的車禍，幸好美軍只有受傷，沒有死亡，否則更加難以善後。老蔣除了將憲兵二三團調離上海後解散，並頒佈「憲警職權調整辦法」，明確規定一般性的治安問題由員警處理，只有軍人違反治安的案子才由憲兵處理。軍民之間有糾紛，軍人交憲兵，老百姓交員警處理，憲兵駐在哪裡便和哪裡的員警爭權奪利的問題才暫時得到解決。

中山北路上的憲警「烏龍」槍戰

一九四九年國府遷台後，憲警之間依舊常有爭執，尤其本省籍警員與外省籍憲兵的鬥毆更是常見。台北市北區憲兵隊因細故武裝聚眾，以機槍與步槍包圍中山分局示威；或是機場警察攔檢便衣騎機車憲兵，以致憲兵聚眾焚毀警車的種種傳聞，在民間流傳已久。但因為這些事件都不像上海金都戲院血案那樣有人死亡，所以在戒嚴時代也沒有見諸媒體。直到一九八〇年代初期，憲警衝突的新聞才在報上開始出現。

一九八〇年一月二十三日下午二點，台北市中山北路與長春路口，又發生了憲兵中山分隊的一等兵吳成耀與大同分局刑警黃成祥、李太良的槍戰事件，雙方總共開了六槍，前後歷時三分鐘。三十三歲的台灣籍刑警黃成祥腹部中彈後送醫不治，二十二歲的福建籍憲兵吳成耀大腿中彈送醫後無礙。

大同分局刑事組長劉遠孝說，當天下午一時三十分該組接到寧夏路全成文具書局負責人李兩成的報案電話，說有一名男子打電話給他，要他準備三萬元，並穿黃夾克及黑長褲，到中山北路夢咖啡門口贖回他日前失竊的裕隆轎車。在刑事組服勤的刑警黃成祥，便奉令穿上竊盜指定的衣褲，與另一刑警李太良陪同前往，結果在夢咖啡門口時，遇到蓄留長髮的吳成耀在附近徘徊，黃成祥認為可疑，於是上前盤問。吳成耀當場拒絕回答，黃成祥見狀更認為可疑，伸手向吳成耀的腰部摸了一把，發現吳成耀竟身懷手槍。而吳成耀則以為黃成祥要搶槍，立刻快步跑開。

黃成祥認為吳成耀心虛，就大喝：「不許動！」此時雙方都情急而拔槍互擊，黃和吳腿部各中了一槍。當時現場行人很多，負責指揮交通的警員立刻大聲吆喝，並揮動手勢要行人趕緊臥倒。黃和吳二人開槍後，各自找了一輛汽車作為掩護。李太良與黃成祥相距約十公尺，一面躲閃一面快步接近支援，黃成祥也趁隙快步上前準備抓住吳成耀。這時吳成耀認為被圍攻，又開一槍擊中黃成祥腹部，黃成祥立刻倒地。同時李太良也跪地射擊，打中吳成耀大腿，李太良在吳成耀倒地後，一面用槍抵住吳成耀，一面喊彰化銀行駐衛警察幫忙，把吳成耀制服，銬上手銬後都送往馬偕醫院急救，黃成祥因傷及內臟不治；吳成耀雖流血很多，但無大礙。

憲警「烏龍」槍戰後，雖然雙方又像當年上海金都戲院那樣各說各話，但次日《聯合報》三版發布了台灣警備總司令部的報告：「當時有北市大同分局之便衣刑警黃成祥及李太良二人，『奉命預伏』上址逮捕竊車嫌犯，適逢執行另一勤務之便衣憲兵吳成耀『路經該處』，而誤認其為竊嫌，即行逮捕，而憲兵吳成耀更誤解便衣刑警為欲搶奪武器之歹徒，因而在爭奪之間發生了互相槍擊事件。」從警總的報告可看出真相非常清楚，雙方一是「奉命預伏」，一是「路經該處」。但在戒嚴時代，媒體對這件事都不敢多加評論。幸而陸軍官校八期畢業，曾任老蔣警衛旅團長，深諳特勤業務的聯合報創辦人王惕吾，還是委婉的對執政當局提出諍言，也間接反駁了憲兵單位的說法。二月二十四日第三版的小社論「黑白集」裡這樣說的：

「刑警便衣執勤，確有必要。而憲兵便衣執勤，有無必要，卻不無商榷餘地。即使有其必要，但作為國家軍人，不著制服，身懷武器，畢竟未盡合適。『軍械』與『警械』在使用上，應該妥予區分，不得混淆。」

憲警「烏龍」槍戰裡殉職的警員黃成祥，家中還有三名未成年的子女。警員在槍戰時只往對方非要害的腿部射擊，而憲兵射擊則都往要害處瞄準。事後該名憲兵不但未受到處分，上級長官探視時，竟在各報記者面前，勉勵誤殺警員且大腿受傷的吳成耀，要趕快去華西街學習「做人」，證明自己仍具「雄風」。

從憲兵高層這種輕浮的言語，也可以想見憲兵嫖妓的歪風之盛，難怪一九八〇年代初期我當兵時，軍中盛傳台北最有名的脫衣陪酒「六六六」酒店，因交易糾紛而遭持械憲兵聚眾威脅的鬧劇。憲兵對「軍妓」的興趣大於「軍紀」，也是戒嚴時代的「正常」現象之一。

揭穿「模範軍種」的神話

一九八七年七月解嚴後，言論自由尺度越來越大，憲兵所自豪的「模範軍種」神話，也逐漸不再見諸媒體。例如「緝捕逃兵」是憲兵的本職之一，尤其是緝捕持有槍彈的逃兵。但如果憲兵自己持械逃亡時，又會出現什麼鬧劇？

一九八八年九月八日晚間九點，林口憲兵營區的二兵江志宗（二十歲，彰化人），攜帶一枝六五式步槍、六十發子彈（分三個彈匣）及一把刺刀逃亡。十點時他在桃園縣龜山鄉公西村攔下一輛標緻轎車，持槍脅迫駕駛人下車後把車搶走，開往台北縣新店市，沿北宜公路往宜蘭行駛。次日清晨五點，江志宗搶來的標緻轎車，被北宜公路宜蘭端的路檢人員發現，憲兵巡邏車於是在後追趕，結果巡邏車卻在清晨六時，於礁溪加油站前，撞上了騎機車經過的鄭國銓

（四十五歲），造成他左腿骨折、頭部及身體多處擦傷。車禍發生時江志宗乘隙兔脫。六時十五分江志宗開車到礁溪火車站前，趁游姓鄉民下車購物時，搶走他的龐蒂克跑車，把原先搶來的標緻轎車棄置在火車站前。七時二十分，被搶的龐蒂克轎車又在北部濱海公路頭城鎮被發現，引擎尚未熄火，但江志宗已不見蹤影，車上沒有遺留物。游姓車主前往查看，發現放在車內的八萬元不翼而飛。緝捕人員立即在附近展開地毯式搜索，但沒有收穫。有關單位研判江志宗可能攔車往基隆方向離去，除了在北濱公路沿線攔截外，並派出大批人員荷槍實彈至番薯寮附近山區搜山。

江志宗在山區躲藏二天後，到十一日下午二時，因耐不住飢餓，跑到番薯寮山區向村民吳水木、景秀珠夫婦乞討食物。吳家夫婦給他餅乾和飲料，但見對方一副狼狽狀，還帶著一枝步槍。直覺判斷對方就是軍方這幾天急欲緝捕的江志宗，於是規勸他投案。江志宗接受後，透過後備軍人小組長鄭貴仁出面聯繫，下午四時十五分，江志宗由吳氏夫婦陪同下山投案，並繳出逃亡時所攜帶的武器。

憲兵江志宗的「烏龍逃兵記」看似已喜劇收場，其實不然。就在他投案的當天早上，在宜蘭服役的楊忠見（二十二歲，基隆人）與同袍陳俊賢（二十二歲）相約不假離營，在宜蘭縣礁溪鄉搭乘宜蘭市宜美車行黃燦龍駕駛的計程車，表示要到台北市西門町。計程車於上午十一時五十分沿北宜公路抵達石碇鄉格頭村，當地憲兵正在攔檢憲兵江志宗攜械逃亡，示意計程車靠邊，司機黃燦龍依指示下車受檢。此時，坐在後座的楊忠見和陳俊賢誤以為是在攔捕他們，陳俊賢立即爬到駕駛座開動車子往前衝。在前方荷槍警戒的憲兵聽到「那輛車有問題」，立即朝計程車的左後車輪部位連開三槍，結果左後輪當場爆胎，車子失控，向前衝過對向車道並撞上山壁。計程車出事後，陳俊賢奪門而逃，躍入山谷樹林中逃逸。大批憲兵趕來圍捕卻仍讓他逃逸，而楊忠見則是腹部中彈，當場死在後座上。

憲兵對車輪開槍，結果車沒停下，車上的一個人死了，另一個人又逃了。江志宗烏龍逃兵記最後雖是自己投案，但抓人的憲兵是又出車禍撞傷別人、又誤殺一人、又逃走一人。真是「黑狗偷吃、白狗倒楣」。憲兵的槍法如何很難論斷，但駕駛技術與抓人技術，顯然還有不少改進空間。

直潭淨水廠的憲兵「晚點名」

繼江志宗烏龍逃兵記後，一九八九年五月十三日，憲兵部隊又發生了真正的「晚點名」慘案。駐守台北自來水事業處台北縣新店市直潭淨水廠的憲兵連下士洪炎進，剛下部隊就接業務，白天為了裝備檢查已忙得不可開交，凌晨輪值安全士官時，接班的中士黃得益醉醺醺的晚來一小時多，以致他被拖班到連續站了四小時，兩人因而起了口角，洪炎進一時失去理智，當場舉起六五式自動步槍射殺黃得益。

槍聲驚動連上官兵，有人企圖靠近他，洪炎進卻揮槍阻止，並衝進軍械室，拿了一袋子彈及三顆手榴彈，繼續向附近的機動班掃射，造成一死四傷，還衝進二樓寢室內引爆兩顆手榴彈再造成一死一傷。總計造成死亡三人，受傷五人。死者黃得益、張育城、鄒本逸；傷者許民山、連世震、林慶熙、曾再彬和劉文瑞，五人都送台北市三軍總醫院救治。

洪炎進肇事後在眾目睽睽下，攜帶六五式步槍、一顆手榴彈及大批子彈逃出營區，由淨水廠大門出去，走思源橋沿新店市新潭路方向逃亡。憲兵連先將傷患送醫急救，不料「軍九一九六〇三一號」巡邏車在行經新店市北新路市公所前時又撞到路樹。案發後，憲兵司令部動員附近憲兵部隊在營區周圍搜捕，洪炎進次日被捕後送軍法經判決死刑定讞。

當過兵的人都明白，洪炎進的「晚點名」殺人事件，起因是軍中常見的「老鳥吃菜鳥」，這個現象其實絕非憲兵所獨有。但憲兵單位卻對外公佈兇手在憲訓中心時所寫的日記：「今天被罰伏地挺身和雙腿蹲跳。這都是因為昨晚我夢到『芳』的關係。我入伍受訓時不是曾經叫她不要送我嗎？為何又夢到她，唉？要想開點才是！」企圖以「與女友失和」誤導真相，所以民進黨監察委員林純子五月二十七日提案，要求軍方檢討此事件暴露的軍中陋規及遮掩心態。

但憲兵單位是否有檢討衛哨勤務中的缺失，從血案的繼續發生就能證明。一九九一年九月二日凌晨，駐防台北縣五股鄉民義路的憲兵隊二兵陳世雄（二十歲，彰化縣人），執勤時持M十六步槍射殺中士朱盛戊，再槍傷一兵林大利、周志華，奪走一把手槍，逃逸時為奪車代步，又開槍擊斃在路邊排班的計程車司機阮仁偉，擊傷路人林志庭、戴雅宏及葉姓少年，而後搶得張明杰駕駛的計程車，逃至桃園縣龜山鄉嶺頂村山腰飲彈自殺。受害者不只是憲兵，連營區外民眾也受波及。

一九九八年九月二十五日，憲兵訓練中心的中尉政戰官蔡維城（二十六歲），與護士女友廖柏雅發生情變後，竟藉口感冒到台中市前女友廖柏雅任職的診所看診，持預藏的水果刀對廖柏雅胸部猛刺兩刀。廖柏雅因出血過多死亡，附近的協和警察派出所據報後將蔡維城逮捕。憲訓中心指蔡維城患有憂鬱症，但部隊為何還安排他「輔導」別人？憲兵的血案已由營區蔓延到市區，事態越來越嚴重。

憲兵的「抓死人逃兵」

憲兵在解嚴後所造成最爭議的事件，就是台北市西區憲兵隊的「抓死人逃兵」。這事件緣起於一九九三年七月十二日下午，馬偕醫院台東分院急診室接到一名由國軍八〇五醫院台東分院轉來，雖插有氧氣管但已無呼吸，手上還帶著手銬的病人。主治大夫發現外傷雖不明顯，但全身瘀血，沒有骨折；電腦斷層掃描顯示頭骨雖沒破裂，但腦內卻大量出血，都是被外軟內硬的東西重擊所致。醫院雖認為已無法救治，但他的家人則不斷請求，主治大夫隨即做腦部手術，卻仍無法止住出血，延至十六日下午五時廿五分不治。

死者經調查是原屬宜蘭某部隊的陳世偉（二十九歲，住台北市），七月四日因逾假不歸，八日被他父親陳煥章帶回部隊報到，十日被部隊送到國軍綠島勵德訓練班管訓。十二日上午被送到勵德班的醫務室，因昏迷不醒，瞳孔放大，幾無呼吸，中午軍方包機急送國軍八〇五醫院台東分院，但因傷勢嚴重，情況危急，再轉送馬偕醫院台東分院急救。這是國軍勵德訓練班在去年七月，由憲兵自警總接管後的首件隊員被凌虐致死案件。

陳煥章在兒子死後以書面向監察院等單位陳情表示，家屬於陳世偉死亡後未接到軍方任何說明，與部隊查詢只獲得五種不同版本說詞：一、陳世偉突然發燒昏迷，原因不詳。二、陳世偉操課時中暑發燒昏迷。三、在週一操課時不服命令，被孔姓班長踢了一腳致昏迷。四、陳世偉在週日下午曾被陳姓班長體罰。五、七月十二日早餐時，陳世偉不想吃飯、頭痛想吐，離開餐廳後衝入醫務所向醫官求救，被隊長及兩位班長拖出上手銬繼續處罰。經媒體揭錄與監察院開始調查後，憲兵司令部才寄來軍事檢察官的起訴書。載明陳世偉是受到孔×懷上士、陳×雄中士及古×豐中士的凌虐：

「十日，在寢室內匍匐前進四十五公尺，伏地挺身及交互蹲跳十餘分鐘，被以塑膠水管打胸、背五、六下，以致瘀傷。」

「十一日，陳世偉發燒，被罰以蹲姿抄寫準則廿餘分鐘，挨水管打數次，被以大湯瓢打胸、腹及四肢，繞周長約五十公尺的集合場跑步十餘圈，被以鋁製球棒打臀部、大腿、手臂及背部，使他多處挫瘀傷，以拳腳毆擊、腳踢胸部，在長約廿公尺的粗糙水泥地上做前滾翻來回兩趟，共翻了卅餘次，以致頭部表皮剝脫。」

「十二日，背負重約二十四公斤的沙包繞行隊集合場約十五圈，以致雙肩被沙包肩帶磨破。被腳踢胸、腹、頭部及後腦後昏迷。於上午九時被送醫急救，延至同月十六日傍晚不治。」

雖然陳世偉已被綠島的憲兵凌虐致死，但在台北的憲兵可也沒閒著。台北市西區憲兵隊兩度派員到陳家要抓陳世偉，但陳世偉早已不在人世，憲兵當然抓不到，結果竟將他的叔父陳正富抓去，這種乖謬的行為，讓新黨立委趙少康和郁慕明看不下去，對行政院提出緊急質詢，國防部長孫震在國會與媒體的雙重壓力下，只得立即率憲兵司令曹文生，親赴陳家當面向陳煥章及陳正富致歉與慰問。說來也真要感謝台北市西區憲兵隊的「抓死人逃兵」，沒有這個大烏龍，陳世偉案大概就像其他憲兵虐囚致死案，很難有真相大白的一天了。

也有令人尊敬的憲兵

說了這麼多憲兵的黑幕與烏龍事件，也應在文章最後提上一筆，其實憲兵就與其他野戰部隊一樣，裡面有好事，當然也有壞事。二〇〇五年四月二十九日，宜蘭縣長劉守成與議長張建榮、憲兵二〇五指揮部司令官高耀斌等人，在宜蘭市北館市場前共同主持憲兵士官彭福共殉職五十週年紀念日，宜蘭縣商業會理事長朱儒文，也代表北館市場的業者捐贈嶄新的紀念碑。

彭福共原籍江西萍鄉，一九四九年隨國軍來台，在宜蘭火車站憲兵班服役。一九五五年四月二十九日，宜蘭市北館市場前，發生一起軍民糾紛，一名憲兵情緒失控，要引爆手榴彈，彭福共奉命前往排解。當時市場前人潮洶湧，為避免爆彈傷及無辜，當這名憲兵拉開手榴彈的插梢時，彭福共立即撲向手榴彈，結果自己被炸得粉身碎骨。

由於彭福共隻身在台，沒有親人可收屍，地方人士於是將他葬在員山鄉同樂村，並立了一具「義勇足式碑」紀念。但當時正值白色恐怖時期，軍中瀰漫著一股「恐共」氣氛。彭福共這名字是強調軍人要「禍福與共」，在大陸時期就像張得標、李得勝一樣，原本是國軍拉伕入營後常見的名字。但來台後文字獄大盛，憲兵當局或許是擔心彭福共會讓人誤解成是要「造福共匪」，於是竟將彭福共的名字改成了「彭福芝」。

多年後宜蘭憲兵隊一直有意為他申請入祀忠烈祠，但因為名字不同，始終找不到「彭福芝」的兵籍資料，於是耽擱了半個世紀。直到二〇〇五年，經憲兵隊長陳文聰不斷追查，才發現原來是名字錯誤，「彭福芝」終獲正名為「彭福共」。在他犧牲五十週年忌日，軍方舉辦了追思會，還在當年九三軍人節入祀忠烈祠。如今憲兵學校裡的學員，除了在總統巡視時，高喊「總統、總統、大帥哥」「你是我的巧克力」這些ＭＰ口號以外，還有幾個人記得當年壯烈犧牲的憲兵彭福共？憲兵若要自詡為「模範軍種」，想得到台灣軍民的尊重，靠的不是「大帥哥」與「巧克力」的ＭＰ口號，而是彭福共這樣的真正ＭＰ。

憲兵殺警察所牽連的無辜路人

一九六二年春季，由日本東寶電影公司在一九六一年出品，黑澤明導演，三船敏郎主演，曾獲威尼斯電影節最佳男演員獎的《用心棒》（台譯《大鏢客》）在台灣上映。由於觀眾太過捧場，以致黃牛傾巢而出，尤其是二二八事件爆發地的遠東戲院門口，因為警察取締販賣黃牛票的便衣憲兵，引發憲兵報復，不僅聚眾當街毆打兩名警察，並拖入憲兵隊繼續凌辱，在旁想勸阻的民眾也遭池魚之殃，連採訪記者也遭刺刀刺入胸部。事後雖然憲兵司令親自將受重傷的兩位警察送出就醫，但憲兵在接下來的幾天，依舊多次在街頭毆打警察，甚至聚眾駕車持械，包圍警察局叫囂，成了戒嚴時代最嚴重的憲警衝突事件。

其實在兩蔣王朝統治中國與台灣的半世紀裡，出現過數不清的政治口號，其中有個就叫做「憲警一家」，當然啦！大家也該明白：口號就是希望，希望就是做不到的事，做不到的事就是謊言，因此，「憲警一家」就是……雖然兩蔣還有著中統（調查局）、軍統（情報局）、保安（警總）等各種特務機構，然而真正人數夠多，而且武器裝備足以火拚到讓兩蔣頭痛的，也就只有憲兵與警察而已了。

憲兵（military policeman）是目前世界上多數國家軍隊的正規常設兵種，主要負責維持軍隊紀律，保障軍隊命令的執行，組織軍事法庭，在西方的軍事結構上佔有相當重要的地位。然而蘇聯在「十月革命」成功後，因沙俄時期憲兵負責執行槍決任務，在軍中與民間都聲名狼藉，所以紅軍取消了憲兵這一兵種，日後社會主義國家也都比照辦理，並未設置憲兵。例如共軍就沒設憲兵，與現在台灣外島的駐軍一樣，由司令部（指揮部）任務編組成「軍紀糾察」（對岸叫「警備糾察」）。但隨著社會主義陣營的解體，世界各國軍隊似乎又紛紛組建了憲兵部隊。例如中國駐港澳部隊，也按照原來英國葡國編制，設置了憲兵。

不過兩蔣時代的憲兵，性質與西方國家大不相同，他們除了維持軍紀，還有偉大領袖賦予他們的其他「特別任務」：一是要監控百姓，所以他們是「司法警察」；二是要防止軍隊叛變，所以他們是「領袖的鐵衛軍」，因此他們喜歡吹噓自己是「模範兵種」。但也由於業務太廣泛，糾察野戰部隊士兵讓軍人討厭他們，監控百姓又讓人民不恥他們，最嚴重的還是他們成了「司法警察」，與真正的警察業務重疊，以致讓警察也跟他們不斷爆發衝突。當然啦！如果兩種看門的動物打架，即使有什麼死傷，也只跟「人類救星兼世界偉人加自由燈塔與民主長城」的偉大領袖父子有關，我們小老百姓是無需也無權過問的。

無奈在憲兵因賣黃牛票而當街圍毆警察、因包庇走私而當街拿手榴彈丟警察、甚至因看霸王戲而當街拿機槍掃射警察的血腥案例裡，除了警察受害，總是還有一些無辜路人被牽連。但拙作只是為了紀念那些在兩蔣時代因憲警衝突而遇難的軍民同胞，至於憲警雙方錯綜複雜的恩怨情仇史，請恕在下就不多加著墨了。

視人命如草芥的憲兵連長

兩蔣時代最經典的憲警衝突，就是「金都血案」。金都是上海市一家很大的戲院，位於福煦路（今延安中路）與同孚路（今石門一路）路口，老闆柳中浩是中國電影史上的傳奇人物，他生於一九一〇年的浙江鄞縣，父親柳鈺堂帶著一家來上海灘打拚，在招商局擔任高級職員，可惜英年早逝，給三個兒子留下了一筆不小的遺產。一九二九年，十九歲的柳中浩將這些錢投入電影事業，之後又接連創辦了國華與國泰電影公司，並認了當時的紅星周璇為乾女兒，用她連拍《孟姜女》、《李三娘》、《董小宛》、《蘇三艷史》等近二十部民間故事片。一九三四年他自籌資金在上海建了金城戲院，之後又建了這家金都戲院，兩家戲院都以放映國語影片（尤其是自家製作的）為主。

一九四七年七月二十七日晚間九點，金都戲院上映由國泰公司製作，馮吉吉和陳燕燕領銜主演的《龍鳳花燭》。由於賣座甚佳，售票口前大排長龍，上海市工務局科長劉君復懶得排隊買票，就在門口左右張望，看到老友金安平夫婦，想一起混進去看霸王戲，被撕票員張鏞根抓到，劉君復企圖當場補一張票的錢進場，但張鏞根不肯，大罵劉君復要他去售票口重新排隊買票，劉君復老羞成怒，與張鏞根大吵一架，引來了大批圍觀者，連戲院外道路交通都堵塞了。上海警察訓練所七期畢業的學警盧雲亨剛好在附近巡邏，就趕來維持秩序，請沒買票而想混入場內的劉君復去門口排隊買票。

就在盧雲亨已將糾紛處理到差不多時，偏偏素來與警察局爭地盤的駐滬憲兵二一三團三營八連中尉排長李豫泰（二十二歲，雲南昆明人），帶著下士楊燮開與上兵吳伯良，也來金都巡察順便看電影，由於劉君復與李豫泰原本就認識，看到李豫泰就像看到救星，所以李豫泰走到盧雲亨面前說：「這裡有我在，你不用管了。」但盧雲亨只是訓練所剛結業的學警，不知這些人都是老蔣的禁衛軍，竟然還想跟他們「講理」說：「警察對民眾糾紛責無旁貸。」李豫泰見這菜鳥警察不知「天高地厚」，大罵說：「我是憲兵排長，別說老百姓的事，就是你們警察局長的事我也能管。」盧雲亨這隻菜鳥還敢繼續「講理」說：「憲兵的職責是管束軍人，不該插手民眾糾紛，更不應妨礙警察執行任務。」

李豫泰見這個菜鳥警察如此「白目」，敢在大庭廣眾下一再頂撞憲兵，也就懶得罵了，直接賞了盧雲亨兩巴掌，楊燮開看排長動了手，立刻上前就是一頓亂拳，吳伯良也從後面飛起一腳，盧雲亨口吐鮮血、癱軟在地。這三個憲兵餘怒未消，又將盧雲亨拖進電影院鐵門內繼續拳打腳踢。由於從觀眾與撕票員爭吵，到警察與憲兵爭吵，最後演變成憲兵行兇，鬧了十幾分鐘，觀眾無法入場，外面交通阻塞，新成分局值勤警長鄭寬接到報案，來這裡看到盧雲亨遭憲兵拖進電影院鐵門內毆辱，卻不敢立刻制止。

原來二戰結束後，憲兵二一三團入駐上海，就與警察不斷衝突，而且愈演愈烈。憲兵仗著與老蔣之間親密關係僅次於警衛團，哪裡會將警察看在眼裡。他們將戲院當成執法「禁區」，警察若是「白目」到想來戲院執法，被打被關還算小事，「芷江血案」就是殷鑑。一九四六年八月七日，憲兵二三團排長滕久烈，帶領屬下三十多人到海防路五二七號的芷江戲院看霸王戲，結果與十多名警察發生衝突。滕久烈竟率手下悍然開槍，當場打死胡山昆、馬茂良兩名警察，其他多人輕重傷。

鄭寬是老鳥警察，深知憲兵都是些殺人不眨眼的傢伙，所以不敢當場介入，而是趕回新成分局報信。偏偏局裡還有幾位與盧雲亭在訓練所七期的同學，聞訊後群情激憤，立刻打電話串聯了老閘、黃浦分局的其他七期學警。三個分局共計一百多位學警，徒手乘車到金都戲院，一部分人敲開了戲院的鐵門，將只剩一口氣的盧雲亭救出，送去醫院救治；另一部分人從二樓尋到三樓，發現李豫泰人三人躲在厚重鐵門深鎖的會計室裡，於是只留十多人守住大門；其他人則退到馬路上喊口號，聲討憲兵的霸道，立刻萬人雲集，福煦路上一片混亂。

由於治安敗壞，戲院每天收的又都是現金，所以會計室的鐵門與銀行金庫的安全級數相同。李豫泰發現被這麼多警察包圍了，雖然他自己佩掛手槍，兩名手下還有衝鋒槍，但仍寡不敵眾，於是趕緊躲進會計室，把鐵門鎖死，讓警察短時間內無法砸開。就這樣包圍的警察難以攻進，被圍的憲兵也無法突圍，雙方隔著鐵門僵持。另一方面李豫泰又趕緊打電話報告康腦脫路（今康定路）的憲兵團部告急，就說警察干涉公務，毆打憲兵，請求派人增援。接著又打電話痛斥新成分局局長卓清寶，要他來現場叫回這些「白目」的學警。

電話打了沒多久，李豫泰的救星就來了。他的直屬長官憲兵二三團三營八連上尉連長王廷鋆（三十一歲，浙江奉化人），和九連上尉連長任亞夫（二十七歲，湖南岳陽人），帶領了兩卡車全副武裝的憲兵，直撲金都戲院。卡車剛停穩，憲兵們就在王廷鋆的指揮下，分別把守四方路口，搶佔有利地形，並在制高點上架設機槍，對包圍金都大戲院的警察實施了反包圍。警察見狀齊聲怒吼：「憲兵打人，交出兇手！」王廷鋆聽了大怒，一聲令下，機槍就對著警察掃射，當場死傷多人，群眾也亂成一團。另一方面，李豫泰三人在樓上聽到憲兵已在街頭開槍，也拔出手槍與衝鋒槍衝出門外，本來在三樓包圍李豫泰的十幾名警察們，也不約而同地奪路奔逃。

這時剛巧有兩輛由西向東駛來的大卡車，前面是郊區瓜農張年發、姚連華的運瓜車，後面的是北新涇鎮蔬菜批發商郭錫良的運菜車，車上還有他十七歲的兒子郭富民和其他菜販。警察攔下兩台車後攀登而上，企圖駕車衝出憲兵包圍圈，但卻為時已晚，憲兵用槍射穿了運瓜卡車的右前胎，警察李光正見狀跳出車廂，立刻被憲兵對著腦袋一槍，當場斃命。接著憲兵又對著這二輛卡車掃射，只見車裡骨肉與蔬菜齊飛，鮮血共瓜汁一色。其他憲兵則繼續在街頭施暴，戲院外的攤販棚架被踢翻，商店內貨架被搗毀，連櫥窗也都被敲碎。戲院內更慘，絲絨幕布被扯毀，座椅全被砸爛，影片膠捲被扔出窗外，散落在馬路上的死屍旁邊。

事後統計，憲兵兩次開槍，造成警察李光正、張功、周金琦、翟少武、楊祖大、徐鳳魁和史文標七人當場斃命，無辜路人郭富民、沈榮階、陸杏根、郭雲弟四人也跟著陪葬。另外送醫急救的則有警察五人，民眾七人；憲兵則只有一人跌倒摔傷、自行就醫。血案上報市長辦公室，吳國楨市長急電淞滬警備司令部司令宣鐵吾，召集警察局長俞叔平、督察長張達、警防大隊長陸大公，新城分局分局長卓清寶、警備部第六稽查大隊長戚再玉與憲兵二三團團長吳光運趕到現場勘查，隨即在金都戲院裡召開緊急會議，此時已是二十八日淩晨。

憲警雙方在會中決定，在場憲兵由團長吳光運帶回，警察則由局長俞叔平勸離。引起衝突的憲兵排長李豫泰，由淞滬警備司令部「保護」。警察局督察長張達留在現場，檢驗彈殼以調查事端起因。但憲兵團已搶先發表聲明：「斥責警察搶奪憲兵槍支，並射傷憲兵」。這些囂張殘忍的行徑，連在場的黨營《中央日報》記者都看不過去了，在頭版刊出「滬警憲衝突事件，交通警察大罷工」的報導，民營的《申報》更以「金都戲院外深夜大血案，警士市民死傷，肇事憲兵排長已遭扣押候究」為題，詳細報導了慘案經過，引發全國輿論譁然。

上海雖有兩萬多名警察，但火力不及僅有一千多人的憲兵，在死傷慘重下，又被憲兵團誣指為「奪槍」，人人群情激憤，卻又無計可施，便將憤怒轉向金都戲院。七月二十八日上午十一時、下午一時與四時半，分別有三批警察帶著警棍，要來砸毀戲院洩憤，可惜戲院早已被憲兵在前一天破壞殆盡，該砸的都砸光了。另一方面自七月二十八日上午十時起，上海市的黃浦、老閘、新成、嵩山、盧家灣等警察分局，所有交警與巡警全部罷崗，上海立刻陷於癱瘓，交通阻塞，車禍頻頻。

砸戲院與罷崗都只是短暫的抗爭，憤怒的警察在新成分局廣場，宣佈成立了「金都大戲院警察慘案善後委員會」，推派季銳擔任主任委員，還編輯出版了《伸雪報》，七月三十日創刊號裡就提到「懲辦兇手、舉行追悼會、撫恤死難者家屬」等要求。結果老蔣大怒，透過軍統局在次日就查禁了《伸雪報》。但善後委員會接下來依然用《簡報》形式發行了八期，份數從五百份激增到五千份，不僅在警察局內部流通，媒體也紛紛轉載。逼得老蔣無法再袒護憲兵，指定國防部次長秦德純等十二人，來滬瞭解真相。

據八月十日《新聞報》披露，秦德純等來滬調查後，已釐清金都慘案發生原因和責任歸屬，返回南京面呈老蔣後，指派國防部軍法處長劉慕曾中將為審判長審理此案。在開庭前的八月九日，將憲兵二三團全部調往南京整訓，獨立三營廖選能營長來滬接防。黃浦、老閘、新成三警分局長張人佑、施思兼、卓清寶則革職待究；顯然憲兵長官已經安然脫身了。由於從血案發生到警察罷工，兩星期來許多警察與民眾一直包圍著憲兵隊，但憲警僵持的結果，受損最大的還是戲院老闆。反正「僵持」的關鍵，就是警察要求的死難者賠償金十四根金條和二萬美金太高，既然老蔣不肯給錢、憲兵也不給，金都戲院老闆柳中浩算盤一撥，為了電影院能夠重新營業，還是自己來給這筆錢比較划算。

根據八月七日《中央日報》第四版報導，金都戲院老闆柳中浩接受記者採訪時表示：「（一）戲院被搗毀事，不向法院提起訴訟。（二）院方所受損失，不擬要求任何方賠償。（三）因衝突而死傷之警察與市民，本人願盡力幫忙。（四）吳市長核准由市民銀行貸給本院修理費一億元事，本人深感謝意，惟目前尚不需要，故未領取。」接著柳中浩指派念大學經濟系的獨子柳和綱，開車到指定的錦江大樓完成點交。然後金都戲院就趕緊加工修復，重新上映《龍鳳花燭》。反正搞到最後就是柳中浩自認倒楣，花錢消災。

至於老蔣用來安撫人心，八月十三日起在警備總部舉行的「軍法大審」，也是鬧劇不斷。先是八月二十四日《中央日報》報導，由憲兵負責押解來南京的警察張相成，在火車經過丹陽站時「逃亡」了，上海各小報都說是憲兵殺人滅口，以免他當庭指認下令開槍的就是八連上尉連長，也就是傳說中老蔣的外甥王廷鋆。但偏偏又跳出兩個美軍憲兵史溫托與皮爾，要作證指認王廷鋆下令開槍，老蔣又不敢指使自己的憲兵去殺老美的憲兵，於是八月二十四日《中央日報》忽然報導，「金都血案，延期開審」。

歹戲拖棚到了十二月十六日《中央日報》才報導，「滬金都案執行，羅國新昨在京槍決」，憲兵二三團三營八連上等兵羅國新（二十二歲，廣西柳州人）處死刑；八連上等兵彭光浩（二十四歲，湖南人）、九連上等兵鮑開良（二十二歲，上海人）共同殺人，各處有期徒刑十五年；八連下士楊燮開（十九歲，浙江奉化人）、九連上等兵顧明輝（十八歲，浙江杭州人）共同殺人，各處有期徒刑八年；中尉排長李豫泰、八連上等兵吳伯良，共同傷害人身體，各處有期徒刑二年。上尉連長王廷鋆、任亞夫，八連中士班長向中麟、下士班長楊桂初四人皆無罪，當庭釋放。被押解到南京東砲台刑場的羅國新大呼冤枉，明明是連長命令他開槍的，但誰叫你不是浙江奉化人呢？

不過比起當場慘死，但有大老闆賠金條美金的七名警察；還有平日吃香喝辣，代替連長被槍決的憲兵羅國新，最倒楣的還是這些向上海市參議會陳情的郭錫良等三人：「竊民等世居本市新涇區北新鎮南首馬家橋，向系務農為業，嗣因生活高漲，不得不日間勞作，夜間販菜至十六鋪菜行出售，略求漁利而維生機。不意七月二十七日夜間，販菜所雇之菜行車行至金都大戲院時，突遇憲警交惡。車上有菜農十九人，均驚慌失措。郭錫良之子郭富民及菜販沈靜波高舉雙手呼喊：『我們是老百姓』……彈雨橫飛中沈手腕擦傷，郭富民身中四彈，另有傷者郭玲弟、陸王弟倒仆車上。俟槍聲停止，扶抱送醫，郭富民不治而亡……。」不過這封陳情信尚未處理，國民政府在大陸就先垮了台，陳情信也就成為前朝廢紙了。

憲兵裝扮的炸彈怪客

憲警糾紛隨著老蔣遷台，場景也從上海搬到台灣。一九五九年四月八日上午十一時，高縣大寮鄉發生爆炸案。據四月九日《聯合報》報導，胸部及右腳左手均被炸輕傷的十四歲少年張添泉說，八日上午他要去大寮鄉，途經一小山，見一男子拿著一枚手榴彈，後面跟隨了一群人，似乎是在追趕他。

張添泉年少無知，好奇地想一看究竟時，突聞隆然一聲，他和那八位男子均被炸傷伏地，其中有人手腳被炸斷和胸部頭部大腿被炸傷的，狀況極慘。隨後又有一大卡車駛來，將八位傷者運到高雄。他因傷勢較輕，於是送往鳳山醫院治療。由於戒嚴時期對這種敏感的爆炸案，媒體報導總是語焉不詳，但轟動南台灣的連環爆炸案就此展開了。

到了九日深夜十一時，高雄市車管處附近的五福三路及自強二路，發生了更恐怖的爆炸案。正在五福三路與成功一路交叉路口的第三交通崗亭值班的的交通警員葉茂森，發現有一穿著白色敞領襯衣及黃卡其褲的青年，突然拉開後門，用鐵錘向他後腦猛擊一下，葉茂森反身自衛並拔槍追捕，經鳴槍三發後，追至五福三路壽山醫院門前，與暴徒距離不到二十公尺時，暴徒就在先後數秒鐘內，連續投擲手榴彈兩枚，但葉茂森仍負創窮追不捨，直到車管處前面向自強二路拐彎五十公尺處，暴徒又在雅歌琴廠前投擲第三枚手榴彈，爆炸聲音極大，在靜夜中警醒了附近居民。

葉茂森在第三次爆炸時，脖子被彈片炸傷不支倒地。另一路人徐家齊（二十三歲，吉林人，海軍上士）也同時負傷，跑至自強二路三光百貨店門前倒地。警方將他們送往市立醫院救治，徐家齊仍傷重不治，葉茂森則生命垂危。暴徒於行兇後，在現場遺下自行車一輛，車號為高雄縣〇八〇一五七，由旗山鎮公所發出，警方查出車主是高雄市醫生洪允，但洪允說該車早在三月二十九日被竊，四月一日已向高雄市警一分局報案，經警方核對無誤，已排除爆炸案與洪允醫師有關。但車上還有一個帆布袋，袋內有一頂拿破崙帽，帽沿上有「黃有德」字樣，警方前往黃有德服役的單位查詢，發現他早於數日前請假外出，因此出動大批憲警追捕。

由於高雄市公車也曾被暴徒放置過炸彈，而第三交通崗亭與車管處距離很近，警方因此研判已死亡的徐家齊，或許就是暴徒集團中的一人，否則為何身負重傷仍企圖逃走。加上徐家齊死時所穿的白色上衣，與兇手的穿著很類似，他在七日剛由澎湖的服役單位來到高雄市，寄宿某服務社。

但徐家齊的父徐熙農是國大代表，來台後還擔任過物資局高雄辦事處主任，聞訊後氣得專程自台北南下來找警察抗議，他說徐家齊平時很守本份，一九五四年至高市車船管理處擔任學徒，隔年升臨時工，在車船處服務兩年，工作成績優良，一切有案可稽。九日晚間赴車船管理處訪問老同事，暢談至十時半始外出，不意遭此橫禍，還被誤認為是暴徒。

高雄縣市所發生的爆炸案，暴徒投擲手榴彈似乎都是針對警察。到了十日下午，高雄市警局接獲一封恐嚇信，信封上僅寫著「高雄市警察局收」字樣，沒有寄信人的姓名地址，信裡也沒有收信人稱呼及寄信人姓名，僅在信上寫了三句話：「你們要找我嗎？手榴彈是沒有眼睛的，當心你們的頭。」暴徒的囂張與挑釁，激起了警察一定要盡快逮捕暴徒的決心。

十二日上午十時，大寮分駐所警員陳崑財，發現門外站著一名身高一六八公分、短髮，穿淺藍色上衣與黃色長褲，腳踏黑色軍用膠鞋，背著一軍用帆布袋的青年。由於行蹤可疑，陳崑財就將他帶往分駐所詳細，交給值班的警員劉水能處理，沒想到卻差點釀成大禍。

由於分駐所警員均出勤，只有警員劉水能一人值班。暴徒沒等劉水能問話，就從袋中拿出一枚手榴彈投出，爆炸處與劉水能座位不到一公尺，辦公桌椅，天花板，玻璃窗及電燈等全被炸成粉碎，但劉水能卻奇蹟似的毫髮未傷。暴徒衝出門外，搶了一輛放置在門口的腳踏車，攜彈騎車而逃，劉水能在後面大喊：「抓賊喔！」民眾發現暴徒手中握著手榴彈，雖不敢上前圍捕，但也跟著高喊「抓賊喔！」暴徒見行跡暴露，騎不到五十公尺，就丟下腳踏車，逃向分駐所後方的小山，翻過山再搶奪一少女的腳踏車騎著逃跑，這時鳳山地區憲警都已出動，將小山包圍，暴徒於是放棄搶來的第二輛腳踏車，徒步逃向大寮往林園的公路。

距離大寮分駐所一公里外的公路上，大寮鄉拷潭村農民簡居來騎腳踏車與暴徒相遇，他想搶奪簡居來的腳踏車，簡居來不肯放手，暴徒於是投出第二枚手榴彈，將簡居來的右小腿炸斷，再奪車逃向林園鄉。暴徒騎了四公里，遇到海軍陸戰隊軍官周德淙駕駛的三一之四〇一五號吉普車，車上還有其他三名軍官，暴徒遂強迫周德淙停車，四位軍官未帶武器，看見暴徒手中握有手榴彈，只好下車，暴徒投了第三枚手榴彈，四軍官散開臥倒得快，均未受傷，但吉普車也被炸壞，暴徒見吉普車已不能發動，就徒步逃入拷潭山中。經憲軍警人員數百人包圍搜索，一小時後終於被憲兵逮捕，押送鳳山憲兵隊訊辦。

被捕的李寧（三十三歲，安徽懷寧人）是台南憲兵隊上士，三月間盜取手榴彈一箱（二十五枚）後不假離開，三次犯案共用去十三枚，被捕時身上還有三枚，其他九枚則埋藏在大寮鄉的河邊。李寧父親早逝，母親改嫁，小學畢業後曾在家鄉的靜江寺受戒出家，法名「寶航」，但無邊佛法不能改變其貪戀物質享受與女色的惡念，因此當了三年和尚後就還俗，在安徽懷寧投考當時的憲兵教導團，並隨營補習獲得高中學歷。

由於李寧在花蓮服務時，因包庇走私受賄而與警員互控，結果法官採信了警員說法，李寧被判刑三年，坐牢到一九五八年才出獄，調至台南服役，因而懷恨警察入骨。無論狙擊高市交通警察，還是攻擊大寮分駐所，都是針對警察。他還揚言幸好抓到他的是憲兵，若是警察上來，他最後三個手榴彈還是會丟過去。

由於是憲兵犯案，軍方「速審速決」從憲兵司令部初審，到國防部高等覆判庭覆判不到二週。覆判主文稱：「李寧殺人，處死刑，褫奪公權終身；搶奪財物未遂，處死刑，褫奪公權終身；意圖供犯罪之用，製造軍用槍炮，處有期徒刑二年；戒嚴地域無故離役，處有期徒刑二年；盜取財物二罪，各處有期徒刑五年，連續搶奪財物處死刑；脫逃處有期徒刑一年；以強暴脅迫使人行無義務之事未遂處有期徒刑一年；故意以爆裂物炸燬他人所有物致生公共危險，處有期徒刑三年；對於公務員依法執行職務時施強暴脅迫，處有期徒刑三年。應執行死刑，褫奪公權終身。」

二十四日凌晨四時，憲兵司令部軍事檢察官呂振輝中校，赴台南憲兵團看守所，訊明李寧姓名年籍後，押回高雄縣大寮鄉內坑村犯案現場執行槍決。由於執法憲兵的槍法欠佳，李寧胸部中彈後一直呻吟，監刑官命令再射一發，中了第三發李寧才停止呻吟，不料幾分鐘後他又開始呻吟，監刑官命令再射第四槍，總算氣絕。由於李寧在台並無親友，屍體經監刑官發交大寮鄉公所備棺收埋。這起憲兵殺警案暫告終結，但冤死的路人徐家齊，似乎也無人聞問了。

看憲兵機車連如何「機車」？

台南憲兵李寧只因與警察的私怨，就在高雄多次對警察投擲手榴彈，造成多名無辜路人傷亡，是當時南台灣的超級恐怖分子，但終究還可解釋成「個人行為」。台灣真正最嚴重的憲警衝突，造成憲兵當街群毆警察，並挾持重傷員警至營房繼續凌辱、殺傷記者與路人，還聚眾駕車持械多次包圍台北市警局第九分局（建成分局）叫囂示威的「日新國小事件」，原因與上海「金都血案」類似，因為警察取締黃牛時太「白目」，竟然「誤抓」了便衣憲兵。偏偏這家戲院又特別敏感，就是二二八事件的爆發地，成了一九六〇年代憲警衝突的代表案例。

台灣憲警衝突最嚴重的地區，是從台北後火車站太原路到台北橋民權西路，也就是建成區、大同區與延平區，這些傳統以來多數福佬人居住的「舊市區」，日治時期台灣總督府為了維護治安，用「外國旅券規則」把一些依法不能長期拘禁在監獄的「浮浪」人口，放逐到中國大陸（尤其是廈門、福州）或南洋，而日軍則派任他們為「憲兵補」，成了中國與南洋地區人民深痛惡絕的對象。戰後至少有二十六名台籍日本兵，因在戰俘營虐待戰俘，被盟軍國際審判庭判成戰犯執行死刑。至於民間自行報復的案例，更是難以勝數。很多日軍佔領區的人民與戰俘，對台灣人所擔任的「憲兵補」，厭惡程度還超過日軍。

一九四五年八月，日本在美軍兩顆原子彈的轟炸下宣布無條件投降，台灣重歸「祖國」

懷抱，換了新的統治者。老蔣「日規中隨」，總督府把難搞的台灣人送來福建當憲兵，老蔣以牙還牙，十月起也將駐紮在福建的憲四團（缺第二營）調去台灣，分駐全島要地。憲四團團部就設在台北市涼州街日治時期矯正鴉片煙癮的更生院，後來又成了酬庸國大代表選他當終生總統的光復大陸設計委員會。鴉片、憲兵、光復大陸，原本很難聯想在一起的，被老蔣給「三合一」了。

二二八事件發生後，憲四團成了執行恐怖大屠殺的劊子手，尤其在北部地區的掃蕩清鄉，憲四團屠殺了當時的省議員王添燈、教育處副處長宋斐如、高等法院推事吳鴻麒（吳伯雄的伯父）、律師李瑞漢、李瑞峰兄弟與律師林連宗等社會精英。尤其王添燈還是被淋上汽油火焚。憲四團的殘暴專橫，簡直是難以想像。一九四九年初老蔣下野，隨後國軍全面潰敗，到年底金門古寧頭戰役後才稍稍穩住。一九五〇年三月一日，老蔣在台灣宣布「復行視事」，由於領土只剩台灣這一個島了，為了安撫民心，重組了憲兵司令部，而部址設於涼州街二八號的原憲四團團部，直到一九八一年六月，才遷至民族東路十七號的現址。

一九五〇年代建成、大同與延平這三個「舊市區」裡，充斥著大量自中國來台的憲兵。由於一九四九年起，近百萬潰敗的國軍來台，根本無處棲身，於是大多佔住學校與民宅，軍民雜居，姦盜頻傳，憲兵本應嚴肅軍紀，保護人民；但不幸的是，憲兵自己也常出問題。一九五〇年六月，憲兵在三重鎮菜寮里成立幹訓班，高官與侍從則佔住六合里八三號鎮長莊根藤住宅的部分廳舍。一九五一年十月十一日夜間，駕駛劉貴陽（二十一歲，江蘇人）手持衝鋒搶，闖進莊鎮長閨女莊×蕙（二十歲，省二女中畢業）的閨房企圖強姦，莊×蕙不從，慘遭七槍擊斃。由於莊鎮長是地方大老，地方上群情激憤，族群衝突一觸即發，兇手最後雖然被押至三重，在數萬人圍觀下槍決；但軍人佔住學校與民宅引發的犯罪問題，老蔣也不得不開始改善了。

就像二二八事件爆發前，全島就多次爆發緝菸衝突，只是因為地點不在台北鬧區，沒有引發後續效應。「日新國小事件」爆發前也是這樣，台北舊市區已有多次零星的憲警衝突，最嚴重的就是「後火車站事件」。一九六〇年七月八日下午五時，警九分局太原路派出所警員康保獻，在管區後火車站太原路巡邏，發現有兩人共乘一輛腳踏車，於是上前制止，但兩人不服取締，並表明自己是軍人，警察不能管他。康保獻就請兩人至後火車站的憲兵隊處理，憲兵一看是自己人，連問也不問就放人，康保獻要求憲兵至少也該記下對方姓名，雙方一言不合，多位制服憲兵就衝出來圍毆康保獻。九分局另一警員黃季良出面排解，卻被憲兵刺傷背部與腿部。

日新國小位於太原路一五一號，隸屬市警局九分局轄區。一九四九年老蔣遷台後，校園裡的大禮堂與十二間教室，就被憲兵勤務營的機車連「借住」。到了一九六〇年代，台北市區內被軍人佔用的學校或民宅，不是軍人撤走，就是民眾搬離，軍民雜居的情形已不多見。但機車連由於勤務特殊，不能離總統府太遠；偏偏機車連每天發動機車的聲音太吵，總統府又不准他們住太近，所以就在日新國小一「借」十多年。不但每天發動機車的喧鬧讓師生難以忍受，另一方面，本地人沿襲日本傳統，每天清早就自行將太原路掃乾淨了；但憲兵沿襲中國傳統，每天掃地都只是將垃圾掃到太原路上，民眾憤而向九分局警員告發，但機車連憲兵卻很「機車」，給來勸阻的警員一頓「粗飽」的。

機車連憲兵與九分局警員的幾次紛爭，都勞動警總來勸合，雙方在國旗與國父遺像前握手言和了，但一回頭又來了更大的問題。「日新國小事件」的引爆點遠東戲院，位於太原路與平陽街口，日治時代是大華醬油（後來改為好家庭醬油）的工廠。一九五〇年代台灣還沒有電視，看電影是民眾的重要休閒活動，董事長莊福就在一九五八年三月決定搬遷工廠，原址興建一座佔地六百餘坪，四層鋼筋水泥建築物的遠東戲院。舞台寬一百呎，銀幕寬八十三呎，高三十五呎，座位多達一千七百席，還引進新式放映托德ＡＯ型銀幕，聲光機件均由日本原裝進口，是當時全亞洲最高檔的戲院之一。

遠東戲院還在興建期間，中國就從八月起砲轟金門，以致原定九月開幕的遠東戲院，畏於政治壓力，拖到十月中國宣布「單打雙不打」後，十二月十六日才敢開幕。但因為外島砲戰，每張電影票除娛樂稅之外，還要加徵一元的軍宅捐。開幕沒多久，一九五九年八月台灣又爆發八七水災，台北、台中、台南、基隆、高雄五省轄市調整娛樂捐，每張電影票還要再附加二元水災捐。雖然電影票的稅捐都快高於票價本身了，卻依然無法擋住影迷排隊買票的熱情。遠東戲院由於設備豪華，成為日本東寶歌舞團來台公演的指定場所；各種西洋東洋鉅片，也都在此首映。但也因為遠東戲院前排隊買票的人太多了，以致黃牛橫行。九分局奉令加強取締，引爆了更大規模的憲警衝突。

一九六二年三月十四日晚間，遠東戲院上映日本東寶電影公司製作，黑澤明導演，三船敏郎主演的《大鏢客》（日文原名《用心棒》，就是保鑣或打手）。由於是首輪上映，戲院將票價調高到了十八元，依然擋不住熱情的影迷。不但專業的黃牛來了，隔壁日新國小裡的機車連憲兵也來客串。晚間九點那一場尚未開演，八點半時，九分局南京西路派出所巡官董貴連就接到民眾報案，遠東戲院門前有一群黃牛不服警員尹俊清取締，反而包圍警員拉扯爭吵，董貴連立即佩槍前往察看，想排開看熱鬧的市民去為警員解圍，結果一個穿便服的年輕男子抓住董貴連，並開口斥罵：「你撞壞了老子的手錶，不賠錢就想走嗎？」董貴連不解為何有人敢敲詐警察，就說：「要賠錢嗎？那就來警察局談談吧！」

警員尹俊清發現長官遇到麻煩了，就先丟下那些賣黃牛票的青年，幫忙長官押住這個當街敲詐的青年去警察局。在日新國小附近，這個男子向迎面而來一個制服憲兵打了招呼，董貴連才警覺原來這個人是憲兵，剛才故意找麻煩是為了讓其他賣黃牛票的憲兵脫困。現在已經在人家的地盤上，就上前對這位制服憲兵說：「你們這位同志做了不好的事，你把他帶回去吧！」在董貴連還沒說完，被尹俊清押住的便衣憲兵，轉身咬了尹俊清一口，然後就是一拳；董貴連想去幫忙，武裝的制服憲兵也朝他面部就是一記重拳，董貴連的兩顆門牙當場脫落、滿臉是血。兩個制服警察與一個便服及一個制服憲兵打架，立刻引來不少民眾圍觀。

如果僅是憲警打架，問題還不大。但這時日新國小裡，又衝出三十幾個武裝制服憲兵，一湧上前把尹俊清及董貴連團團圍住，拳打腳踢，董貴連的手槍被憲兵卸除。這時圍觀的群眾越來越多，其中一個家住臥龍街一五一巷三七弄十×號的市民廖敏溢，想要勸阻憲兵當街對警察動粗，結果被在旁的一個憲兵聽到，當場揍了他幾拳說：「不能當街打嗎？好！都給我拖進隊裡打。」已經被打得癱軟在地的尹俊清及董貴連，被憲兵拖進日新國小，連想當和事老的廖敏溢，也被憲兵一併帶回日新國小「處理」。

憲兵的暴行引發民眾的憤怒，於是蜂擁到日新國小前，要求憲兵放人。但校門前的衛兵上了刺刀，還拉槍機讓子彈上膛，槍口對著群眾示警。派出所警員向分局長季錫斌報告，季錫斌趕到日新國小門前，要求憲兵放人，結果憲兵不理他，連警帽都被打落。《聯合報》記者李勇，仗著自己的老闆王惕吾曾經是老蔣的警衛旅的團長，也想上前去排解，但上了刺刀的憲兵哪管你是什麼記者，憲兵想一槍刺過來記者就會後退，記者也想憲兵應該不會刺真的，結果李勇的白襯衫立刻染成鮮紅，群眾也趕緊將胸部流血不止的記者送醫。

尹俊清、董貴連與廖敏溢三人，在日新國小的教室裡，被一名憲兵少校帶著十幾名憲兵，不斷毒打凌辱，直到特務機關將此事上報層峰，憲兵司令尹俊被斥責後，才下令憲兵團長曹覺塵親自趕到日新國小，將這兩位警察與一位市民救出，送往建興外科醫院急救。兩位警員由於傷勢嚴重，董貴連被轉送到國府高官才能入住的中心診所，尹俊清則轉送台北省立醫院住院治療。台北市警察局長張毓中，副局長周蔚庭與憲兵司令尹俊都趕來慰問，尹俊承諾醫療費用都由憲兵司令部負責。

另一方面，台北憲兵隊及台北市警察局，也聯合發表聲明說：「憲警雙方人員均對此事深表遺憾，雙方並均諒解此事之發生，全係少數士兵一時情感衝動偶然發生者。台北憲兵隊曹隊長及台北市警察局張局長基於『憲警一家』之旨，除對滋事人員業已從嚴懲處外，咸認今後更能精誠合作團結一致，為維護社會安寧秩序而努力。」

但憲兵司令部僅扣押行兇憲兵四人，受傷警察則指認，行兇者包括憲兵少校在內至少十一人。而且接下來憲兵在中央戲院、南京西路與太原路第一銀行，接連三次毆打警察，甚至以摩托車後座載人夾著衝鋒槍，包圍九分局叫囂示威。

由於機車連憲兵實在太「機車」，日新國小事件後，地方人士一再陳情，要求校園內不該駐軍，但憲兵又不肯搬，最後只好由台北市教育局籌資八十五萬，在日新國小擴建預定地上，興建了八間克難營房，總算將機車連「請」到學校圍牆外了。可惜後來機車連遷入憲兵司令部，這些學校預定地上由教育局興建的營房，又被憲兵繼續強佔為宿舍，從此日新國小就注定這麼小了。而遠東戲院則被改建成純住宅大樓的「文化京都社區」，算是現在大同區的豪宅。至於因憲警衝突而無辜被打的廖敏溢，是生是死也就無人知曉了。

我們那玩三P被槍決的軍法局長

一九五五年一月十九日早晨，台灣各報的頭版都不約而同，刊登了這則發自國防部「軍聞社」，連標點符號僅有一百二十四字的短訊：

「國防部前軍法局長包啟黃貪污瀆職一案，經組織高等軍事法庭，由余漢謀上將擔任審判長，迭次開庭審訊，對於包啟黃侵佔公款貪污瀆職各罪均經訊明屬實。依陸海空軍刑法判處死刑，褫奪公權終身，呈奉核定，於昨（十八）日下午六時，由余審判長蒞庭宣判後發交憲兵執行槍決。」

一九五〇年代的白色恐怖時期，原本老蔣槍決人犯，都是由手下憲四團或憲八團的鷹犬，清晨自市中心區青島路日軍舊倉庫充當的軍監裡，將死囚五花大綁後，丟上十輪的美援兩頓半軍用卡車，沿上海路（今林森南路）、徐州路遊街，有家屬收屍的載到馬場町（今青年公園）河堤邊槍決，遺體交南京東路上的極樂殯儀館收存；隻身在台的則送到國防醫學院（今汀州路）旁的新店溪河床上槍決，遺體用來供醫學生上大體解剖學實驗課時的解剖材料。

除了少數的將官級死囚，如浙江省主席陳儀上將、國防部中將參謀次長吳石、聯勤總部中將第四兵站總監陳寶倉等「高級外省人」，死前可獲得比較有尊嚴的待遇，還有記者拍照，次日登報「警醒」世人。其他死囚則在死前多受鷹犬們的凌辱，甚至因軍中傳說殺害處女會倒楣，除非先「放血」，因此運氣好姿色差的女學生，會被鷹犬們改為絞刑；相反的姿色好運氣差的「女匪」，則是先遭輪姦再被槍決。

韓戰爆發後，美軍與眷屬開始駐台，大量外國人在台北市區，每天清晨的死囚遊街與河邊槍決，雖然能向庶民展示大漢天威不容輕犯，但在市區裡這麼密集又殘忍的屠殺與凌辱政治犯，在國際間確實也讓老蔣很難堪。

軍法局長包啟黃於是規劃，特別申請了建築費二百二十一萬元，在碧潭附近新店溪左岸半山腰，興建「自力新村」。這座軍監自一九五二年春天動工，至一九五三年秋年落成。一九五四年六月十四日上午，包啟黃興高采烈地邀集中外記者三十餘人，參觀軍監裡的各種「先進」設施。

許多在對岸農村被老蔣拉伕來台的軍囚，都是入監以後才見過電燈、水龍頭與抽水馬桶，當這些鄉巴佬親口告訴記者時，包啟黃還因此沾沾自喜。尤其他領隊到了新設的刑場參觀前，幕僚提醒他軍中傳說這樣會「撞邪」，建議改由業務主管帶記者參觀即可；但包啟黃卻說什麼也不願放棄為老蔣在國際間宣傳「具中國特色的人道毀滅」良機，還誇口他肩上扛著老蔣親自佩掛的兩顆星星，哪裡會怕什麼牛鬼蛇神？

結果，自稱有老蔣加持就百無禁忌的包啟黃，在新店軍監的安坑刑場開張後，第一個被老蔣硃批槍斃的將官，竟然就是國府來台初期，貫徹老蔣心意，以軍法處決數千人，兇殘陰毒、惡貫滿盈的包啟黃。他在蔣家王朝裡，十年間的暴起暴落，無論是奇蹟式的發跡，或是瞬間的殞滅，都成了台灣民主史上最血腥也最醜陋的一頁。但他死後，台灣的監獄裡，依然有上萬名拜他所賜，身繫囹圄的政治犯，持續口耳相傳他的「三P」艷史。

搭上了「官場直升機」

包啟黃是江蘇省邳縣（在好杯杯的老家鹽城附近）人，與民國同年（一九一二年生），家境清寒，父母也都是文盲，但他從小聰穎。有天一支軍隊路過村裡，他正與一群孩子在嬉戲。其他小孩看到這群兇神惡煞，全都嚇得溜之大吉，僅有他毫不畏懼，還問帶隊的軍官來這裡做什麼？帶隊官很驚訝，就跟這孩子交談了一會兒，還特地跟這孩子回家，給了他父親二十個銀圓，並告訴父親說：

「你這孩子的相貌很奇特，既能出將，又能入相，而且榮華富貴全要靠殺人，我實在看不出這是什麼命格。這些錢你拿去，好好栽培他，一定要讓他上學。不過他成年後，你一定要提醒他，包是一口，啟是二口，黃是五口，他殺人越多，功名越大；但啟是下口大於上口，黃是下口多於上口，因此絕不可同時與兩女交媾，否則大劫難逃。」

包啟黃的父親雖是貧無立錐的農民，但莫名其妙收到了這位軍爺的「鉅款」，也牢記了這位恩人的教訓，立刻將包啟黃送進小學。後來雖然家境困頓，但從不敢將這些錢挪作他用，包啟黃就這樣一路升上中學，最後進入上海以法學教育聞名的私立持志大學。

一九四九年後，兩岸分別被毛蔣兩大強人「有效統治」，以致兩岸人民都誤認，公立大學一定好過私立大學。其實在民國初年，完全不是這麼一回事。尤其是在上海，由於各國租界都有，私立大學如東吳的法學院，會開各種不同的外國法律的課程（尤其是海洋法系），學生的外語能力與出路都更好，因此口碑好過國立大學，包啟黃讀的私立持志大學（上海外國語大學前身）也是如此。

農家出身、毫無背景的包啟黃，大學畢業後雖然只能在東安縣政府屈就科員；但由於他口才與反應俱佳，沒多久就升任科長，後來擔任主任秘書。永州警備司令姚雪懷來當地視察時，驚覺此地竟有如此的青年才俊，但縣政府是一般行政機關，法政出身的包啟黃仕途受限，就提拔他擔任軍法官。

包啟黃進入軍法體系後，由於是科班出身，很快又被調任到國防部軍法司。不過軍法司已是全國軍法系統的最高單位，包啟黃在這裡熬了十多年，二戰結束時才當了個少校檢察官，連他自己也都以為終其一生都在這階級上了。但好運來時牆也擋不住，隨著國軍在戰場上的一路潰敗，包啟黃的仕途卻逆勢上升起來。

一九四七年七月二十七日晚間九點，上海的金都戲院門口，憲兵二三團三營八連上尉連長王廷鋆（三十一歲，浙江奉化人），因為屬下要包庇朋友逃票，與新成分局警察鬥毆，竟下令以卡車載送全副武裝的憲兵，殺害了七名警察與四名無辜路人，另有五名警察與七名路人重傷送醫。老蔣鷹犬這樣因細故群毆而當街殺警的暴行，不但讓全國輿論譁然，還有美軍被牽連受傷而成了國際事件。老蔣為了安撫人心，指派包啟黃自南京來上海調查本案。而包啟黃此行最重要的任務，就是要讓各小報指證的殺警元凶，也就是老蔣外甥的憲兵連長王廷鋆安然脫身。

當憲兵押解警察張相成來南京做證途中，在火車經過丹陽站時「逃亡」，上海各小報都說是憲兵殺人滅口。包啟黃毫不理會「謠言」，在「司法獨立」的乾綱獨斷下，憲兵二三團三營八連上等兵羅國新（二十二歲，廣西柳州人），成了本案中唯一被處死刑的殺人犯，王廷鋆則毫髮無傷。

包啟黃在金都戲院殺人案裡，為兩蔣立下「大功」，因而升任為軍法局第二處上校副處長，從此成了他們父子眼中的「能臣」。一九四九年初，徐蚌會戰（淮海戰役）結束，老蔣被迫下野，以國民黨總裁名義繼續率領的國軍，不是潰敗就是叛降，部隊來台後不斷縮編，軍官的階級也個個下跌，唯一例外的「官場直升機」，就只剩包啟黃一人了。

一九四九年十二月，國民政府自廣州播遷來台，代總統李宗仁以「治療胃疾」為名，棄職流亡美國。但共軍在金門古寧頭的登陸攻勢受挫後，自知海空軍的準備不足，「解放台灣」的行動稍緩。隔年三月，老蔣在台「復行視事」，雖然江山少了百分之九十九，但到了「寶島」，才成了名副其實的皇帝。六月底韓戰爆發，美軍第七艦隊進入台灣海峽，流亡在台的小朝廷基礎穩了，開始真正的秋後算帳。

一九四九年台灣島內宣布戒嚴時，就成立了保安司令部軍法處，包啟黃擔任上校副處長，旋即升任少將處長。一九五〇年二月，播遷來台的國防部，所有組織非裁撤即縮編、人員也都降級減俸；但為了鞏固領導中心、獨攬軍政大權，司法案件都轉為軍法審理，國防部特別設立了軍法局，包啟黃成為首任軍法局中將局長。

在兵敗如山倒的亂局中，無兵權也無戰功的包啟黃，卻靠著兩蔣父子的「破格拔擢」，不到五年就由少校升為中將。當時來台的部隊，很多都是官比兵多、兵比槍多、槍比彈多。當軍官都被拔階編為「編餘軍官戰鬥團」，就是把官當作兵用時，包啟黃卻能逆勢升官，就該有居高思危、兔死狗烹的警覺；但他少年得志，四十出頭就擔任中將，還是掌控他人生死的要職，除老蔣本人，其他鷹犬哪裡看在他眼中。在小蔣與保密局長毛人鳳的惡鬥中，他自稱是「包青天」，將保密局的鷹犬以貪污罪整得死去活來。然而風水輪流轉，當小蔣已完全掌控全台鷹犬後，為了收攬保密局殘餘鷹犬的鷹心犬心，包啟黃的狗頭，自然也就成了兩蔣父子祭旗的貢品。

宮廷內鬥下的「賜死」

小蔣與毛人鳳的惡鬥，是從大陸一路鏖戰到台灣。一九四六年三月十七日下午，軍統頭子戴笠墜機暴斃，在鄭介民與毛人鳳兩派人馬惡鬥後，老蔣把軍統局改名為國防部保密局，特務武裝人員併入國防部第二廳，由鄭介民任廳長；核心人員與業務則編入保密局，由毛人鳳任局長。

然而毛人鳳雖然搶到了鷹犬頭目的職銜，卻因國軍戰局逆轉得太快，老蔣下野後，李宗仁一上台，為了收攬人心及表明與共黨和談的誠意，就將保密局這一鷹犬機構「依法解編」，只由徐志道成立人數僅七十五人的小型保密局，毛人鳳也必須下台了。

但老蔣雖下野，仍以國民黨總裁一職調兵遣將，且軍政經實力都遠大於桂系的李宗仁，所以保密局裡除了部分鷹犬拿了編遣費返鄉外，仍有三千名鷹犬願在毛人鳳領導下，成了老蔣的「私人保密局」。根據當時特勤組上校組長谷正文的回憶，那段期間國民政府沒編列預算，很多人就靠著掌控國軍撤退的情報，在共軍進駐前的亂局中搶劫銀行來營生。

毛人鳳來台後會被老蔣重用，就是靠著一九四九年九月七日，國軍即將撤離四川前，遵循老蔣密令，在重慶戴公祠殺害了被軍統軟禁多年的西安事變「元兇」楊虎城一家。接著毛人鳳又在台破獲了國防部中將參謀次長吳石通匪案，這是老蔣在國共內戰時，難得一次的諜報戰大捷。

一九五〇年老蔣在台「復行視事」後，終於有機會放手重整多頭馬車的軍隊與特務機構，小蔣也在這時以國防部總政治部主任竄起。小蔣這「主任」的官銜雖不高，權力卻遠大於來台後的各級將領與情報頭子，整肅目標則對準國民黨內老一代的軍政要員。只有毛人鳳仗著自己盤根錯節的特務勢力，可以不甩太子爺，但也因此小蔣對其恨之入骨。

一九五一年七月，在美負責空軍軍購的小蔣遠房表哥毛邦初，被保密局查出侵占公款一百五十萬美元。毛邦初一不作二不休，竟把他所保管的所有空軍購料外匯五千萬美金全部提走，躲到墨西哥去了。

毛邦初若只是捲款捲逃，問題還小一點，反正國軍的軍紀，早已是死豬不怕開水燙，不差這筆爛帳。問題是毛邦初面對老蔣的跨海追討贓款，潛逃前就先把老蔣在美國怎樣收買共和黨議員諾蘭等人的醜聞，全都公布出來，讓本案變成美國的政治議題，自己能因此得到政治庇護。果然這一爆料讓全美各報嘩然，民主黨議員也趁勢提議調查。

老蔣被毛邦初擺了一道後，不但無法繼續跨海興訟，還必須再付二十萬美元給毛邦初做封口費。由於毛邦初在美的遊說工作，是由小蔣直接負責，毛人鳳把這些情報呈報老蔣後，小蔣因而遭老蔣斥責，原本小蔣收編保密局的計畫，也因此被迫延後，這一階段的鷹犬互鬥，毛人鳳大獲全勝。

除了鷹犬內鬥外，老蔣的宮廷內鬥也同時上演。一九五三年三月二十一日，台北的中央社發出電訊：「陸軍裝甲兵旅旅長蔣緯國之夫人石靜宜女士以心臟衰弱症不治，於二十一日上午五時四十分在台北中心診所逝世。享年三十歲。石靜宜女士素有心臟病，時發時癒，二十日晚間舊病復發，當即送往中心診所治療，終告不治。蔣緯國旅長於上月中旬應美國政府之邀，赴美國考察，刻在東京正候機返國，中國駐日大使董顯光博士二十一日晨已以長途電話與蔣緯國旅長通話，告知關於石靜宜女士之噩耗。蔣緯國旅長與石靜宜女士結婚多年，但並無子女。」

蔣緯國夫人石靜宜究竟是如何喪生的？根據著名報人陸鏗在他的《回憶與懺悔錄》書中，引述紐約大學陳亨教授的說法：「一九五三年三月二十二日夜晚，我(陳亨)、邱明山和另外一個同學玩夠了，又跑到緯國將軍家去，但見燈火通明，通過窗戶一看，四個彪形大漢架著石靜宜，正在強迫她吃一包藥，她表現出掙扎，但無可奈何。當時把我們嚇壞了，掉頭就跑。回到台中宜寧中學後，很快聽到石靜宜校長病逝的消息，而我心裡清楚，她是被害死的，因為我親眼目睹了那恐怖的情景，看到了石靜宜掙扎的表情。」

邱明山與小蔣的長子蔣孝文年紀相仿，住在小蔣家中，坊間傳說他與章孝嚴(現已改為蔣孝嚴)、章孝慈一樣，也是小蔣的私生子之一。至於石靜宜為何會被兩蔣派來的鷹犬「賜死」？這一點就與引發包啟黃被槍決的「姦辱魏×起妻女案」有關了。

石靜宜是中日戰爭時的西北首富紡織大王石鳳翔的二女兒，一九四〇年底在一場舞會中認識了年輕的留德軍官蔣緯國，沒多久兩人就結婚了。雖然性情相投，鶼鰈情深，但石靜宜因體質關係，在大陸時已有七次習慣性小產，遷台之後第九次懷孕時，就在官方宣稱的「心臟病發」下去世。

在兩蔣的宮廷內鬥中，蔣緯國與夫人由於接班無望，自然站在夫人派這一邊，也就成了太子派必去之而後快的對象。由於來台之後，孔宋家族的勢力已衰，宋美齡只能「自力更生」，她利用蔣緯國統掌的裝甲兵旅採購物資之便，從香港進口各類貨物到台灣販賣，石靜宜則擔任婆婆的「賢內助」。

當石靜宜去世後，蔣緯國悲痛欲絕，將貴陽街一段五十八號的原裝甲兵之家，妻子生前創立的靜心托兒所，增設了靜心小學、靜心中學；以及台中原有的宜寧中學，即使蔣緯國後來又續弦了，但終其一生對石靜宜的懷念仍不曾衰減，只能以校慶為名，高調的年年追念石靜宜，表達他對小蔣殘忍行徑的一絲絲無言抗議而已。

三P玩掉一個軍法局長

石靜宜為何會被殺？必須從魏×起說起。魏×起是聯勤總部台北總庫的上校副總庫長，在一次內部例行的業務檢查中，發現帳上竟短少了三百萬美元，趕緊呈報總司令黃鎮球。黃鎮球原是粵軍張發奎的部下，但投靠老蔣介石後就忠心耿耿。當他調查後才發現，自己在總部的權力已被架空，這筆帳竟是副總司令黃仁霖自作主張，答應借款給宋美齡去「辦貨」的。他也就順勢要求黃仁霖，這筆賬若要他簽字核銷，就請替夫人跑腿來借款的石靜宜留下簽名字據。等黃鎮球拿到字據後，又向小蔣密報。小蔣則將計就計，要黃鎮球先別追查這筆虧空，讓夫人在香港用這筆錢「辦」好了貨；進口時再由海關把貨扣押，這樣宋美齡與石靜宜挪用公款走私，無需調查就鐵證如山，這時就算是歸還借款也無法抵賴了。

夫人派與太子派的惡鬥，這一回合太子派大勝。當小蔣把以公款走私的確實證據呈報老蔣後，龍顏震怒，但也不能對夫人說什麼，只好拿簽字取款的石靜宜與承辦該案的魏×起兩個下人開刀。就像森林裡兩隻大象打架，總是踩死了一大堆螞蟻一樣。石靜宜被老蔣下令由小蔣派人以家法「私了」，魏×起則被保密局秘密逮捕。無辜的小軍官魏×起「失蹤」後，妻子朱×秋嚇得六神無主，照後來起訴書所言，這時包啟黃就透過妻子郭琤泉與表弟曹敏昌，多次去魏家勒索朱×秋，藉口必須打點河南籍立法委員致函國防部長，請將本案發交軍法局覆審，這樣魏×起到了他手上，他才有機會「活動」。

孔宋家族走私牟利，無論在中國或在台灣，都不是什麼新鮮事。但夫人派與太子派的惡鬥，讓石靜宜被「家法」賜死；無辜被牽連，頂多只是知情不報的魏×起，也因小蔣與毛人鳳的惡鬥而送命。至於朱×秋為何會找上包啟黃「活動」？官方版的說法是包啟黃與魏×起是舊識，但保密局則說朱×秋與包啟黃早有「往來」，反正花徑已經緣客掃，蓬門再度為君開，丈夫有難時才會直覺的找包啟黃幫忙，結果連未成年的女兒也必須奉上。

但不管起因是什麼，當包啟黃的下半身在犯人妻女身上可以「自由活動」後，確實也很認真的替本案「活動」，用職權讓魏×起在軍法局提審時，三次更換審判長，甚至還從無期一度改判十九年。問題是兩蔣統治下的司法，無論怎麼「活動」，最後能決定魏×起生死的，不是包啟黃這一層級的鷹犬，而是背後始終嫌本案判得太輕的老蔣。

當朱×秋找了包啟黃「活動」後，等於是替毛人鳳找到了一個落井下石的最大石頭。

小蔣要收編保密局，已藉包啟黃的軍法肅貪，除去了毛人鳳不少爪牙，兩鷹犬頭子間早有嫌隙。毛人鳳發現包啟黃有找犯人妻女「活動」的嗜好，又深知老蔣在本案裡連兒媳石靜宜都不放過，魏×起又怎能有生機？就利用情資上呈時，將魏×起的涉貪情節再擴大，老蔣因此硃批死刑。

一九五四年六月一日清晨，魏×起被執行槍決，朱×秋不甘人財兩失，且母女一起受辱，加上保密局的鷹犬趁機慫恿，並打通府內侍衛，讓她在老蔣座車的必經之路等候，得以攔轎告御狀。朱×秋的鳴冤狀裡，痛斥包啟黃趁人之危，勒索錢財，多次姦淫她們母女的罪行。

一九五四年七月十五日，保密局鷹犬持老蔣手令，逮捕了包啟黃與妻子郭琤泉、小妾顏世芳與「密友」女立委程琇。但根據保密局搜獲的物品清單，僅有金條二十二條、小金塊二十一塊、金鐲十個、戒指十三枚等總計兩百餘兩；另有美鈔一千五百元。後來這些「贓物」又全部退還家屬，顯然也不是貪污所得。那麼老蔣為何要保密局這樣殺人抄家？其實殺人是手段，抄家才是目的。包啟黃的獄友知名報人龔德柏在《蔣介石黑獄親歷記》二九三頁裡說：

「據他說，他由保安司令部軍法處長起，至軍法局長時代，接獲總統手諭，不下百餘張，都是『某人應處死』、『某人應處重刑』之指示。這些手諭若不收回，萬一將來翻臉，這些手諭若被發表，蔣總統在歷史上的地位，將較明太祖更為惡劣，漢高祖更不足道，所以蔣總統必須藉故抄他的家，以收回手諭，殺掉我以滅口，這是我非死不可的原因。」

軍法局長也被軍法槍斃

包啟黃在七月中旬遭保密局逮捕時，各報都還不敢報導。到了九月二十二日，《聯合報》第一版才有一則「包啟黃枉法案，暫難公佈真象，俞院長稱正偵訊中」的簡訊，藉行政院長在答覆立委質詢時，「側面證實」包啟黃已被老蔣收押：

「【本報訊】關於國防部軍法局中將局長包啟黃，因枉法案被政府扣押後，政府迄未公佈真相，以致各方謠言甚多。立法委員莊靜、林炳康，昨日在立法院相繼提出質詢，要求政府儘速審理，公佈真相，以清謠諑，而釋群疑。俞鴻鈞院長對此一問題答復稱：關於包啟黃案，現仍在繼續偵訊中，在未結案前，不便公佈真相。」

其實在後來官方版公佈的起訴書裡，並未交代包啟黃「姦辱犯人妻女」的部分。魏×起這一案中，包啟黃因連續收賄，僅處有期徒刑十年；洩漏案情則處二年。至於其他貪瀆案件，如前博愛路虹光百貨店老闆陳宜曾，在軍監承辦合作社，包啟黃每月向陳宜曾私索一萬元，共索取十九個月；利用犯人做苦工，在新店造洋房一棟據為私有；勒索在監犯人前聯勤總部糧秣組長褚孝炎一萬餘美金，也都只判有期徒刑。連包啟黃在視察新店軍監後，返家時在羅斯福路上駕車不慎撞死一士兵王治法，竟要求自己的劉姓駕駛兵出面頂罪，也僅判過失殺人五年，脅迫頂罪二年。他唯一被依《軍刑法》「偽造單據、浮報價款」判死刑的罪狀，只是購買萬華一家織布廠作為軍監人犯習藝場所時，將原價十二萬浮報為三十二萬元。

雖然官方版對包啟黃的犯行，著重在貪污；但在謝聰敏的《談景美軍法看守所》，以及其他政治犯的口述史與著作裡，則對「淫人妻子，又淫人女兒」的「三P」部分詳加描述。一九五五年一月六日《聯合報》第一版刊登：「擅權枉法罪大惡極，包啟黃判死刑」的新聞時，已約略提到：「這是一個極盡摧殘人權、駭人聽聞、知法犯法的大案件。包啟黃於任職國防部軍法局長期間，曾利用其職權，貪污、舞弊、摧殘人權、誘姦犯妻，並在監獄製造恐怖，均經被害人密告，並經監察院提案糾舉。」

在同一版的新聞裡，另外還提到包啟黃「淫人妻女」的獸行：「據說他在軍法局長任內，對於富有或有嬌妻美妾的犯人即利用職權受賄或誘姦犯人妻妾，待目的已達仍將犯人處刑，以滅罪證，甚至有不少根本無罪而娶有漂亮妻子的人，包啟黃竟利用職權誣罪逮捕而將其妻妾予以誘姦，如果不從者，就假造證據判決其丈夫刑罰，據悉：如此受害的婦女多達三十餘人，包啟黃首遭監禁，就是這些被害者之一所密告的，不料一案揭露，接連著數案併發。」

包啟黃在「數案併發」後，連妻妾密友等「全家」，都被保密局秘密逮捕。由於消息不明，外界都以為他的下場若非被軟禁後釋放，就是跟之前被秘密逮捕後，與妻子一起遇害的另一中將李玉堂那樣，「全家」遭秘密處決。但包啟黃由於殺人太多，與二二八事件時的陳儀類似，在台灣已成了眾矢之的。

一九五五年一月，老蔣藉包啟黃的人頭收買人心，指派戰略顧問余漢謀上將擔任審判長，彭善、彭位仁兩名中將主審，軍法局、保密局各派一人陪審，組成了五人軍法合議庭，將被關了已半年的包啟黃，在陸軍總部第四法庭宣判，九罪合併執行死刑。監察院同時由王文光、王冠吾、田欲樸、陳恩元、黃寶實、黃覺等委員提案糾舉，由曹德宣、劉耀西、余俊賢、楊群先、丘念台等委員審查後通過彈劾。

一九五五年一月十八日，包啟黃與軍監典獄長楊又凡，一起被憲八團鷹犬綁赴新店刑場槍決。至於包啟黃的家眷們，則被移送台北地方法院審理，由刑庭推事張詳麟審理，四月二十五日下午判決：妻子郭琤泉因連續幫助收受賄賂，被判有期徒刑一年六月；小妾顏世芳幫助公務員對於違背職務之行為要求賄賂，處有期徒刑二年。「密友」女立委程琇，則以詐欺被處有期徒刑一年。轟動一時的軍法局長淫辱犯人妻女三P案，在包啟黃被槍決，妻妾們各遭判刑後而暫告落幕。至於其他遭包啟黃判刑的白色恐怖受難者，就像包啟黃的保薦人，更大的鷹犬頭子彭孟緝所說：

「包員承辦肅防案件，頗能堅定立場，配合政策……揆諸治亂世用重典之意……科刑被告多至六四七三名，內置重典者七五七名，依法量刑，尚無枉縱……」

後記　幸好你們也還沒忘記

二〇〇三年時，我代表文經社邀大陸的作者寫稿時，接觸到幾位文革時下放到農村的基督徒。在通電子信時，他們告訴我許多當年在「上山下鄉」時所看過聽過的故事。我看了之後很感動，原來他們至今仍沒忘記文革這場災難，沒忘記那些仍在困苦中的農民，但其中有一位弟兄說得好，他說：「我只是沒忘記自己的青春而已」。

後來他們要我別光看不寫或只寫心得，也該講一些網路上搜尋不到的台灣故事。但認識我的人都知道，我是出了名的「宅男始祖」，除了當兵那兩年以外，我很少離家，所以我說的大多是我當兵時經歷或聽過的故事。後來他們都勸我在大陸的網路論壇上發表，因為這些文章可以讓大陸人更了解台灣，也能體會到民主、法治與人權，都不是從天上掉下來的禮物。

他們推薦我到大陸號稱最民主，尺度也最寬鬆的網站《貓眼看人》發表。其實我的文章裡從未提到現實政治，而且我對統獨也毫無興趣，寫的全都是二十年前以上的往事；可是對岸即使號稱「最右派的網站」，編輯們還是常委婉的告訴我，他們又被「上級命令」要刪改拙作（這「上級」並非他們公司內部的人）。

我自己也是從戒嚴時代活過來的文字工作者，了解到他們的為難，心想反正寫這些文章貼出後既沒有稿費，卻還有這麼多禁忌，就不要這麼麻煩了。為了文章的完整性，從此我就不在大陸發表，只發表在我自己架設的《你不知道的台灣》這個部落格裡。

二〇〇六年在偶然的機會裡，我發現台灣有個《後備軍友俱樂部》的網路論壇，這個論壇是六年級的軍友二寶獨立架設的，起初上網聊軍中往事的大多也是六、七年級生。有一次有位軍友「六〇砲長」在詢問關於金門的二一三事件，就是衛兵在部隊吃早餐時持槍掃射餐廳的慘案，因為那個慘案發生在我們一四六師，我就參與討論，沒想到反應很熱烈。後來其他戒嚴時代發生在金門的重大事件，例如屠殺越南難民的三七事件、砲擊角嶼事件的六一七事件、小徑七號姊姊到底是不是鴛鴦大盜等話題，都被我們這些五年級軍友一一拿來討論。

在這個論壇裡，我也認識了與我差不多年代入伍的行政排、浪花、阿信、阿鴻、猛沃營參一等軍友，大家越聊越開，可以寫的題材也越來越多，我們還一起去了金門好幾趟，沒有這個網路論壇，我的部落格不會這麼受歡迎，因為我自己也不相信，原來在台灣這個島上，不是只有我這個瘋子，還沒忘記那些人與那些事。

就這樣不知不覺的，《你不知道的台灣》點閱數一天比一天高，至今已破了四百萬。會獲得「第六屆全球華文部落格大獎」的首獎，也是出乎我意料。我只是一個落拓潦倒，堅持把自己關在「時間膠囊」裡，新的事記不住，老的事又忘不掉，在無奈裡尋求回憶的後青春期男生。我沒有任何公權力，要去記錄歷史，當然有我能力所不及處，但我已盡可能的去求「真」。我就借用評審的話來為本書作結：

說到記錄，我們的腦海中經常會浮現「客觀、公正」這樣的概念，但人都有主觀與立場，除非在新聞現場有三D環狀全景攝影機，否則現場錄影都還是會有角度的問題。今年的評審依舊是人（得獎作品不是電腦挑的哦！），依舊有非常強烈的主觀還有根深蒂固的立場，可以保證只要更換其中任何一位評審，得獎名單就會截然不同。根據今年所有評審的主觀與立場，我們選出了「你不知道的台灣」作為年度部落格。

在評審的過程中，為了方便討論或推薦，所以偶爾會將某某部落格稱為「某某界的某某某」，例如「美食界的Mr.6」、「旅遊界的『一劍浣春秋』」、「男的『青小鳥』」或「女的『個人意見』」。

管仁健先生的「你不知道的台灣」由於在網路界流傳已久，在網路界混的就算沒看過管先生的文章，也應該在Facebook上看過連結，所以在評審會議中不需要任何譬喻，倘若你之前沒有看過這個部落格，我打個比方，有點像是「戒嚴時期的陳柔縉」。

管先生的作品經常來自於戒嚴時期的媒體報導、傳記與個人青春期的記憶，這些當然都還是充滿了大量主觀與立場，再經過了層層耙梳，將一個又一個議題用一種新的立場呈現。這些文章當中可能有錯誤、絕對有主觀，但就華文部落格大獎而言，這應該是集合所有評審主觀後，在「中華民國一百年」當下，一個相對客觀的推薦。

國家圖書館出版品預行編目資料

你不知道的台灣．國軍故事 / 管仁健 著.
--第一版. --台北市：文經社，2011.08
面；公分 --（文經文庫；A260）
ISBN 978-957-663-649-3 （平裝）
1.軍人 2.文集

594.707 100015717

文經社

文經文庫 260

你不知道的台灣．國軍故事

著作人—管仁健
發行人—趙元美
社長—吳榮斌
主編—管仁健
行銷企劃—劉欣怡
美術設計—王小明
出版者—文經出版社有限公司
登記證—新聞局局版台業字第2424號
＜總社．編輯部＞：
社址—104 台北市建國北路二段66號11樓之一（文經大樓）
電話—（02）2517-6688（代表號） **傳真**—（02）2515-3368
E-mail—cosmax.pub@msa.hinet.net
＜業務部＞：
地址—241 新北市三重區光復路一段61巷27號11樓A（鴻運大樓）
電話—（02）2278-3158．2278-2563 **傳真**—（02）2278-3168
E-mail—cosmax27@ms76.hinet.net
郵撥帳號—05088806文經出版社有限公司
新加坡總代理—Novum Organum Publishing House Pte Ltd. TEL:65-6462-6141
馬來西亞總代理—Novum Organum Publishing House (M) Sdn. Bhd. TEL:603-9179-6333
印刷所—松霖彩色印刷事業有限公司
法律顧問—鄭玉燦律師 **電話**—（02）2915-5229
發行日—**2011年 9月 第一版 第1刷**
9月 第2刷

定價／新台幣 350 元 Printed in Taiwan